ATLAS HISTORIQUE
MONDIAL

ATLAS HISTORIQUE MONDIAL

sous la direction de
GEORGES DUBY

de l'Académie française

ÉDITIONS FRANCE LOISIRS

L'ATLAS HISTORIQUE MONDIAL
est la nouvelle édition de
l'ATLAS HISTORIQUE,
publié pour la première fois en 1987 sous la direction de

GEORGES DUBY,

de l'Académie française.

Responsable de la cartographie :
Michèle BÉZILLE,
cartographe E.S.C.G.

La majeure partie des cartes et des notices est reprise de la dernière édition (1999)
du GRAND ATLAS HISTORIQUE (édition : Laure TALAMON).

Le présent ATLAS HISTORIQUE MONDIAL, entièrement nouveau par sa présentation,
est enrichi de cartes inédites et d'une chronologie universelle.

Les commentaires des cartes inédites ont été rédigés par Anne GRÉGOIRE.

La chronologie universelle, établie par Pierre THIBAULT,
a été mise à jour par Dominique BEAUX.

Édition :
Frédéric HABOURY.

Conception maquette :
Ulrike MEINDL.

Mise en page :
Michel ALLANDRIEU.

Cartographie :
CART.

Correction-révision :
service lecture-correction Larousse.

Informatique éditoriale :
Aziz NDAO.

Fabrication :
Nicolas PERRIER.

Éditions du club France Loisirs, Paris
avec l'autorisation des Éditions Larousse-Bordas/HER.

Éditions France Loisirs,
123, boulevard de Grenelle, Paris
www.franceloisirs.com

Distributeur exclusif au Canada : Messageries ADP, 1751 Richardson, Montréal (Québec).

ISBN : 2-7441-4692-7 – N° éditeur : 34914
Dépôt légal : juin 2001

Préface

Depuis sa sortie, le *Grand Atlas historique Larousse* a reçu du public un accueil si favorable qu'il est apparu nécessaire de le rendre plus accessible sous la forme d'une édition moins coûteuse, destinée à répandre plus largement l'usage de cet indispensable instrument de connaissance, d'enseignement et de recherche. Allégée, la présentation conserve toute son élégance et sa clarté, et, si quelques cartes ont été retirées parce qu'elles ne semblaient pas d'utilité majeure, d'autres, qui manquaient, viennent ici en complément. Sous sa forme nouvelle, le livre répond ainsi aux mêmes exigences qui incitèrent naguère à le proposer aux historiens de profession, aux enseignants, à leurs élèves et à leurs étudiants, mais aussi à tous ceux qui cherchent à mieux comprendre ce qui dans le présent les surprend, les inquiète ou retient leur curiosité.

Car, d'une part, l'actualité s'éclaire par tout ce qui l'a précédée et la détermine : à tout instant, la référence à l'histoire s'impose. D'autre part, l'histoire s'inscrit sur le sol, et non seulement l'histoire politique, mais celle des institutions, des croyances, de la création artistique, celle des mœurs ou des relations économiques. Pour pousser plus avant ses investigations, le chercheur ne peut se passer de la carte, puisque la représentation graphique met en lumière des rapports imprévus entre les faits qu'il découvre. Le professeur sait bien qu'il lui faut utiliser la carte pour soutenir son discours devant ceux qui écoutent ses leçons. Et chacun d'entre nous, portant son regard sur le monde, sent le besoin, lorsqu'il voyage, lorsqu'il visite une exposition, ou bien lisant un livre, enfin pour tirer parti des multiples informations qui lui parviennent, de situer exactement dans l'espace des événements, proches ou lointains, ainsi que les mouvements profonds qui firent au cours des âges se modifier le nombre des hommes, leurs opinions, leur culture, leurs attitudes politiques, leurs manières de vivre.

Encore convient-il que les cartes soient parfaitement lisibles et qu'on puisse aisément s'y référer. Ont donc été mis en œuvre ici les procédés les plus efficaces pour exprimer les faits historiques par le trait, la couleur et la nomenclature. Un classement simple, de sobres commentaires, un index aident à se repérer parmi les figures, à exploiter sans peine les riches renseignements qu'elles procurent. L'*Atlas historique* n'a rien perdu des qualités qui firent son éclatant succès. Il est complet. Il est séduisant. Rajeuni, il est peut-être plus pratique encore qu'il n'était. Mis à jour, il prend en compte les derniers grands bouleversements, à l'est de l'Europe et au Moyen-Orient notamment.

GEORGES DUBY
de l'Académie française

TABLE ANALYTIQUE

LE MONDE ANCIEN JUSQU'À L'AN MILLE

LE MONDE DEPUIS L'AN MILLE (cartes générales)

L'EUROPE DEPUIS L'AN MILLE (cartes générales)

LES PAYS D'EUROPE DEPUIS L'AN MILLE

Le classement des cartes se réfère aux divisions politiques actuelles de l'Europe. Elles sont donc regroupées par État, rangées dans l'ordre alphabétique. Toutefois, les cartes concernant les pays de l'Europe centrale et des Balkans sont rassemblées en fin de chapitre.

L'ASIE

L'AFRIQUE

L'AMÉRIQUE

*Voir aussi pages **240** et **244***

LE MONDE DEPUIS 1990

ANNEXES

LE MONDE ANCIEN JUSQU'À L'AN MILLE

A. LES ORIGINES DE L'HOMME

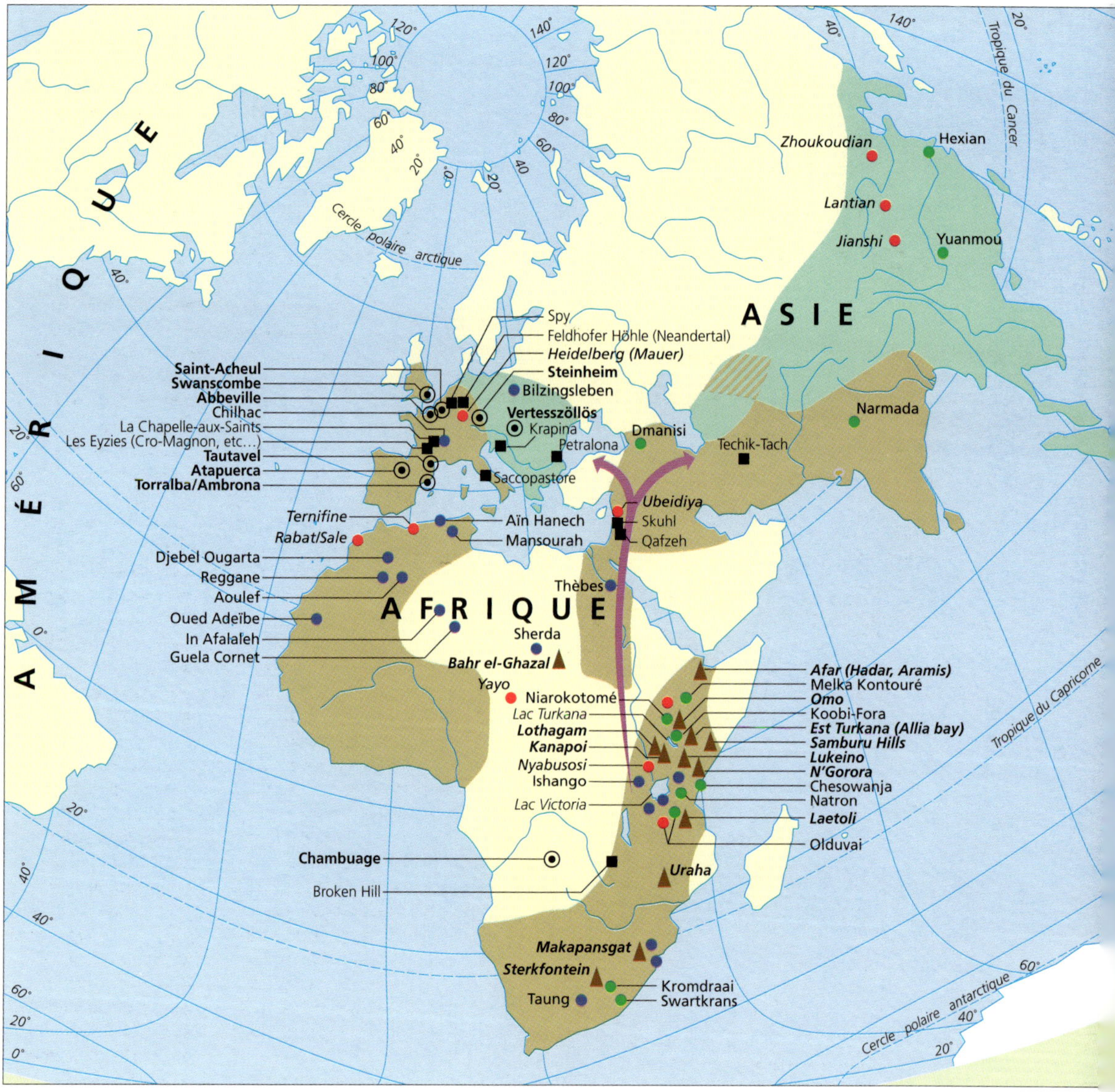

A. **L**es données de la paléontologie, de l'éthologie et de la biochimie ont conduit à placer les grands singes africains, les australopithèques, les hommes et leurs ancêtres dans la même famille zoologique, celle des hominidés. Les découvertes les plus récentes confirment l'origine est-africaine des hominoïdes (lignée de l'homme et des grands singes d'Afrique et d'Asie), à l'oligocène supérieur (entre 30 et 25 millions d'années). Au début du miocène (entre 23 et 18 millions d'années), ils se répandent dans toute l'Afrique. Entre 18 et 15 millions d'années, le climat des régions orientales de l'Afrique devient beaucoup plus sec et conduit au remplacement des forêts tropicales denses par une végétation plus clairsemée. Cet assèchement favorise dans un premier temps la diversification des hominoïdes (afropithèque [18-16 millions d'années] puis kenyapithèque [16-13 millions d'années] au Kenya, par exemple). Mais entre 15 et 8 millions d'années, l'assèchement s'accentue encore et entraîne probablement la migration vers l'Eurasie des descendants du kenyapithèque. Sur ce territoire vaste et hétérogène, les hominoïdes se diversifient de manière considérable au miocène supérieur. Dans le même temps, les hominoïdes restés en Afrique connaissent un déclin marqué. Il y a 8 millions d'années environ, la grande faille qui correspond aux vallées du Rift subit une phase de déformation qui entraîne l'élévation des hauts plateaux d'Afrique de l'Est, créant ainsi une barrière qui bloque l'arrivée des pluies venant de l'ouest. Cette barrière climatique est la cause de la divergence entre la lignée de l'homme et celle des grands singes africains actuels, entre 7,5 et 5 millions d'années : dans l'Ouest africain, les ancêtres des chimpanzés et des gorilles vivent dans la forêt tropicale, tandis qu'à l'est du Rift, les primates doivent s'adapter à un environnement de savanes arborées sèches, et donnent naissance aux australopithèques. Ce scénario désormais classique proposé par le français Y. Coppens en 1983 doit être tempéré par la découverte en 1995 d'un australopithèque de plus de 3 millions d'années (*Australopithecus bahrelghazali*) au Tchad, c'est-à-dire 2000 km à l'ouest du Rift ! En l'état actuel des connaissances, le plus ancien australo-

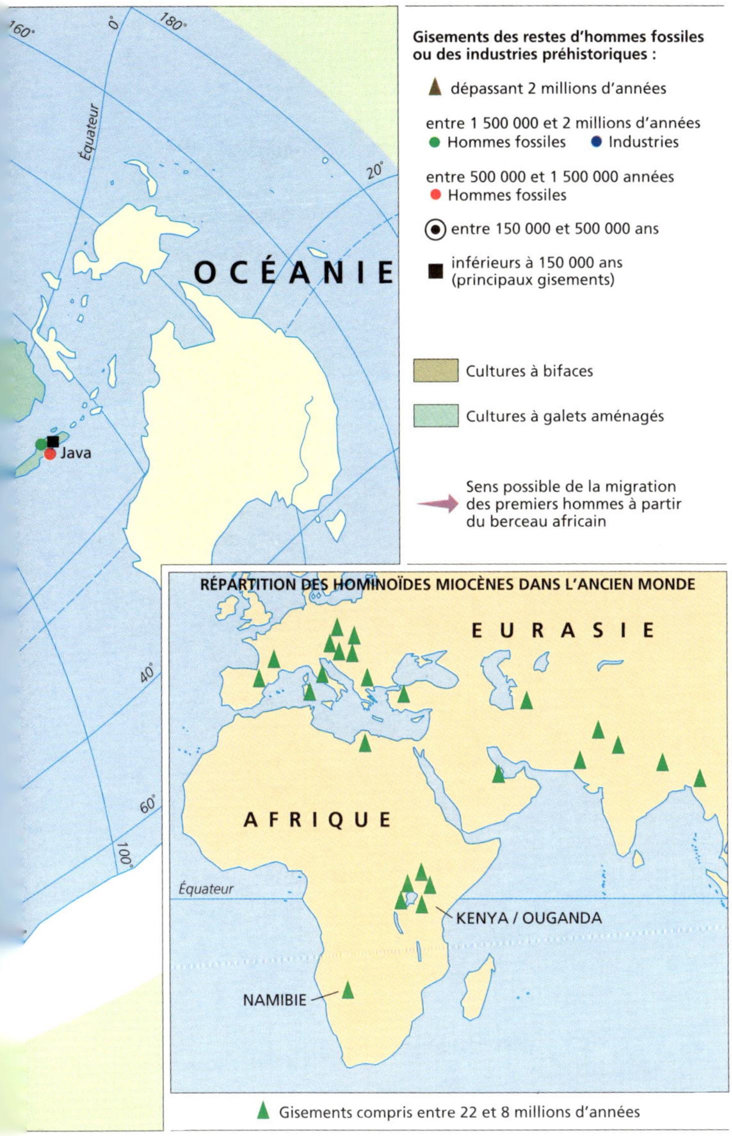

pithèque connu est *Australopithecus anamensis,* découvert à Kanapoi et Allia Bay (Kenya) en 1994, et dont l'âge est estimé à 4,1 millions d'années. Bien qu'encore très primitif, il semble indiscutablement engagé sur la lignée de l'homme. Un autre hominidé découvert en 1992 sur le site d'Aramis, en Éthiopie (*Ardipithecus ramidus*) est plus ancien (4,4 millions d'années) mais sa position est encore très discutée : il peut s'agir d'un ancêtre des chimpanzés, ou d'un primate précédant la séparation hommes/grands singes. Quoi qu'il en soit, l'acquisition de la bipédie est certainement antérieure à cette séparation. La locomotion caractéristique du chimpanzé et du gorille, qui se déplacent en s'appuyant sur les phalanges repliées des doigts de la main, atteste d'un retour – secondaire – à une locomotion quadrupède chez un ancêtre à l'origine plus bipède. L'espèce *Australopithecus afarensis* (3,8 à 3,5 millions d'années), rendue célèbre par le squelette de Lucy, découvert en 1974 dans le Hadar (Éthiopie), est remise en question. Les spécimens rapportés à cette espèce semblent en fait appartenir à 2 espèces distinctes, l'une plus bipède, l'autre (incluant Lucy) ayant conservé de nettes aptitudes à la vie arboricole. Les célèbres empreintes de pas découvertes à Laetoli en Tanzanie en 1978 (3,8 millions d'années), appartiendraient ainsi à la première espèce, qui serait le véritable ancêtre du genre *Homo*. La récente découverte du squelette d'un « australopithèque » daté de 3,3 millions d'années, chez lequel la morphologie du pied est beaucoup plus moderne que chez Lucy, renforce cette hypothèse. Les plus anciens outils, datés de 2,8 millions d'années (vallée de l'Omo, Éthiopie), sont peut-être attribuables à l'un de ces « pré-*Homo* ». Entre 3 et 1 millions d'années, la famille des hominidés connaît une diversification importante, avec pas moins de 4 espèces d'*Australopithecus* et 4 d'*Homo*. Chez les australopithèques, certains conservent une alimentation omnivore à tendance végétarienne et une morphologie gracile tandis que d'autres marquent un retour à un régime complètement végétarien, à base de végétaux durs, ce qui nécessite de très puissantes mâchoires (les australopithèques « robustes »). Les derniers australopithèques robustes s'éteignent il y a 1 million d'années. Le genre *Homo* apparaît vers 2,5 millions d'années avec *H. habilis* (Afrique de l'Est et Afrique du Sud) et *H. rudolfensis* (vallée de l'Omo), qui se distinguent des australopithèques par une locomotion bipède permanente, une denture omnivore à tendance carnivore plus marquée, et par une capacité crânienne plus importante. Ils taillent des outils (galets aménagés). Plus récent, *H. ergaster* (1,6 million d'années), connu par un squelette découvert sur le site de Nariokotomé, à l'ouest du lac Turkana, est beaucoup plus moderne. La découverte d'outils de 1,9 million d'années en Afrique du Nord et en Europe atteste que *Homo* a conquis le continent africain puis a émigré hors d'Afrique à cette époque. *H. erectus* est bien connu par des fossiles en Afrique, en Europe et en Asie, entre 1,5 million d'années et 200 000 ans. L'existence de 2 grandes traditions distinctes de la pierre taillée (les cultures à bifaces remplaçant les galets aménagés en Afrique, en Europe occidentale et en Asie du Sud mais pas en Asie orientale) montre qu'il existait au moins 2 types, sinon 2 espèces d'*Homo erectus*. C'est à *H. erectus* de Chine (Zhoukoudian) qu'on attribue la maîtrise du feu, il y a 500 000 ans. Entre 250 000 et 100 000 ans se différencie progressivement notre espèce *H. sapiens*, soit à partir d'*H. erectus* d'Afrique, selon certains auteurs, soit simultanément et indépendamment en Afrique, en Europe et en Asie, selon d'autres. L'Europe étant plus ou moins isolée à cette époque, la souche d'*H. erectus* locale aurait évolué vers les néandertaliens, dont la morphologie est si particulière que certains n'ont pas hésité à en faire une espèce distincte (*H. neandertalensis*). Il y a 40 000 ans, des *Homo sapiens* de type moderne (Les Eyzies, par exemple) sont arrivés du Proche-Orient en Europe, tandis que les derniers néandertaliens s'éteignaient en Espagne 10 000 ans plus tard.

A. L'ANATOLIE ANCIENNE

▲ Sites archéologiques — ○ Villes repères — Frontières actuelles de la Turquie d'Asie — Régions au-dessus de 1 000 m — Régions où les précipitations actuelles sont inférieures à 200 mm par an

A. **D**e hauts plateaux arides, quelques plaines littorales, étroites et rares, constituent l'Anatolie. Le premier établissement connu remonte au VIIe millénaire : Çatal höyük. Aux indigènes, appelés Hatti, se sont superposés des envahisseurs indo-européens, éleveurs et cavaliers, qui ont souvent constitué les aristocraties locales ; ces conquérants se sont même introduits en Iran. Les deux grandes civilisations de l'Asie Mineure sont celle des Hittites, installés dans la boucle de l'Halys, et celle des Hourrites du Mitanni, immédiatement à l'est. Des invasions, d'origine mal connue mais attestées en Anatolie (avant 1700), provoquent l'ébranlement des Hyksos vers l'Égypte et des Kassites vers la Mésopotamie ; elles sont suivies de deux siècles « obscurs » (XVIe et XVe s.). L'État hittite, qui existe dès les environs de 1650, atteint son apogée avec Souppilouliouma (XIVe s. : textes de Tell al-Amarna) ; la capitale, Hattousha, témoigne de sa richesse, en partie foncière (noblesse) ; le régime est une monarchie militaire (chars) ; la religion, vive, témoigne d'un syncrétisme avancé (divinités indigènes et indo-européennes) ; elle alimente un art imposant. Le Mitanni n'est puissant qu'au XVe siècle. Au XIIe siècle arrivent de nouveaux envahisseurs : les Ioniens développent une civilisation de très haut niveau ; les Phrygiens créent une société où se côtoient Hittites et Thraces. Au VIe siècle, la riche Lydie des Mermnades domine l'Anatolie occidentale (voir cartes pp. 7 et 12).

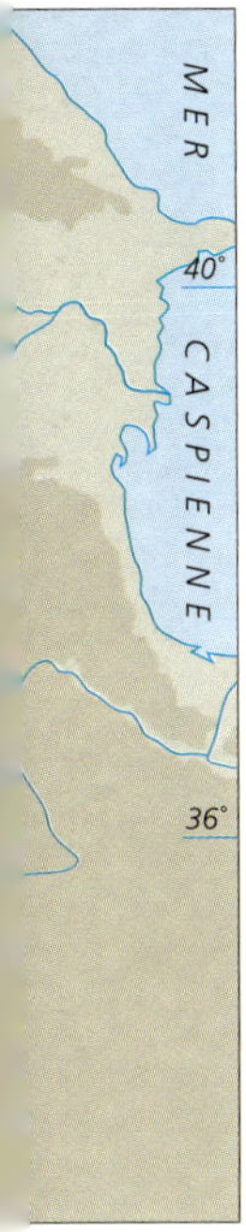

B. **D**ans l'Orient ancien, la médiocrité des conditions techniques explique l'importance du milieu naturel ; on distingue, du nord-est au sud-ouest, une bordure montagneuse (Zagros), une dépression irriguée par le Tigre et l'Euphrate (Croissant fertile) et un désert (Arabie). Les premiers cultivateurs sédentaires sont repérés dès le VIe millénaire (Éridou ; Our). Le critère linguistique ne donne aucune certitude concernant la civilisation de Sumer, la plus ancienne connue ; celle-ci apparaît au XXXIIe siècle, sous la forme de cités-États évoluant vers une monarchie d'abord militaire, puis théocratique ; le roi et les temples possèdent la terre, donnent son essor au commerce ; on utilise l'écriture cunéiforme ; la religion et la monarchie engendrent l'art. Une renaissance au XXIe siècle (Our) est précédée par l'installation dans le pays d'Akkad de conquérants sémites, archers venus des steppes d'Arabie ; ces nomades, sédentarisés, se constituent en royaume notamment sous l'influence de Sargon Ier d'Akkad (v. 2325 [?]). Leur postérité est assurée. Ayant d'abord connu un grand essor commercial grâce à ses échanges avec l'Anatolie, surtout dans sa partie cappadocienne (XIXe s.), l'Assyrie se militarise et domine un empire étendu (XIVe-XIIIe s.) ; la Babylonie, au contraire, se caractérise par son goût pour le commerce et les lois : code du roi Hammourabi (Hammou-rapi) [1792-1750]. Les XVIe-XVe siècles sont des « siècles obscurs ».

B. LA MÉSOPOTAMIE ANCIENNE

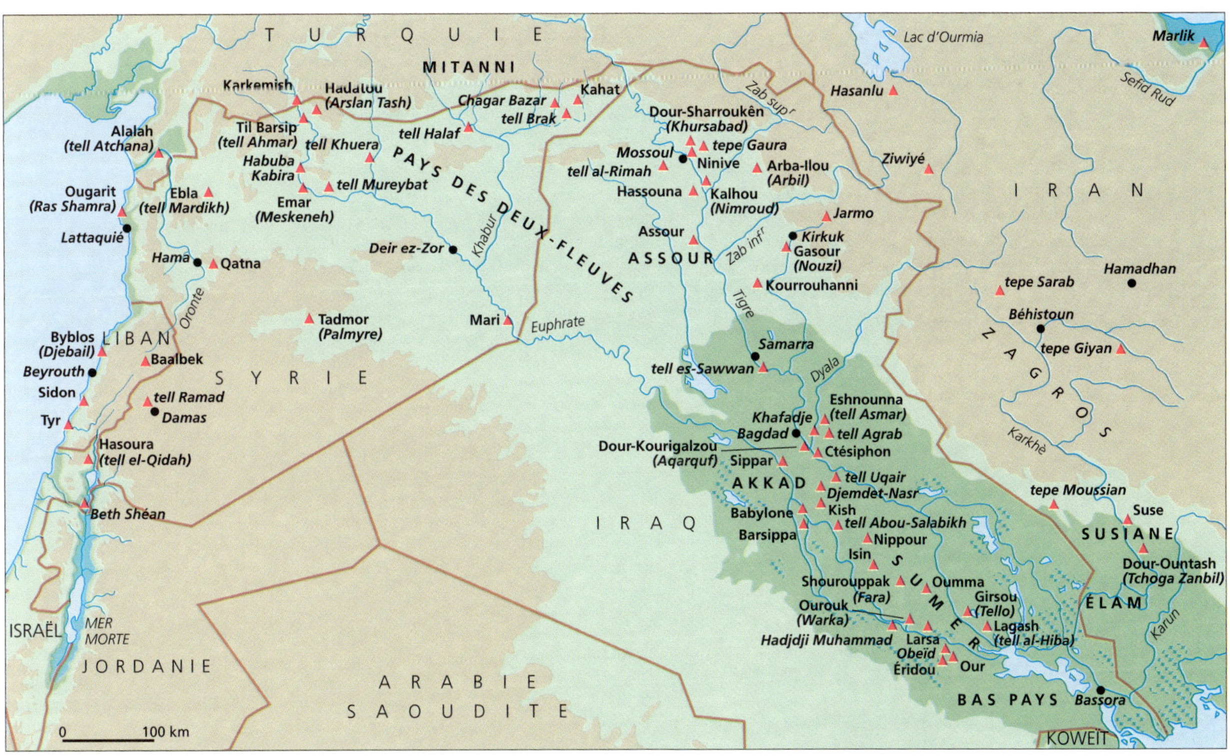

▲ Sites archéologiques

—— Frontières actuelles

Kourrouhanni **É L A M** Noms anciens

Djemdet-Nasr I R A N Noms modernes

Plus de 500 m
De 100 à 500 m
De 0 à 100 m
Régions au-dessous du niveau de la mer

A. L'ÉGYPTE ARCHÉOLOGIQUE

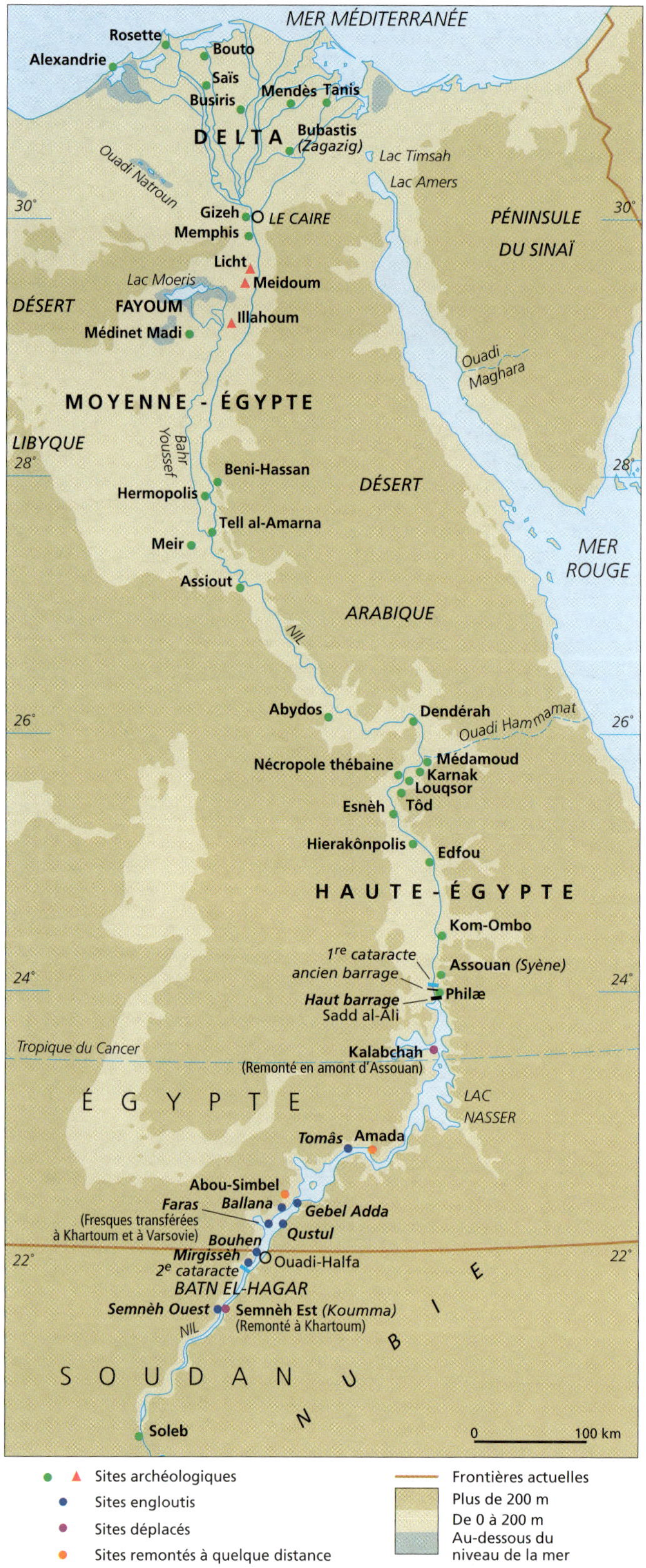

A. **L**'art égyptien atteint presque sa perfection dès l'*Ancien Empire*. Il exprime trois idées : majesté du pharaon, puissance des dieux, croyance en l'au-delà. Le caractère royal de cet art explique l'importance des capitales comme centres artistiques, Memphis et Thèbes ; il s'exprime dans les statues officielles (colosses de Ramsès II). L'aspect sacré est mieux représenté. La religion, polythéiste, est largement zoomorphe, et la magie joue un grand rôle (scarabées) ; sous le *Nouvel Empire*, la tentative d'Akhenaton en faveur d'Aton (le disque solaire) provoque la naissance de l'art de Tell al-Amarna (portraits de Néfertiti) ; mais, alors qu'Akhenaton échoue, on voit s'esquisser un syncrétisme entre le Rê d'Héliopolis et l'Osiris d'Abydos. Les créations sacrées les plus importantes sont les temples hypostyles de Karnak, reliés au sanctuaire de Louqsor par l'allée des Sphinx, et ceux d'Abou-Simbel. La liaison entre politique et religion est évidente dans le culte des morts, par le gigantisme des sépultures royales ;
sous l'Ancien Empire, aux *mastabas* (« bancs ») succèdent les pyramides de Saqqarah, puis de Gizeh ; sous le Nouvel Empire, les temples funéraires sont distincts des tombes : Vallée des Rois, Deir el-Bahari.
Le peuple est présent dans l'art égyptien, mais son rôle y est secondaire.

B. **D**u XVIe siècle au XIe siècle, quatre puissances dominent le Proche-Orient : l'Égypte, les Hittites, l'Assyrie et Babylone ; les autres cités ou royaumes sont soumis aux uns ou aux autres, sauf en de brefs moments d'indépendance.
Une première étape (XVIe-XVe s.) est marquée par la constitution d'un empire égyptien ;
l'Égypte domine déjà la Nubie, mais, en représailles contre les assauts des Hyksos, elle est amenée à pénétrer en Asie et à y demeurer ; pour y parvenir Ahmosis, Aménophis Ier et Thoutmosis Ier développent leur armée (chars et arcs légers) ; la conquête, accompagnée d'une activité diplomatique intense (tablettes de Tell al-Amarna et de Boğazköy), se heurte à l'État hourrite du Mitanni, qui résiste (XVe s.), puis s'effondre sous les coups conjugués des pharaons, des Hittites, des Assyriens.
Une deuxième étape (XIVe-XIIIe s.) est marquée par deux conflits parallèles. Le premier oppose Égyptiens et Hittites ;

B. L'ORIENT ANCIEN AU TEMPS DU NOUVEL EMPIRE (1580-1085 AV. J.-C.)

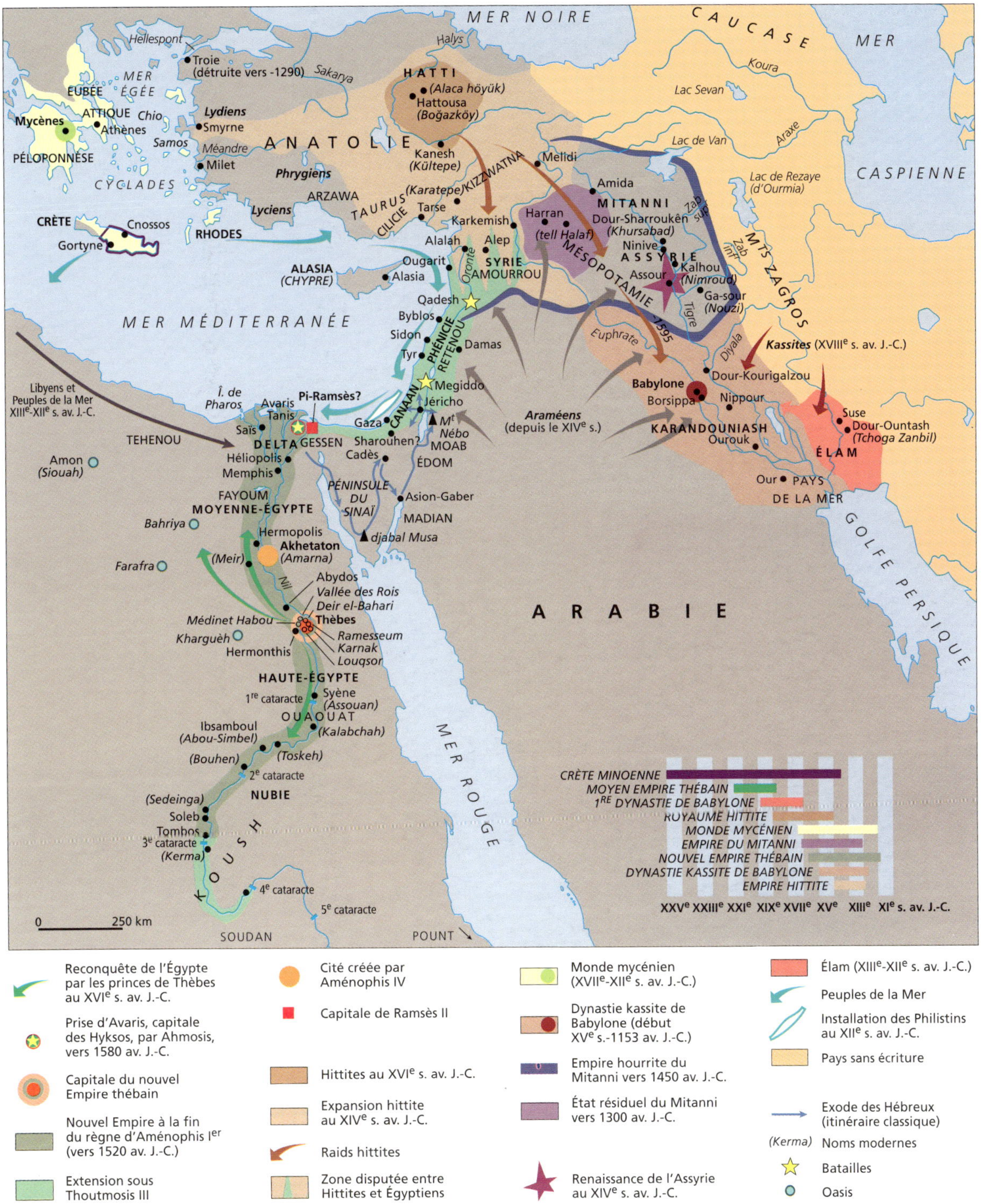

sous Aménophis III, un certain équilibre s'instaure (v. 1365), mais Souppiloulіouma relève la puissance des siens, domine Syrie, Phénicie, Mitanni ; Seti Ier, puis Ramsès II réagissent : Hittites et Égyptiens s'opposent à la bataille de Kadesh ; en 1284, la menace assyrienne contraint Hattousili III à traiter avec l'Égypte. L'Assyrie est précisément l'un des protagonistes du second conflit, qui l'oppose à Babylone ; un siècle de guerres indécises aboutit à quelque stabilité. À ce moment-là, le Proche-Orient est bouleversé par les Peuples de la Mer (v. 1191) ; les Phrygiens s'attaquent à l'Empire hittite, les Philistins menacent l'Égypte, qui les rejette mais ne peut les empêcher de se maintenir entre Gaza et le mont Carmel : le pharaon a perdu l'Asie.

A. LE PAYS DES HÉBREUX

RUBEN Les douze tribus au temps des Juges

L'unité du royaume au temps de David et de Salomon

Le royaume d'Israël

Le royaume de Juda

A. **P**euple sémitique, les Hébreux furent longtemps nomades ; après leur sortie d'Égypte, ils s'emparent de la terre de Canaan (XIIIe s.), « où ruissellent le lait et le miel » (Dt., XXVI, 9) : une plaine littorale précède deux lignes de collines – pauvres au sud (Judée, Samarie, Moab), plus riches au nord (Galilée) –, qui encadrent le désert de la mer Morte. Leur histoire politique (Juges, chefs des douze tribus, puis monarchie dès le Xe siècle avec David et Salomon) intéresse moins que leur apport religieux. La Bible fait connaître un Dieu unique, Yahvé, qui a conclu alliance avec le peuple d'Israël ; les prophètes, surtout après la perte de l'indépendance, sont les gardiens jaloux de cet héritage extraordinaire : le monothéisme.

B. L'ASSYRIE. EXPANSION MAXIMALE. VIIIe - VIIe SIÈCLE AV. J.-C.

B. **Du** IXe au VIIe siècle, l'Assyrie ne vit que pour la guerre et se constitue ainsi un empire immense. Sous Assour-nâtsir-apli II (à tort Assournazirpal II) [883-859], elle attaque vers la mer Noire au nord, la Méditerranée à l'ouest et la Babylonie au sud ; avec Téglath-Phalasar III (Toukoulti-apil-ésharra III) [746-727], elle est presque à son apogée, ayant vaincu l'Ourartou, les Araméens (Syrie), l'Élam, la Samarie. Cette conquête a été rendue possible grâce à une armée bien équipée (arc, lance, épée longue), bien organisée (infanterie, chars, cavalerie pour les nobles ; la poliorcétique est devenue une science). Le palais de Sargon II (722-705) à Khursabad est l'heureux témoin de cette grandeur : il se caractérise par le gigantisme architectural, l'abondance ornementale, cependant que Ninive offre le luxe de ses reliefs ciselés. Fin lettré et roi cruel, Assourbanipal (Assour-bân-apli) [669-v. 630] détruit Thèbes d'Égypte en 663 : jamais l'armée d'Assour n'a été aussi loin de ses bases. Mais Babylone et les Mèdes forment une coalition et, en 612, prennent et anéantissent Ninive.

A. PHÉNICIENS ET CARTHAGINOIS

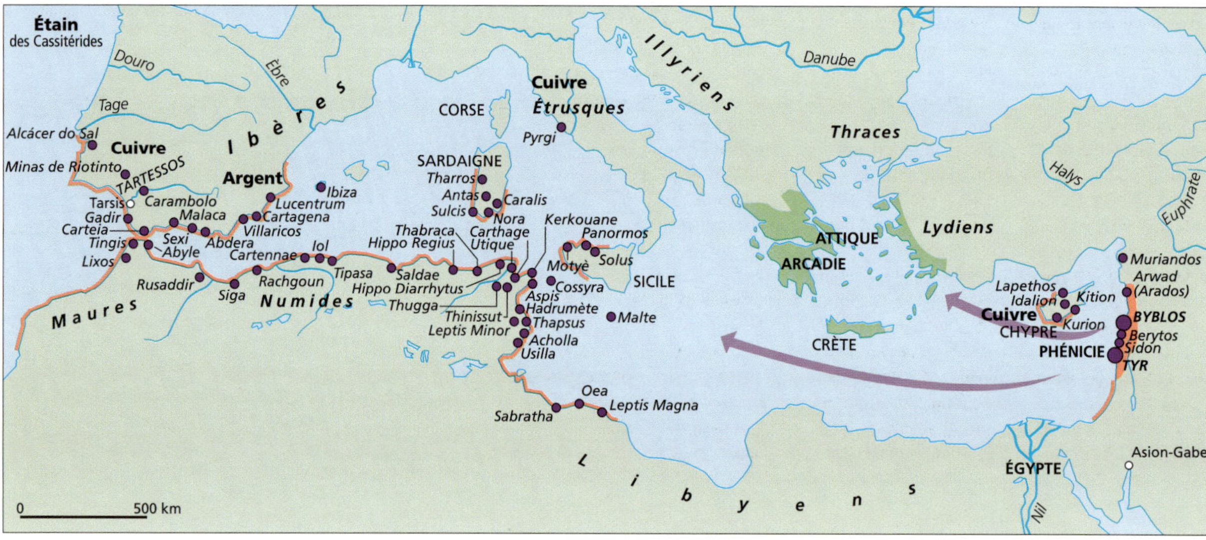

Villes ou comptoirs

Métropoles

Expansion phénicienne

Le monde grec au IXe s. av. J.-C.

B. L'EMPIRE ACHÉMÉNIDE

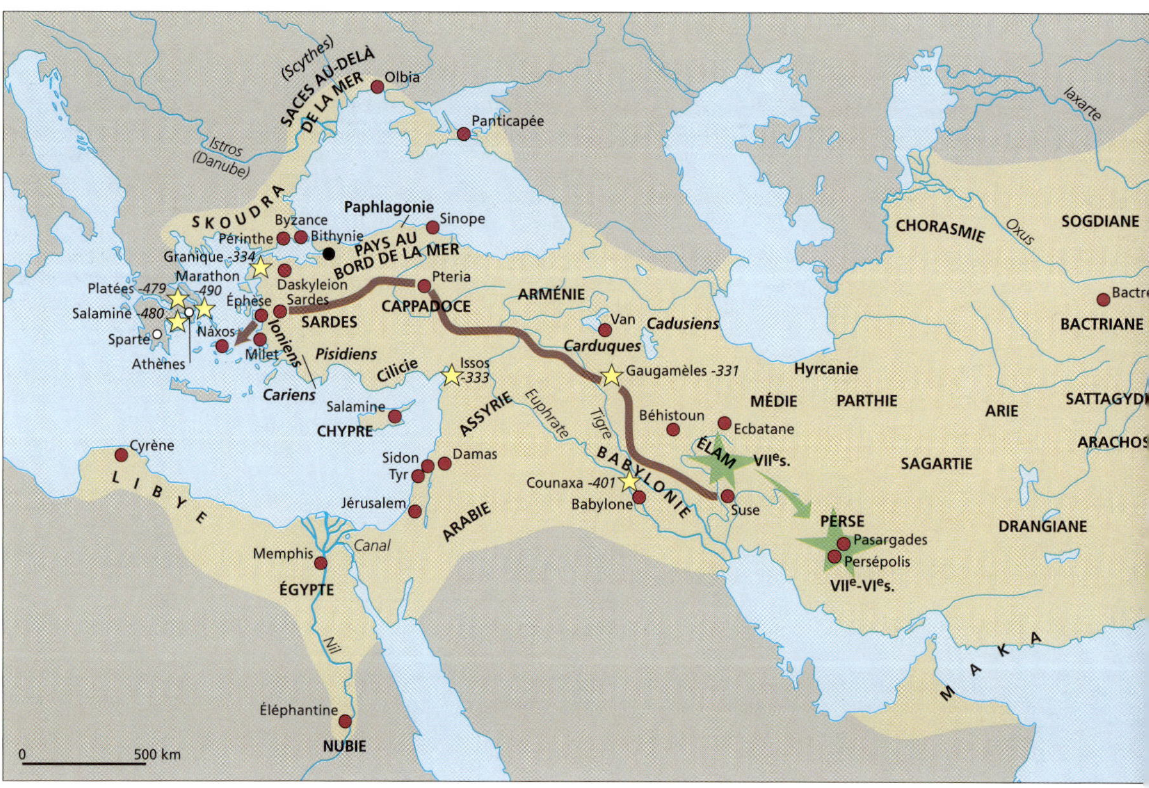

Centre du pouvoir achéménide

Extension maximale de l'Empire achéménide

ASSYRIE Satrapies de Darios Ier et de Xerxès Ier 1re moitié du Ve siècle av. J.-C. (d'après les inscriptions de Béhistoun et de Persépolis)

Route royale

A. **L**es Phéniciens (pour Carthage, voir cartes pp. 20 et 224) sont des Sémites du groupe cananéen. Ainsi qu'en témoignent les tablettes de Ras Shamra (XIVe-XIIIe s. av. J.-C.) découvertes sur le site de l'antique Ougarit, leurs cités sont gouvernées par des rois : on connaît également, au Xe siècle, Hiram de Tyr. Paysans d'abord, ils sont ensuite « ces marins rapaces qui, dans leur noir vaisseau, ont mille camelotes » (*l'Odyssée,* XV, 415). Byblos assure les relations avec l'Égypte (cèdre du Liban contre blé, papyrus) ; en Orient, on vend des produits de luxe (parfums, verrerie, bijoux, étoffes de pourpre). Tyr et Sidon s'adonnent à un commerce plus lointain avec la Sicile, l'Afrique, l'Espagne, pour y échanger des produits de luxe contre des métaux (Espagne), de l'ivoire (Afrique), des esclaves. Partout, ils répandent leurs établissements : à Chypre dès le IXe siècle, à Rhodes au VIIe siècle ; dans l'Ouest méditerranéen surtout après la fondation d'Utique et de Carthage, d'où ils diffusent hommes, produits et cultes principalement agraires, au-delà même des Colonnes d'Hercule (aujourd'hui détroit de Gibraltar). On attachera davantage d'importance à la plus extraordinaire des inventions de ce peuple : l'*alphabet.*

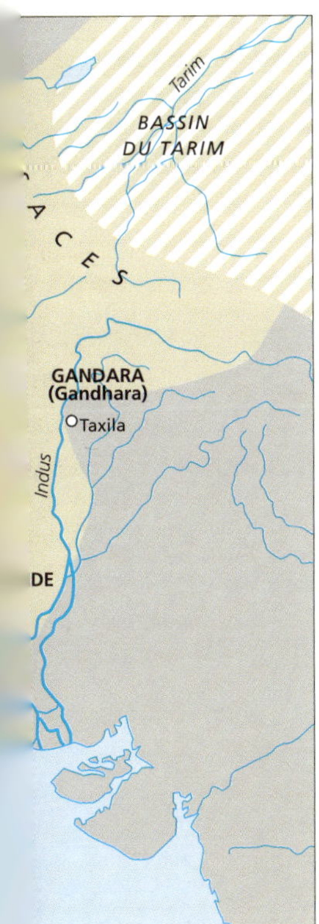

Batailles

B. **M**èdes et Perses sont des conquérants indo-européens arrivés peut-être dès le IIe millénaire en Iran (traces d'habitat en Susiane dès le IVe millénaire). Cyrus II (v. 553-530) les organise ; vers l'ouest, il conquiert la Lydie (prise de Sardes en 547 ou 546), toute l'Asie Mineure (v. 540), la Mésopotamie (chute de Babylone en 539) ; à l'est, il étend son influence jusqu'à l'Indus. Outre qu'elle émane de sa personnalité, sa force repose sur la souplesse de la domination perse et l'unité morale des conquérants ; c'est le temps où se développe le mazdéisme de Zarathushtra (Zoroastre), dont les mages sont les prêtres : telle est la religion officielle ; le roi, porteur d'un charisme que la victoire concrétise, rend la justice depuis son palais (il en a plusieurs ; le principal est à Suse). Cambyse II (530-522) ajoute l'Égypte (525) et la région de Cyrène à cet héritage. Darios Ier (522-486), après avoir réprimé une révolte en Babylonie, en Élam et en Perse même, mène campagne jusqu'en Inde et chez les Scythes, puis ajoute la Thrace (Skoudra) à cet empire ; mais il est surtout un organisateur : il crée une administration centrale (langue unique, l'araméen), servie par la route royale de Sardes à Suse ; une vingtaine de satrapies sont des circonscriptions pour la collecte de l'impôt et le recrutement militaire. En 499, l'Ionie se révolte : ainsi débutent deux siècles de conflits gréco-perses (voir carte p. 12).

A. LE BASSIN MÉDITERRANÉEN DU IXe AU IIIe SIÈCLE AV. J.-C.

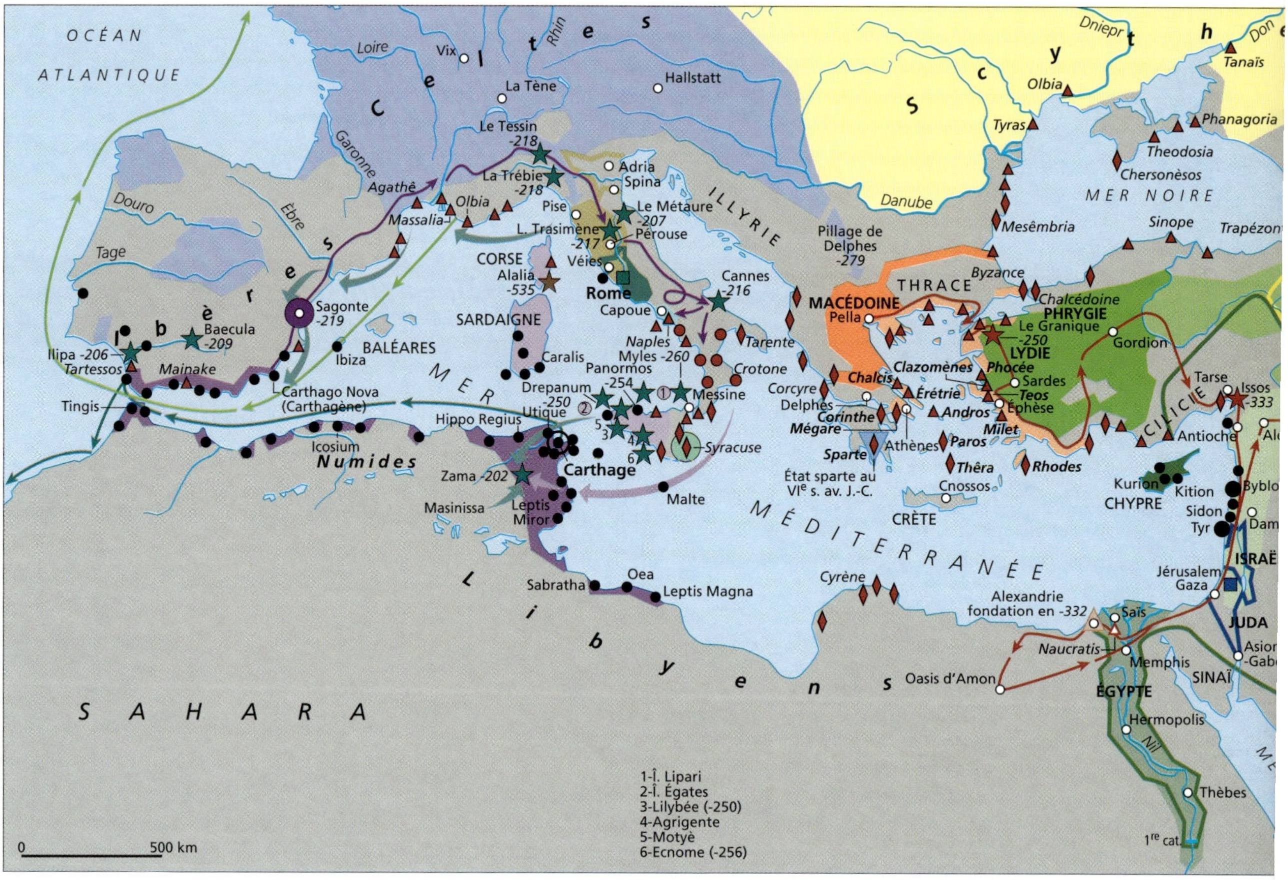

Orient ancien

- Extension maximale de l'Assyrie (VIIIe-VIIe s. av. J.-C.)
- Empire néobabylonien de Nabuchodonosor II (605-562 av. J.-C.)
- Hébreux
- Empire des Mèdes (milieu du VIe s. av. J.-C.)
- Royaume de Lydie (milieu du VIe s. av. J.-C.)
- L'Égypte à la période saïte (v. 663-525 av. J.-C.)
- Expansion phénicienne (IXe s.-VIe s. av. J.-C.)

Monde grec

- Expansion grecque du VIIIe au VIe s. av. J.-C.
- *Milet* Cités mères
- Colonies ioniennes
- Colonies doriennes
- Colonies achéennes
- Comptoirs grecs
- 1re Confédération athénienne (477-76 à 404 av. J.-C.)
- Royaume de Philippe de Macédoine (359-336 av. J.-C.)
- Itinéraire d'Alexandre (334-323 av. J.-C.)
- Batailles

Carthage

- Pertes subies par Carthage après la 1re guerre punique
- Carthage après la 1re guerre punique (v. 237 av. J.-C.)
- Siège de Sagonte par Hannibal (219 av. J.-C.)
- Itinéraire présumé d'Hannibal de 218 à 203 av. J.-C.
- Batailles et combats
- Manœuvres des Romains
- Expédition d'Hannibal vers l'Afrique (203 av. J.-C.)

Étrusques

- Domaine étrusque au Ve s. av. J.-C.
- Bataille
- Rome en 509 av. J.-C.
- Domaine de Rome en 298 av. J.-C.
- Syracuse au temps de Denys Ier l'Ancien (405-367 av. J.-C.)
- 1er voyage d'Hannon (milieu du Ve s. av. J.-C.)
- Voyage de Pythéas vers 350 av. J.-C.

A. **D**u IXe au IIIe siècle, les secteurs est et ouest du bassin méditerranéen ont eu des destins différents. En Orient, des monarchies existent de longue date : Assyrie (Assourbanipal, VIIe s.) et Babylone (Nabuchodonosor, VIe s.), sans oublier l'Égypte ; toutes succombent, et le fait majeur de la période est l'unification de la région, sous la domination perse d'abord (Cyrus II, v. 555-530 ; Darios Ier, 522-486). En Grèce, malgré l'opposition aristocratique (Sparte), la démocratie athénienne réussit un moment à dominer la scène (ligue de Délos, 477-404) ; mais la Macédoine lui impose son influence (Philippe II, 359-336), puis détruit l'Empire perse (Alexandre, 336-323 ; monarchies hellénistiques). L'Occident n'est pas encore au niveau de ces grandes constructions ; la puissance romaine, établie sur l'Italie (272, prise de Tarente), est mise en balance par celle de Carthage, puis l'emporte (guerres puniques : 218-201 ; 149-146). Au nord, les Celtes sont trop divisés pour régner.

A. L'EXPANSION GRECQUE À L'ÂGE CLASSIQUE

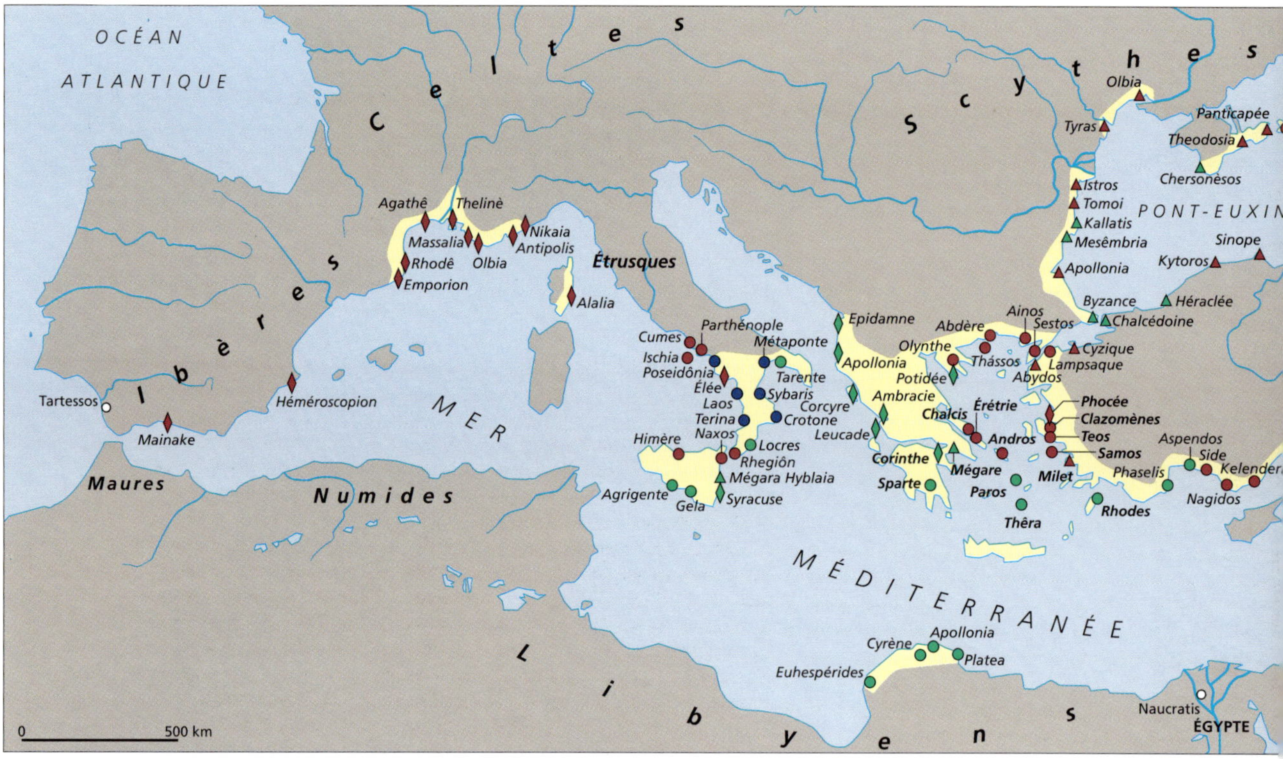

Colonies ioniennes
- ▲ d'origine phocéenne
- ♦ d'origine milésienne
- ● d'origines diverses

Milet Cités mères

Colonies doriennes
- ▲ d'origine corinthienne
- ♦ d'origine mégarienne
- ● d'origines diverses

Mégare Cités mères

● **Colonies achéennes**

○ Comptoirs

A. **L**a colonisation est un moment privilégié de « l'aventure grecque » (P. Lévêque). L'exemple avait été donné par les Mycéniens, les Phéniciens, Ulysse ; on se demande encore si la cause principale en est la faim de terres ou l'intérêt commercial, mais il est sûr que ce mouvement a été facilité par des progrès dans l'art militaire et par le clergé de Delphes. On distingue deux grandes vagues de colonisation. Pour la première (v. 775-v. 665), les considérations agricoles semblent avoir prédominé ; les métropoles sont des cités de l'Isthme et de l'Eubée ; les pays de destination sont en Grande-Grèce (Syracuse est une colonie de Corinthe ; Sélinonte et Mégara Hyblaia sont des colonies de Mégare ; Chalcis fonde Naxos, Cumes, Rhegiôn et Zancle). Les préoccupations commerciales ont dû avoir plus d'importance pour la seconde étape (v. 675-v. 550) ; cette fois, les métropoles sont en Grèce propre et en Asie Mineure ; les terres de colonisation sont la Gaule, l'Espagne, l'Afrique, la Thrace, le Pont (Phocée fonde Marseille, et Thêra Cyrène ; Milet essaime autour du Pont-Euxin). Les colons sont des jeunes aventuriers menés par un *œkiste* (fondateur) promis au destin de demi-dieu ; un enrichissement rapide permet une civilisation brillante sans que soient rompus les liens avec la métropole.

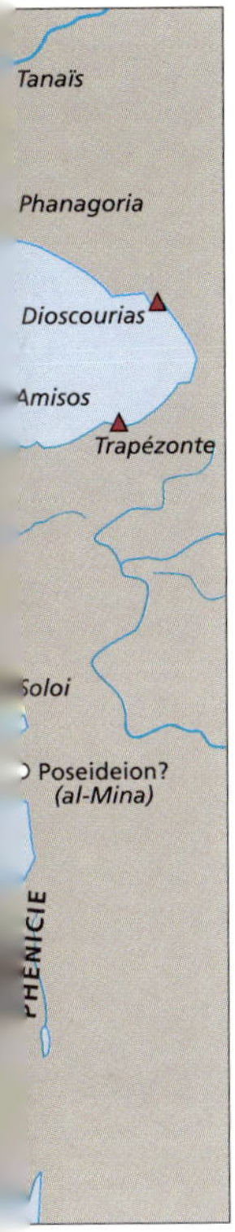

B. **Les** guerres médiques ont pour origine la révolte de l'Ionie (499-494 av. J.-C.), dont les cités refusaient de subir la tyrannie. Irrité par ce soulèvement et par la participation d'Athènes et d'Érétrie à l'incendie de Sardes, le roi des Mèdes et des Perses, Darios Ier, écrasa les Ioniens à Ladé et soumit Milet en 493. Puis il décida de réduire la Grèce en satrapie. Une première expédition navale en Thrace et en Macédoine ayant échoué en 492, il en organisa une seconde, qui détruisit Naxos et Érétrie avant d'être vaincue à Marathon par Miltiade. La première guerre médique était terminée. La seconde fut entreprise par Xerxès, en 480. Ayant franchi l'Hellespont sur un pont de bateaux, traversé les Thermopyles (malgré le sacrifice de 300 Lacédémoniens) et effacé ainsi la possible défaite navale de l'Artémision, le grand roi incendia Athènes, préalablement évacuée par Thémistocle. Mais, grâce à la flotte que l'argent des mines du Laurion lui avait permis de construire, celui-ci remporta à Salamine une victoire navale décisive, qu'Aristide compléta sur terre à Platées en 479. Les Athéniens reprirent alors l'offensive, à Mycale, en 479 et à Sestos, en 478 (voir cartes pp. 14, 16 et 17).

B. LES GUERRES MÉDIQUES

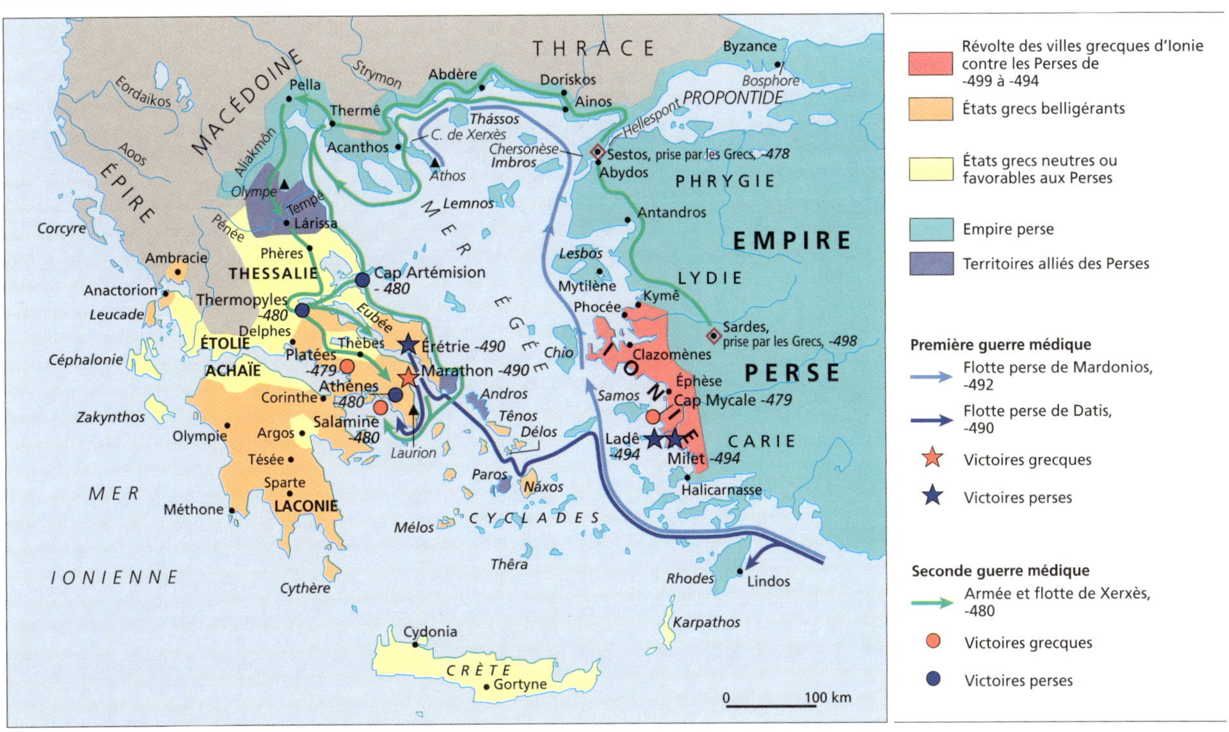

A. LA GRÈCE AU Ve SIÈCLE AV. J.-C.

A. **N**é à la suite des guerres médiques, l'impérialisme démocratique d'Athènes fait l'unanimité chez les négociants et les prolétaires. On distingue trois phases. En 477, Aristide crée la ligue de Délos (île qui abrite l'assemblée fédérale et le trésor) ; Athènes commande l'armée et installe des clérouquies (colonies militaires), notamment en Thrace. En 454, l'alliance devient empire : la gestion du trésor, transféré sur l'Acropole, passe à l'*ecclésia* d'Athènes ; de nouvelles clérouquies sont installées sur la route des Détroits : Eubée, Asie Mineure, Thrace. Mais la guerre du Péloponnèse (431-404) oppose à Athènes, cité ionienne et démocratique, l'aristocratique Sparte, ville dorienne ; après des péripéties complexes, un gouvernement oligarchique est installé en 404 à Athènes ; celle-ci ne s'en remet pas et, malgré l'implantation de nouvelles clérouquies (nord de l'Égée) et une seconde confédération (378-338), l'Empire athénien est ruiné (guerre des Alliés : 357-355).

B. LE MONDE GREC DU VIe AU IIIe SIÈCLE AV. J.-C.

Grecs et Perses

- Révolte des Grecs d'Asie contre les Perses de -499 à -494
- Batailles des guerres médiques, de -490 à -479

Grande-Grèce et Sicile, VIe siècle av. J.-C.

- Influence grecque
- Influence punique
- Influence étrusque

- Victoires grecques
- Expédition de Carthage contre la Sicile, -406 à -405
- Domaine de Syracuse au temps de Denys Ier l'Ancien, -405 à -367

Guerre du Péloponnèse, -431 à -404

- Extension de l'empire athénien avant la guerre du Péloponnèse

Guerre de Périclès, -431 à -429

- Révolte de Corcyre, colonie de Corinthe
- Siège de Potidée par Athènes, -432 à -429
- Expéditions de la flotte athénienne de -432 à -430

De -429 à -404

- Expédition d'Alcibiade contre Syracuse, -415 à -413
- Autres expéditions
- Batailles
- Neutres

- Sparte et la ligue du Péloponnèse
- Alliés de Sparte
- Expéditions spartiates de -431 à -421
- Expéditions spartiates de -415 à -404

La Grèce de la fin du Ve s. à la fin du IIIe s. av. J.-C.

- Royaume de Philippe II de Macédoine, -359 à -336
- Conquête romaine IIIe-IIe s. av. J.-C.
- Batailles

B. **Hom**ère nous fait connaître une Grèce gouvernée, aux IXe et VIIIe siècles, par des rois ; à ceux-ci succèdent des régimes aristocratiques, eux-mêmes en crise au VIe siècle : l'enrichissement général, l'apparition de l'hoplite font perdre leur rôle aux nobles, supplantés par des tyrans (les Cypsélides à Corinthe ; Pisistrate à Athènes) ou des législateurs (Solon, Clisthène à Athènes). Après les guerres médiques (voir carte p. 15), s'ouvre le temps des hégémonies ; chaque cité, poussée par son impérialisme propre, domine à son tour la scène. Athènes, d'abord, unit la puissance politique (voir carte p. 16), la richesse et la civilisation la plus brillante ; au temps de Périclès (444/443-429), elle est l'« école de la Grèce » (Thucydide, II, 41) : Hérodote vient d'Halicarnasse, Myron d'Éleuthères et Hippocrate de Cos. Après l'hégémonie de Sparte (404-371) et celle de Thèbes (371-362), marquée par les victoires d'Épaminondas sur les Lacédémoniens, le temps des cités est révolu : entretenant dans Athènes même un parti à sa dévotion, Philippe de Macédoine (359-336) étend sa domination sur la Grèce lorsqu'il écrase les démocraties à Chéronée (338). Son successeur, Alexandre (336-323), n'a plus à se préoccuper de la Grèce (voir cartes pp. 18 et 19).

A. L'EMPIRE D'ALEXANDRE ET LES DÉBUTS DU MONDE HELLÉNISTIQUE

Itinéraire d'Alexandre, 334 à 324 av. J.-C.

Itinéraire de Cratère, 325 av. J.-C.

Expédition maritime de Néarque, 325 av. J.-C.

Batailles

Sièges

Villes fondées par Alexandre

Limites de l'Empire d'Alexandre

B. LE MONDE HELLÉNIQUE ET HELLÉNISTIQUE AU LENDEMAIN DE LA PAIX D'APAMÉE (188 AV. J.-C.)

- Paix d'Apamée Kibôtos (-188)
- Limites probables des États hellénistiques au lendemain de la paix d'Apamée, 188 av. J.-C.
- Cités et ligues grecques
- Cités grecques d'Égypte
- Fondations d'Alexandre
- Fondations de Séleucos Ier
- État gréco-bactrien, de -250 à -130
- Et son expansion, de -185 à -130
- Régions soumises à Rome en 188 av. J.-C.
- Conquête romaine de la Macédoine, de 216 à 148 av. J.-C.
- *-129* Annexions romaines
- Batailles

A. **Pour** réaliser des exploits héroïques sur les traces de Dionysos et achever les guerres médiques, Alexandre, grâce à la phalange et à la cavalerie macédoniennes, élargit le monde connu. Après la conquête de l'Orient méditerranéen, marquée par les victoires du Granique en 334 et d'Issos en 333, il fonde Alexandrie, s'empare des capitales perses (Gaugamèles, 331), pousse jusqu'à l'Indus, qu'il descend jusqu'à Pattala. Après un retour difficile, il meurt à Babylone (323). Alexandre s'est efforcé de diffuser la culture grecque ; il a permis que s'ouvre une période, longtemps décriée, aujourd'hui reconnue comme la « renaissance hellénistique » (Ch. Picard) ; mais sa construction politique se désagrège tandis que cette civilisation se développe. À la mort du conquérant, Perdiccas gouverne l'Orient, Antipatros l'Occident. En 321, à la mort de Perdiccas, un premier partage se fait à Triparadisos entre les *diadoques* (successeurs), Antipatros, Séleucos et Antigonos Monophtalmos. Après la bataille d'Ipsos (301), qui élimine Antigonos, l'Empire d'Alexandre est partagé entre Séleucos, Cassandre, Lysimaque et Ptolémée.

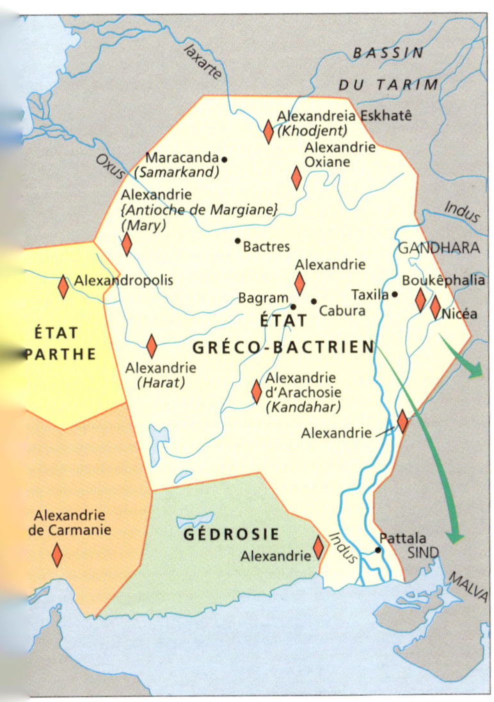

B. **Après** la deuxième guerre punique (218-201), Rome peut intervenir dans les affaires d'Orient, mais elle ne le fait que parce que le roi de Macédoine, Philippe V (221-179), la provoque en s'alliant avec Hannibal. À deux reprises, ce souverain sauve son royaume, mais, moins heureux, son fils et successeur, Persée, est vaincu à Pydna. Conquise en 168, la Macédoine devient province romaine en 148. La Syrie résiste plus longtemps : l'ambition d'Antiochos III Mégas (223-187) effraie Rhodes et Pergame, qui appellent Rome ; ce souverain séleucide est battu par les Scipions à Magnésie du Sipyle (189) et perd toute l'Asie Mineure au traité d'Apamée (188) ; puis Antiochos IV Épiphane (175-164/163) doit faire face à une révolte juive animée par les Maccabées ; en 141 les Parthes Arsacides s'emparent de la Babylonie ; à Pompée revient la tâche de réduire en province ce qui reste de la Syrie (65/64). À son tour, la riche Égypte attire d'autant plus Rome que, politiquement, elle est en complète décadence ; quand Octave l'emporte à Actium (31), Cléopâtre se suicide, et l'Égypte entre dans le monde romain (30 av. J.-C.).

A. LA Ire GUERRE PUNIQUE

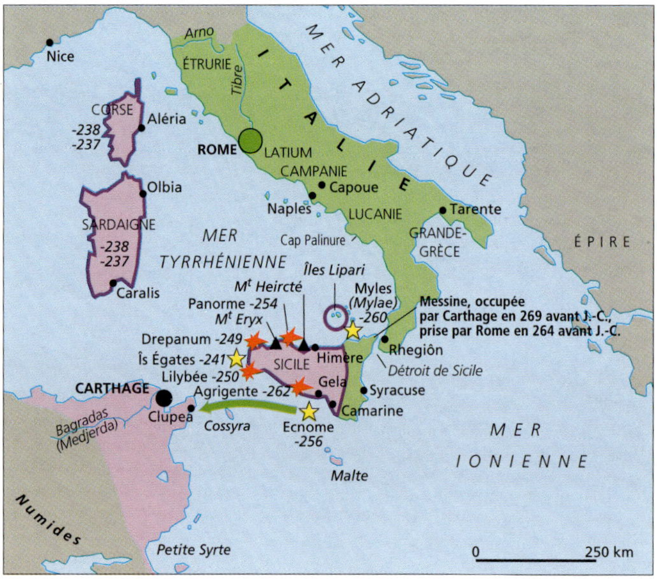

Carthage et les régions soumises à son influence en 264 av. J.-C.

Rome et les régions soumises à son influence en 264 av. J.-C.

Batailles navales

Combats

Expédition de Regulus en Afrique 256 à 255 av. J.-C.

Pertes subies par Carthage après la 1re guerre punique de 241 à 237 av. J.-C.

A. **L**'enjeu de la première guerre punique (264-241) est la Sicile. Maîtresse de cette île, l'aristocratique Carthage a des atouts importants (domaine agricole ; surtout marine et commerce), mais elle abandonne sa défense à des mercenaires ; face à ceux-ci, les soldats-paysans de Rome, pauvres et avides (ils expriment leur bellicisme aux *comices centuriates* contre un sénat prudent), poussent à l'intervention en faveur des mercenaires campaniens installés à Messine (contrôle du détroit). Après des succès initiaux qui montrent son adaptation à la mer (prise d'Agrigente en 262, victoire de Duilius à Myles en 260, débarquement de Regulus près de Clupea en Afrique en 256), Rome se heurte à des difficultés (échec en Afrique, défense de la Sicile par Hamilcar Barca, combat de Drepanum) ; mais un dernier sursaut (victoire des îles Égates) lui permet d'imposer un traité à Carthage, qui perd la Sicile, puis, après une révolte de ses mercenaires en Afrique, la Corse et la Sardaigne.

B. LA IIe GUERRE PUNIQUE

B. **L**a domination en Méditerranée occidentale est l'enjeu de la deuxième guerre punique (218-201). Fort des richesses ibériques, espérant les alliances gauloise et campanienne, Hannibal, après avoir pris Sagonte (219), gagne les Alpes et, grâce à ses mercenaires, remporte une série de victoires en Italie (le Tessin, la Trébie, 218 ; le lac Trasimène, 217 ; Cannes, 216). Mais il hésite (« délices de Capoue ») ; Rome se renforce, contre-attaque en Espagne ; au Métaure, l'armée d'Hasdrubal est détruite (207). Critiqué par le parti pacifiste des Hannon, Hannibal est vaincu à Zama (202) par Scipion, allié à Masinissa. Carthage accepte un traité qui, désarmant, la livre à la merci de Rome.

Carthage

Carthage après la 1re guerre punique (vers 237 av. J.-C.)

Conquêtes de la famille des Barcides en Espagne à partir de 238 av. J.-C.

Fondations puniques en Espagne

Itinéraire présumé d'Hannibal de 218 à 203 av. J.-C.

Siège de Sagonte par Hannibal en 219 av. J.-C.

Batailles

Tentative de Philippe V de Macédoine pour venir en aide à Hannibal, 215-214 av. J.-C.

Expédition d'Hannibal vers l'Afrique en 203 av. J.-C.

Marche d'Hastrubal vers l'Italie 208-207 av. J.-C.

Manœuvre de Magon 205-203 av. J.-C.

Rome

Rome et l'extension de la puissance romaine en 218 av. J.-C.

Manœuvres des Romains

Intervention de Masinissa lors de la bataille de Zama 202 av. J.-C.

Domaine de Marseille

C. LE MONDE CELTIQUE

C. **L**es Celtes sont des Indo-Européens dont l'origine précise demeure mystérieuse ; on les cerne pour la première fois avec précision dans l'actuelle Autriche : la civilisation de Hallstatt dure de 800 à 500 av. J.-C. env. *(tumuli)* ; puis, jusqu'à l'ère chrétienne, c'est le site de La Tène (Suisse) qui sert de référence (tombes à fosse, épées longues, bijoux). Durant le Ier millénaire av. J.-C., ils émigrent par petits groupes, qui dominent, sans les éliminer, les populations vaincues, et se constituent en une sorte de « tribu royale des chefs » (T.G.E. Powell), contribuant à créer des peuples mixtes. Présents dans les régions alpines et danubiennes (Boïens de Bohême, Gaulois de Cisalpine), ils gagnent le nord de la Gaule (civilisations de Hallstatt et, aux Jogasses, de La Tène) ; de là, ils passent en Bretagne ; vers le sud, ils deviennent Celtibères en Espagne et à l'ouest du Rhône (Ensérune), Celto-Ligures à l'est du fleuve (Entremont) ; les plus audacieux se sont établis en Anatolie, en 275/274 (Galates). Pour les anciens, ils étaient surtout des guerriers et aussi des hommes très pieux, honorant, dans les bois et sanctuaires, des dieux fort divers (personnages masculins, déesses mères, divinités animales) [L'économie est étudiée dans la notice de la carte des Celtes de Gaule p. 24].

A. L'ÉTRURIE

L'Étrurie

- ■ Cités étrusques (cités/États)
- ● Villes étrusques
- ◆ Agglomérations étrusques
- ▲ Centres étrusquisés
- ■ Cités latines étrusquisées
- ■ Cités grecques de Campanie
- ◉ Ports francs (commerçants grecs ou phéniciens)

A. **L'**Étrurie est limitée par l'Arno, le Tibre et le rivage de la mer Tyrrhénienne. Là vivait un peuple aux origines mystérieuses (langue inconnue), dont la civilisation a été jugée orientalisante ; on admet, en général, qu'il était composé d'indigènes (Méditerranéens) et d'Italiques (Indo-Européens) ; quant au caractère oriental de sa civilisation, certains pensent qu'il s'agirait en réalité d'une résurgence de la tradition méditerranéenne, alors que d'autres admettent des influences nées du commerce, voire une immigration réduite. Au VIe siècle, les Étrusques sont gouvernés par des tyrans ou des aristocraties et atteignent alors leur apogée : en politique, ils constituent une dodécapole, dont le centre est au *fanum Voltumnae* près de Volsinii, et étendent leur influence sur le Latium, la Campanie, la plaine du Pô ; dans le domaine économique, ils développent la métallurgie (fer de l'île d'Elbe, forges de Populonia et de Vetulonia, cuivre) ; dans le domaine culturel, les nécropoles de Tarquinia et de Caere (orfèvrerie, céramique, fresques) nous révèlent une civilisation de jouisseurs, tremblant surtout devant la mort.
Rome a largement subi l'influence étrusque.

B. LA CONQUÊTE ROMAINE DE L'ITALIE

Rome en 509 av. J.-C.

Prise de Véies, 396 av. J.-C.

Victoire gauloise, 390 av. J.-C.

Domaine de Rome en 298 av. J.-C., au début de la 3e guerre samnite

Régions soumises à Rome en 264 av. J.-C., au début de la 1re guerre punique

Extension de la puissance romaine en 201 av. J.-C., après la 2e guerre punique

Principales colonies au milieu du IIe s. av. J.-C.

Colonies romaines

Colonies de droit latin

B. **R**ome s'impose d'abord à ses voisins latins et étrusques (siège de Véies en 406-396), bien qu'elle soit vaincue en 390 sur l'Allia par les Gaulois. Les Samnites sont ensuite vaincus au terme d'une longue lutte (Sentinum, 295). Enfin, la conquête du sud de l'Italie s'achève avec la prise de Tarente (272). Les premières acquisitions (région centrale) constituent l'*ager romanus* (les cités y sont municipes, préfectures) ; le reste du pays est l'*ager sociorum* (colonies, cités fédérées ou libres).

A. LA GAULE VERS 60 AV. J.-C.

Éduens Peuples celtes	Lutetia Nom ancien	■ Colonie de citoyens romains
	(Paris) Nom moderne	● Principaux sites archéologiques préromains

A. **L**a Gaule transalpine (« au-delà des Alpes » pour les Romains) est constituée de deux ensembles : au sud-est, la « Province », conquise en 125/117, est flanquée sur la côte d'un chapelet de colonies grecques (Massalia [Marseille]) ; au nord-ouest, « la Gaule, dit César (I, 1), est [...] divisée en trois parties : l'une [...] est habitée par les Belges, l'autre par les Aquitains, la troisième par (les) [...] Celtes » (sur leur origine, voir carte p. 21). Dispersés en une soixantaine de tribus ayant pour centre un *oppidum* (place forte), ces derniers créent parfois des confédérations (« royaumes ») ; la religion des druides constitue le seul élément réel d'unité. Cependant, la Gaule possède une économie prospère : blé et orge y sont cultivés sur les domaines des nobles avec des instruments perfectionnés ; on y élève bovins et chevaux ; on y exploite les métaux et le bois des vastes forêts. Mais ces richesses attirent autant les Romains que les Germains (Suèves).

C. LE MONDE CELTIQUE

- ● Sites archéologiques
- **Vix** Sites importants
- Lyon Autres sites
- ***Boïens*** Peuples celtes
- Limite méridionale des expéditions celtes
- ☆ Batailles
- Voyage de Pythéas vers 300 av. J.-C. : aller / retour

C. **L**es Celtes sont des Indo-Européens dont l'origine précise demeure mystérieuse ; on les cerne pour la première fois avec précision dans l'actuelle Autriche : la civilisation de Hallstatt dure de 800 à 500 av. J.-C. env. *(tumuli)* ; puis, jusqu'à l'ère chrétienne, c'est le site de La Tène (Suisse) qui sert de référence (tombes à fosse, épées longues, bijoux). Durant le Ier millénaire av. J.-C., ils émigrent par petits groupes, qui dominent, sans les éliminer, les populations vaincues, et se constituent en une sorte de « tribu royale des chefs » (T.G.E. Powell), contribuant à créer des peuples mixtes. Présents dans les régions alpines et danubiennes (Boïens de Bohême, Gaulois de Cisalpine), ils gagnent le nord de la Gaule (civilisations de Hallstatt et, aux Jogasses, de La Tène) ; de là, ils passent en Bretagne ; vers le sud, ils deviennent Celtibères en Espagne et à l'ouest du Rhône (Ensérune), Celto-Ligures à l'est du fleuve (Entremont) ; les plus audacieux se sont établis en Anatolie, en 275/274 (Galates). Pour les anciens, ils étaient surtout des guerriers et aussi des hommes très pieux, honorant, dans les bois et sanctuaires, des dieux fort divers (personnages masculins, déesses mères, divinités animales) [L'économie est étudiée dans la notice de la carte des Celtes de Gaule p. 24].

A. **L'ÉTRURIE**

L'Étrurie

- Cités étrusques (cités/États)
- Villes étrusques
- Agglomérations étrusques
- Centres étrusquisés
- Cités latines étrusquisées
- Cités grecques de Campanie
- Ports francs (commerçants grecs ou phéniciens)

A. **L'**Étrurie est limitée par l'Arno, le Tibre et le rivage de la mer Tyrrhénienne. Là vivait un peuple aux origines mystérieuses (langue inconnue), dont la civilisation a été jugée orientalisante ; on admet, en général, qu'il était composé d'indigènes (Méditerranéens) et d'Italiques (Indo-Européens) ; quant au caractère oriental de sa civilisation, certains pensent qu'il s'agirait en réalité d'une résurgence de la tradition méditerranéenne, alors que d'autres admettent des influences nées du commerce, voire une immigration réduite. Au VIe siècle, les Étrusques sont gouvernés par des tyrans ou des aristocraties et atteignent alors leur apogée : en politique, ils constituent une dodécapole, dont le centre est au *fanum Voltumnae* près de Volsinii, et étendent leur influence sur le Latium, la Campanie, la plaine du Pô ; dans le domaine économique, ils développent la métallurgie (fer de l'île d'Elbe, forges de Populonia et de Vetulonia, cuivre) ; dans le domaine culturel, les nécropoles de Tarquinia et de Caere (orfèvrerie, céramique, fresques) nous révèlent une civilisation de jouisseurs, tremblant surtout devant la mort.
Rome a largement subi l'influence étrusque.

A. FORMATION ET PARTAGE DE L'EMPIRE CAROLINGIEN

A. **A**ugmentés de l'Alamannie et de la Provence, les vieux royaumes d'Austrasie, de Neustrie et de Bourgogne constituent le cœur du *Regnum Francorum* restauré en 751 par Pépin le Bref. Dès lors débute l'expansion du *Regnum* : extension sous le règne de Pépin (751-768) aux limites de l'ancienne Gaule, par l'incorporation de la Septimanie et de l'Aquitaine ; conquête par Charlemagne (768-814), à partir de son avènement, de régions d'Italie et de Germanie, dont l'annexion justifie la restauration à Rome de l'Empire en 800 ; ajustements territoriaux enfin aux confins slaves et hispaniques de l'Empire entre 800 et 814, période au cours de laquelle est achevée la mise en place d'un vaste glacis de marches : Espagne, Frioul, Pannonie, Bavière, pays des Danois, Bretagne. Ces grands commandements militaires ne peuvent d'ailleurs rendre imperméables les frontières carolingiennes aux raids de hardis aventuriers, et notamment à ceux des Normands, qui dévastent les côtes en 810 (Frise) et en 824 (Noirmoutier). Ainsi, à la mort de Charlemagne en 814, la survie de l'Empire apparaît-elle déjà menacée.

B. L'EXPANSION DU CHRISTIANISME DU IVᵉ AU XIVᵉ SIÈCLE

Régions évangélisées à la fin du IVᵉ siècle

Limite linguistique latin-grec

Progression du christianisme latin du IVᵉ au début du XIVᵉ siècle

Progression du christianisme oriental du IXᵉ au début du XIVᵉ siècle

Zones islamisées au début du XIVᵉ siècle

Abbayes

B. **L**imitée en 395 à l'Empire romain (voir carte p. 30), l'expansion du christianisme hors de ses frontières ne débute réellement qu'à la fin du VIᵉ siècle. Dans l'Europe du Nord-Ouest et du Nord, elle se fait pour l'essentiel à partir de Rome, dont les clercs évangélisent l'Angleterre dès 595 à l'instigation du pape Grégoire le Grand. En dépit de divergences avec les moines irlandais, liées à plus d'un siècle d'indépendance de l'Église d'Irlande, l'action de ces missionnaires romains est finalement relayée par celle de leurs disciples anglo-saxons. Avec l'aide des Carolingiens, la christianisation de la Germanie, ébauchée par les moines irlandais, est achevée au VIIIᵉ siècle et les missions atteignent la Scandinavie au IXᵉ siècle. En Europe orientale, le patriarcat de Constantinople intègre à la chrétienté les Bulgares au IXᵉ siècle, puis les Slaves orientaux au XIᵉ siècle ; mais il accepte difficilement que l'évangélisation des Moraves, œuvre des deux Byzantins Cyrille et Méthode, soit assurée à partir de 867 sous l'autorité de Rome. Gagnant aussitôt la Bulgarie, puis l'ensemble des Balkans, la compétition entre Constantinople et Rome s'exacerbe jusqu'au schisme de 1054. Outre ces divergences internes, qui ont depuis lors entériné la séparation de l'Orient orthodoxe et de l'Occident catholique, la chrétienté avait par ailleurs reflué devant l'Islam en Afrique, en Sicile et même en Espagne, malgré le maintien tenace de nombreuses communautés. À partir de 1096, les Occidentaux lancent des croisades afin de reprendre la Terre sainte à l'Islam. Avec la conversion de la Prusse et de la Lituanie, au XIVᵉ siècle, la plus grande partie de l'Europe est christianisée, mais l'unité de l'Église n'a pas survécu à cette expansion.

C. L'EMPIRE AU TEMPS D'AUGUSTE

Provinces sénatoriales
Provinces impériales
Division de l'Italie en régions (fin du Ier s. av. J.-C.)
Royaumes ou principautés « protégés » et territoires autonomes
Galatie : province en 25 av. J.-C.
Judée : province en 6 apr. J.-C.
Batailles
Paix de Brindes 40 av. J.-C.

C. **E**n 31 (bataille d'Actium), la guerre civile est terminée. Dès 27, Auguste impose un partage de l'Empire. Le Sénat conservait les provinces pacifiées, et donc désarmées, les plus riches (Asie, Achaïe, Bétique…) ; elles étaient gouvernées par un proconsul assisté, pour les finances, par un questeur. L'empereur gardait les provinces récemment annexées, moins riches et moins stables : les plus grandes, défendues par des légions (ex. : la Germanie, créée en 16 av. J.-C.), sont administrées par un légat impérial propréteur, secondé d'un procurateur financier ; les plus petites n'ont pour garnison que des auxiliaires (Alpes-Graies…) et sont laissées à deux procurateurs, l'un pour l'administration, l'autre, son subordonné, pour les finances. L'Égypte faisait exception : trop importante (blé), elle était en quelque sorte la propriété du prince, qui la confiait à un préfet, véritable vice-roi, assisté d'une administration fiscale complexe. Pour maintenir ce système, l'armée des guerres civiles était ramenée à 300 000 hommes : Auguste comptait sur la diplomatie (Parthes), organisait un réseau d'États clients plus faciles à défendre (Mauritanie, Cappadoce, Arménie).

A. ORGANISATION DE L'EMPIRE AU TEMPS DE DIOCLÉTIEN (284-305)

- Limites des provinces (tracé approximatif)
- Délimitation des préfectures

Préfecture d'Orient

Préfecture d'Illyrie

Préfecture d'Italie

Préfecture des Gaules

1 - Ligurie et Émilie
2 - Alpes-Maritimes
3 - Alpes-Graies-et-Pennines
4 - Viennoise
5 - Prévalitaine
6 - Thessalie
7 - Haemimont
8 - Hellespont
9 - Asie
10 - Lydie
11 - Pamphylie
12 - Augusta Libanensis
13 - Augusta Euphratensis

Empire des Sassanides depuis 224

Diocèses

d'Orient	d'Italie
de Pont	d'Espagne
d'Asie	d'Afrique
de Thrace	de Vienne
de Mésie	des Gaules
des Pannonies	des Bretagnes

A. **P**our résoudre les difficultés militaires causées notamment par les Germains et par les Perses (voir carte p. 29), Dioclétien crée la tétrarchie ; construction lentement élaborée, celle-ci vise à renforcer une autorité unique, alors que les responsabilités sont partagées entre deux « augustes », dont l'un est subordonné à l'autre, et deux « césars » destinés à leur succéder. Chaque tétrarque a une ville de résidence et gouverne un secteur géographique : en Orient, l'*auguste* Dioclétien (Asie, Égypte) vit à Nicomédie et son *césar* Galère (Balkans) à Sirmium ; pour l'Occident, l'*auguste* Maximien (Italie, Afrique, Espagne) demeure à Milan, et son *césar* Constance (Gaule, Bretagne) à Trèves. Secondant ces souverains, quatre préfets du prétoire sont responsables, chacun, d'une zone de l'Empire ; ces circonscriptions sont à leur tour divisées en douze ou treize diocèses (deux en Italie ?), gouvernés par des vicaires – la ville de Rome échappant toutefois à ce système, ainsi que les provinces proconsulaires d'Asie, d'Achaïe et d'Afrique, qui dépendent directement du prince. Enfin, les diocèses sont à leur tour partagés en plusieurs provinces : leur nombre, de quarante-huit, est porté à la centaine par l'éclatement des provinces les plus anciennes et les plus grandes et par l'adjonction de l'Italie.

A. ORGANISATION DE L'EMPIRE AU TEMPS DE DIOCLÉTIEN (284-305)

Limites des provinces (tracé approximatif)

Délimitation des préfectures

Préfecture d'Orient

Préfecture d'Illyrie

Préfecture d'Italie

Préfecture des Gaules

1 - Ligurie et Émilie
2 - Alpes-Maritimes
3 - Alpes-Graies-et-Pennines
4 - Viennoise
5 - Prévalitaine
6 - Thessalie
7 - Haemimont
8 - Hellespont
9 - Asie
10 - Lydie
11 - Pamphylie
12 - Augusta Libanensis
13 - Augusta Euphratensis

Empire des Sassanides depuis 224

Diocèses

d'Orient
de Pont
d'Asie
de Thrace
de Mésie
des Pannonies
d'Italie
d'Espagne
d'Afrique
de Vienne
des Gaules
des Bretagnes

A. **Pour** résoudre les difficultés militaires causées notamment par les Germains et par les Perses (voir carte p. 29), Dioclétien crée la tétrarchie ; construction lentement élaborée, celle-ci vise à renforcer une autorité unique, alors que les responsabilités sont partagées entre deux « augustes », dont l'un est subordonné à l'autre, et deux « césars » destinés à leur succéder. Chaque tétrarque a une ville de résidence et gouverne un secteur géographique : en Orient, l'*auguste* Dioclétien (Asie, Égypte) vit à Nicomédie et son *césar* Galère (Balkans) à Sirmium ; pour l'Occident, l'*auguste* Maximien (Italie, Afrique, Espagne) demeure à Milan, et son *césar* Constance (Gaule, Bretagne) à Trèves. Secondant ces souverains, quatre préfets du prétoire sont responsables, chacun, d'une zone de l'Empire ; ces circonscriptions sont à leur tour divisées en douze ou treize diocèses (deux en Italie ?), gouvernés par des vicaires – la ville de Rome échappant toutefois à ce système, ainsi que les provinces proconsulaires d'Asie, d'Achaïe et d'Afrique, qui dépendent directement du prince. Enfin, les diocèses sont à leur tour partagés en plusieurs provinces : leur nombre, de quarante-huit, est porté à la centaine par l'éclatement des provinces les plus anciennes et les plus grandes et par l'adjonction de l'Italie.

C. L'EMPIRE AU TEMPS D'AUGUSTE

C. **E**n 31 (bataille d'Actium), la guerre civile est terminée. Dès 27, Auguste impose un partage de l'Empire. Le Sénat conservait les provinces pacifiées, et donc désarmées, les plus riches (Asie, Achaïe, Bétique...) ; elles étaient gouvernées par un proconsul assisté, pour les finances, par un questeur. L'empereur gardait les provinces récemment annexées, moins riches et moins stables : les plus grandes, défendues par des légions (ex. : la Germanie, créée en 16 av. J.-C.), sont administrées par un légat impérial propréteur, secondé d'un procurateur financier ; les plus petites n'ont pour garnison que des auxiliaires (Alpes-Graies...) et sont laissées à deux procurateurs, l'un pour l'administration, l'autre, son subordonné, pour les finances. L'Égypte faisait exception : trop importante (blé), elle était en quelque sorte la propriété du prince, qui la confiait à un préfet, véritable vice-roi, assisté d'une administration fiscale complexe. Pour maintenir ce système, l'armée des guerres civiles était ramenée à 300 000 hommes : Auguste comptait sur la diplomatie (Parthes), organisait un réseau d'États clients plus faciles à défendre (Mauritanie, Cappadoce, Arménie).

B. PARTAGE À LA MORT DE CLOVIS (511)

Royaumes :

- de Thierry
- de Clodomir
- de Childebert Ier
- de Clotaire Ier
- Indéterminé
- ■ Capitales

B. « **C**onsidérant le *Regnum Francorum* comme un bien purement patrimonial », les quatre fils de Clovis : Thierry Ier (511-534), Clodomir (511-524), Childebert Ier (511-558) et Clotaire Ier (511-561), partagent son héritage en quatre lots équivalents. Comprenant chacun un quart des vieux pays francs au nord de la Loire et un quart de la riche Aquitaine au sud, les royaumes de Reims, d'Orléans, de Paris et de Soissons perdent leur unité territoriale. Seul le deuxième d'entre eux échappe à cet inconvénient que compense en partie le regroupement des quatre capitales au cœur du Bassin parisien.

C. PARTAGE À LA MORT DE CLOTAIRE (561)

C. **L**e nouveau partage du *Regnum Francorum* en 561 est remanié dès 567, après la mort de l'un des quatre fils de Clotaire Ier, le roi de Paris, Caribert. Quatre entités politiques nouvelles apparaissent alors progressivement : l'Austrasie de Sigebert Ier, la Bourgogne de Gontran, la Neustrie de Chilpéric Ier et l'Aquitaine également partagée entre chacun d'eux mais restée profondément gallo-romaine. Malgré le maintien dans l'indivision de Paris, la dislocation du *Regnum* est concrétisée par le transfert des capitales de Reims à Metz, d'Orléans à Chalon(-sur-Saône) et de Soissons à Tournai.

Royaumes :

- de Caribert
- de Sigebert Ier
- de Gontran
- de Chilpéric Ier
- Régions dépendant des Francs
- ■ Capitales

A. L'EMPIRE ROMAIN D'ORIENT À LA MORT DE JUSTINIEN (565)

L'Empire romain d'Orient à l'avènement de Justinien *(527)*	Limites de diocèse civil	Ghassan *(Ghassanides vassaux des Byzantins)*
	Attaques des Perses sassanides	
Conquêtes de Justinien	Batailles	Hira *(Lakhmides vassaux des Sassanides)*

A. **E**n consolidant la frontière danubienne, en mettant un terme en 532 au long conflit qui l'oppose à la Perse sassanide, l'empereur Justinien Ier (527-565) libère les forces qui vont lui permettre de reconstituer, autour de la Méditerranée, l'unité de l'Empire romain, replié depuis le ve siècle sur sa moitié orientale. En 533, une première expédition submerge l'Afrique, puis la Sardaigne, la Corse et les Baléares. Vaincus à Ad Decimum, puis à Tricamarum par Bélisaire, les Vandales disparaissent de l'histoire. Dès 535, une deuxième expédition déferle sur l'Italie. Pris en tenaille par les forces de Mundus et par celles de Bélisaire qui occupent alors respectivement la Dalmatie et la Sicile, les Ostrogoths ne sont définitivement éliminés par Narsès qu'en 554-555. Enfin, en 554, la dernière expédition, dirigée par Liberius, meurt sur les rivages de la Bétique et de la Carthaginoise. L'Empire romain paraît dès lors restauré dans sa plénitude méditerranéenne. La Dalmatie est rattachée à l'Illyricum ; les préfectures du prétoire d'Afrique et d'Italie sont rétablies ; les provinces de Sicile et d'Espagne sont reconstituées. En fait, l'œuvre est inachevée, donc fragile, puisqu'elle exclut la Mauritanie, l'Espagne intérieure et la Gaule.

A. LA CONQUÊTE DES GAULES

A. **E**n 58, les Helvètes demandent à César, alors proconsul des Gaules Cisalpine et Transalpine, l'autorisation de traverser rapidement la Transalpine. Il refuse. Les Helvètes s'enfoncent alors dans la Gaule indépendante. César, pour porter secours aux Éduens, entraîne ses légions à la rencontre des Helvètes et les bat sur la Saône. La même année, il est amené à débarrasser la Gaule du péril germanique, incarné par Arioviste. Il trouve bientôt un prétexte pour attaquer les Belges, qui s'effondrent (57). En 56, ses lieutenants occupent tout l'Ouest et le Sud-Ouest. César tente enfin de débarquer en Bretagne insulaire, mais échoue.

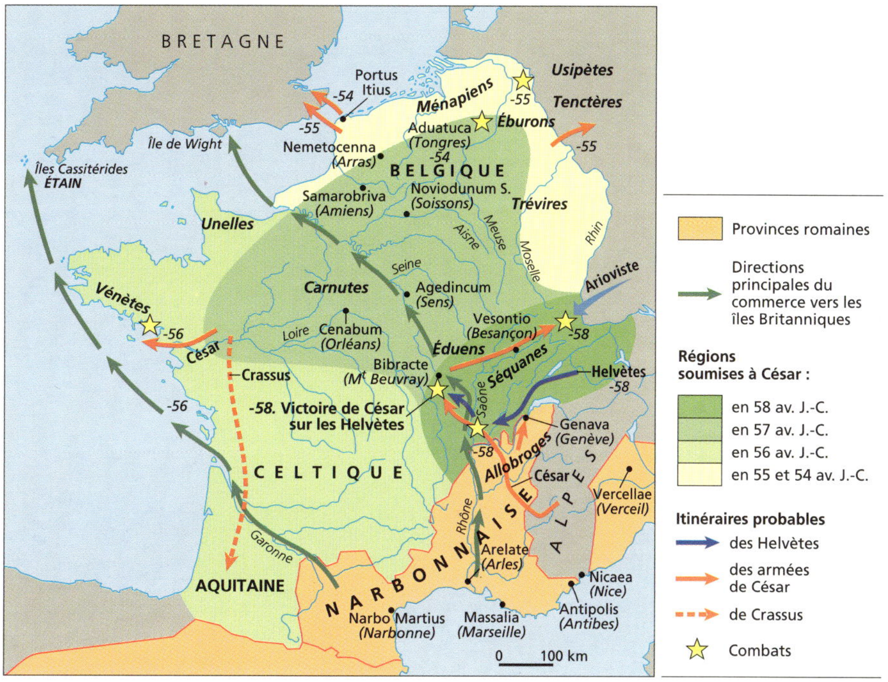

B. LA RÉVOLTE GAULOISE

B. **L**es opérations de César sur les confins septentrionaux de la Gaule ont été globalement médiocres. Si le général a conservé, à Rome, tout son prestige de conquérant, il n'en va pas de même en Gaule, où se fomentent des complots. En 54, une légion est attaquée chez les Éburons. La répression commence un an plus tard : les colonnes romaines dévastent l'Ardenne et les régions environnantes, avec l'aide occasionnelle d'aventuriers et même de troupes germaniques. En 52, le signal de la grande révolte est donné avec le massacre des commerçants romains établis à Cenabum, en pays carnute. Vercingétorix, qui avait accompagné un temps les troupes romaines, avec d'autres Gaulois « plus ou moins volontaires ou otages » (Albert Grenier), se distingue en tant que chef de la coalition des peuples en rébellion. César, rentré en hâte d'Italie, assiège Avaricum et y fait un carnage. Mais il subit un échec devant Gergovie, tandis que les Éduens, alliés de Rome, se rallient à la révolte. L'armée romaine doit battre en retraite vers la Province romaine. Harcelés par les cavaliers gaulois, les Romains les mettent en déroute et les poursuivent jusqu'à l'oppidum d'Alésia, où ils se sont enfermés et qui est bientôt investi. Après diverses péripéties et malgré l'arrivée d'une armée gauloise de secours, les assiégés doivent s'avouer vaincus.

B. LES CAMPAGNES DE CÉSAR

Rome avant le consulat de César 59 av. J.-C.

Campagnes de César

- Expédition d'Espagne -61
- Conquête des Gaules de -58 à -51
- Conquête de l'Italie en -49
- Retour vers l'Espagne -49
- 1re campagne d'Espagne -49
- Combats
- Colonies fondées par César
- 2e colonisation de Narbonne

Campagnes d'Orient :

- de Thessalie -48
- d'Égypte de -48 à -47
- contre Pharnace, roi du Pont -47
- Campagne d'Afrique -46
- Conquête de la Numidie -46
- 2e campagne d'Espagne -45
- ③ Refuge des pompéiens

B. **L**a conquête des Gaules, de 58 à 51 (v. carte p. 26), a été la première grande guerre menée par César, qui y gagne richesses et prestige. À Rome, la situation politique est instable, et, bien vite, une guerre civile va l'opposer à Pompée, champion de l'aristocratie conservatrice et que le sénat, inquiet des troubles, a nommé consul unique. Soutenu par une équipe d'officiers fidèles et par des soldats qui lui offrent leurs services gratuitement, César, après avoir hésité à s'engager dans un conflit, joue le tout pour le tout en franchissant le Rubicon (49). « Le sort en est jeté », dit-il (*Alea jacta est*). Il quitte ainsi la Cisalpine, dont le gouvernement ne lui a pas été prorogé, et pénètre en Italie où sa présence à la tête d'une armée est illégale. Cinq jours plus tard, Pompée s'enfuit précipitamment de Rome. Il parvient à Brundisium et s'embarque pour la Grèce. César occupe l'Italie puis gagne, par voie de terre, l'Espagne, où se sont réfugiés bon nombre de pompéiens. Il assiège Massalia révoltée, qui capitule. Vainqueur des pompéiens à Ilerda, il revient à Rome pour se faire attribuer la dictature, puis le consultat pour 48, trouvant ainsi une légitimité nouvelle. Il gagne alors l'Épire puis la Thessalie, et il bat Pompée à Pharsale. Celui-ci s'enfuit en Égypte, où il est assassiné par les agents du roi Ptolémée Aulète. César se fait alors remettre sa tête. La partie n'est pas définitivement gagnée, car les partisans de son adversaire, s'ils sont dispersés, restent résolus. César demeure près de Cléopâtre, qu'il a installée sur le trône d'Égypte, et doit faire face à une insurrection dans Alexandrie, menée par les partisans de Ptolémée. La ville finit par capituler en 47. La même année, César quitte l'Égypte et se tourne contre Pharnace, fils du Grand Mithridate, roi du Bosphore Cimmérien (63-47), qui a trahi son alliance avec Rome. Il gagne rapidement l'extrémité de l'Anatolie et écrase celui-ci à Zéla. Relatant cet épisode, il écrira : *Veni, vidi, vici* (« Je suis venu, j'ai vu, j'ai vaincu »). En 46, il est en Afrique, où il bat les pompéiens à Thapsus. L'un d'eux, Caton, se suicide dans Utique assiégée. César se dirige alors vers l'Espagne, où se sont réfugiés les derniers pompéiens sous le commandement du fils de Pompée, Cneius Pompeius. Ils sont vaincus à Munda. Les légionnaires auraient tué 33 000 hommes. La guerre civile s'achève sur cette bataille, qui précède de quelques mois la mort du dictateur, aux ides de mars 44.

B. LA CONQUÊTE ROMAINE DE L'ITALIE

Rome en 509 av. J.-C.

Prise de Véies, 396 av. J.-C.

Victoire gauloise, 390 av. J.-C.

Domaine de Rome en 298 av. J.-C., au début de la 3e guerre samnite

Régions soumises à Rome en 264 av. J.-C., au début de la 1re guerre punique

Extension de la puissance romaine en 201 av. J.-C., après la 2e guerre punique

Principales colonies au milieu du IIe s. av. J.-C.

Colonies romaines

Colonies de droit latin

B. **R**ome s'impose d'abord à ses voisins latins et étrusques (siège de Véies en 406-396), bien qu'elle soit vaincue en 390 sur l'Allia par les Gaulois. Les Samnites sont ensuite vaincus au terme d'une longue lutte (Sentinum, 295). Enfin, la conquête du sud de l'Italie s'achève avec la prise de Tarente (272). Les premières acquisitions (région centrale) constituent l'*ager romanus* (les cités y sont municipes, préfectures) ; le reste du pays est l'*ager sociorum* (colonies, cités fédérées ou libres).

A. LA GAULE VERS 60 AV. J.-C.

Éduens Peuples celtes	Lutetia Nom ancien	■ Colonie de citoyens romains
	(Paris) Nom moderne	● Principaux sites archéologiques préromains

A. **L**a Gaule transalpine (« au-delà des Alpes » pour les Romains) est constituée de deux ensembles : au sud-est, la « Province », conquise en 125/117, est flanquée sur la côte d'un chapelet de colonies grecques (Massalia [Marseille]) ; au nord-ouest, « la Gaule, dit César (I, 1), est [...] divisée en trois parties : l'une [...] est habitée par les Belges, l'autre par les Aquitains, la troisième par (les) [...] Celtes » (sur leur origine, voir carte p. 21). Dispersés en une soixantaine de tribus ayant pour centre un *oppidum* (place forte), ces derniers créent parfois des confédérations (« royaumes ») ; la religion des druides constitue le seul élément réel d'unité. Cependant, la Gaule possède une économie prospère : blé et orge y sont cultivés sur les domaines des nobles avec des instruments perfectionnés ; on y élève bovins et chevaux ; on y exploite les métaux et le bois des vastes forêts. Mais ces richesses attirent autant les Romains que les Germains (Suèves).

B. VIKINGS ET VARÈGUES

Scandinaves
Peuplement scandinave
Conquêtes scandinaves
Zone d'expansion des Varègues

Expansion scandinave

Vikings
Varègues

814 Date d'apparition
911 Date d'installation

B. **V**ikings et Varègues sont des Germains originaires de Scandinavie où ils se sont différenciés du VIe au XIe siècle en trois peuples peu nombreux : Danois au sud, Norvégiens à l'ouest, Suédois à l'est. Les uns et les autres sont entrés en contact dès le IXe siècle avec les marchands occidentaux à Hedeby, carrefour commercial du Nord entre 804 et 1050. À la fois pirates et marins, les Vikings sont les agents de l'expansion scandinave, qui se déploie au IXe et au Xe siècle à travers l'Atlantique, sur les rives duquel ils fondent trois principautés (dites « danoises ») en Angleterre et quatre autres (dites « normandes ») sur le continent. Au XIe siècle, ils pénètrent même en Méditerranée, où ils en créent de nouvelles (Aversa, Pouille, Sicile, Antioche). Plus spécifiquement marchands, leurs frères Varègues ont développé parallèlement le commerce fluvial le long de la Dvina, du Dniepr et de la Volga. Fondateurs, au passage, des dynasties princières de Novgorod et de Kiev, ils ont finalement rejoint les Vikings occidentaux à Constantinople, où les empereurs recrutent parmi eux leur « garde varangue ».

A. **L'EMPIRE DE BASILE II**

L'Empire byzantin à la mort de Basile II (1025)

TARON Thèmes et limites probables

Villes euphratiques

Acquisitions postérieures à 1025

Empire bulgare du tsar Samuel vers 996

Arabes

A. **H**ellénisé et orientalisé depuis la fugitive tentative de Justinien Ier de restaurer au VIe siècle l'Empire romain dans son extension méditerranéenne, l'Empire byzantin ne garde de consistance territoriale à la fin du Xe siècle qu'en Asie Mineure et dans les Balkans. Encore faut-il préciser que, dans cette dernière région, la souveraineté impériale a été longtemps limitée par la présence des Bulgares, dont l'empire fut difficilement réduit, après trente ans de luttes, par l'empereur Basile II, depuis lors surnommé le *Bulgaroctone* (le « Tueur de Bulgares »). Le monarque triomphant s'efforce désormais d'élargir l'aire territoriale de l'Empire byzantin : à l'est, en occupant le Vaspourakan arménien, dont la conquête fut consolidée après sa mort par celle d'Ani et d'Édesse ; à l'ouest surtout, en repoussant ou en assujettissant Slaves, Germains ou Arabes dans le nord-ouest des Balkans, en Italie du Sud et même en Sicile, où il fait occuper Messine en 1025. Coulant ses conquêtes dans le moule administratif des *thèmes* et dans ceux des duchés et des *capétanats,* mieux adaptés à la défense des provinces frontières, il porte à son apogée l'Empire byzantin, dont il emporte la fortune dans sa tombe en 1025.

LE MONDE DEPUIS L'AN MILLE

(CARTES GÉNÉRALES)

A. LES GRANDES DÉCOUVERTES (XVe-XVIe SIÈCLE)

A et B. **R**endues possibles par les progrès accomplis dans l'art de la navigation en haute mer – invention de l'astrolabe nautique, généralisation de la boussole, construction de la caravelle –, les grandes découvertes ont comme cause principale la nécessité pour l'économie européenne, alors en pleine expansion, de rechercher les matières premières (épices, or) dont elle avait besoin. Il faut, pour cela, contourner l'Empire ottoman, qui contrôle le commerce terrestre vers les Indes, et trouver de nouvelles routes maritimes. À ces motifs économiques s'ajoutent des motifs religieux : le désir d'évangélisation des populations lointaines et l'idée de reconquérir Jérusalem lors d'une croisade que les métaux précieux rapportés des contrées explorées permettraient de financer. Ces expéditions ont des conséquences capitales pour l'histoire du monde. D'abord, elles déplacent les routes du commerce européen de la Méditerranée à l'Atlantique et à l'océan Indien. En outre, l'afflux des métaux précieux élargit presque au monde entier le trafic des pays européens, qui s'enrichissent considérablement, cet enrichissement ayant comme revers le dépérissement des Indiens d'Amérique, décimés par le travail et les épidémies, puis le développement du trafic d'esclaves africains.

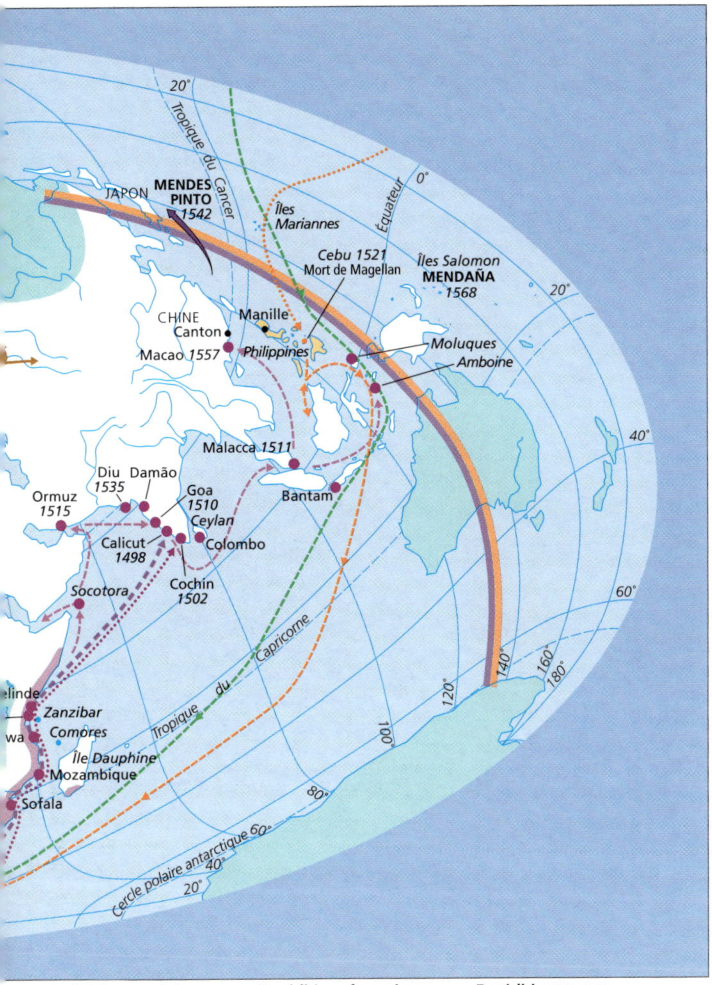

Expéditions anglaises
- W. Raleigh, J. Davis
- J. Cabot (1497)
- Drake (1577-1580)

Expéditions françaises
- Jacques Cartier (1534 et 1541)

Expéditions hollandaises
- Barents (1594 et 1596)

Expéditions russes
- Yermak (1581-1584)

Régions inconnues en 1600

B. LES VOYAGES DE CHRISTOPHE COLOMB

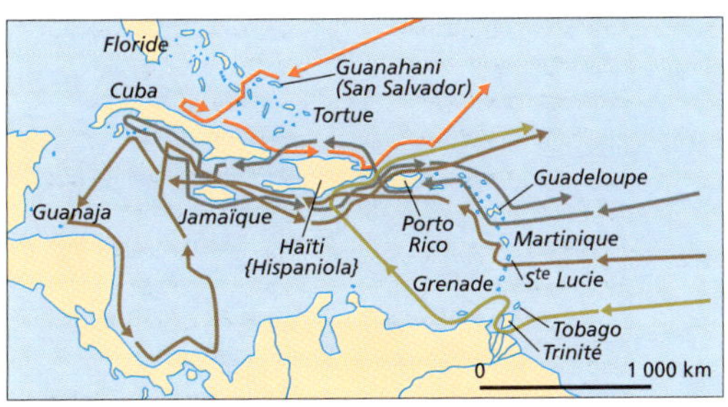

- 1er voyage (1492-1493)
- 2e voyage (1493-1496)
- 3e voyage (1498)
- 4e voyage (1502-1504)

A. LA DÉCOUVERTE DE L'AMÉRIQUE DU NORD

A. **V**ers 982, Erik le Rouge, parti d'Islande, aborde au Groenland, qui est colonisé. De là, les navigateurs vikings atteignent le mystérieux Vinland et s'y établissent entre 1003 et 1006. Des traces de leurs installations ont été identifiées à Terre-Neuve. La route du Nouveau Monde est ouverte véritablement par Christophe Colomb en 1492, suivi très vite par divers navigateurs espagnols. Dès 1497, Jean Cabot, au service des Anglais, retrouve le chemin de Terre-Neuve. À l'autre extrémité du continent nord, l'Espagnol Cabeza de Vaca pénètre dans les profondeurs du Mexique jusqu'à la Sierra Madre. À la recherche d'un passage septentrional vers le Pacifique (le « passage du Nord-Ouest »), les Britanniques pénètrent, à la fin du XVIe siècle, dans le détroit de Davis (Martin Frobisher en 1576, John Davis en 1587), puis, au début du XVIIe siècle, dans la baie d'Hudson, à laquelle un Anglais, Henry Hudson, donne son nom en 1609-1610. Mais c'est dans le nord-est des actuels États-Unis qu'ils fondent leurs premiers établissements permanents (Jamestown en 1607, Boston en 1630), en concurrence notamment avec les Néerlandais qui achètent aux Indiens l'île de Manhattan en 1625 (Nieuw Amsterdam, auj. New York). Entre ces deux zones d'établissement en majorité britanniques, explorateurs (Jacques Cartier au XVIe siècle) et colonisateurs français (Samuel Champlain au XVIIe siècle) pénètrent loin à l'intérieur du continent, le long de l'axe du Saint-Laurent, où sont fondés Québec (1608) et Montréal (1642). Autour de ces villes se constitue alors la colonie de la Nouvelle-France, noyau du Canada. Les Français explorent la vallée du Mississippi (le P. Jacques Marquette et Louis Joliet, puis Robert Cavelier de La Salle) et s'aventurent jusqu'aux montagnes Rocheuses (Pierre de La Vérendrye et ses fils). Partant de leurs établissements de la baie d'Hudson, les Anglais entreprennent l'exploration de la région de la Saskatchewan (Henday, 1754-1755) et surtout celle du Grand Nord après 1763. Mackenzie atteint l'Arctique en descendant la rivière qui porte actuellement son nom (1789), puis le Pacifique, non loin de l'île du Prince-de-Galles (1793), déjà reconnue par mer par George Vancouver qui, relayant James Cook (1778), explore le littoral occidental de l'Amérique du Nord de 1792 à 1794. Pour l'essentiel, la reconnaissance du continent est achevée.

B. LA DÉCOUVERTE DU PACIFIQUE

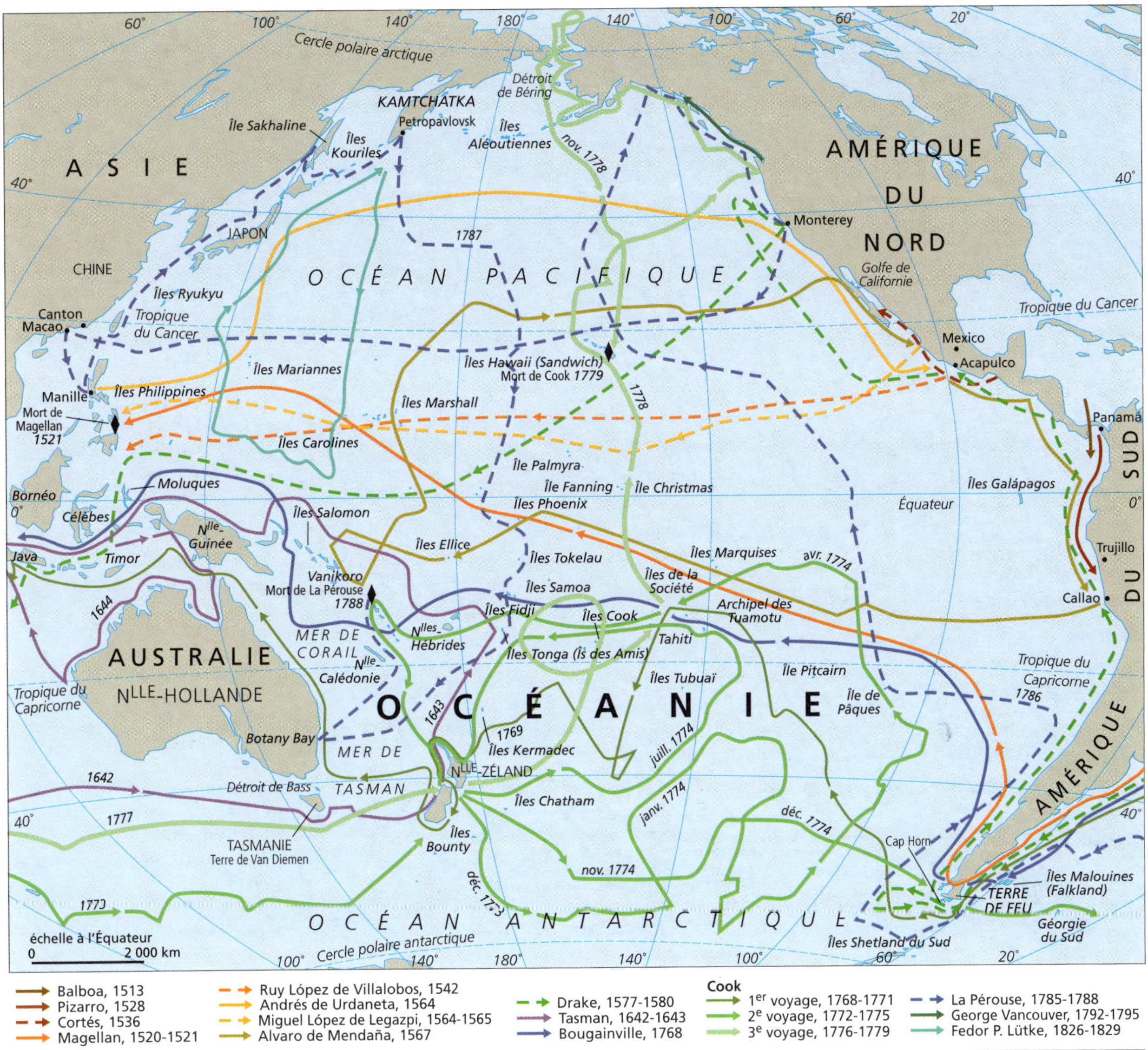

B. Jusqu'alors seulement parcouru par le « galion de Manille » des Espagnols, le Pacifique devient, à partir du XVIIe siècle, l'objet de l'intérêt des Hollandais, qui occupent l'Insulinde ; sous l'impulsion du gouverneur Anthony Van Diemen, les explorations se multiplient, à la recherche du fabuleux « continent austral » dont les géographes supposent l'existence. Mais, après le grand voyage de Abel Tasman, qui dissipe bien des illusions, l'exploration se ralentit ; et, lorsqu'elle reprend vers 1720, c'est sur des bases nouvelles. Si les motivations économiques ou militaires demeurent (notamment chez les Russes qui explorent le Pacifique Nord), elles se doublent d'un souci scientifique, lié à la « révolution intellectuelle » du XVIIIe siècle (essor de l'astronomie, avec Newton et Halley ; *mouvement encyclopédiste*). Le rétablissement de la paix en Europe en 1763 permet de lancer de grandes expéditions scientifiques, facilitées par les récents progrès dans la construction navale et la technique de la navigation (diffusion du sextant après 1775, mise au point de chronomètres précis) : en vingt ans, les voyages des Anglais John Byron, Samuel Wallis, Philip Carteret et surtout James Cook, des Français Louis de Bougainville et Jean de La Pérouse permettent d'aboutir à une cartographie relativement précise et d'intégrer l'Océanie au monde connu (voir cartes pp. 45 C, 46 B et 47 C).

A. LA DÉCOUVERTE DE L'ANTARCTIQUE

- Cook, 2e voyage, 1772-1775
- Dumont d'Urville, 1840
- Ross, 1841
- Shackleton, 1908-1909 et son équipe :
- Davis, Mawson, Mackay, 1908-1909
- Charcot, «Pourquoi-Pas?» 1909-1910
- Amundsen, 1911
- Scott, 1912
- Régions inexplorées en 1958

Raids aériens
- Byrd, survol du Pôle, 29 nov. 1929
- Ellsworth, 1935

Expédition transantarctique
- Fuchs et Hillary, 1re traversée terrestre, 1958

A. **L**a seconde campagne (1773-1774) entreprise par James Cook au cours de son deuxième voyage (1772-1775) semble ruiner les espoirs de découvrir l'immense continent austral ; l'exploration de l'Antarctique commence donc tardivement, à la suite des découvertes fortuites des baleiniers ; aperçu en 1820, le continent n'est abordé qu'en 1831 par l'Anglais John Biscoe. C'est alors que débute l'ère des explorations scientifiques, qui restent pendant longtemps limitées à la reconnaissance des côtes (voyages de Jules Dumont d'Urville, de James Clarke Ross, de George Nares, plus tard de Jean Charcot) ; l'exploration terrestre ne commence qu'à la fin du XIXe siècle, lorsque les ambitions politiques relaient les préoccupations scientifiques : après les expéditions d'Ernest Shackleton et de Davis, c'est la « course au pôle », où le Norvégien Roald Amundsen devance d'un mois l'Anglais Robert Falcon Scott. L'effort d'exploration se précise après la Première Guerre mondiale avec l'établissement de la première station permanente *(Little America)* par l'amiral Richard Byrd en 1929 ; le recours à l'avion le facilite, mais il ne devient systématique qu'à partir de l'opération *High Jump* de 1946-1947 (campagne de photographie aérienne), et surtout avec la mise au point d'un programme international de prospection. Né des travaux de *l'Année géophysique internationale* (1957-1958), celui-ci entre en application lorsque l'Anglais Ernest Fuchs et le Néo-Zélandais Edmund Hillary réalisent le premier raid transantarctique (8 octobre 1957-2 mars 1958).

B. ÉVOLUTION DE L'EMPIRE COLONIAL PORTUGAIS

Hémisphère portugais (traité de Tordesillas, 1494)

Présence portugaise

• XVIe -1re moitié du XVIIIe

Fin du XVIIIe siècle

Acquisitions au XIXe siècle

Macao Territoires portugais en 1990

B. **Le** traité de Tordesillas en 1494 réservait au Portugal les routes commerciales les plus convoitées. Mais la stratégie portugaise de points d'appui, sans colonisation véritable, et l'affaiblissement précoce du pays conduisent à la perte rapide de presque tous les comptoirs asiatiques, au profit des Pays-Bas ou de l'Angleterre, tandis que le Brésil, seule colonie de peuplement, accède à l'indépendance en 1822. Les Portugais élargissent alors leurs possessions africaines, jusqu'à ce que la révolution de 1974 assure l'indépendance de la Guinée-Bissau (1973/74), du Mozambique et de l'Angola (1975).

C. **Re**jetée en 1494 aux extrémités du monde connu, la colonisation espagnole crée, cependant, à partir du Mexique et du Pérou, un immense empire, qui atteint son extension maximale au XVIIIe siècle, la mainmise sur les Philippines assurant les routes du Pacifique. Mais la perte des colonies américaines, qui accèdent à l'indépendance au début du XIXe siècle, conduit la colonisation espagnole à se rabattre trop tardivement sur l'Afrique, où elle ne s'implante que dans quelques parties du Maroc et du Sahara. En 1956, en 1958, en 1969 et en 1976, ces territoires sont successivement évacués, à l'exception des *Présides* (Ceuta, Mellila...).

C. ÉVOLUTION DE L'EMPIRE COLONIAL ESPAGNOL

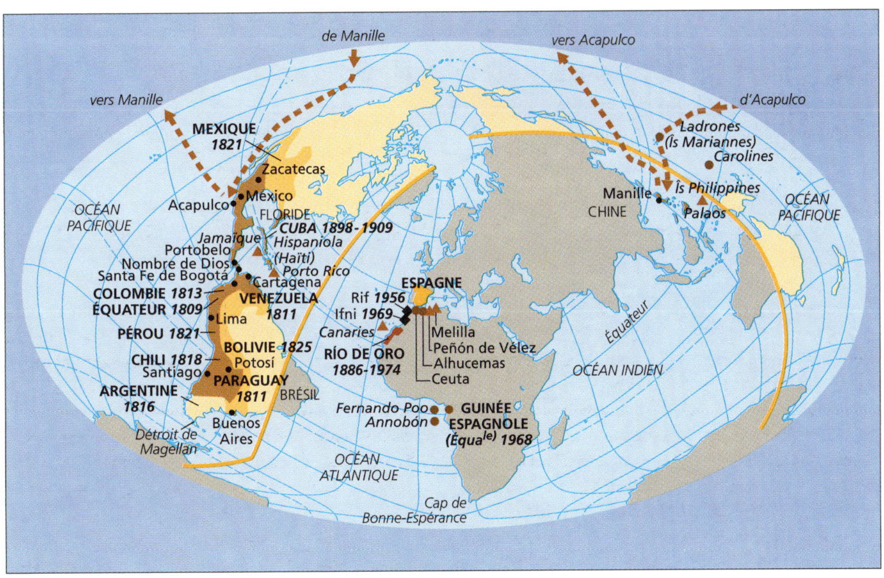

Hémisphère espagnol (traité de Tordesillas, 1494)

• Acquisitions au XVIIe siècle et au XVIIIe siècle

◆ Acquisitions au XIXe et au XXe siècle

▲ L'Empire espagnol au XVIe siècle

Voyage annuel du galion de Manille (1565-1815)

1810 Dates d'émancipation

A. LA FORMATION DE L'EMPIRE COLONIAL FRANÇAIS

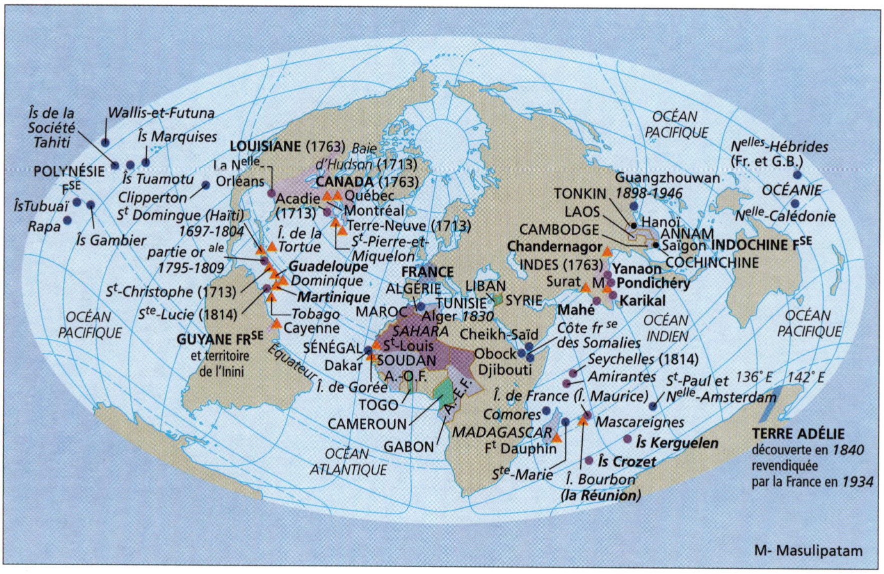

- Établissements français au XVIIe siècle
- Possessions françaises au XVIIIe siècle
- (1810) Dates de cessions
- Acquisitions de 1830 à1900
- Acquisitions postérieures à1900
- Mahé — L'Empire colonial français en 1930
- Mandats de la Société des Nations (1919-1922)

A. **La** colonisation française ne devient systématique qu'au XVIIe siècle, où l'application du mercantilisme colbertiste conduit à l'organisation d'un empire dans les Antilles, l'Amérique du Nord et l'Inde, où commence une pénétration intérieure. Mais la lutte séculaire avec l'Angleterre se solde, aux traités de Paris (1763) et de Vienne (1815), par la perte de ce premier empire. Les motivations politiques sont déterminantes dans la formation du « second empire » à partir de 1830 (conquête de l'Algérie). Il s'édifie essentiellement dans deux zones : l'Indochine et l'ouest de l'Afrique.

B. LA FORMATION DE L'EMPIRE COLONIAL BRITANNIQUE

- Établissements anglais au XVIIe s.
- Possessions anglaises au XVIIIe s.
- Acquisitions au XIXe et au début du XXe s.
- Mandats de la Société des Nations (1919-1922)

1 - Îles Ioniennes *1815-(1864)*
2 - Chypre
3 - Palestine
4 - Transjordanie
5 - Îles Andaman
6 - Îles Nicobar
7 - Fédération de Malaisie

(1783) Perte de possession

B. **La** colonisation britannique aboutit au XVIIIe siècle à la constitution d'un vaste empire en Amérique et en Inde. Amputé par la création des États-Unis en 1783, il s'étend à l'Afrique au XIXe siècle. La cohésion relative de l'ensemble est assurée par son organisation souple, et le passage progressif de l'empire au Commonwealth (1931) permet une décolonisation sans trop de heurts à partir de 1945.

C. ÉVOLUTION DE L'EMPIRE COLONIAL NÉERLANDAIS

C. **A**près l'émancipation des Provinces-Unies (1579), la création d'une véritable thalassocratie hollandaise permet d'arracher aux puissances ibériques affaiblies des comptoirs jalonnant les grandes routes du commerce maritime. Organisée par de puissantes « compagnies », la colonisation en Amérique (qui ne tient que dans les Indes occidentales) et dans l'ancienne Asie portugaise fait des Pays-Bas la première puissance commerciale d'Europe au XVIIe siècle.
Le déclin commence au XVIIIe siècle, lorsque l'hégémonie maritime passe à l'Angleterre qui, profitant des guerres révolutionnaires et napoléoniennes, enlève aux Hollandais leurs points d'appui en Afrique et en Inde.
La colonisation néerlandaise se consacre, dès lors, aux Indes orientales (voir carte p. 212 A), tôt exploitées de façon capitaliste ; mais le mouvement d'émancipation, mené par Sukarno et stimulé par l'occupation japonaise de 1942-1945, aboutit à l'indépendance totale de l'Indonésie en 1954. Il en sera de même du Suriname en Amérique en 1975.

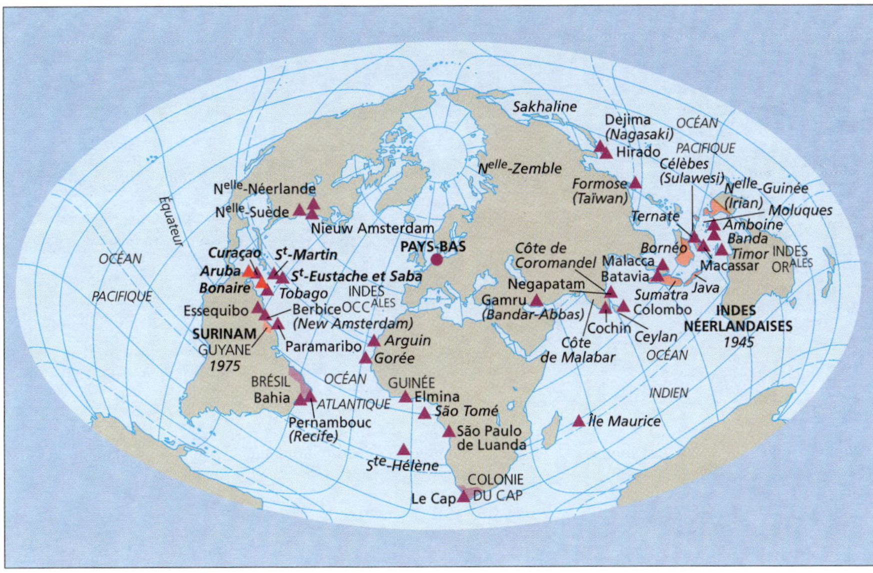

Établissements hollandais au XVIIe siècle
Régions colonisées du XVIIe au XXe siècle
1945 Date d'émancipation
Bonaire Territoires néerlandais en 1990

D. L'EMPIRE COLONIAL ITALIEN

Acquisitions de 1882 à 1891
Colonies
Protectorat, 1889-1896

Acquisitions depuis 1912
1912-1943, 1947
1936-1941, 1942

Traités
Batailles
Frontières en 1924

D. **L**a date tardive de l'unité italienne explique que la colonisation n'ait pu s'exercer, dans une Afrique déjà partagée, que dans deux directions : l'Éthiopie indépendante, dont la victoire d'Adoua en 1896 limita les ambitions italiennes, et le désert libyen en 1912. Après la crise de 1929, la politique de prestige menée par le régime fasciste débouche sur une dangereuse politique annexionniste : la conquête de l'Éthiopie en 1936, celle de l'Albanie en 1939 précipitent la Seconde Guerre mondiale, qui provoque, avec l'écroulement du régime, celui de l'éphémère empire.

A. LA GUERRE DANS LE MONDE (1914-1918)

Empires centraux
- en 1914
- Possessions allemandes

Pays alliés
- en 1914
- Possessions françaises
- Commonwealth et possessions britanniques
- Possessions belges

Neutres
- en 1914
- ayant rompu leurs relations diplomatiques avec les Empires centraux au cours de la guerre

Pays neutres en 1914 ayant rejoint au cours de la guerre :
- Les Empires centraux
- Les Alliés

Zone de blocus sous-marin établi par les Allemands de 1914 à 1917
Déclaration de guerre sous-marine totale le 1er fevrier 1917

Batailles navales

A. La montée des nationalismes, l'impérialisme économique et naval de l'Allemagne, l'antagonisme germano-slave dans les Balkans et la course aux armements de la Triple-Entente (France, Grande-Bretagne, Russie) et de la Triple-Alliance (Allemagne, Autriche-Hongrie, Italie) font de l'Europe de 1914 une « poudrière ». L'assassinat par un étudiant bosniaque de l'archiduc François-Ferdinand d'Autriche (Sarajevo, 28 juin 1914) déclenche la Première Guerre mondiale : ce conflit « total » (industriel, économique, psychologique), qui gagne les colonies des États européens, le Japon (1914), les États-Unis, la Chine et divers États sud-américains (1917), entraînera la mort de 8 millions d'hommes avant de se terminer, le 11 novembre 1918, par la signature de l'armistice par l'Allemagne, à Rethondes (voir cartes pp. 88 à 91).

B. LE FRONT FRANÇAIS (1914-1918)

B. **S**ans nier l'importance des autres théâtres d'opérations, c'est sur le front français que, de 1914 à 1918, se joue le sort de la Première Guerre mondiale.
Suivant le célèbre plan conçu par Schlieffen en réponse à l'alliance franco-russe, Moltke fonde en 1914 sa manœuvre sur la rapidité et l'ampleur du mouvement de ses forces à travers la Belgique.
En six semaines, ce « plan de guerre » échoue du fait de l'étonnant redressement des Français de Joffre sur la Marne.
À Noël 1914, un front continu de 750 km s'étend de la mer du Nord à la Suisse, laissant aux Allemands une région vitale pour l'économie française.
Dès lors, de 1915 à 1917, tous les efforts du commandement allié se résument à obtenir coûte que coûte la percée du front qui permettrait de chasser l'ennemi et de libérer le territoire.
En 1916, cette guerre d'usure est érigée en système par Falkenhayn, qui veut éliminer l'armée française par épuisement de ses effectifs : ce fut la longue et terrible bataille de Verdun.
De la Picardie à la Champagne, Ludendorff lance, de mars à juillet 1918, cinq « coups de boutoir » sur le front français, avec la volonté de forcer la victoire avant l'engagement massif des troupes américaines. Le 18 juillet, la guerre change enfin de signe, et, pour la première fois, les Alliés, aux ordres de Foch, à Villers-Cotterêts, reprennent l'initiative des opérations.
Ils ne lâcheront plus l'ennemi jusqu'à leur victoire décisive, consacrée par l'armistice du 11 novembre, qui scelle l'effondrement du IIe Reich (voir cartes pp. 88 à 91).

A. LA GUERRE-ÉCLAIR EN EUROPE ET L'AVANCE DES TROUPES DE L'AXE VERS STALINGRAD ET LE CAUCASE

A. **F**ondée sur l'efficacité du couple avion-char, la *Blitzkrieg* (ou « guerre-éclair ») procure au Reich durant trois ans une incroyable série de succès. Après la Pologne conquise en vingt-six jours, c'est le tour du Danemark et de la Norvège, prélude à l'offensive générale de la Wehrmacht à l'ouest le 10 mai 1940. Six semaines plus tard, les Pays-Bas et la Belgique ont capitulé, et la France signe les armistices qui consacrent l'occupation des trois cinquièmes de son territoire. Dès la fin de 1940, Hitler décide de rompre avec l'U.R.S.S. ; cependant, pour éliminer toute difficulté venant des Balkans, il veut d'abord contrôler la Yougoslavie et la Grèce, conquises en trois semaines (avr. 1941).
Le 22 juin suivant commence l'attaque contre l'U.R.S.S., mais, pour la première fois, un front se reconstitue face aux Allemands qui, à Noël 1941, doivent lâcher prise devant Moscou et reculer d'une centaine de kilomètres. En juin 1942, Hitler lance de nouveau ses troupes à l'assaut du Caucase et de son pétrole. Après la prise de Rostov et la conquête du mont Elbrous, les Allemands, qui ont atteint la Volga et pénétré dans Stalingrad, sont bloqués dans la région du Terek à 120 km de la Caspienne.
Alors que Hitler croit tenir la victoire, une violente offensive soviétique se déclenche à Stalingrad…
La guerre-éclair est terminée (voir carte p. 92).

B. LIBÉRATION DE L'EUROPE ET FRONT GERMANO-SOVIÉTIQUE

B. **Le** fait qui domine la seconde partie de la guerre est la reprise de l'initiative par les adversaires de l'Axe. Mais la coordination de leurs actions n'intervient que très progressivement : si tous reconnaissent la priorité du théâtre européen, Anglais et Américains veulent s'assurer d'abord le contrôle de la Méditerranée, en établissant leurs bases en Algérie (ce qui permet à la France de rentrer en guerre), en chassant la Wehrmacht d'Afrique et en débarquant en Italie, ce qui provoque la capitulation de ce pays (sept. 1943). Quant aux Soviétiques, qui supportent les trois quarts du potentiel militaire allemand, ils refoulent, en dix-huit mois, la Wehrmacht de la Volga au Dniestr.
Le 15 avril 1944, l'Armée rouge est à la porte des Balkans. Quelques semaines plus tard, ainsi que Staline, Roosevelt et Churchill en étaient convenus à Téhéran (nov.1943), s'ouvre en France (6 juin) le fameux « second front », tandis que l'Armée rouge s'élance à la reconquête de la Russie blanche (23 juin), pénètre en Pologne (juill.) et en Roumanie (août) [voir carte p. 93].

A. LA GUERRE DANS LE PACIFIQUE (1941-1942)

- Japon, territoire national
- Territoires chinois occupés par le Japon en 1939
- Possessions japonaises dans le Pacifique
- Opérations et conquêtes aux dates indiquées
- Avance extrême dans le Pacifique (juill. 1942)

A. **I**nquiets de l'influence croissante du Japon dans le Pacifique, les États-Unis ripostent par l'embargo total des exportations vers ce pays. Assuré de la neutralité soviétique, le Japon attaque par surprise la flotte américaine à Pearl Harbor (7 décembre 1941) et les États-Unis entrent dans la guerre. Pendant six mois, le Japon obtient en Extrême-Orient des succès considérables. Il conquiert les Philippines (décembre 1941-mai 1942), la Malaisie et Singapour (janvier-février 1942), l'Indonésie et la Birmanie (janvier-mars 1942). Au début de l'été, une ultime avance permet aux Japonais de débarquer aux Aléoutiennes, à Guadalcanal et en Nouvelle-Guinée. Leurs avions, qui ont bombardé l'Australie et Ceylan, attaquent l'Alaska et l'île canadienne de Vancouver (20 juin). Tokyo est alors maître de la moitié du Pacifique.

B. LA GUERRE DANS LE PACIFIQUE (1942-1945)

- Axes des offensives américaines (Nimitz au Nord, MacArthur au Sud)
- Opérations et reconquêtes successives aux dates indiquées
- Bombardements à l'aide d'engins nucléaires
- Positions japonaises tournées par les actions américaines
- Avance extrême dans le Pacifique (juill. 1942)

B. **A**près la libération de Guadalcanal (février 1943), les offensives américaines se portent sur les îles Gilbert (décembre 1943) et Mariannes (juin 1944) et sur la Nouvelle-Guinée. La flotte nipponne est pratiquement détruite sur l'île de Leyte (octobre 1944). Les Philippines sont attaquées, ainsi que les abords mêmes du Japon, lequel est dans une situation désespérée après ses défaites en Birmanie. Les 6 et 9 août 1945, les bombes atomiques américaines détruisent Hiroshima et Nagasaki. Le 8 août, l'U.R.S.S. déclare la guerre au Japon, qui capitule le 2 septembre, en rade de Tokyo.

- Opérations de débarquement et terrain conquis le jour J.
- Opérations aéroportées

C. LIBÉRATION DE LA FRANCE ET DE L'EUROPE OCCIDENTALE

C. Le 6 juin 1944, précédées par 20 000 parachutistes, 5 divisions américaines, britanniques et canadienne débarquent en Normandie. Après avoir rompu le front allemand à Avranches, le 1er août, et encerclé l'ennemi dans la poche de Falaise, les blindés américains foncent sur Rennes, Paris, Lille et Anvers, libérées entre le 4 août et le 4 septembre. Le 12, ils font leur jonction à Sombernon avec les Franco-Américains débarqués le 15 août en Provence ; les Allemands, harcelés par la Résistance française, s'enferment dans quelques ports, de Royan à Dunkerque. C'est en Allemagne que se livre sur deux fronts l'ultime bataille. Alors que l'Armée rouge avance vers Vienne et Berlin, les forces d'Eisenhower franchissent le Rhin le 7 mars 1945, encerclent la Ruhr et rejoignent les Soviétiques, sur l'Elbe, du 25 avril au 3 mai. Les capitulations sont signées à Caserte, le 29 avril, à Wageningen, le 4 mai, pour les fronts d'Italie et des Pays-Bas, puis à Reims, le 7, et à Berlin, dans la nuit du 8 au 9, pour l'ensemble de la Wehrmacht (voir carte p. 93).

L'EUROPE
DEPUIS L'AN MILLE
(CARTES GÉNÉRALES)

A. LE MONDE OCCIDENTAL EN L'AN MILLE

A. **La** légende des « terreurs de l'an mille » survit encore. Mais, si ces temps apparaissent très sauvages aux historiens contemporains de l'Europe, il convient de situer d'abord l'an mille au cœur d'un demi-siècle de bouleversements politiques et sociaux considérables. Au sud et au sud-est, le monde de l'Islam se décompose en effet en trois califats (abbasside de Bagdad, fatimide du Caire, omeyyade de Cordoue), incapables de contenir la poussée chrétienne en Espagne (malgré Al-Mansur) et dans l'Est méditerranéen, où les Byzantins ont reconquis la Crète et Chypre. Quant aux deux autres ensembles qui ont également succédé à la Romania, ils connaissent des destins différents. Aux confins de l'Europe et de l'Asie, le premier d'entre eux, l'Empire romain d'Orient, consolidé par Basile Ier, élimine l'Empire bulgare établi dans son sein (1001-1018) [voir carte p. 38], tout en étendant son influence sur les Slaves orientaux, ceux de Kiev en particulier dont la principauté se dilate progressivement aux dimensions de la future Russie d'Europe. Victime de l'effondrement de l'Empire carolingien qui livre l'État au jeu des ambitions rivales opposant aristocraties et royautés, l'Occident chrétien se dissocie en principautés déjà féodales, sans que pour autant soit étouffé l'appel à l'unité. La profondeur de cet appel est soulignée dès 962 par la restauration de l'Empire romain au profit du roi de Germanie Otton Ier, tandis que s'affirment les particularismes nationaux français, polonais et hongrois, avec le sacre de Hugues Capet en 987, la création de l'archevêché de Gniezno en 1000 et le couronnement d'Étienne Ier en 1000. Ainsi peuples et États achèvent-ils de se fixer dans les limites territoriales qui sont encore approximativement les leurs mille ans plus tard (voir cartes pp. 96, 104 B et 140).

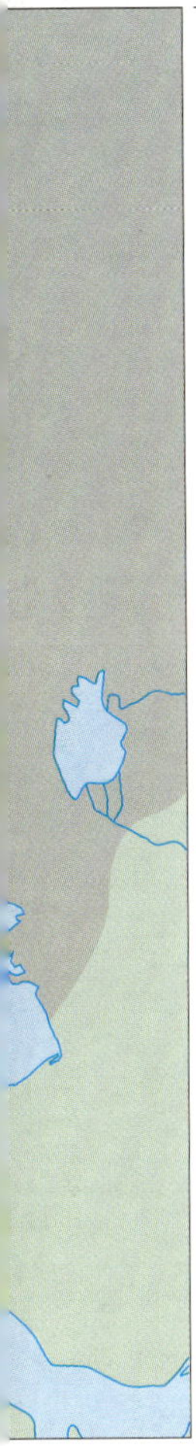

Le Saint Empire au temps d'Otton III (996-1002)

France

Le domaine royal en 987 à l'avènement d'Hugues Capet

Abbaye

Îles britanniques

Scandinaves

Reconquête anglo-saxonne du Xe s.

« Empire » danois (1000-1035)

Le royaume de Danemark en l'an mille

Scandinavie

Expéditions scandinaves

Missions de l'archevêché de Brême-Hambourg vers la Scandinavie

Pologne des Piast

État polonais en 992

Missions catholiques

État de Kiev

État de Kiev en 912

Agrandissements de 912 à 1054

Empire byzantin

Au Xe siècle

À la mort de Basile II, 1025

Empire bulgare

Empire du tsar Samuel vers 996

Hongrie

Royaume de Hongrie, 25 décembre an mille

Monde musulman à la fin du Xe siècle

Royaumes chrétiens de la péninsule Ibérique

B. L'EXPANSION CLUNISIENNE

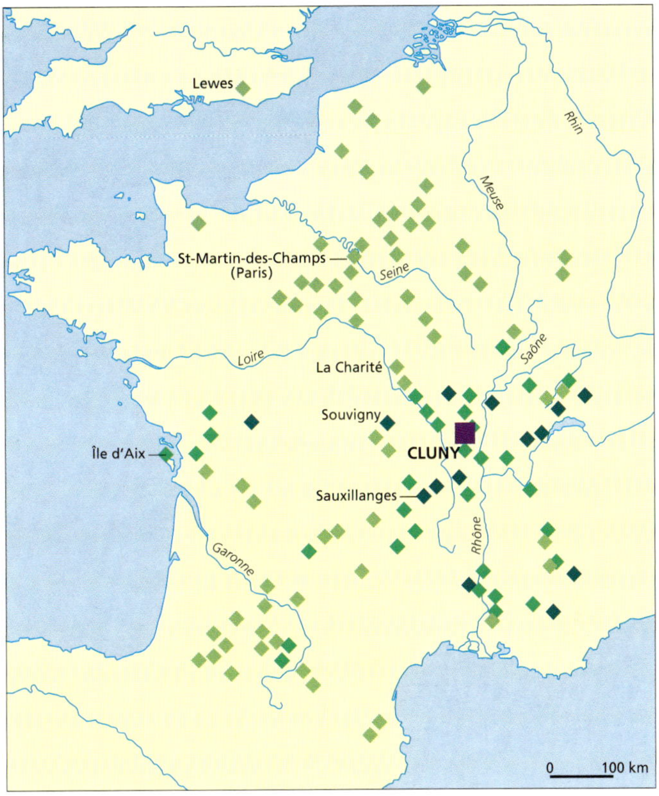

Monastères de France rattachés à l'abbaye de Cluny

◆ avant l'an mille

◆ entre 1000 et 1050

◆ entre 1050 et 1110

d'après S. Bertelier dans *Revue archéologique,* tome XI, 1938 et Dom P. Cousin dans *A Cluny*, 1950

Souvigny Les « cinq filles de Cluny »

B. **E**n 909 (ou 910), le duc d'Aquitaine, Guillaume le Pieux, fonde sur son domaine de Cluny un monastère bénédictin, à la tête duquel il place l'un des réformateurs les plus ardents de l'époque : Bernon (909 [ou 910]-926). Prolongée par celle de ses saints successeurs (Odon, 926-942 ; Aymar, 942-948/965 ; Maïeul, 948/965-994 ; Odilon, 994-1049 ; Hugues de Semur, 1049-1109), son action éclipse toutes les entreprises de même ordre et assure avec éclat le triomphe de la réforme clunisienne. Après s'être imposée, au Xe siècle, essentiellement dans les limites du royaume de Bourgogne ou à ses abords, celle-ci essaime, dans la première moitié du XIe siècle, en Aquitaine, en Provence et en Espagne, avant de se diffuser largement en France du Nord, en Allemagne, en Lombardie et en Angleterre, entre 1050 et 1100. Anciens établissements agrégés au groupe ou fondations entièrement nouvelles, les 1100 monastères clunisiens existant alors (800 en France, 300 hors du royaume) sont placés sous l'autorité absolue de l'abbé de Cluny, unique maison directrice qui agit en particulier par le relais de cinq grands prieurés, Souvigny, Sauxillanges, La Charité-sur-Loire, Saint-Martin-des-Champs (à Paris) et Lewes (en Angleterre). Mais, déjà appauvri spirituellement par le poids de ses richesses temporelles, sans cesse accrues des dons des fidèles et dont témoignent tant de chefs-d'œuvre de l'art roman, l'ordre ne satisfait plus les aspirations réformatrices des chrétiens les plus exigeants, auxquelles prétendent désormais répondre les cisterciens (voir cartes pp. 58 et 60).

A. L'EXPANSION DE L'ORDRE DE CÎTEAUX AU XIIe SIÈCLE

- ● Clairvaux : 80 filles
- ■ Cîteaux : 28 filles
- ● Morimond : 28 filles
- ▲ Pontigny : 16 filles
- ▲ La Ferté : 5 filles
- Zone de densité monastique

En tout :
525 abbayes
à la fin du XIIe s.

A. **E**n 1098, avec quelques compagnons, Robert de Molesmes fonde Cîteaux, qui végète jusqu'à l'arrivée de saint Bernard (1111). L'expansion commence alors, par essaimage, depuis les abbayes surpeuplées vers les zones encore incultes, puisque les cisterciens recherchaient la solitude. Des quatre « filles » de Cîteaux, la plus prolifique fut Clairvaux, par l'action de son premier abbé, saint Bernard. De son abbatiat (1115-1153) date le grand essor de l'ordre. Il se prolonge pendant trois décennies et reste très vif dans le nord-est de la chrétienté.
Au début du XIIIe siècle, le monachisme cistercien domine encore la spiritualité de l'Europe ; cependant, les avant-gardes se situent désormais dans d'autres mouvements religieux. Le triomphe des ordres mendiants, franciscain et dominicain, se prépare.

B. LE MONDE OCCIDENTAL AU XIIe ET AU XIIIe SIÈCLE

B. **F**ait majeur de l'histoire de cette période, l'effacement du Saint Empire romain germanique résulte d'une longue suite de conflits avec le Saint-Siège, conflits qui ont fait perdre aux empereurs le contrôle réel de l'Italie, où la papauté affirme ses prétentions théocratiques et où les villes marchandes (Gênes, Pise, Venise) s'érigent en cités-États. Mais cet effacement ne porte pas préjudice à l'exceptionnel dynamisme de l'Occident chrétien, au sein duquel l'Angleterre et surtout la France jouent un rôle de plus en plus prédominant. Relayant les Hohenstaufen en Italie et en Sicile, s'imposant ensuite en Hongrie, les Capétiens (ou leurs sujets) contraignent, depuis la fin du XIe siècle, l'Islam à un double recul : en Espagne, où la Reconquista triomphe des Almohades à Las Navas de Tolosa en 1212 ; en Orient surtout, où le succès des premières croisades accroche aux rives orientales de la Méditerranée les États latins du Levant et provoque, par ricochet, l'effondrement en 1204 de l'Empire byzantin. Dynamique également en Europe du Nord, où les trois royaumes scandinaves, puis les chevaliers Teutoniques repoussent vers l'est ses frontières, l'Occident chrétien subit pourtant deux échecs graves : l'un, temporaire, en Europe centrale, lorsque le raid mongol (1240-1242) ruine la Pologne et la Hongrie ; l'autre, définitif, au Levant, où il ne peut prévenir la reconquête de la Terre sainte par les sultans mamelouks à la fin du XIIIe siècle.

Capétiens et Plantagenêts
- Le domaine royal à l'avènement de Philippe Auguste (1180)
- Le domaine royal à la mort de Philippe Auguste (1223)
- Possessions d'Henri II Plantagenêt (1154-1189)
- Dépendances du roi d'Angleterre à la fin du règne de Philippe Auguste

Croisades
- 3e croisade (1189-1192)
- 4e croisade (1202-1204)
- Venise après la 4e croisade
- 7e croisade (1248-1254)

États latins
- Empire latin de Constantinople en 1204
- États latins d'Orient (XIIe et XIIIe s.) (étendue maximale)

Lutte du Sacerdoce et de l'Empire
- Limites du Saint Empire romain germanique
- Villes de la Ligue lombarde en 1167
- Reconquête chrétienne
- Conquête musulmane
- Empire byzantin vers 1180
- États grecs (byzantins vers 1214)
- Armées mongoles de Gengis Khan
- Armées mongoles de Batu
- Batailles

A. L'ART ROMAN

Principaux monuments ● Premier art roman ● Milieu XIe-XIIe siècle

A. **C'**est par référence aux langues dites « romanes » que le nom de « roman » a été donné aux types d'architecture et d'art – très différenciés selon les régions – qui ont fleuri en Europe à partir de la fin du Xe siècle. L'épanouissement de cet art est le fruit de la croissance économique de l'Europe occidentale, et ce sont les souverains les plus puissants qui, par leurs donations à l'Église, le favorisent. Les premiers foyers créateurs sont donc situés dans les deux monarchies qui dominent alors la chrétienté : l'Empire ottonien d'abord (foyers de Saxe, de Rhénanie et d'Italie du Nord), le royaume de France ensuite (Reims, Saint-Benoît-sur-Loire). L'Angleterre, au royaume fortement charpenté, est, elle aussi, précocement féconde, ainsi que la Catalogne, qui profite, pour des expériences architecturales audacieuses, de la proximité de la haute culture mozarabe. Passé le milieu du XIe siècle, le mouvement est désormais dirigé par les grandes institutions monastiques, vers lesquelles convergent les aumônes des fidèles, et principalement par Cluny, dont la congrégation rayonne sur tout le sud de la chrétienté (voir carte p. 57). Cela explique la densité des chefs-d'œuvre en Bourgogne, en Auvergne, dans le Poitou, la Suisse romande et le nord de l'Espagne. L'Italie et l'Allemagne restent longtemps fidèles à l'esthétique romane, alors que l'art gothique triomphe dans la France du Nord.

B. L'ART GOTHIQUE

Le premier art gothique, XIIe siècle — Expansion de l'art gothique au XIIIe siècle — ◆ Monuments détruits

B. **A**ffirmant lentement son originalité par rapport à l'art roman, l'art gothique est né au milieu du XIIe siècle au cœur de la France royale, là où l'église abbatiale de Saint-Denis traduit dans le domaine monumental la croyance nouvelle de l'homme en la rationalité du monde créé par Dieu.
Art essentiellement architectural et urbain, à la fois religieux et civil, l'art gothique bénéficie, en effet, de la maîtrise technique accrue de l'homme sur la matière : emploi généralisé de l'arc brisé ; effacement des parois murales ; élévation des voûtes sur croisées d'ogives ; et par contrecoup agrandissement des fenêtres, qui font des cathédrales des vaisseaux de lumière où la prière paraît s'élever plus facilement vers Dieu.
Portant ses premiers fruits en Île-de-France, en Champagne, en Picardie et en Angleterre au XIIe siècle, l'art gothique atteint au XIIIe siècle un équilibre classique à Chartres, avant de s'épanouir, grâce au style rayonnant, à Reims, à Amiens, à la Sainte-Chapelle ; il commence alors à se diversifier selon les régions, surtout dans les pays de langue d'oc où il pénètre à l'initiative des ordres mendiants.
La puissance de la France capétienne favorise sa diffusion dans l'ensemble de l'Occident chrétien et de ses annexes du Levant, le long des voies du grand commerce international.
De purement français l'art gothique est devenu européen.

A. **LES PRODUCTIONS DU MONDE OCCIDENTAL AU XIIIe SIÈCLE**

Carte dressée sous la direction de Michel Mollat, professeur à la Sorbonne

A. **U**ne forte pression démographique, un important essor urbain, un net accroissement en nombre et en moyens des milieux dirigeants provoquent au XIIIe siècle une augmentation et une diversification des besoins de l'Occident en produits alimentaires et textiles. Pour les satisfaire, les paysans étendent les terres céréalières depuis la Vieille-Castille jusqu'au nord de l'Europe, créent partout où le climat le permet des vignobles et des salines, développent la culture des plantes tinctoriales (safran, pastel) et l'élevage du mouton à laine. L'essentiel est que les lieux de production soient proches d'un fleuve ou d'une mer, seuls aptes à assurer les transports des pondéreux que commercialisent les marchands occidentaux (italiens, flamands, allemands surtout). Prospectant les richesses du Levant et de son arrière-pays asiatique au sud (sucre de canne, épices, soie, alun...), celles du monde baltique au nord (hareng, miel, bois, fourrures) ou celles de l'Europe centrale (métaux précieux ou utiles), ces marchands contribuent à l'essor des deux seules régions de concentration artisanale de l'Europe médiévale : la Flandre et l'Italie du Nord et du Centre. Adonnées surtout à la draperie, celles-ci se développent là où la convergence des courants commerciaux favorise la concentration urbaine et la multiplication des places d'affaires, dominées par une riche bourgeoisie avide de luxe alimentaire ou vestimentaire (voir carte p. 64).

A. LES RELATIONS COMMERCIALES DANS LE MONDE OCCIDENTAL AU XIIIe SIÈCLE

■ Foires
◇ Places de l'or (fin XIIIe s., début XIVe s.)

Itinéraires terrestres
- Itinéraires routiers
- Caravanes

Voies maritimes
- italiennes
- hanséatiques
- cabotage

Cols

Ponts principaux

Plus de 500 m
De 0 à 500 m

Carte dressée sous la direction de Michel Mollat, professeur à la Sorbonne

A. **S**i la croissance des besoins des milieux dirigeants de l'Occident, notamment en denrées de luxe, nécessite la réorganisation des courants commerciaux, celle-ci se trouve conditionnée au XIIIe siècle par deux faits majeurs : l'incorporation à cet Occident de l'Orient méditerranéen au bénéfice des marchands italiens ; la pénétration profonde de la Hanse en Scandinavie et dans les pays slaves. Ainsi se trouvent définies deux aires commerciales essentiellement maritimes : celle de la Baltique et de la mer du Nord avec son prolongement atlantique, à l'intérieur de laquelle les échanges se font le long de l'axe majeur Novgorod-Lübeck-Burges-La Rochelle ; celle de la Méditerranée, où les voies maritimes convergent vers Gênes et Venise depuis le Pont-Euxin et le Levant. Entre ces deux aires commerciales les échanges se font aux foires de Champagne, situées sur l'axe routier principal unissant, par le moyen de barques et de mulets, les deux pôles économiques de l'Europe : la Flandre et l'Italie. Mais le coût de tels transports incite les Génois à gagner, en 1278, Bruges et Southampton par Gibraltar.
Ainsi se trouvent stimulés les échanges interrégionaux au bénéfice de l'Europe. Rendant en effet sa balance commerciale positive, ses exportations de drap en Orient contribuent à la reprise de la frappe de l'or.

A. LES PREMIÈRES CROISADES (XIe-XIIe SIÈCLE)

A. **E**ntamé en Espagne, où il revêt dès 1064 un caractère interrégional grâce à la participation de guerriers venus d'outre-Pyrénées à la prise de Barbastro qui marque le début de la Reconquista (voir cartes pp. 59 et 104 B), facilité par l'occupation de la Sicile par les Normands également aux dépens de l'Islam (1050-1091), le mouvement des croisades prend réellement naissance à Clermont, le 28 novembre 1095, à l'appel du pape Urbain II. Précédée par les foules de la croisade populaire, massacrées par les Turcs en Asie Mineure dès 1096, la croisade des barons emprunte des itinéraires uniquement terrestres qui convergent à Constantinople. Aboutissant à la libération des Lieux saints et à l'organisation des quatre États latins du Levant, cette expédition s'oppose, en tous points, aux deux suivantes. Dirigées cette fois par des souverains qui se sont croisés au lendemain de graves échecs subis par les Latins – perte d'Édesse en 1144, chute de Jérusalem en 1187 –, elles échouent l'une et l'autre, la dernière au terme d'un long périple maritime dont le seul fruit fut la conquête en 1191 par Richard Cœur de Lion de l'île byzantine de Chypre, dont hérita Gui de Lusignan en 1192.

B. L'EMPIRE DES COMNÈNES

- L'Empire byzantin à la fin du règne d'Alexis Comnène (1118)
- Frontières de Jean II vers 1143
- Agrandissement de Manuel Ier vers 1180 *(les limites sont approximatives)*
- États musulmans
- 1re croisade 1095-1099
- 2e croisade 1147-1149
- **COMTÉ DE TRIPOLI** États latins du Levant fin XIe-XIIe siècle
- République de Venise
- Batailles

B. **R**étracté à ses seuls territoires balkanique et asiatique, ayant perdu en outre à l'est le contrôle de l'Anatolie au profit des Turcs, l'Empire byzantin était en 1118 dans une situation diamétralement inverse à celle qu'avait connue Basile II en 976, alors que l'Asie Mineure était solidement tenue, mais l'Empire bulgare profondément implanté dans la Romanie d'Europe (voir carte p. 38). Sur les frontières de l'Empire assiégé se pressaient, au nord, les peuples de la steppe, Petchenègues, Oghouz et Coumans ; à l'est, les Turcs Seldjoukides ; à l'ouest et, depuis 1098, au sud-est, les Normands de Sicile et d'Antioche. Aussi la tentative de restauration impériale se développa-t-elle en trois temps. En 1122, élimination définitive des Petchenègues par Jean II : la frontière danubienne est colmatée ; de 1135 à 1138, contre-offensive en Orient : les Turcs Danichmendites sont vaincus, la Cilicie soumise, Antioche réduite par les armes ; de 1149 à 1171 enfin retour en force des Byzantins en Occident, où Manuel II reconquiert le nord-ouest des Balkans. Mais cette restauration s'avéra fragile : impossible en Italie en raison de l'hostilité de Venise, elle fut gravement compromise en Orient par la défaite que les Turcs infligèrent aux Byzantins à Myriokèphalon le 17 septembre 1176. Ruiné, l'Empire ne put résister à l'assaut des croisés en 1204.

A. L'ORIENT LATIN (XIIᵉ-DÉBUT DU XIIIᵉ SIÈCLE)

A. **I**solés au sein de l'Islam hostile, dépourvus de toute cohésion territoriale et juridique, faiblement colonisés et donc difficiles à défendre, les quatre États latins du Levant n'ont pas résisté aux assauts de leurs adversaires. Trop en flèche, le comté d'Édesse succombe le premier en 1144-1146. Accrochés au rivage, disposant depuis 1192 d'une base inexpugnable, le royaume de Chypre, les trois autres États ne font que survivre pendant un siècle à la défaite de Hattin et à la prise de Jérusalem par Saladin en 1187. En 1291, en conquérant la ville d'Acre, les Mamelouks mettent un terme à deux siècles de présence latine en Terre sainte.

B. LA 4e CROISADE

- 4e croisade (1202-1204)
- Empire latin de Constantinople et États vassaux en 1214
- Autres États latins d'Orient
- La République de Venise et ses dépendances après la 4e croisade
- États grecs (byzantins)
- Sultanat seldjoukide de Rum ou d'Iconium (*Konya*)

B. **D**estinée par Innocent III à frapper la puissance musulmane en Égypte, la 4e croisade est détournée, en 1202-1203, vers Constantinople par les Vénitiens. Aussi aboutit-elle paradoxalement, en 1204-1205, à la dislocation de l'Empire byzantin défaillant en trois principautés indépendantes, à la création de l'Empire latin de Constantinople et à celle de trois autres États francs en Romanie, enfin à l'extension de l'empire commercial et maritime de Venise. Du moins le schisme de l'Église grecque est-il théoriquement terminé, et les positions franques en Orient sont-elles apparemment renforcées en vue de nouvelles croisades (voir cartes pp. 68 et 128).

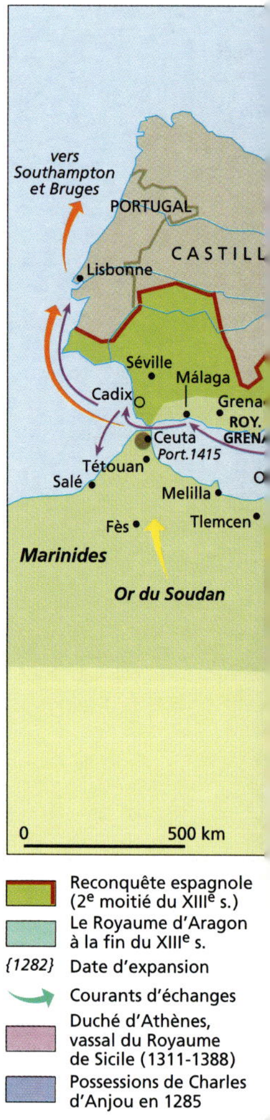

A. **L**ieu privilégié de rencontre mais aussi de conflit des trois civilisations musulmane, byzantine et latine, la Méditerranée retrouve son unité au XIIe et surtout au XIIIe siècle, lorsque l'ardeur évangélisatrice des croisés, les appétits territoriaux de leurs chefs, l'âpreté au gain des marchands occidentaux entraînent le recul de l'islam en Espagne et en Orient, l'effondrement de Byzance et la création des États latins du Levant au XIIe siècle et de Romanie au XIIIe siècle. Ainsi se trouvent de nouveau privilégiés les axes de navigation ouest-est, que prolonge vers l'Extrême-Orient, jusqu'en 1368, la route mongole le long de laquelle circulent les missionnaires occidentaux et la soie chinoise.
La Méditerranée n'est pas pour autant, à cette époque, une aire paisible. L'exploitation en est en effet contrariée par de nombreux conflits. Les uns opposent les villes italiennes entre elles : Gênes enlève ainsi, en 1261, le monopole du commerce en mer Noire à Venise qui l'avait acquis en 1204, puis elle élimine définitivement la concurrence pisane à la Meloria, en 1284.
D'autres font s'affronter les Capétiens et les Aragonais, la politique d'expansion des premiers en Méditerranée se heurtant à la volonté des seconds de contrôler exclusivement son bassin occidental, but qui est déjà largement atteint au soir des Vêpres siciliennes qui chassent les Franco-Angevins de Sicile en 1282. Ainsi la Méditerranée est-elle devenue le champ de bataille de ceux des Occidentaux qui veulent la dominer pour s'en disputer les richesses.

A. LA MÉDITERRANÉE DU XIIIe SIÈCLE AU DÉBUT DU XVe SIÈCLE

Zones attribuées à Venise après la 4e croisade (1202-1204)

Comptoirs vénitiens

Comptoirs mixtes

Territoires vénitiens à titre temporaire

Duché de Náxos (1205-1566)

Courants d'échanges au XIVe s. :

- aboutissant à Venise
- partant de Venise

Possessions et établissements génois (XIIIe-XIVe s.)

Principales directions du commerce génois

États latins XIIe-XIIIe s. (extension maximale)

Empire latin et États vassaux vers 1214

Possessions des Hospitaliers au XIVe s.

États grecs (byzantins) vers 1214

Monde musulman (XIIIe s.)

A. L'EMPIRE BYZANTIN AU XIVe SIÈCLE

A. **La** prise de Constantinople par les croisés, le 12 avril 1204, avait disloqué l'Empire byzantin le partageant en trois entités politiques territorialement distinctes : à l'est, l'empire de Trébizonde, qui devait connaître un destin séparé jusqu'en 1461 : à l'ouest, le despotat d'Épire, qui maintint son indépendance jusqu'en 1337 ; au cœur du dispositif géostratégique, l'empire de Nicée, ancré en Asie Mineure, sur les rives méridionales de la mer de Marmara, et donc le seul apte à reconquérir la capitale impériale. Réussie par surprise le 25 juillet 1261, cette opération ne rendit à l'Empire ni son unité ni son antique grandeur. Malgré l'appui des Génois, celui-ci ne put arracher aux Vénitiens la possession des bases navales (Coron, Modon, Crète, Nègrepont, Naxos) qui étaient les clefs du grand commerce avec l'Orient et l'Extrême-Orient par le relais du Pont-Euxin ou du royaume de Chypre. Au sud du continent où seul le despotat de Mistra échappait à leur emprise dès 1262-1263, les Latins conservaient le contrôle de la principauté d'Achaïe et du duché d'Athènes sous des souverainetés successives. En fait, leurs longues survies n'avaient été rendues possibles que par la crise de l'État byzantin et par la guerre civile qui en résulta entre 1341 et 1347. Arbitré par les Bulgares et par les Serbes d'Étienne Dušan, qui se fit couronner tsar à Skopje en 1346, ce conflit interne facilita la poussée ottomane. Chassés d'Asie Mineure par les Turcs dans le deuxième quart du XIVe siècle, les Byzantins ne purent empêcher ceux-ci de conquérir leurs territoires européens à partir de 1352 et de les enfermer, dès 1394, dans leur capitale, après que leurs protecteurs serbes eurent été vaincus à la bataille de Kosovo (1389).

B. LE MONDE OCCIDENTAL (1270-1454)

Limites du Saint Empire vers 1400

La maison de Habsbourg vers 1385

La maison de Luxembourg en 1402

La Hanse (XIVe-XVe s.) :
- Villes hanséatiques
- Comptoirs hanséatiques
- Voies maritimes hanséatiques

Possessions vénitiennes au XIVe siècle

Comptoirs vénitiens

Possessions et principaux comptoirs génois

Le royaume d'Aragon et son expansion en Méditerranée

Empire byzantin vers 1402

Empire ottoman :
- Milieu du XIVe siècle
- Seconde moitié du XIVe s.

Conquêtes d'Édouard Ier d'Angleterre à la fin du XIIIe s.

Guerre de Cent Ans - Possessions anglaises en France :
- en 1360
- en 1380

Les États bourguignons au temps de Philippe le Hardi (1364-1404)

Union de Kalmar (1397)

Union personnelle de la Pologne et de la Lituanie (1386)

La Grande-Principauté de Moscou
- en 1300
- en 1462 (Ivan III)

Batailles

Timur Lang (Tamerlan)

B. **E**n moins de deux siècles, l'Occident enfante l'Europe moderne dans la douleur provoquée par le malheur des temps : famines ; peste noire de 1348-1351 et ses récurrences ; conflits internationaux opposant France et Angleterre, Gênes et Venise, Byzance et Turcs ; guerres civiles, de caractère dynastique en Castille et social en France et en Angleterre, religieux en Bohême ; invasion ultime des peuples de la steppe aux confins orientaux du continent à l'extrême fin du XIVe siècle… Les puissances traditionnelles s'effacent : Saint Empire et papauté en Allemagne et en Italie, devant la montée des villes ; d'autres disparaissent : Empire byzantin au lendemain de la prise de Constantinople par les Turcs en 1453. À cette date, une Europe nouvelle est née. À l'ouest, l'Angleterre, quoique vaincue, et la France, victorieuse à Castillon, sortent renforcées de la guerre de Cent Ans. Au sud, l'Espagne en marche vers l'unité, maîtrise, grâce à l'Aragon, le bassin occidental de la Méditerranée face à l'Empire ottoman qui domine son bassin oriental. À l'est, héritière de la tradition byzantine et de la foi orthodoxe, la Russie moscovite émerge de la nébuleuse slave. Au nord, les pays scandinaves se regroupent. Enfin, au cœur instable de l'Europe, Valois-Bourgogne et Habsbourg jettent les bases de la puissance autrichienne. Les protagonistes de l'Europe nouvelle sont en place. Reste à établir entre eux un équilibre des forces que Venise, Florence et Milan instaurent dès 1454 en Italie du Nord, par la paix de Lodi.

A. LA HANSE TEUTONIQUE DANS LA SECONDE MOITIÉ DU XIVe SIÈCLE

Chefs-lieux de Tiers, *Riga et Visby en alternance*

Comptoirs hanséatiques

Villes influentes

Lien de dépendance

Factoreries

Lien de dépendance

Concessions

Participation aux pêcheries de Scanie

Villes hanséatiques importantes

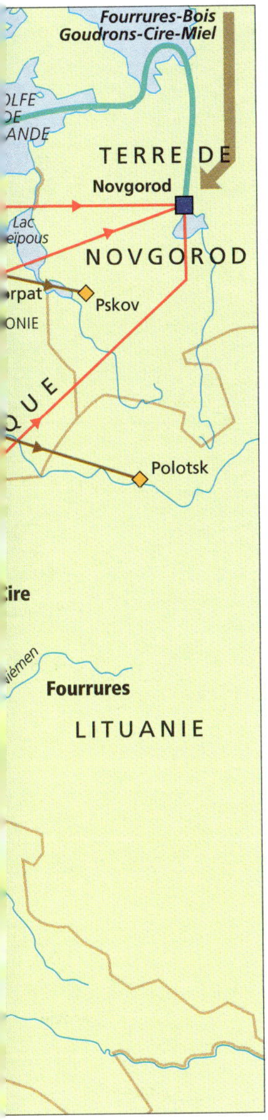

• Autres villes
Draps Produits principaux
Courants commerciaux

A. **C**ommunauté économique rassemblant progressivement à partir de 1350 au moins 129 villes dont sont originaires les membres de la vieille *Hanse des marchands,* ainsi qu'un seul prince, le grand maître de l'ordre Teutonique, la Hanse s'est dotée d'une organisation assez lâche. Ses centres principaux sont Lübeck, où se tient en général le *Hansetag,* et, subsidiairement, les villes où se réunissent les assemblées de *Tiers* : Visby, Riga, Dortmund. S'arrogeant le monopole du commerce maritime dans le nord de l'Europe le long de l'axe baltique Novgorod-Riga-Lübeck-Bruges-Londres, imposant pour le maintenir son contrôle militaire et financier sur le Sund en 1370, la Hanse assoit sa puissance économique sur les privilèges anciennement acquis par ses membres dans les quatre comptoirs établis hors d'Allemagne et auxquels ces derniers ont rattaché leurs factoreries locales : Novgorod, Bergen, Londres et Bruges, ville où ils échangent les produits de l'Europe du Nord et de l'Est (blés, fourrures, bois...) contre ceux de l'Occident (sel, vins, draperie...), de la Méditerranée et de l'Orient (épices...).

A. **L'**histoire de Charles Quint ne ressemble à aucune autre. D'abord, son empire fut le premier à s'étendre sur l'Ancien et le Nouveau Monde (voir cartes pp. 40 et 41). Ensuite, il le devait à *trois* héritages : des Habsbourg (États héréditaires), du Téméraire (Artois, Flandre, Brabant, Luxembourg, Franche-Comté), de sa mère (Espagne, Sardaigne, Deux-Siciles – plus tard, l'Amérique).
Élu empereur en 1519, il rêva d'unifier les 400 États allemands et de rogner les « libertés germaniques ».
Menaçant pour les princes allemands, il l'était plus encore pour la France, qui faisait obstacle à la réunion de ses deux morceaux d'Europe.
Il mena donc contre François Ier et Henri II une guerre qui devint générale quand la France s'allia aux Ottomans et aux protestants – et quand l'Angleterre, soucieuse d'équilibre européen, évolua d'un camp à l'autre. François Ier, battu et fait prisonnier à Pavie, fut sauvé par la victoire de Soliman à Mohács. La défaite écrasante des protestants allemands à Mühlberg fut de même effacée par l'entrée des Turcs à Buda, par la perte des Trois-Évêchés et par un désastre devant Alger. Découragé, Charles Quint accepta que l'Empire restât électif, accorda, à Augsbourg, la liberté du culte aux protestants. Puis il partagea l'Empire et entra au monastère.

A. L'EMPIRE DE CHARLES QUINT

Nouveau Monde :
- Empire espagnol au temps de Charles Quint
- Archevêché
- Universités
- *1527* Audiencias
- **1535** Vice-royautés

B. RENAISSANCE ET HUMANISME

- Les premières imprimeries avant 1471
- MAYENCE Diffusion de l'imprimerie
- Centres d'imprimerie en 1480
- Universités
- Bâle Centres d'humanisme

B. **L**e retour aux lettres gréco-latines s'annonce en Italie avec Pétrarque au XIVe siècle. Mais c'est du concile de Florence (1439) que date son essor et la quasi-déification de Platon. Les penseurs se sentirent alors « renaître » et se crurent plus proches de l'homme, « humaniores » ; on appela *humanistes* à la fois les érudits et ceux qu'exaltaient ces valeurs

proprement humaines. L'expansion rapide de l'humanisme en Occident s'explique par la présence d'un milieu prêt à le recevoir ; son terrain de prédilection fut la vallée du Rhin, où, précisément, Gutenberg mit au point l'imprimerie. De Mayence, cet art nouveau gagna rapidement Francfort, Nuremberg, Paris (1470), Lyon, Venise, Rome, Bâle… On imprima d'abord les ouvrages favoris du Moyen Âge, mais il fallut répondre à la demande d'éditions « classiques » venues des *académies* de Florence et de Rome, des douze universités allemandes (dont dix nouvelles), du Collège de France… Malgré la modération d'Érasme, de Budé et leur effort de syncrétisme pagano-chrétien, l'humanisme aida à la Réforme.

A. LA DIFFUSION DE LA RÉFORME AU XVIe SIÈCLE

- « Pré-Réforme » *(groupe de Meaux)*
- Zones principalement atteintes par le protestantisme
- **1534** Adhésion officielle des États au protestantisme
- Régions touchées par les idées réformées où le catholicisme est resté prédominant
- Principales universités protestantes *(académies)*
- *1520* Date de fondation ou de conversion au protestantisme

Principaux centres de diffusion de la Réforme

- Luthéranisme
- Calvinisme
- Anglicanisme
- Zwinglianisme
- Autres centres

- Pays demeurés catholiques
- Gains de la Contre-Réforme
- Succès partiels de la Contre-Réforme
- Populations chrétiennes dans l'Empire ottoman
- Frontières des États au XVIe siècle
- Limites du Saint Empire au XVIe siècle

A. La « Pré-Réforme » du groupe de Meaux eut une influence beaucoup plus faible que celle des trois grands réformateurs : Zwingli, curé de la collégiale de Zurich en 1518, qui ne rallia à lui qu'une moitié de la Suisse ; Luther, qui, après sa rupture avec Rome en 1517-1518, conquit l'Allemagne du Nord, la Scandinavie, la Finlande et qui fit de la Baltique « un lac luthérien » ; Calvin, qui, appuyé sur l'*Académie* de Genève, gagna à sa doctrine les Pays-Bas, l'Écosse, la plupart des communautés françaises après 1560 et qui, plus tard, prit pied en Amérique du Nord. Le dynamisme du mouvement s'affaiblit en se fragmentant, avec l'anglicanisme d'Henri VIII ou le presbytérianisme des Écossais et avec de nombreuses sectes. La Réforme a brisé le rêve de monarchie européenne de Charles Quint, mais a laissé l'Europe plus divisée que jamais : une moitié nord partagée entre des confessions rivales, une moitié sud restée fidèle à Rome. La Contre-Réforme reconquit, à partir de 1540, la Rhénanie, la Bavière, l'Autriche et la Belgique actuelle. Quant à la France, elle resta catholique, mais elle accepta le dualisme de l'édit de Nantes, forme alors unique de tolérance.

B. EXPANSION ET RETRAIT DE LA PUISSANCE OTTOMANE EN EUROPE (XIVe-XVIIIe SIÈCLE)

B. **E**n sollicitant l'aide des Ottomans contre les Serbes dès 1344-1345, les Byzantins les attirent en Europe. La Turquie y garde aujourd'hui encore un pied. Établis en 1354 à Gallipoli, les Osmanlis réduisent rapidement l'Empire byzantin à sa seule capitale. À Tchernomen sur les bords de la Marica en 1371 et surtout à Kosovo en 1389, la puissance serbe est brisée. La Bulgarie occupée (1383-1393), la Valachie soumise au tribut (1395), les croisades de secours battues à Nicopolis (1396) et à Varna (1444), rien ne peut plus sauver Constantinople, qui succombe le 29 mai 1453. L'Empire byzantin disparaît de l'histoire. Achevant la conquête de la Grèce (Morée, 1460) et celle des Balkans au sud de la Save et des Carpates, à la fin du XVe siècle, éliminant les Génois de la mer Noire (1461-1475), les Ottomans menacent alors directement l'Occident. Ils occupent temporairement Otrante (1480-1481), éliminent les Hongrois à Mohács en 1526, vassalisent la Transylvanie, mais ils ne peuvent prendre Vienne en 1529. Malgré d'ultimes succès (Chypre, 1571), le reflux s'amorce. Vaincus par la chrétienté coalisée sur mer à Lépante en 1571, puis sur terre à Saint-Gotthard en 1664, contraints une nouvelle fois de lever le siège de Vienne par le roi de Pologne Jean III Sobieski en 1683, les Ottomans subissent la loi des Habsbourg, puis celle des Romanov. À Karlowitz en 1699, à Passarowitz en 1718 et à Belgrade en 1739, les premiers les rejettent au sud de la Save et du Danube, à Kutchuk-Kaïnardji en 1774 et à Iasi en 1792, les seconds leur enlèvent la Crimée et la Bessarabie. Lorsque les Russes, protecteurs naturels des Slaves orthodoxes, parviennent aux bouches du Danube, s'ouvre la question d'Orient (voir cartes pp. 73, 76, 81, 128, 139, 140, 146, 161, 162, 163, 176 et 177).

A. LA GUERRE DE TRENTE ANS ET SES PROLONGEMENTS

Limites du Saint Empire en 1618

Possessions des Habsbourg

d'Autriche | d'Espagne

Révolte de Bohême (1618)

Révolte de Haute-Autriche (1620)

Nouvel électorat (1620)

Occupation de la Valteline par la France (1625)

Campagnes de Gustave Adolphe (1630-1632)

Villes françaises attaquées par les Espagnols et les Impériaux

Riposte française à partir de 1636

Batailles

Traités

Révoltes intérieures

Fronde parlementaire (1648)

Traités de Westphalie (1648)

Villes impériales

«Satisfactions» françaises

Possession des Trois-Évêchés confirmée à la France

«Satisfactions» suédoises

Acquisitions :

Bavière

Brandebourg

Restitution faite au fils de l'Électeur palatin

Pays reconnus indépendants

Paix des Pyrénées (1659)

Acquisitions de la France

Paix du Nord (1660)

Acquisitions de la Suède

Suède en :

1618 1645 1648 1660

A. **M**algré leur échec au XVIe siècle, les Habsbourg reprennent au XVIIe siècle leurs rêves d'Empire héréditaire et de domination catholique universelle. Le conflit, purement allemand au début, devient européen avec l'intervention du Danemark et de la Suède. L'empereur Ferdinand II parut sur le point d'atteindre à l'hégémonie quand il eut écrasé la Bohême, vaincu le Danemark, proclamé en 1629 par l'édit de Restitution l'obligation faite aux protestants de rendre les terres qu'ils avaient sécularisées, et repoussé les Suédois. En 1635, l'empereur paraît dominer en Allemagne. C'est alors que Richelieu lance la France dans la guerre, après avoir conclu alliance avec la Suède, les princes protestants allemands et les Provinces-Unies.
Les victoires françaises, après des débuts difficiles, permettent l'occupation de l'Artois, de l'Alsace et du Roussillon, obligeant l'empereur à signer les traités de Westphalie (1648). Les Habsbourg de Vienne étaient vaincus. La France obtenait les droits et les possessions de la maison d'Autriche en Alsace et la reconnaissance officielle de son installation dans les Trois-Évêchés et à Pignerol. Il fallut à l'Allemagne plus d'un siècle pour réparer ses ruines matérielles et se relever de son affaiblissement intellectuel et moral. La France ne put imposer sa victoire sur les Habsbourg de Madrid que cinq ans plus tard. Mazarin poursuivit la politique de Richelieu ; ayant encerclé les Pays-Bas en obtenant l'alliance anglaise et en formant la ligue du Rhin, il imposa le traité des Pyrénées (1659), après les victoires décisives de Turenne. L'Espagne abandonnait à la France l'Artois (moins Aire-sur-la-Lys et Saint-Omer), la haute Cerdagne et le Roussillon, et quelques places de Flandre, du Hainaut et du Luxembourg. L'Europe demanda alors à la France d'arbitrer la paix du Nord, qui fut favorable à la Suède (voir carte p. 96).

B. **L'**idée d'équilibre général a remplacé au XVIIIe siècle les prétentions des Habsbourg, puis des Bourbons, à l'hégémonie. Par ailleurs entrent en lice deux puissances nouvelles : la Prusse et la Russie. Aussi, pendant cinquante ans, l'Europe est-elle troublée par des guerres dites « de succession », dans lesquelles sont engagés tous les pays, inquiets des agrandissements territoriaux qui risqueraient d'accroître la puissance de l'un d'entre eux. Aux conflits continentaux s'ajoutent les rivalités maritimes et coloniales entre la France et l'Angleterre. Au cours de ces luttes, les puissances, disposant de forces à peu près égales, recherchent des alliés pour réaliser leurs desseins. En 1717, afin de contrecarrer les ambitions de l'Espagne, la France, l'Angleterre et la Hollande signent la Triple-Alliance pour maintenir les traités d'Utrecht. En 1733, s'ouvre la succession de Pologne, qui oppose la France à l'Autriche, alliée de la Russie : la Pologne est placée avec Auguste III sous l'autorité austro-russe, mais la France s'assure la réunion de la Lorraine, soustraite à l'Empire, après la mort de Stanislas Leszczyński. La guerre de la Succession d'Autriche oppose Frédéric II de Prusse à l'impératrice Marie-Thérèse d'Autriche : l'Autriche alliée à l'Angleterre lutte contre la France, alliée de la Prusse, qui, en conservant la Silésie, est la grande bénéficiaire du conflit. Enfin la guerre de Sept Ans (1756-1763) partage à nouveau l'Europe en deux camps : Prusse et Angleterre contre France, Autriche et Russie. Les traités de

B. L'EUROPE AU TEMPS DE LA PRÉPONDÉRANCE BRITANNIQUE

Paris et d'Hubertsbourg (1763) marquent la défaite de l'Autriche et de la France, qui perd la plus grande partie de son empire colonial au profit de l'Angleterre, tandis qu'en apparence le statu quo est restauré en Europe continentale. L'Angleterre s'est alors haussée en Europe au rang d'arbitre par sa puissance maritime et coloniale et par les richesses qu'annonce la révolution industrielle dans laquelle elle est la première engagée. La France reste pourtant le plus puissant État d'Europe par sa population et ses armées, mais souffre de discordes intérieures. La Prusse est devenue la première puissance en Allemagne du Nord ; avec une armée forte et disciplinée et un trésor bien garni, Frédéric II enlève dans l'Empire la prépondérance à l'Autriche. Celle-ci, qui a subi de lourdes défaites, tourne désormais ses ambitions vers l'Orient et la Pologne, tout en continuant à dominer, avec l'Espagne, une Italie où le sentiment d'unité tarde à s'affirmer. Les anciens États de l'Europe de l'Est et du Nord, Suède et Pologne, doivent désormais compter avec la Russie, rénovée par Pierre le Grand en État moderne, en façade du moins. Avec l'énergique Catherine II, la Russie, brusquement transformée, devient une force européenne de premier plan. Ainsi l'équilibre européen est totalement bouleversé par des données nouvelles.

A. LA RÉVOLUTION EN EUROPE DE 1789 À 1795

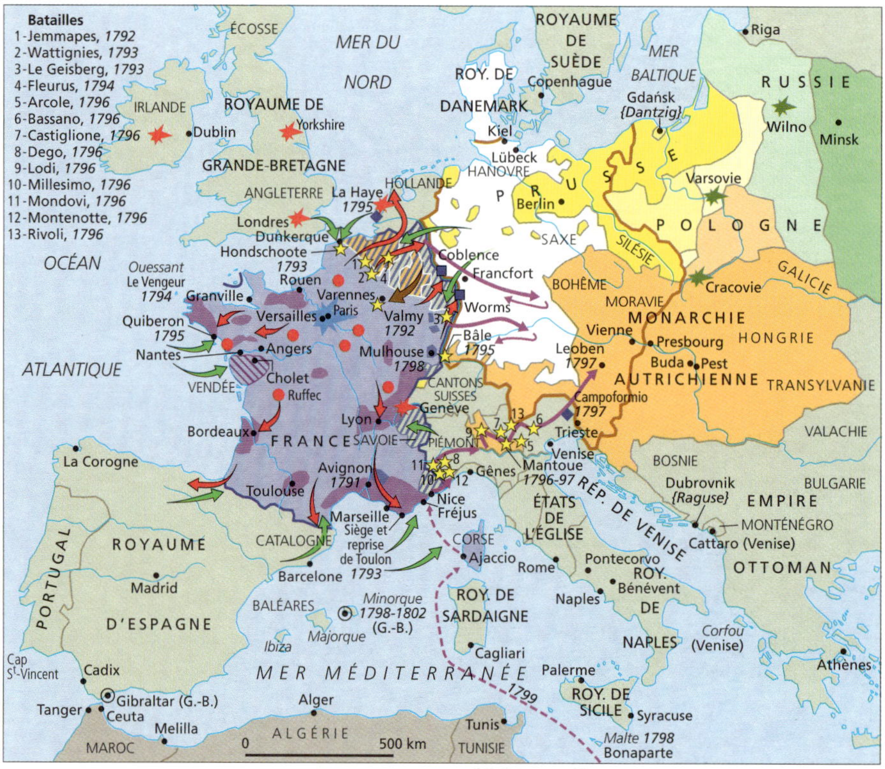

Troubles précédant la Révolution française
Éclatement de la Révolution française, 1789
Zones de départ de la Grande Peur, 1789
Rassemblements d'émigrés français
Guerre de Vendée, 1793 (zones d'insurrection)
Zones d'insurrection fédéraliste, 1793
Attaques des Autrichiens et des Prussiens en 1792
Attaques des coalisés de 1793
Armées de la Convention
Conquêtes et annexions françaises de 1792 à 1795
Limites de la France en 1795
Acquisitions françaises

Campagnes des armées françaises en 1796-1797
Retour de Bonaparte pendant la campagne d'Égypte, 1799
Batailles
Traités
Autriche
Prusse

Partages de la Pologne

1793
Russie
Prusse

1795
Russie
Prusse
Autriche

Insurrection polonaise de 1794 (principaux foyers)
Limites du Saint Empire

A. **L'**ascension de la bourgeoisie (qui caractérise au XVIIIe siècle tous les pays « avancés »), la poussée des idées libérales renforcée par la révolution américaine, le mécontentement populaire aggravé par de mauvaises récoltes déclenchent en France une révolution. Devenue violente par l'intervention du peuple des villes et des masses paysannes (la Grande Peur), celle-ci bouleverse en deux ans l'ensemble des institutions. Mais l'ampleur même du mouvement, en suscitant l'espoir des libéraux européens, inquiète les souverains étrangers, encouragés dans leur hostilité par la propagande des émigrés. Cette hostilité et les difficultés intérieures françaises expliquent la déclaration de guerre à l'Autriche (20 avril 1792) soutenue par la Prusse. L'invasion austro-prussienne est arrêtée à Valmy le 20 septembre 1792, mais, en 1793, la radicalisation de la Révolution (déchéance, puis exécution de Louis XVI) issue des défaites initiales, la pénétration des armées françaises en Belgique suscitent une coalition générale ; attaquée de toutes parts, minée de l'intérieur par les insurrections vendéenne et « fédéraliste », la nouvelle République n'est sauvée, à partir de l'été 1793, que par la Terreur, mobilisation politique, économique et surtout militaire de toute la nation, qui permet la victoire sur tous les fronts.

B. LES RÉPUBLIQUES SŒURS

- Limites de la France en 1797
- Républiques sœurs
- *1797* Date de création
- Régions occupées en 1792 par la France, annexées en 1796 (traité de Paris)
- Batailles
- Traités

Traité de Campoformio, 1797

- Conquêtes ou annexions reconnues à la France
- Parties du territoire de Venise livrées à l'Autriche
- Annexions françaises de 1798
- Batailles de la campagne d'Italie, 1796-1797

B. **Avec** le retour au pouvoir des modérés, en 1794, la « croisade de la liberté contre les tyrans » ne couvre plus qu'une politique d'annexion (Belgique et rive gauche du Rhin intégrées à la République) ou de vassalisation : les « républiques sœurs », aux institutions calquées sur celles de la France. Menée au mépris des vœux des populations et accompagnée d'un pillage organisé, cette politique mécontente même les révolutionnaires étrangers, mais paraît un regain d'expansion révolutionnaire aux souverains, qui ripostent par la deuxième coalition.

A. DIFFUSION DU CODE CIVIL. CODE NAPOLÉON

Application du Code civil dans l'Empire français dès 1804

Territoires régis par le Code civil français (1804-1814)

Frontières de 1811

A. **L**e Code civil, promulgué en 1804, traduit en règles juridiques l'évolution individualiste et libérale de la société française, qu'accélère la victoire de la bourgeoisie : égalité formelle devant la loi, liberté individuelle, propriété sacralisée. Ce Code se répand dans tous les pays soumis à l'hégémonie française, d'où un contraste durable entre une Europe de l'Ouest, où sont en place les bases juridiques de la révolution libérale et de l'essor du capitalisme, et une Europe centrale et orientale, encore « féodale ».

La France des 83 départements en 1791

L'Empire français des 130 départements en 1811

États dépendants

Prusse alliée depuis le traité de Tilsit, 1807

B. **E**n 1811, toute l'Europe subit l'influence de Napoléon, sauf l'Angleterre et le Portugal, la Sardaigne, la Sicile et Malte. Pour abattre l'Angleterre, maîtresse des mers depuis Trafalgar (1805), l'Empereur a cru pouvoir l'asphyxier économiquement en retournant contre elle l'arme du blocus qui prohibe les marchandises ennemies. Il doit donc contrôler toute l'Europe. De là l'annexion

B. L'EUROPE NAPOLÉONIENNE EN 1811

Pays alliés
Confédération du Rhin
Provinces Illyriennes
Occupation des provinces danubiennes par les Russes, 1806-1812

Décret anglais du 16 mai 1806 : blocus maritime anglais
Bases navales anglaises
Commerce anglais avec le continent
Bombardement de Copenhague par les Anglais, sept. 1807

Blocus continental

Blocus continental en 1811
Décrets relatifs au blocus continental
1810 Dates des annexions opérées par Napoléon

ou l'administration directe des zones côtières. Après l'occupation des États de l'Église et l'annexion de la Hollande, l'Empire français compte ainsi 130 départements. Certains sont gouvernés personnellement par Napoléon : le royaume d'Italie, où le prince Eugène le représente comme vice-roi, les Provinces Illyriennes dont Marmont est gouverneur. Instituant un système familial, Napoléon a établi ses proches parents sur les trônes européens. Les « Napoléonides » gouvernent ainsi le royaume de Naples (Murat, son beau-frère), le grand-duché de Toscane (Élisa, sa sœur), le royaume de Westphalie (Jérôme, son frère), le grand-duché de Berg (Napoléon-Louis, son neveu), le royaume d'Espagne (Joseph, son frère). L'Allemagne de l'Ouest et du Centre, dont les 36 États sont rassemblés dans la Confédération du Rhin, est placée sous le protectorat officiel de Napoléon. En Suisse, celui-ci est médiateur de la Confédération helvétique. Le grand-duché de Varsovie est placé sous sa tutelle. D'autres États sont, de gré ou de force, officiellement ses alliés : ainsi, le Danemark et la Russie, malgré une alliance quelque peu ébranlée en 1808 par l'attitude du tsar à Erfurt. Enfin certains États se rapprochent de la France ou cherchent à obtenir son amitié : la Prusse s'engage dans une alliance avec elle ; l'Autriche, après le mariage de Napoléon avec Marie-Louise, s'apprête à fournir un contingent ; la Suède, enfin, gouvernée par Bernadotte, semble mieux disposée à son égard. Réserve faite de l'Angleterre et de l'Empire ottoman, où après la mort de Sélim III, l'influence française recule, l'Empereur semble n'avoir que des amis ou des alliés. Mais l'arme du blocus apparaît vite inefficace face à la contrebande qui part des bases anglaises, favorisée par l'hostilité de la bourgeoisie française et surtout par celle des populations européennes, pénalisées économiquement et opprimées politiquement.

A. L'EUROPE DU CONGRÈS DE VIENNE

A. **P**our les vainqueurs, la chute de Napoléon doit substituer l'ère de la *Sainte-Alliance* à celle de la *Révolution*. Ils réorganisent donc l'Europe, au mépris des vœux des peuples, selon les principes de légitimité, de restauration et de solidarité des princes, que tempère le souci d'un équilibre européen au profit des grandes puissances : les survivances médiévales d'Allemagne et d'Italie disparaissent ; le Saint Empire est remplacé par la Confédération germanique de 38 États ; les grandes puissances agrandissent leurs domaines (la Prusse en Rhénanie, l'Autriche en Italie et dans les Balkans, la Russie en Pologne), l'Angleterre se contentant de bases maritimes ; la France, coupable de révolution, est surveillée par deux États tampons renforcés, les Pays-Bas et le royaume de Sardaigne. Refusant pour son pays un destin si cruel, redoutant pour lui-même un exil plus lointain que l'île d'Elbe, où il a « régné » du 4 mai 1814 au 26 février 1815, Napoléon Ier tente, lors des Cent-Jours (20 mars-8 juillet 1815), de remettre en cause l'œuvre du congrès de Vienne, avant même que celle-ci ne soit validée par l'*Acte final* du 9 juin 1815. Consacrée le 18 à Waterloo par la défaite de l'Empereur, qui s'embarque, le 15 juillet, près de Rochefort sur le *Bellerophon*, cette œuvre du congrès de Vienne établit un équilibre des forces en Europe, qui, pour l'essentiel, ne fut pas remis en cause avant la signature du traité de Versailles le 28 juin 1919 (voir carte p. 90).

B. LES RÉVOLUTIONS DE 1848 ET LA RÉACTION

B. **D**ans cette Europe antinationale et conservatrice, la crise économique de 1846-1848, qui affaiblit les gouvernements, cristallise le mécontentement des nations opprimées, des bourgeoisies libérales, des masses réduites à la misère. Le mouvement révolutionnaire, amorcé dès 1846, balaie toute l'Europe à partir des insurrections de Paris et de Vienne. D'inspiration démocratique en France et libérale dans les pays encore soumis à une monarchie absolue, le mouvement prend vite un sens national dans l'empire d'Autriche, où les nationalités réclament leur autonomie, en Allemagne, en Italie, où aspiration libérale et aspiration unitaire se mêlent. Mais le « printemps des peuples » est de courte durée. Victorieuse en France, en mai 1849, en Italie, où la défaite du Piémont face à l'Autriche dès mars 1849 précipite la liquidation des républiques, la réaction l'emporte plus difficilement en Autriche où elle se révèle plus sanglante ; fort de ses succès contre les Tchèques et les Hongrois (grâce à l'aide russe), le gouvernement de Vienne peut facilement briser le rêve d'une Allemagne unifiée (reculade de la Prusse à Olmütz, nov. 1850) [voir cartes pp. 99 et 154].

A. L'EUROPE DES NATIONS (1850-1914)

A. **L**a période 1850-1914 voit le triomphe du principe de *nationalité* sur le principe de *légitimité* et l'affirmation progressive des États-nations. Les nations morcelées s'unifient : le Piémont libéral de Cavour utilise le sentiment national antiautrichien et l'aide étrangère pour réaliser l'unité italienne ; l'unification de l'Allemagne par Bismarck autour de la Prusse se fait « par le fer et le sang » en deux guerres, contre l'Autriche en 1866 et contre la France en 1870 (voir carte p. 119). Par ailleurs, les empires multinationaux se disloquent : obligée d'accepter le dualisme austro-hongrois en 1867, l'Autriche, de même que la Russie, retarde ce processus par la contrainte intérieure et l'expansion extérieure ; quant à l'Empire ottoman, affaibli, il ne peut résister à la poussée des nationalités balkaniques aidées par les grandes puissances (voir cartes pp. 89, 90, 164, 165 et 179).

B. LES BALKANS (1878)

Guerre russo-turque (1877-1878)
- Avance des armées russes
- Siège de Plevna (1877)

Traité de San Stefano (3 mars 1878)
- Grande Bulgarie vassale de l'Empire ottoman
- États reconnus indépendants
- Roumanie :
- Zone perdue au profit de la Russie
- Zone gagnée aux dépens de l'Empire ottoman
- Acquisitions du Monténégro

Congrès de Berlin (13 juin-13 juill. 1878)
- Empire ottoman
- Province ottomane
- Principauté vassale de l'Empire ottoman
- Régions administrées par l'Autriche-Hongrie
- N Sandjak de Novi Pazar
- Accroissements de la Serbie

B. La *question d'Orient* naît de la conjonction des nationalismes balkaniques exacerbés par l'oppression turque et des rivalités impérialistes des grandes puissances au détriment de l'Empire ottoman. Ainsi, en 1877, profitant de révoltes des populations chrétiennes de Bulgarie et de Bosnie, la Russie intervient contre la Turquie. Mais les pressions de la Grande-Bretagne, qui craint la mainmise russe sur les Détroits, et, surtout, de l'Autriche imposent à la Russie un partage des zones d'influence dans les Balkans.

A. LES BALKANS (1912-1913)

A. **E**n 1912, l'affaiblissement de l'Empire ottoman en Afrique et dans l'Égée ranime les ambitions des petits États balkaniques (soutenus par la Russie), qui s'unissent pour lui infliger une défaite rapide. Mais les inquiétudes des grandes puissances, la reprise de la guerre en 1913, à propos du partage des dépouilles entre la Bulgarie et ses anciens alliés, soutenus par la Roumanie, puis par les Turcs conduisent à un arbitrage européen : celui-ci entérine l'émiettement de l'Empire ottoman, mais, en équilibrant les mécontentements, prépare une nouvelle crise (voir cartes pp. 164, 179 et, sur la Première Guerre mondiale, 48 et 49).

B. L'EUROPE DE 1919 À 1923

B. Les traités de 1919-1920 fondent la paix sur le « droit des peuples à disposer d'eux-mêmes », affirmé par les « Quatorze Points » du président Wilson (et renforcé par le recours éventuel au plébiscite) ; ce droit consacre l'achèvement du mouvement des nationalités : démembrement de l'Empire austro-hongrois et de l'Empire ottoman (dont les provinces arabes sont soumises au régime du *mandat*), indépendance des pays Baltes, de la Finlande, de la Pologne. Mais les craintes ou les ambitions contradictoires des grandes puissances, représentées par Clemenceau, Lloyd George et Orlando, rendent plus difficiles les règlements concernant l'Allemagne et la Russie : la première, objet d'un affrontement franco-anglais, est désarmée, coupée en deux par le « corridor de Dantzig », humiliée, mais non abattue ; pour la Russie, le principe de nationalité est gauchi par la crainte d'une contagion révolutionnaire, qui conduit à la formation d'un « cordon sanitaire » rejetant le plus à l'est possible les frontières du bolchevisme.
Mais la rivalité des jeunes nationalismes, la division des vainqueurs, l'impuissance de la *Société des Nations,* voulue par Wilson (d'ailleurs désavoué dans son pays), favorisent les projets « révisionnistes » : dès 1919, D'Annunzio remet en question le statut de Fiume ; en 1923, la Turquie impose à Lausanne une révision complète du traité de Sèvres.

A. L'EXPANSION HITLÉRIENNE DE 1935 À 1939

A. **A**près le rétablissement en 1935 du service militaire, Hitler déclenche une série de coups de force en Europe. Ceux-ci réussissent d'autant mieux que la France et l'Angleterre, privées depuis la remilitarisation de la Rhénanie de tout moyen de coercition à l'égard du Reich, s'avèrent incapables de toute réaction autre que verbale. Après la signature du pacte avec Staline, Hitler se jette sur la Pologne, mais, cette fois-ci, Paris et Londres ne peuvent plus reculer : c'est la guerre (voir cartes pp. 50 à 53).

B. L'EUROPE AU LENDEMAIN DE LA SECONDE GUERRE MONDIALE

- Frontières en 1947
- Capitales d'États
- Gains territoriaux de l'U.R.S.S.
- Territoire libre de Trieste (1947-1954)
- Territoires italiens attribués à la Yougoslavie
- Rectifications de frontières au profit de la France
- Sarre, reliée économiquement à la France jusqu'en 1959
- Acquisition de la Bulgarie

Partage de l'Allemagne

- République fédérale d'Allemagne, R.F.A. (1949)
- République démocratique allemande, R.D.A. (1949)
- Partage de Berlin
- Ligne Oder-Neisse

B. **L**es accords de Yalta (4-11 févr. 1945) entre les États-Unis, l'U.R.S.S. et la Grande-Bretagne, définissent des zones d'influence dans l'Europe d'après-guerre. La conférence de Potsdam (juill.-août 1945) partage l'Allemagne, administrée en commun, en quatre zones d'occupation alliées. Berlin reproduit ce schéma. Les traités marquent une nouvelle avance des Slaves vers l'ouest : l'Italie (1947) cède l'Istrie à la Yougoslavie, Trieste devient ville libre. La Pologne s'étend jusqu'à la ligne Oder-Neisse et cède la moitié de ses territoires à l'est à l'U.R.S.S., qui gagne également les États baltes, la Carélie sur la Finlande, la Bessarabie sur la Roumanie (voir carte p. 103).

LES PAYS D'EUROPE DEPUIS L'AN MILLE

A. LE SAINT EMPIRE AU Xe SIÈCLE

A. **S**acré et proclamé *rex Francorum* à Aix-la-Chapelle le 8 août 936, prenant à Pavie le 23 septembre 951 le titre de *rex Langobardorum* (ou *Italicorum*), également à l'instar de Charlemagne, exerçant depuis 937 une tutelle de fait sur le royaume de Bourgogne, Otton Ier étend dès lors son autorité sur les deux tiers de l'ancien Empire carolingien, à l'exclusion de la *Francia occidentalis*. Auréolé du prestige du vainqueur des Hongrois et des Slaves au Lechfeld et sur la Recknitz les 10 août et 16 octobre 955, il reçoit à Rome la couronne impériale des mains du pape Jean XII le 2 février 962. Relayant l'Empire carolingien dans sa prétention à assurer l'héritage de l'Empire romain et donc à imposer aux autres royaumes chrétiens d'Occident un *dominium mundi* idéal mais irréalisable, le *Sacrum Imperium* est déjà dans les faits *romain germanique*. Flanquée, à l'est, de marches constituées en pays slave et évangélisées à partir de Magdebourg, cette construction politique apparaît très fragile, les souverains ne pouvant exercer leur autorité que s'ils contrôlent les six ducs nationaux. Retenant le droit de lever l'armée, ceux-ci jouent un rôle essentiel dans l'élection des rois de Germanie. En 1002, la mort d'Otton III scelle l'échec du rêve d'un Empire universel.

B. LE SAINT EMPIRE À L'ÉPOQUE DES HOHENSTAUFEN (XIIe-XIIIe SIÈCLE)

B. **Au** XIIe et au XIIIe siècle, le Saint Empire est le champ clos des rivalités de deux familles : celle des ducs de Bavière, puis de Saxe, les *Welfs* (*al.* guelfes), qui n'accèdent qu'épisodiquement à l'Empire (Otton IV de Brunswick, 1198/1209-1218) ; celle des ducs de Souabe, les *Staufen* (ou Waiblingen, *al.* gibelins), adversaires irréductibles du Saint-Siège, auquel ils disputent le *dominium mundi,* dans le cadre de la querelle du Sacerdoce et de l'Empire. L'insuffisance et la dispersion de leurs biens patrimoniaux ainsi que le mirage italien, qui séduit même Otton IV, ne permettent pas aux rois de Germanie de juguler les ambitions des princes : l'Allemagne se pulvérise en une multitude de petits États, vassaux en droit, indépendants en fait des empereurs. Qu'ils appuient leurs actions sur ce royaume (Frédéric Ier Barberousse, 1152-1190) ou sur la Sicile, que le mariage d'Henri VI (1190-1197) fait passer entre les mains de Frédéric II (1197-1250), que leurs troupes soient vaincues à Legnano en 1176 ou victorieuses à Cortenuova en 1237, les Staufen ne peuvent maîtriser la coalition qui, autour de la ville nouvelle d'Alexandrie, lie la papauté aux communes italiennes unies au sein des ligues lombardes de 1167 et de 1226. Humiliée à Venise par le pape en 1177, à Constance par les villes en 1183, l'autorité impériale ne survit pas à la mort, en 1250, de Frédéric II et à l'émiettement de la souveraineté de part et d'autre des Alpes. En apparence, tout au moins, le triomphe du Sacerdoce sur l'Empire est assuré.

A. L'ALLEMAGNE PENDANT LA GUERRE DE TRENTE ANS (1618-1648)

A. **F**erdinand II tenta de réaliser par les armes ses desseins d'hégémonie. Pour commander ses bandes de mercenaires, il eut deux bons généraux : Tilly, un Wallon, et Wallenstein, un Tchèque. Tilly écrasa l'insurrection de la Bohême à la Montagne-Blanche et battit, à Lutter, Christian IV de Danemark, que Wallenstein coupa, à Dessau, des Transylvains et des Turcs. L'irruption, en 1630, de Gustave Adolphe transforma la guerre : une armée nationale, un armement léger, des formations en ordre mince. Tilly fut vaincu et tué, et Wallenstein battu à Lützen, mais Gustave Adolphe périt dans l'action. La victoire de Ferdinand sur les Suédois à Nördlingen en 1634 lui rendit la prépondérance dans l'Empire. La France entra alors dans la guerre. Condé et Turenne furent vainqueurs à Fribourg-en-Brisgau en 1644 et à Nördlingen en 1645 ; la jonction de Turenne avec les Suédois à Zusmarshausen menaça directement Vienne et contraignit l'empereur à négocier (traités de Westphalie, 1648) ; l'état de dévastation quasi totale de l'Allemagne ne lui laissait d'ailleurs que ce choix (voir carte p. 80).

B. BRANDEBOURG-PRUSSE (XVIIe-XVIIIe SIÈCLE)

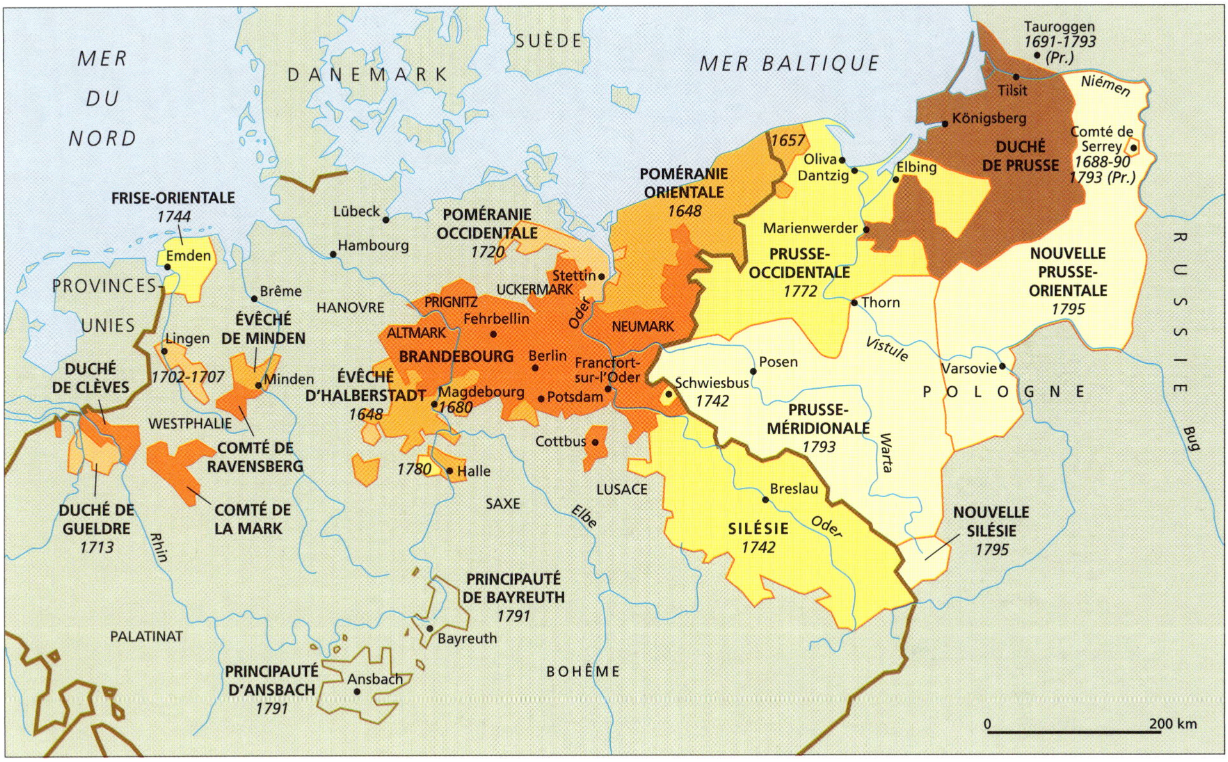

Duché de Prusse en 1525
Possessions des Hohenzollern en 1618
Acquisitions du Grand Électeur Frédéric-Guillaume (1640-1688)
Acquisitions jusqu'en 1740
Acquisitions de Frédéric II (1740-1786)
Acquisitions depuis 1790
1742 Dates d'acquisitions
Limites du Saint Empire au XVIIe siècle

B. **D**eux héritages heureux (Clèves en 1614, Prusse en 1618), un traité bénéfique (Westphalie, 1648) permettent aux Hohenzollern de constituer dès le XVIIe siècle, tout autour de l'électorat de Brandebourg, un État certes discontinu, mais qui s'étire en écharpe à travers la plaine de l'Allemagne du Nord, des rives du Niémen à celles du Rhin. Consacrée par l'octroi d'une couronne royale « en » Prusse, c'est-à-dire « hors » du Saint Empire, le 18 janvier 1701, cette œuvre territoriale est parachevée par Frédéric II (1740-1786). En 1763, au terme d'une longue et parfois dangereuse lutte contre l'Autriche, ce souverain annexe définitivement la Silésie, dont la possession fait de l'État des Hohenzollern une grande puissance, à laquelle le triple partage de la Pologne, en 1772, en 1793 et en 1795, assure à la fois cohésion géographique et vocation à réaliser l'unité allemande aux dépens des Habsbourg (voir carte p. 100).

A. LES ALLEMAGNES À LA FIN DU XVIIIe SIÈCLE

État prussien en 1740	**SAXE** **Trèves** Électorats	☆ Batailles
Acquisitions de Frédéric II	Domaine des Habsbourg	◆ Traités
Possessions ecclésiastiques	Limites du Saint Empire	Villes libres impériales

A. **R**éduit, depuis l'élection de Rodolphe de Habsbourg en 1273, au seul royaume de Germanie, pulvérisé en une multitude d'États princiers (plus de 400) et urbains, le Saint Empire n'est plus, au XVIIIe siècle, qu'une institution prestigieuse dénuée de contenu réel. La Diète *(Reichstag)* n'est qu'un théâtre d'ombres où électeurs (neuf), princes et villes s'affrontent en trois collèges rivaux soumis à l'impossible règle de l'unanimité. Tout les oppose : le statut juridique, la condition sociale et économique (nobles ou bourgeois, laïcs ou clercs), la religion (catholicisme, luthéranisme, calvinisme), les intérêts politiques (les trois plus puissants électeurs : le Habsbourg de Bohême et d'Autriche, le Hohenzollern du Brandebourg, le Welf du Hanovre, sont respectivement rois en Hongrie, en Prusse et en Grande-Bretagne, c'est-à-dire en dehors des limites du Saint Empire). Ainsi l'anarchie et le particularisme local s'aggravent dans les Allemagnes, au sein desquelles l'*Aufklärung* favorise pourtant la naissance du despotisme éclairé et celle du sentiment national allemand. Adhérant au premier, s'efforçant de capter le second, Habsbourg et Hohenzollern engagent alors pour la Silésie un long combat, dont l'enjeu final est, en fait, la réunification des Allemagnes au profit de l'une de ces deux maisons. Mais il n'est définitivement atteint par la seconde qu'en 1871 (voir cartes pp. 101 et 102).

B. LA CONFÉDÉRATION GERMANIQUE (1815-1866)

Limites de la Confédération germanique
Francfort Siège de la Diète
☆ Batailles
▬ Universités
◆ Traités

B. **L**e congrès de Vienne organise les États d'Europe centrale en une Confédération germanique qui remplace le Saint Empire. Cette association, citadelle du particularisme, défend surtout les intérêts des Habsbourg et ceux des petits États. Malgré la tentative d'union économique (Zollverein, 1834), la Confédération est vite anachronique. Le réveil des idées nationales en 1848, puis la politique unitaire prussienne ruinent la Confédération, dont l'Autriche, vaincue, se retire en 1866.

A. L'UNITÉ ALLEMANDE

Le royaume de Prusse en 1861

Affaire des duchés, convention de Gastein, 1865

Duché administré par la Prusse

Duché administré par l'Autriche

Acquisition de la Prusse

Guerre austro-prussienne, 1866

Victoire prussienne de Sadowa, 3 juillet 1866

Acquisitions prussiennes en 1866

Confédération de l'Allemagne du Nord, 1866-1871

États de l'Allemagne du Sud

Guerre franco-allemande de 1870-1871

Limites de l'Empire allemand proclamé le 18 janvier 1871

Alsace-Lorraine, terre d'Empire

Traités de paix

A. **C**ommencée dès 1834 au plan économique par une union douanière (*Zollverein*) qui renforce la primauté de la Prusse en Allemagne du Nord, l'unification politique de l'Allemagne passe désormais par l'élimination de l'Autriche. Fort de l'appui de la bourgeoisie rhénane, des milieux nationalistes et même des libéraux, gagnés par un projet de réorganisation de la Diète, Bismarck rompt avec l'Autriche dès 1866 ; l'armée prussienne, modernisée et « rodée » par la guerre des Duchés, bat rapidement les alliés de l'Autriche à Langensalza et défait celle-ci à Sadowa. Mais, soucieux de se concilier l'Empire, Bismarck limite ses ambitions à l'exclure de la nouvelle Allemagne, en constituant, autour de la Prusse agrandie, une *Confédération de l'Allemagne du Nord* dont le roi de Prusse est le président. Reste, pour achever l'unité, à rallier les États du Sud : la maladresse de la diplomatie française (qui a réclamé, en échange de sa neutralité en 1866, des compensations en Allemagne) en offre l'occasion ; permettant l'annexion de l'Alsace-Lorraine, qui devient « terre d'Empire », c'est-à-dire la propriété commune de tous les États allemands, la guerre de 1870 cimente l'unité, qui est concrétisée par la proclamation de l'Empire allemand, dont la structure fédérale ménage le particularisme du Sud (voir carte p. 119).

B. L'ALLEMAGNE AU LENDEMAIN DE LA SECONDE GUERRE MONDIALE

Limites de l'Allemagne en 1937

Couloirs aériens

Territoires sous administration polonaise depuis 1945

Territoire sous administration soviétique depuis 1945

Territoire de la Ruhr sous contrôle international (1948/49-1952)

Zones d'occupation (1945-1954)

britannique

américaine

française

soviétique

■ Capitale fédérale (R.F.A.)

● Capitale de Land (R.F.A.)

● Capitale de Land (R.D.A.)

Limites des Länder en R.F.A.

Limites des Länder en R.D.A. jusqu'en 1952

B et C. **A**près la capitulation du 8 mai 1945, conformément aux accords de Yalta et à ceux de Potsdam, l'Allemagne, amputée des territoires à l'est de la *ligne Oder-Neisse*, est partagée en quatre zones d'occupation ; il en est de même de Berlin, enclavé dans la zone soviétique ; l'autorité de l'État est remise à un *Conseil de contrôle* quadripartite qui est chargé de limiter la puissance industrielle de ce pays tout en procédant à sa démocratisation, à sa démilitarisation et à sa dénazification, œuvre à laquelle contribue le tribunal de Nuremberg, qui condamne à mort les principaux chefs du IIIe Reich (20 novembre 1945-1er octobre 1946). Mais, en déclenchant la « guerre froide » en 1947, l'U.R.S.S. facilite la socialisation de l'économie de l'Allemagne de l'Est avec l'appui des partis ouvriers ; le souci de barrer la route au communisme amène alors les alliés occidentaux à freiner la dénazification et à favoriser le relèvement économique de leurs zones, pratiquement unifiées par la réforme monétaire du 18 juin 1948. En réponse à cette politique, le blocus de Berlin-Ouest par les Soviétiques, du 24 juin 1948 au 12 mai 1949, conduit à la coupure définitive de l'Allemagne en deux (création de la République fédérale, puis de la République démocratique les 8 mai et 7 octobre 1949). Dans la nuit du 12 au 13 août 1961, cette coupure est matérialisée par la construction du *mur de Berlin* (voir cartes pp. 93 et 145).

C. BERLIN

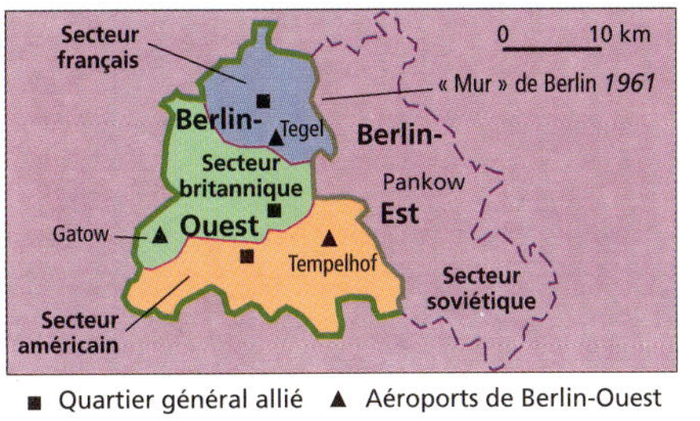

■ Quartier général allié ▲ Aéroports de Berlin-Ouest

A. L'ESPAGNE WISIGOTHIQUE

A. **C**hassés du sud de la Gaule – sauf de Septimanie – par Clovis (Vouillé, 507), les Wisigoths réduisent leur domination à l'Espagne, dont Tolède devient, vers 554, la capitale politique et spirituelle. Fixant l'essentiel de leur peuple en Vieille-Castille, ils annexent en partie le royaume des Vascons (578), celui des Suèves (585), et chassent au VIIe siècle les Byzantins du sud-est du royaume. Affaibli par les intrigues successorales et aristocratiques, celui-ci est submergé de 711 à 714 par les Maures islamisés de Tariq.

B. LA RECONQUÊTE AU XIe SIÈCLE

B. **R**éfugiés dans les montagnes du nord de l'Espagne, où ils échappent à la domination musulmane, les chrétiens constituent, dès le VIIIe siècle, de petites principautés (Asturies, Navarre...), plus tard des royaumes indépendants (León, Navarre et Aragon). Sous l'impulsion du deuxième d'entre eux, ces États s'ouvrent au début du XIe siècle à l'influence française : celle des pèlerins qui se rendent à Saint-Jacques-de-Compostelle ; celle des chevaliers qui participent aux *algarades* (raids) que les princes espagnols mènent contre les nombreux (25) et faibles royaumes musulmans de *Taifas* (« partis »), nés de la disparition du califat de Cordoue en 1031. Assumée de 1035 à 1065 par le roi de Castille, puis de León (1037), Ferdinand Ier, la

C. LA RECONQUÊTE AU XIIIᵉ SIÈCLE

Reconquista englobe Coimbra en 1064 et vassalise les souverains de Badajoz, de Saragosse, de Tolède et de Séville. Accordant l'indulgence plénière à ceux qui participent à la grande expédition dans la vallée de l'Èbre en 1063-1064, le pape Alexandre II donne alors à la Reconquista l'allure d'une « croisade » sans le signe de la croix. Commune à toute la chrétienté, cette entreprise reste pourtant essentiellement l'œuvre des Castillans : Alphonse VI, qui occupe Tolède en 1085 ; le Cid Campeador, qui constitue à son profit la seigneurie de Valence (1094-1102). Mais, réunificateurs de l'Andalousie musulmane et vainqueurs d'Alphonse VI à Sagrajas en 1086, les Almoravides ont déjà arrêté pour un temps la Reconquista.

C. **D**ésunis à leur tour face à un islam maghrébin et ibérique dominé depuis le milieu du XIIᵉ siècle par les Almohades, les États chrétiens n'ont réalisé que de médiocres gains territoriaux au XIIᵉ siècle, à l'exception du royaume de Portugal. Tardivement constitué en 1139-1143, celui-ci a maîtrisé l'estuaire du Tage dès 1147. Affaiblie par des luttes fratricides avec le León, la Castille, par contre, subit un désastre qui paraît irrémédiable : celui d'Alarcos en 1195. En fait, cette défaite relance la Reconquista, organisée par le fameux traité de Cazola. Ce traité a délimité, le 20 mars 1179, les zones d'expansion respective des Castillans et des Aragonais, ces derniers renonçant à Murcie et assurant à terme à leurs alliés et rivaux la possession de Carthagène, et donc un débouché sur la Méditerranée avec laquelle ils entretiennent, à la fin du Moyen Âge, d'importants courants d'échange. Unissant leurs forces à celles des Navarrais, les chrétiens remportent alors, en 1212, la victoire décisive de Las Navas de Tolosa, qui brise la puissance almohade et livre, en quelques années, le sud de la péninsule Ibérique et les Baléares au Portugal, à la Castille et à l'Aragon. Accroché à la cordillère Bétique, bientôt encerclé par la Castille, qui occupe Murcie en 1243 et Cadix en 1262 et qui, depuis lors, a la charge exclusive de la Reconquista, seul le petit royaume nasride de Grenade maintient, après 1232, la présence politique de l'islam. C'est un défi. Les Rois Catholiques le relèvent en 1492.

A. LES POSSESSIONS ESPAGNOLES EN EUROPE JUSQU'EN 1714

- Portugal uni à l'Espagne de 1580 à 1640
- Possessions espagnoles
- Possessions des Habsbourg

Routes militaires et commerciales espagnoles vers les Pays-Bas
- Route des Espagnols
- Voie de Dunkerque

Territoires perdus par l'Espagne
- au profit de la France de 1659 à 1678
- au profit de la Savoie, 1713
- au profit de la Grande-Bretagne
- au profit de l'empereur Charles VI, 1714
- Limites du St Empire en 1714

G Gueldre espagnole, 1713, à la Prusse

V Valteline

A. **À** la paix des Pyrénées (1659), l'Espagne cède à la France le Roussillon et l'Artois, et consent au mariage de l'infante Marie-Thérèse avec Louis XIV, qui gagnera une partie de la Flandre (1668) et la Franche-Comté (1678). Dès 1701, la non-renonciation du nouveau roi d'Espagne, Philippe V, petit-fils de Louis XIV, à ses droits à la couronne de France, coalise l'Europe contre les Bourbons. En 1703, l'archiduc d'Autriche, Charles de Habsbourg, est reconnu roi d'Espagne. Animée par son père, l'empereur Léopold Ier, et surtout par l'Angleterre, la guerre de la Succession ruine la France et l'Espagne, sauvées par les victoires de Villaviciosa et de Denain. À Utrecht et à Rastatt, la présence des Bourbons à Madrid est confirmée, mais les Habsbourg d'Autriche et la Savoie se partagent les Pays-Bas et l'Italie espagnols, et l'Angleterre obtient la maîtrise des mers.

B. LA GUERRE CIVILE (1936)

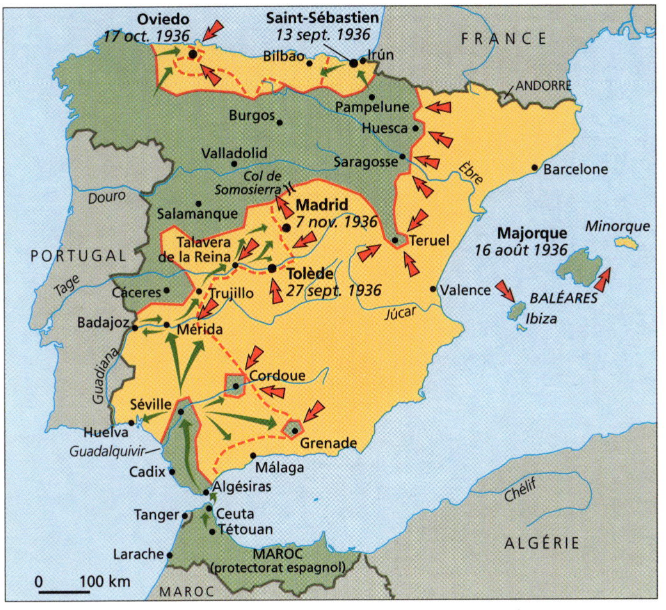

Zone nationaliste en juillet 1936
Zone républicaine
Offensive nationaliste
Offensive républicaine
Front en novembre 1936

B et C. **L**a victoire, aux élections de février 1936, du *Frente popular*, accompagnée d'une vague d'agitation sociale (réclamation d'une réforme agraire, mouvements anarchistes), alarme les grands propriétaires fonciers, les possédants, solidement appuyés sur l'armée et l'Église. Le soulèvement organisé le 18 juillet 1936 par les généraux Sanjurjo et Franco ne réussit pourtant que partiellement, en raison de la résistance populaire organisée par le gouvernement socialiste avec l'appui des syndicats ouvriers, des salariés agricoles, des autonomistes basques et catalans. La guerre civile s'internationalise bientôt en raison de l'importance stratégique de l'Espagne et de l'enjeu idéologique de guerre (dictature ou démocratie ; fascisme ou socialisme). Mais les forces sont inégales entre les nationalistes de Franco, puissamment aidés par l'Italie fasciste et l'Allemagne nazie, et les gouvernementaux, qui ne reçoivent que des secours limités (rôle surtout des *brigades internationales*) : après l'écrasement du Pays basque durant l'été 1937, une offensive nationaliste en Aragon coupe en deux la zone gouvernementale ; la contre-offensive désespérée sur l'Èbre ne peut empêcher la chute de la Catalogne en janvier 1939. En mars, la prise de Madrid par les franquistes achève une guerre qui a fait au moins 636 000 morts, entraîné le départ en exil d'environ 350 000 Espagnols et ruiné un pays dont le territoire a servi de base d'essai aux armements et aux troupes des protagonistes de la Seconde Guerre mondiale.

C. LA GUERRE CIVILE (1937-1939)

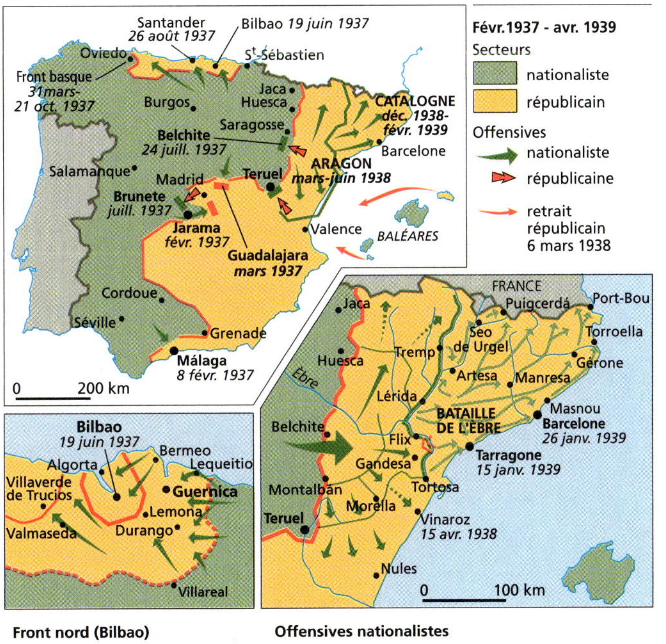

Front nord (Bilbao)
Front initial
Attaques nationalistes
Front fin juin 1937

Offensives nationalistes
Aragon
9 mars - 20 juin 1938
Catalogne
23 déc. 1938 - févr. 1939

A. LES INVASIONS EN FRANCE AU IXᵉ ET Xᵉ SIÈCLE

A. **C**oïncidant avec le déclin de l'Empire carolingien, les invasions, normandes et arabes au IXᵉ siècle, hongroises au Xᵉ siècle, convergent au cœur de la *Francia occidentalis,* n'épargnant que les régions éloignées des côtes et situées à l'écart des fleuves. Apparus vers 810 au nord et à l'ouest, multipliant à partir de 834 leurs raids depuis leurs bases (Angleterre, Noirmoutier), remontant la Seine, la Loire... sur leurs légers *snekkja,* poursuivant à cheval leur pénétration à l'intérieur du royaume, les Normands contraignent les souverains à leur verser de lourds tributs, puis à reconnaître l'existence des États qu'ils créent sur leurs territoires (Nantes, 919-937 ; duché de Rouen, 911). S'orientant du sud vers le nord depuis la Méditerranée dès 828, mais ne devenant systématiques qu'avec la constitution de la base de *Fraxinetum,* près de Saint-Tropez (vers 890-972/973), les raids des Arabes ravagent les Alpes jusqu'aux abords du lac de Constance, où ils recoupent les rapides chevauchées des Hongrois, qui, venus de l'est, sèment la désolation de la Lorraine au Languedoc entre 917 et 955. La puissance carolingienne n'y survit pas.

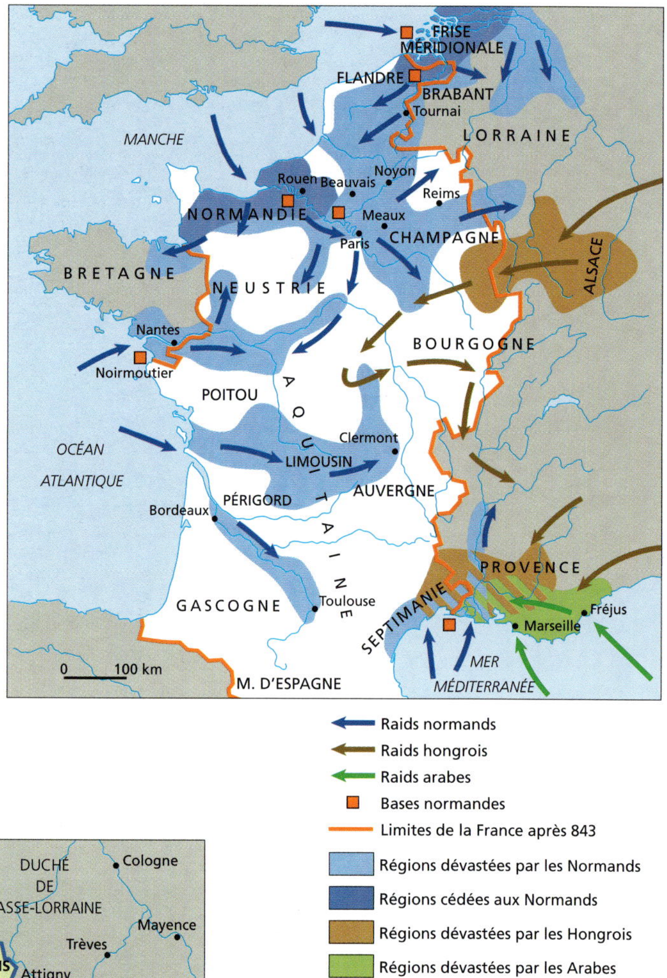

B. LA FRANCE À LA FIN DU Xᵉ SIÈCLE

Le Domaine royal à l'avènement d'Hugues Capet (987)

B. **S**i la force des armes et la vertu d'un traité (Saint-Clair-sur-Epte, 911) sont à l'origine du duché de Normandie, celui-ci se distingue par la vigueur de son particularisme régional, voire ethnique et linguistique.
Un même particularisme caractérise toutes les principautés périphériques qui se sont constituées entre 880 et 920 : duchés d'Aquitaine et de Bourgogne ; comtés de Bretagne, de Barcelone, de Toulouse et de Flandre. Plus petites, plus tardivement émancipées sont les principautés comtales du cœur de la *Francia* (Anjou et Maine, Vermandois, Blois et Chartres, Troyes et Meaux). Elles restent soumises à l'autorité des ducs de France, les descendants de Robert le Fort. L'un d'eux, Hugues Capet, est élu roi, contre le Carolingien Charles, à Senlis en 987. Il se hâte d'associer, par le sacre, à la magistrature royale son fils aîné Robert. Ainsi commence la dynastie capétienne.

C. LA FRANCE AU TEMPS DE PHILIPPE AUGUSTE (1180-1223)

- Le domaine royal en 1180
- Le domaine royal en 1223
- Possessions d'Henri II Plantagenêt en 1154
- Possessions anglaises en France à la fin du règne de Philippe Auguste
- Fiefs mouvant de la Couronne
- Seigneuries ecclésiastiques
- Batailles
- Traités

C. **L**a puissance capétienne s'affirme réellement à l'aube du XIIIe siècle, lorsque Philippe II Auguste réussit à tripler, pour le moins, la superficie du domaine royal par les moyens les plus divers : acquisitions matrimoniales (Artois) ; commise féodale en 1202 des terres d'un vassal félon, le roi d'Angleterre Jean sans Terre ; occupation progressive de ces dernières par la force des armes (Normandie, Maine, Anjou, Touraine, Terre d'Auvergne). En brisant la coalition anglo-germano-flamande de 1214 à La Roche-aux-Moines et à Bouvines, où Jean sans Terre et l'empereur Otton IV de Brunswick sont tour à tour vaincus, Philippe II Auguste consolide ses conquêtes, affaiblit de manière décisive la dangereuse puissance des Plantagenêts à l'intérieur du royaume de France et, par contrecoup, affirme la sienne propre à l'égard des autres grands vassaux : l'avenir de la dynastie est assuré (voir carte p. 123).

A. LES DÉBUTS DE LA GUERRE DE CENT ANS DE 1338 À 1350

- Le domaine royal à la mort de Charles IV le Bel (1328)
- Le domaine royal à l'avènement de Philippe VI de Valois (1328)
- Acquisition de 1349
- Batailles
- Fiefs du roi d'Angleterre au début de la guerre de Cent Ans (1338)
- Zone d'influence anglaise
- Chevauchée d'Édouard III (1346)
- Siège et prise de Calais par Édouard III (4 sept. 1346-4 août 1347)

A. **M**aîtres d'un royaume riche de 12 à 16 millions d'habitants ainsi que d'un domaine qui en englobe désormais les deux tiers – et qui s'accroît en 1349 de Montpellier et du Dauphiné –, les Valois disposent dès 1338 de moyens incomparablement supérieurs à ceux des Plantagenêts. L'Angleterre n'est, en effet, peuplée que de 4 millions d'habitants au plus, et les possessions continentales de ses rois sont réduites au Ponthieu et à la Guyenne, terres pour lesquelles ces derniers voudraient être déliés de tout hommage à l'égard du roi de France, dont ils revendiquent par ailleurs la couronne. Renversant en sa faveur le rapport des forces, Édouard III d'Angleterre s'assure, dès 1340, l'appui des Flamands pour des raisons économiques et, dès 1341, celui des Bretons de Jean de Montfort pour des motifs dynastiques. Il impose sa suprématie militaire : sur mer, le 24 juin 1340, à L'Écluse ; sur terre, le 26 août 1346, à Crécy, et le 4 août 1347, à Calais, qu'il transforme en tête de pont économique et militaire en France du Nord. La guerre peut reprendre.

B. CONQUÊTE ANGLAISE ET RECONQUÊTE FRANÇAISE DE 1356 À 1380

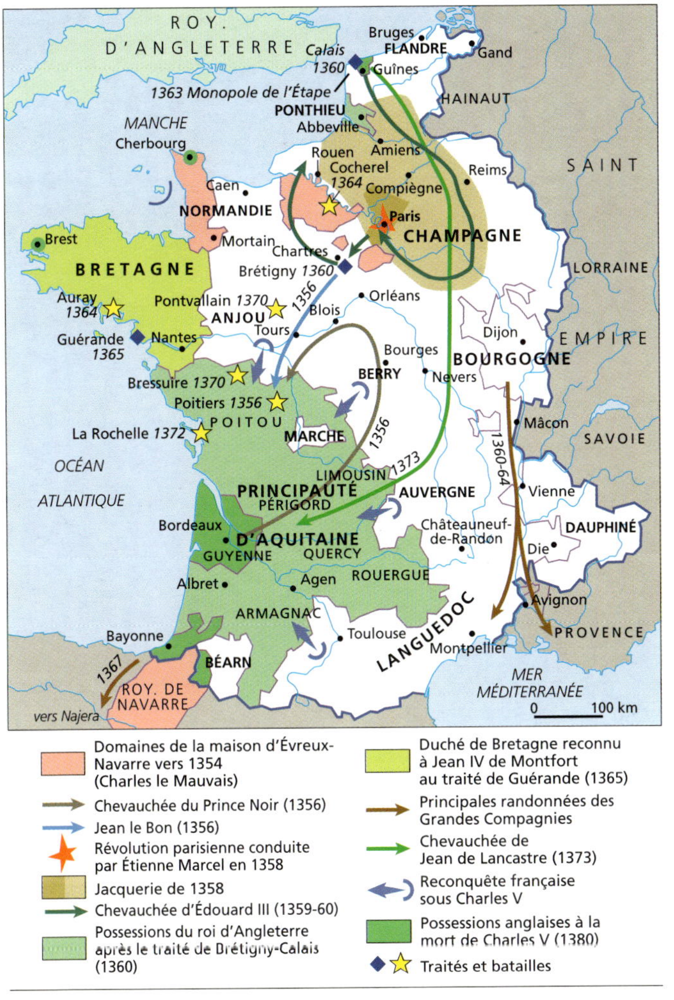

B. **T**rois bases territoriales (Bordelais, Ponthieu, Calaisis), l'appui des maisons de Montfort en Bretagne et d'Évreux-Navarre en Normandie, tels sont les atouts dont dispose Édouard III lorsque le prince de Galles Édouard (le Prince Noir) fait prisonnier Jean II le Bon près de Poitiers en 1356, contraignant ce souverain à signer en 1360 le traité de Brétigny-Calais. Cette victoire assure la possession de l'Aquitaine aux Plantagenêts, dont l'empire continental est partiellement reconstitué à l'heure où les Valois sont affaiblis par la révolution parisienne d'Étienne Marcel et par l'insurrection paysanne des Jacques. La crise intérieure surmontée dès 1358, Charles V et Du Guesclin renversent la situation : Charles le Mauvais est vaincu à Cocherel en 1364 ; la Bretagne rentre dans la vassalité française par le traité de Guérande en 1365 ; la France est libérée des Grandes Compagnies, envoyées en 1367 en Castille, qui devient son alliée en 1369 ; les Anglais, enfin, vaincus à Pontvallain et à Bressuire en 1370, sont rejetés hors du royaume, où ils ne contrôlent plus en 1380 que cinq ports (Calais, Cherbourg, Brest, Bordeaux et Bayonne). La reconquête française semble alors parvenue à son terme.

A. LA FRANCE DE 1415 À 1436

La France divisée, 1415-1428

- Chevauchée d'Henri V (1415)
- Domination française, « royaume de Bourges »
- Domination anglaise
- Domination bourguignonne
- Frontières du royaume de France
- Traités
- Combats

L'arrivée de Jeanne d'Arc, 1429

- Levée du siège d'Orléans (8 mai 1429)
- Chevauchée du sacre (1429)

La neutralité bourguignonne

- Acquisitions du duc de Bourgogne confirmées au traité d'Arras (1435)

A. **L**ongtemps retardée en France par la folie de Charles VI, par la querelle des Armagnacs et des Bourguignons, et en Angleterre par la crise dynastique de la fin du XIVe siècle, la reprise des hostilités est provoquée en 1411 par l'appel du duc de Bourgogne, Jean sans Peur, à Henri IV de Lancastre.
La victoire décisive du successeur de ce dernier, Henri V, à Azincourt le 25 octobre 1415, l'occupation de la Normandie par ses troupes de 1415 à 1419, l'assassinat de Jean sans Peur à Montereau par les hommes du Dauphin entraînent, le 21 mai 1420, la signature du traité de Troyes.
Celui-ci rend possible

B. LES ACQUISITIONS DE LOUIS XI

- Domaine royal en 1461

Acquisitions :

- sur la maison de Bourgogne
- sur la maison d'Anjou
- sur la maison d'Aragon
- Acquisitions temporaires
- Fiefs des princes des maisons de Valois et de Bourbon
- Autres fiefs
- Principauté détachée du royaume
- Foires nouvelles

B. **B**ut essentiel de la politique de Louis XI, le renforcement de l'autorité monarchique dans les domaines économique et politique se traduit par les résultats suivants : création de foires franches à Lyon, à Caen et à Rouen, afin de favoriser l'enrichissement du royaume ; rétablissement de la paix avec l'Angleterre par la trêve de Picquigny, qui met pratiquement fin à la guerre de Cent Ans le 29 août 1475 ; adjonction, enfin, au domaine royal des biens de la maison de Bourgogne, après la défaite et la mort de Charles le Téméraire

l'avènement d'Henri VI de Lancastre au trône de France le 21 octobre 1422 et consacre la division du royaume entre les trois dominations, anglaise, bourguignonne (Philippe le Bon), delphinale (Charles VII). L'intervention de Jeanne d'Arc renverse alors la situation : Orléans est sauvée le 8 mai 1429, et Charles VII, sacré à Reims le 17 juillet. L'exécution de l'héroïne à Rouen, le 30 mai 1431, pour hérésie, bloque un moment la reconquête. Favorisée par la paix franco-bourguignonne d'Arras du 21 mai 1435, celle-ci aboutit à la reprise de Paris par les troupes de Charles. Le destin des Lancastre en France est scellé.

devant Nancy en 1477 (duché de Bourgogne, Picardie et Boulonnais), et de l'héritage angevin *dans* (Anjou, 1480 ; Maine, 1481) et *hors* du royaume (Provence, 1481), à la mort du roi René en 1480 et à celle de Charles de Maine en 1481. Bien que Charles VIII rétrocède à l'Aragon en 1493 la Cerdagne et le Roussillon occupés depuis 1475 et bien qu'il restitue aussi aux Habsbourg en 1493 l'Artois et le « comté » de Bourgogne, également occupés depuis 1477, l'essentiel de l'œuvre territoriale de Louis XI reste acquis à la monarchie.

C. L'ÉTAT BOURGUIGNON

C. **R**elevant soit de l'Empire, soit du royaume de France, l'État fondé par Philippe le Hardi se caractérise à l'origine par une triple hétérogénéité, politique, économique et surtout géographique, 200 kilomètres séparant ses deux blocs constitutifs. Désireux de rendre ceux-ci plus cohérents, Philippe le Bon s'efforça d'abord d'unifier les Pays-Bas sous son autorité directe (Brabant, Luxembourg) ou indirecte (Liège, Cambrai). Puis Charles le Téméraire tenta de les souder en un seul ensemble géopolitique soit en imposant à Louis XI l'abandon de la Champagne à un prince dévoué à ses intérêts (Charles de France, en 1468), soit en occupant de gré ou de force les terres lotharingiennes jusqu'au Rhin (Lorraine, en 1473). Mais le triple échec subi devant Neuss en 1474-75, en Suisse en 1476 et près de Nancy en 1477 scella le destin des Valois-Bourgogne, dont la seule héritière, Marie de Bourgogne, légua aux Habsbourg le rêve impérial en épousant Maximilien d'Autriche.

A. LES GUERRES DE RELIGION (1562-1577)

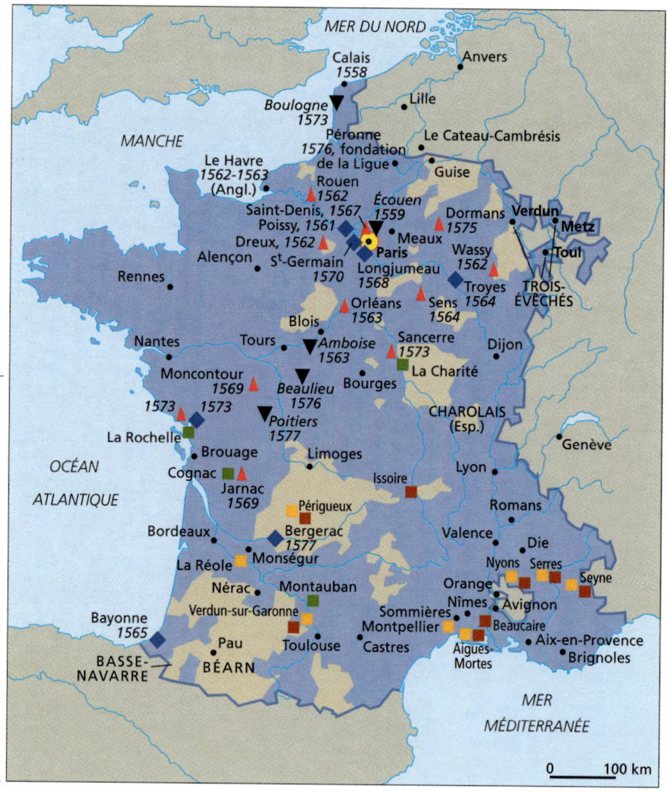

- Limites du royaume de France
- Le domaine royal à la mort d'Henri II (1559)
- Édits
- Entrevues ou traités
- Massacres ou combats
- Massacre de la Saint-Barthélemy (24 août 1572)

Places de sûreté accordées aux protestants :

- à la paix de Saint-Germain (1570)
- par l'édit de Beaulieu, ou paix de Monsieur (1576)
- à la paix de Bergerac (1577)

A. **L**es protestants avaient été d'abord des réformateurs, puis ils fondèrent une Église séparée : ils obtinrent, par le premier édit d'Amboise (18 mars 1560), une liberté de conscience illimitée et une liberté du culte limitée. Enfin, ils s'organisèrent en parti politique. S'ouvrit alors l'« ère des révoltes, combats, traités ». On distingue huit guerres civiles. Durant les six premières, les protestants furent le

B. LES GUERRES DE RELIGION (1578-1598)

- Limites du royaume de France
- Principales zones de fort peuplement protestant
- Possessions d'Henri de Navarre en 1585
- Zones d'influence de la Ligue
- Traités ou édits
- Batailles
- Places de sûreté accordées aux protestants par la paix de Nérac (1579)

Édit de Nantes (13 avril 1598)

- Principales places de sûreté protestantes
- Places de mariage
- Villes libres royales

B. **L**a septième guerre ne fut qu'un « petit feu de paille » (1579-1580). La huitième (1585-1598), ou « guerre des Trois Henri » (Henri III, Henri de Navarre, Henri de Guise), vit enfin une nette victoire protestante à Coutras. Le vainqueur, Henri de Navarre, descendant au 10e degré de Saint Louis, devint le prétendant légitime après l'assassinat d'Henri III. Il avait pour concurrents : d'une part, l'infante Isabelle, fille de Philippe II et plus souvent battus, comme à Saint-Denis, Jarnac, Moncontour. Mais les « paix » leur rendaient les libertés de 1560, parfois accrues : paix d'Amboise, de Longjumeau, de Saint-Germain (quatre « places de sûreté »), de La Rochelle, de Beaulieu (la plus avantageuse : huit places de sûreté), paix de Bergerac (1577). Une république protestante s'était peu à peu créée au sein du royaume. Mais tous n'admettaient pas son existence.

C. ÉVOLUTION DU TERRITOIRE FRANÇAIS DEPUIS 1610

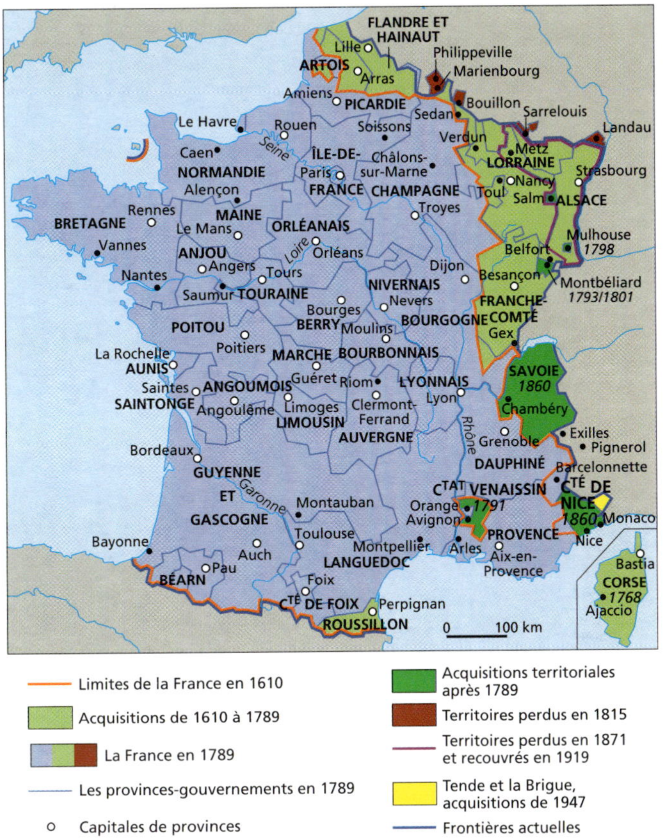

C. **À** la mort d'Henri IV en 1610, la France est menacée à ses frontières : au nord et au nord-est, le royaume doit faire face au danger que représentent les Pays-Bas, la Franche-Comté espagnole et la Lorraine, terre d'Empire ; au sud-est, le duc de Savoie est un allié peu sûr ; enfin, au sud, la plaine du Roussillon, sur le versant français des Pyrénées, est terre espagnole et la frontière est donc particulièrement vulnérable. Conscient de ces menaces, Richelieu met en œuvre une politique qui vise à contrer les Habsbourg d'Espagne et d'Autriche et qui se concrétise par l'engagement français dans la guerre de Trente Ans. Par les traités de Westphalie (1648), négociés par Mazarin, la France se voit confirmer la possession des Trois-Évêchés et annexe une grande partie de l'Alsace. Louis XIV poursuit l'œuvre de consolidation des frontières et, bien plus, en menant une politique de conquêtes, agrandit considérablement le territoire du royaume. Outre l'Artois et le Roussillon, acquis au traité des Pyrénées (1659), il y ajoute notamment le Hainaut et la Franche-Comté. Avec l'annexion de la Lorraine et l'acquisition de la Corse, sous Louis XV, la France achève de constituer son « pré carré ». À la veille de la Révolution, le pays a presque sa configuration actuelle : seuls Nice, la Savoie et le Comtat Venaissin manquent, avant que la France révolutionnaire et impériale n'y pourvoie. Après la chute de l'Empire, le pays est ramené à ses frontières de 1792 et perd définitivement le pays de Gex et les places fortes du Nord et de l'Est. À l'issue de la guerre franco-allemande de 1870, il est amputé, au profit du nouvel empire allemand, de l'Alsace (moins l'arrondissement de Belfort) et du nord-est du plateau lorrain. Mais la défaite allemande de 1918 restaure le *statu quo ante* (voir cartes pp. 117, 118 et 119).

nièce d'Henri III, et, d'autre part, le duc de Mayenne, frère d'Henri de Guise. Ses victoires à Arques et à Ivry, son abjuration, le sentiment national, la lassitude générale firent de lui le roi de Paris (1594), puis de la France entière. Par l'édit de Nantes (1598), il confirma aux protestants les libertés des édits antérieurs en les élargissant encore, notamment à une centaine de places de sûreté : tolérance unique en Europe !

A. LA FRANCE EN 1789

Pays d'états

Pays d'élection

ARTOIS Gouvernements militaires

A. **L'**absolutisme, qui définit théoriquement un pouvoir sans limites et fortement centralisé, est en fait limité par le maintien de « privilèges » sociaux et territoriaux. C'est ce qui explique l'absence d'unité nationale véritable : aux *pays d'élection*, où la centralisation est très lourde (notamment au point de vue fiscal), s'opposent les *pays d'états*, dans les régions périphériques les plus récemment réunies. Dans ces derniers, l'existence d'*états provinciaux*, aux importantes attributions administratives et fiscales (ils lèvent eux-mêmes la taille « réelle »), limite le pouvoir des intendants.

B. LA FRANCE SOUS LA CONVENTION

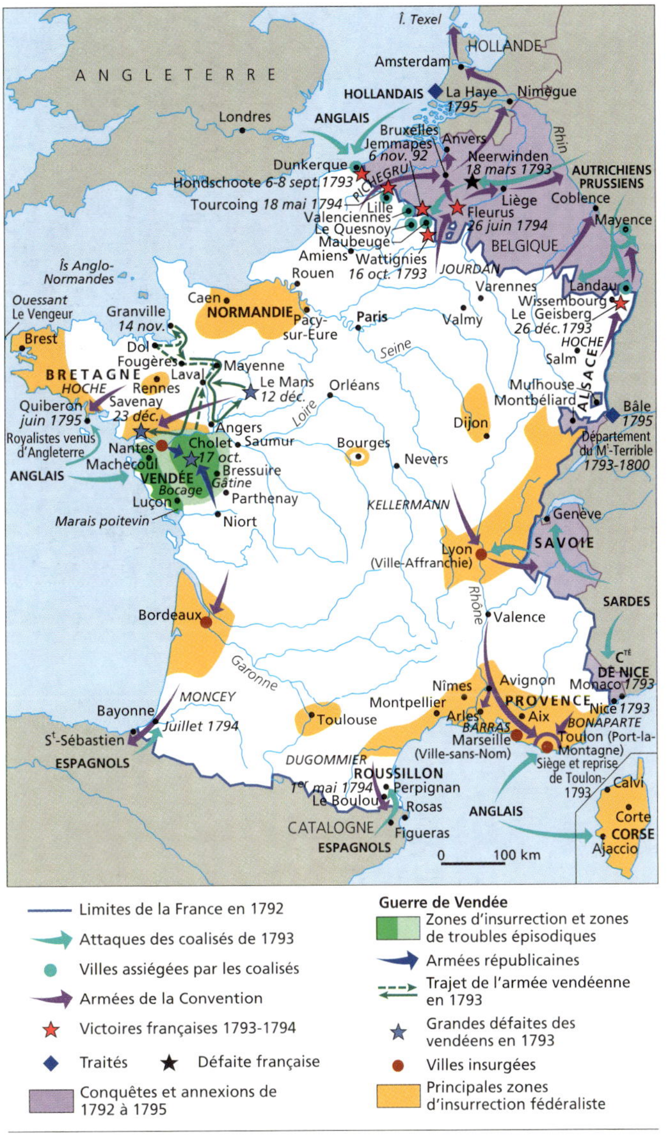

B. **L**es premières défaites dans la guerre commencée le 20 avril 1792 ont provoqué en été (10 août) une radicalisation du mouvement révolutionnaire, qui aboutit à la proclamation de la république le 21 septembre. Ce sursaut permet d'arrêter l'invasion austro-prussienne à Valmy dès le 20 septembre et même de pénétrer en Belgique (victoire de Jemmapes). Mais les succès mêmes de la Convention, qui semble défier l'Europe par l'exécution du roi le 21 janvier 1793, provoquent une coalition des pays voisins, dont les armées bousculent les troupes françaises, souvent mal commandées (trahison de Dumouriez après son échec à Neerwinden, le 18 mars). La nouvelle poussée à gauche qui en résulte suscite des révoltes intérieures, attisées et utilisées par les Anglais : celle des paysans de l'Ouest, solidement encadrés par leurs seigneurs et par un clergé fanatisé, contre la levée de 300 000 hommes décrétée par la Convention le 24 février ; celle de la bourgeoisie « girondine » éliminée du pouvoir le 2 juin 1793 et qui appelle à une insurrection des provinces contre le Paris des « sans-culottes ». L'extrême péril de l'été 1793 explique la formation du gouvernement révolutionnaire qui, mobilisant les énergies par la Terreur, écrase dans le sang (surtout à Lyon, à Nantes, en Vendée) les révoltes intérieures, avant de passer à l'offensive à l'extérieur : la victoire de Fleurus permet l'occupation des Pays-Bas et de la rive gauche du Rhin.

A. LES DÉPARTEMENTS AUX ÉPOQUES RÉVOLUTIONNAIRE ET IMPÉRIALE

Limites de la France en 1792

Limites de l'Empire français en 1811

Limites de département

A Département de la Loire créé en 1793

B Département de Vaucluse créé en 1793

C Département du Mont-Terrible créé en 1793, incorporé dans le Haut-Rhin en 1800

D Département du Tarn-et-Garonne créé en 1808

E Corse réunifiée en un seul département en 1811

La population de l'Empire d'après le recensement de 1806

nombre d'habitants par département

- inférieur à 200 000
- de 200 000 à 300 000
- de 300 000 à 400 000
- de 400 000 à 500 000
- de 500 000 à 600 000
- au-dessus de 600 000

A. Instaurée par la loi du 22 décembre 1789 afin d'unifier la base territoriale des services administratifs, la division en départements évolue au rythme des circonstances politiques et des conquêtes. Aux départements découpant la France de l'Ancien Régime (83 en 1790, 86 en 1793, 87 en 1808, 86 en 1811) s'ajoutent ceux qui ont été créés dans les territoires annexés : 44, y compris les départements savoyards. Au total, l'Empire français compte donc 130 départements à l'apogée du système continental en 1811. Réalisé dans ce cadre, le recensement de 1806 souffre de l'imperfection des méthodes utilisées. Il met pourtant en évidence quelques données permanentes de la géographie humaine de l'Europe occidentale : fortes concentrations autour des capitales (Paris, Amsterdam, Aix-la-Chapelle, Rome), dans les grandes régions industrielles du textile (Flandre, haute Normandie, Toscane) ou du charbon (Flandre, Saône-et-Loire), dans les zones agricoles les plus riches (Picardie, Île-de-France, basse Normandie, Alsace) ou de forte natalité (Bretagne) ; faible peuplement des autres régions à l'exception de quelques départements isolés (Gironde et Dordogne viticoles, Isère industrielle) ; enfin, sous-peuplement non seulement des départements montagnards (Alpes méridionales, Lozère, Hautes-Pyrénées) mais aussi des pays pauvres (Ombrone, est des Provinces-Unies) [voir cartes pp. 83 à 85].

B. LA GUERRE FRANCO-ALLEMANDE (1870-1871)

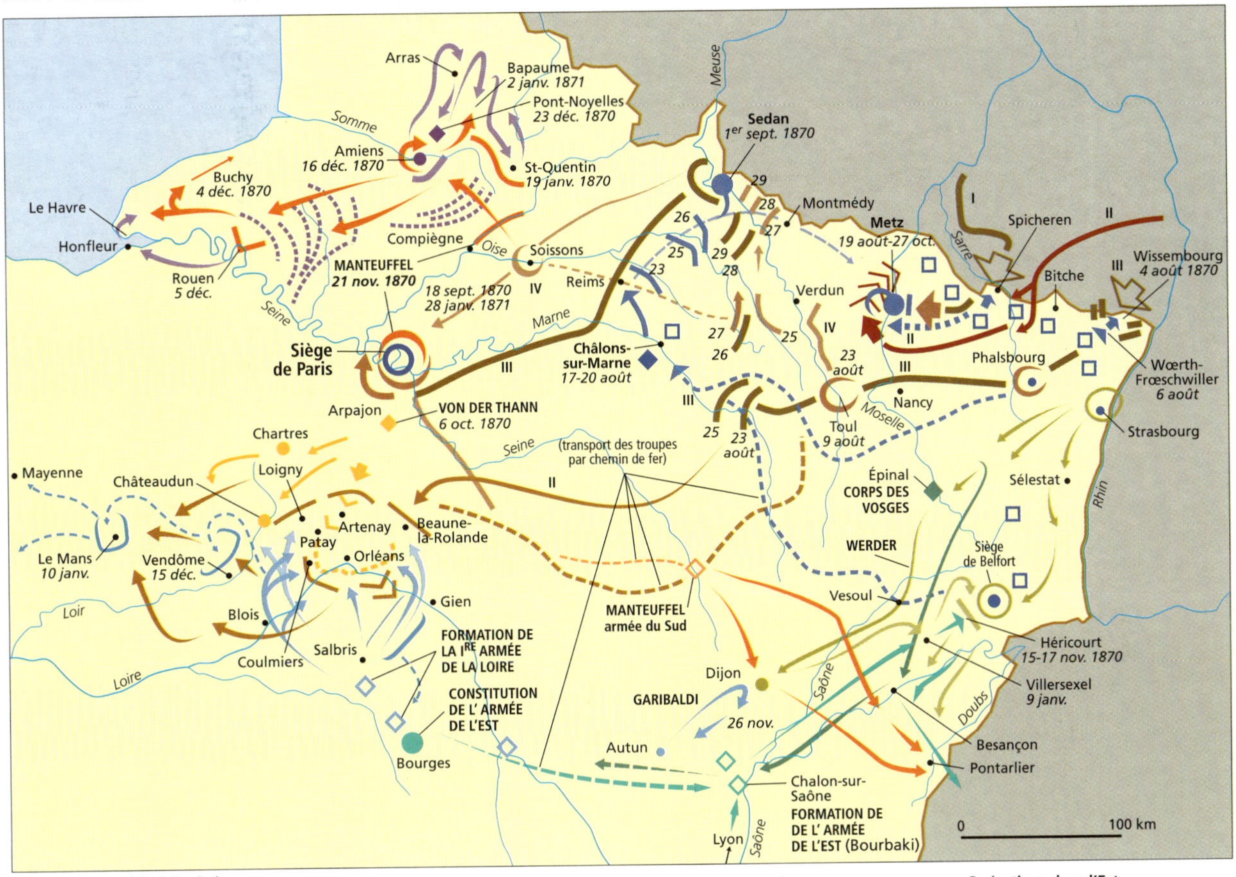

Armée du Nord (Faidherbe) et opérations en Normandie
- Positions initiales et repli sur Amiens et Rouen
- Position de Faidherbe après la prise d'Amiens
- Mouvements des Français

IIe armée de la Loire (Chanzy)
- Positions et replis successifs

Ire armée de la Loire
- Orléans occupé par von der Thann, 11 oct. 1870
- Coulmiers, 9 nov. 1870, reprise d'Orléans par les Français (d'Aurelle de Paladines)
- Positions de von der Thann renforcées de la IIe armée du 15 au 20 nov. 1870
- Dernière offensive de la Ire armée de la Loire, Beaune-la-Rolande 28 nov. Loigny 2 déc. 1870

Opérations en Alsace et en Lorraine
- Dispositif français aux frontières vers le 1er août 1870
- Attaques allemandes et exploitation
- Retraite française vers Metz
- Regroupement à Châlons-sur-Marne
- Manœuvre projetée vers Metz assiégé

Situations aux dates indiquées :
- de l'armée de Châlons
- des IIe et IVe armées allemandes

Opérations dans l'Est

Entre octobre et décembre 1870 :
- Corps des Vosges (Cremer)
- Werder

En janvier 1871 :
- Armée de l'Est (Bourbaki)
- Manteuffel
- Werder

B. **N**ée de la volonté prussienne d'achever l'unité allemande et du désir de Napoléon III de rehausser le prestige terni de l'Empire, la guerre franco-allemande s'engage le 19 juillet 1870 dans les plus mauvaises conditions possibles pour la France : isolement diplomatique, impréparation militaire, infériorité du matériel, du commandement et de la stratégie, face à une armée allemande moderne, entraînée, plus rapide dans ses mouvements. Le résultat en est l'écrasement rapide des armées impériales : l'Alsace est abandonnée en dix jours ; l'armée de Lorraine est obligée de s'enfermer dans Metz par suite de l'indécision et des arrière-pensées politiques de Bazaine ; et la lenteur du mouvement tournant opéré par Mac-Mahon, à partir de Châlons-sur-Marne, pour débloquer Metz assiégé, aboutit au désastre. Piégée à Sedan, la dernière armée française est capturée le 2 septembre, Napoléon III à sa tête. Libres de leurs mouvements, les armées allemandes peuvent alors occuper tout l'Est, mettre le siège devant Belfort, puis Orléans et surtout Paris (18-19 septembre), tandis que Bazaine capitule honteusement le 27 octobre. Dans ces conditions, l'effort entrepris par le *Gouvernement (provisoire) de la Défense nationale*, proclamé le 4 septembre à l'annonce du désastre de Sedan, tourne bientôt court : malgré l'activité de Gambetta, malgré un sursaut national inattendu et même une certaine aide internationale (rôle de Garibaldi), les armées nouvelles mises sur pied dans le Nord (Faidherbe), sur la Loire (d'Aurelle de Paladines, puis Chanzy), enfin dans l'Est (Bourbaki) ne peuvent remporter que des succès partiels vite interrompus.

Dès janvier 1871, la résistance semble désespérée. Tous les efforts déployés n'ont pu débloquer Paris. Irritée par les échecs des tentatives de sortie, affamée, soumise à un bombardement intensif, la population s'agite de plus en plus ; c'est finalement la crainte d'un soulèvement populaire (qui éclatera, en effet, le 18 mars 1871 avec la *Commune*) qui décide le gouvernement provisoire à signer l'armistice le 28 janvier 1871 et à sacrifier l'armée de l'Est. Libérée de la guerre, jouant d'un sentiment national exacerbé par la perte de l'Alsace-Lorraine, détenant la majorité à l'Assemblée nationale élue le 8 février 1871, la France rurale et conservatrice décide de briser le Paris populaire et révolutionnaire de la *Commune*.

A. LISTES DE CARTEL ET FORCES DE GAUCHE NON COMMUNISTES (11 mai 1924)

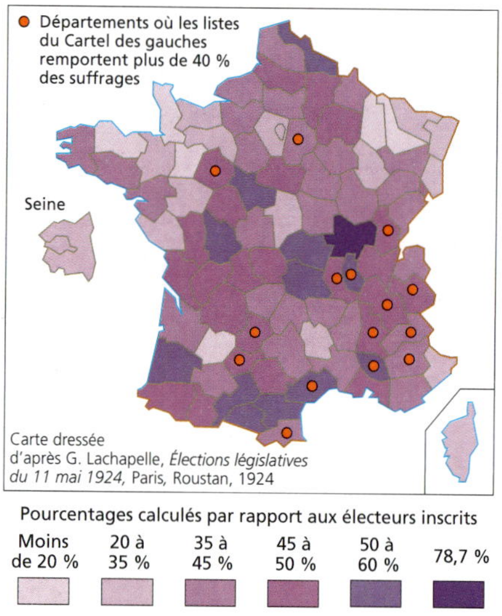

A. **L**a victoire du *Cartel* (réunissant radicaux et socialistes) en 1924 semble renouer avec la grande tradition de gauche, interrompue à l'issue de la *Première Guerre mondiale* par le succès du *Bloc national* en novembre 1919. Mais, privée d'une partie des voix populaires par la scission du mouvement ouvrier en 1920 (création de la S. F. I. C. [section française de l'Internationale communiste]), cette gauche n'obtient que de médiocres résultats dans certaines régions ouvrières. Tiraillé entre les nostalgies socialistes de la S.F.I.O., qui refuse de participer au gouvernement, et le conservatisme petit-bourgeois des radicaux, le *Cartel* ne survit pas à ses contradictions internes ni aux difficultés financières auxquelles il se heurte et qui provoquent le retour de Poincaré au pouvoir le 23 juillet 1926.

B. FRONT POPULAIRE (26 avr.1936, 1er TOUR)

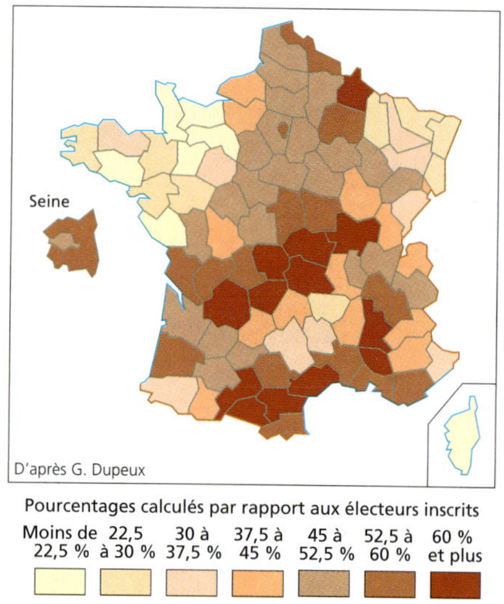

B. **R**enforcée par les succès des dictatures et les premières initiatives hitlériennes, la crainte d'une poussée fasciste jointe à la politique autoritaire et déflationniste de Doumergue et Laval a conduit à un rapprochement des trois familles de gauche (radicaux, socialistes, communistes) dans un *Front populaire*. La lourdeur du climat international, la dramatisation de l'enjeu (« péril rouge » contre « menace fasciste ») conduisent, lors des élections de 1936, à une simplification du choix politique et à une polarisation vers les extrêmes (le centre droit, les radicaux perdent de nombreuses voix). D'où l'opposition tranchée entre deux France politiques, désormais très stables : à gauche, les régions ouvrières du Nord, de la banlieue parisienne communiste, les régions rurales de petite propriété et d'indifférence religieuse (Centre, Limousin, Sud-Ouest, Midi méditerranéen) ; à droite, les régions catholiques et conservatrices de l'Ouest, du Nord-Est, du sud et de l'est du Massif central, des Alpes maritimes et de l'ouest des Pyrénées.

C. LA FRANCE DE L'ARMISTICE À LA LIBÉRATION (1940-1944)

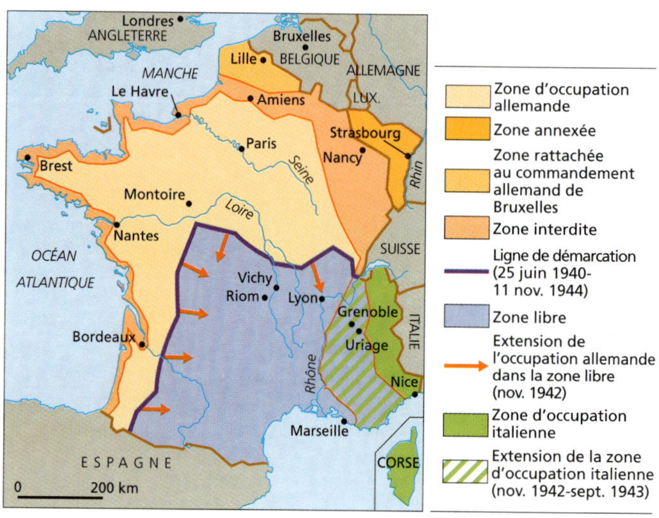

C. **A**près la débâcle militaire de mai 1940, le maréchal Pétain est appelé au gouvernement. Alors qu'une large majorité de Français voit en lui l'homme providentiel, le « vainqueur de Verdun » demande au Reich la signature d'un armistice dont les conditions, draconiennes, auront pour première conséquence l'éclatement du territoire français. L'armistice, signé à Rethondes le 22 juin 1940, scinde la France en deux par une ligne de démarcation délimitant une zone occupée d'une zone dite « libre ». Trois

D. ÉLECTION PRÉSIDENTIELLE (5 déc. 1965, 1er TOUR). GÉNÉRAL DE GAULLE

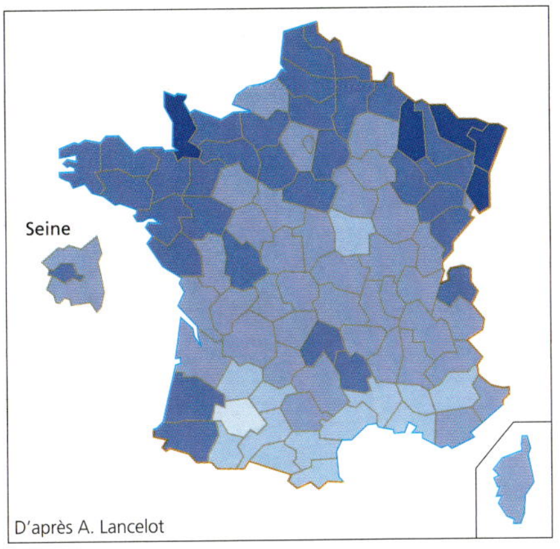

Pourcentages calculés par rapport aux électeurs inscrits

15 à 22,5 % — 22,5 à 30 % — 30 à 37,5 % — 37,5 à 45 % — 45 % et plus

E. ÉLECTION PRÉSIDENTIELLE (10 mai 1981, SECOND TOUR). FRANÇOIS MITTERRAND

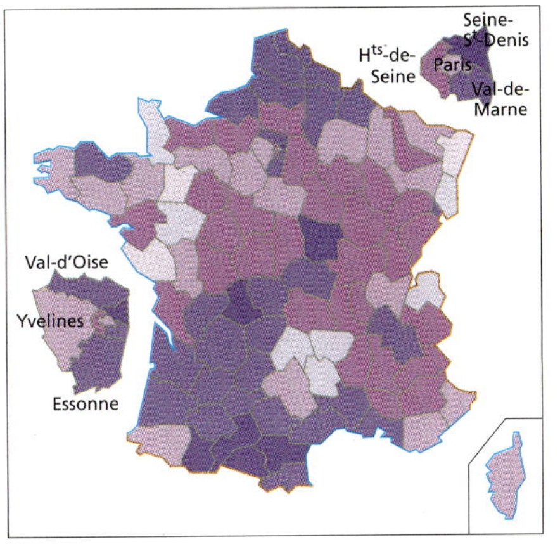

Pourcentages calculés par rapport aux suffrages exprimés

30 à 40 % — 40 à 45 % — 45 à 50 % — 50 à 55 % — 55 à 60 % — 60 à 64 %

D. La surprise des élections de 1965 est la mise en ballottage du général de Gaulle : le « charisme » gaulliste tend à s'estomper après l'achèvement de la décolonisation algérienne et du fait de la nécessité de régler des questions plus quotidiennes (plan de stabilisation de 1963 qui a contribué à une certaine désaffection à l'égard du gaullisme). Certes, la popularité du général de Gaulle reste grande, même dans des milieux ouvriers (Nord, banlieue parisienne), mais la carte du gaullisme s'identifie plus nettement que précédemment à celle de la droite. Par contre, François Mitterrand obtient ses meilleurs résultats dans les vieux bastions de gauche, dans le centre et le sud de la France, sans pour autant jamais réunir toutes les voix de la gauche.
La médiocrité du « score » (32,23 p. 100 des suffrages exprimés) confirme apparemment son affaiblissement ; pourtant, 1965 peut apparaître comme le début d'un renouveau de la gauche, marqué par l'abandon de la stratégie de « troisième force » (échec de la candidature de Gaston Defferre, création de la F.G.D.S. se rapprochant du P.C.F.).

E. Contre l'attente de tous les observateurs de la vie politique, François Mitterrand sortit vainqueur de sa troisième campagne présidentielle qui l'opposait pourtant au chef d'État en place, Valéry Giscard d'Estaing. Au soir du premier tour, avec 28,31 p. 100 des suffrages exprimés, ce dernier précédait pourtant son principal concurrent qui n'en avait recueilli que 25,84. Et, en additionnant ses voix à celles obtenues par ses trois compétiteurs issus du gaullisme (Jacques Chirac, 18,2 p. 100 ; Michel Debré et Marie-France Garraud), le président de la République aurait dû logiquement l'emporter. Mais l'augmentation du chômage, les « affaires » qui marquèrent la fin de son septennat et les critiques convergentes de ses neuf adversaires du premier tour et, plus particulièrement, celles du président du R.P.R. affaiblirent sa position. Privé du concours de 30 p. 100 des voix des électeurs de son ancien Premier ministre, il ne rassembla que 48,25 % des suffrages exprimés lors du second tour alors que François Mitterrand, majoritaire dans 67 départements, en obtenait 51,75 p. 100. Ce fut suffisant pour assurer le « changement ».

départements français d'Alsace-Lorraine sont annexés au Reich tandis que les départements du Nord et du Pas-de-Calais sont rattachés à l'administration militaire allemande de Bruxelles. En outre, les Italiens, entrés dans le conflit aux côtés de l'Allemagne le 10 juin 1940, étendent leur présence de la frontière alpine jusqu'au Sud-Est et à la Corse. En novembre 1942, à la suite du débarquement allié en Afrique du Nord, les troupes du Reich envahissent la zone sud. Dès lors, le régime autoritaire et répressif instauré par Pétain à Vichy, déjà largement engagé dans une politique de collaboration, ne sera plus qu'un satellite de l'Allemagne, totalement au service des intérêts hitlériens (voir cartes pp. 50 et 53).

A. LES INVASIONS GERMANIQUES ET SCANDINAVES

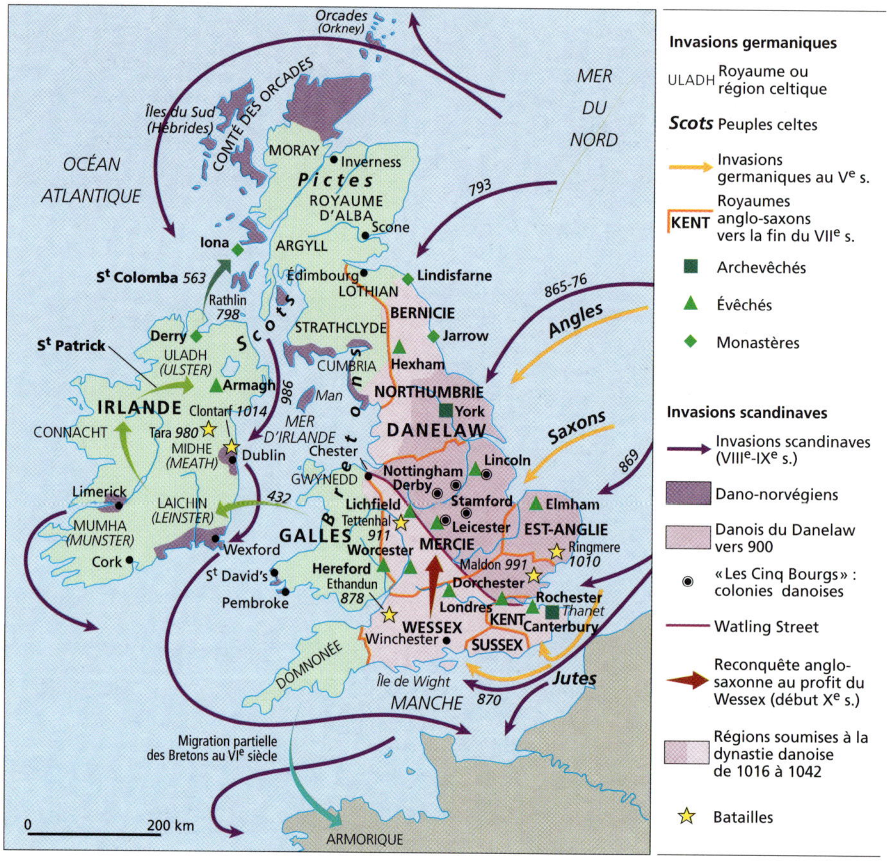

A. **A**u peuplement primitif préceltique (Pictes) ou celtique (Scots et Bretons), les invasions superposent un peuplement d'origine germanique : Angles, Saxons et Jutes dans le sud-est de la Bretagne, dont une fraction de la population se réfugie au ve siècle en Armorique ; Norvégiens dans les îles et sur les côtes du nord et du nord-est de la Bretagne et sur celles de l'Irlande orientale dès l'extrême fin du viiie siècle ; Danois, enfin, au ixe siècle en Angleterre du Nord-Est (pays du *Danelaw*) et du Sud. De 1016/1017 à 1035, Knud le Grand incorpore ces derniers territoires à l'empire maritime qu'il constitue autour de la mer du Nord. Restaurée en 1042, la royauté anglo-saxonne brise à Stamford Bridge une ultime tentative de reconquête norvégienne le 25 septembre 1066, mais ne survit pas à la défaite de Hastings que Guillaume le Conquérant inflige le 14 octobre 1066 à Harold. Introduit outre-Manche, le régime féodal assure le renforcement de la puissance royale anglaise, dont la supériorité s'affirme à l'égard du pouvoir capétien, un moment miné par la féodalisation.

B. L'ANGLETERRE ET SES DÉPENDANCES CONTINENTALES AU XIIe ET AU XIIIe SIÈCLE

B. **For**mée au début du xe siècle par Foulques le Roux, premier comte d'Anjou, augmentée au xie siècle d'une partie de la Touraine et au début du xiie siècle du Maine, la riche principauté angevine tire profit au xiie siècle du mariage de Geoffroi V le Bel (1131-1151) avec Mathilde, fille et unique héritière du roi d'Angleterre et duc de Normandie Henri Ier Beauclerc. Premier de sa dynastie à porter le nom de *Plantagenêt,* Geoffroi V installe, dès 1144, son fils Henri à la tête du duché de Normandie. Comte d'Anjou en 1151 à la mort de son père, duc d'Aquitaine en 1152 par son mariage avec Aliénor, roi d'Angleterre en 1154 après la disparition d'Étienne de Blois, dominant enfin le comté de Bretagne grâce au mariage de son fils Geoffroi en 1166, Henri II d'Angleterre étend sa puissance des frontières de l'Écosse à celles de l'Espagne. Mais, vassal, sur le continent, du roi de France, auquel il doit fidélité, il ne dispose pas d'une liberté totale, notamment en matière diplomatique. Il n'exerce souverainement son autorité qu'outre-Manche en tant que roi d'Angleterre. L'ambiguïté de cette situation juridique est à l'origine des deux guerres dites « de Cent Ans » (1154-1258/59 et 1337-1475) qui opposent les Plantagenêts aux Capétiens. Faisant habilement prononcer par ses barons, en 1202, la « commise » des fiefs de Jean sans Terre, Philippe II Auguste réussit à réduire le domaine continental des Plantagenêts aux seules terres du Sud-Ouest. Marquées de défaites anglaises (La Roche-aux-Moines et Bouvines, 1214 ; Saintes et Taillebourg, 1242) ou françaises (L'Écluse, 1340 ; Crécy, 1346 ; Poitiers, 1356), coupées de paix qui ne sont que des trêves (Paris, 1258-59 ; Brétigny-Calais, 1360), les deux guerres de Cent Ans aboutissent au début du xve siècle au retour en force des rois anglais sur le continent. Victoire éphémère : à la fin du xve siècle, ceux-ci ne possèdent plus en France que Calais, qui ne faisait pas partie primitivement de leur domaine (voir cartes pp. 109, 110, 111 et 112).

A. LA GUERRE DES DEUX-ROSES (1450-1485)

D'après Martin Gilbert *British History Atlas*, 1968

Répartition territoriale en 1450
- Principales zones d'influence de la famille de Lancastre (rose rouge)
- Principales zones d'influence de la famille d'York (rose blanche)
- Terres du duc de Clarence
- Terres de la Couronne (sous le contrôle des Lancastre)
- Victoires des Lancastre
- Victoires des York
- Marche d'Henri Tudor sur Bosworth
- Victoire d'Henri Tudor
- Limites des comtés (Angleterre et Pays de Galles)

Irlande
- Pale (district soumis à la loi anglaise)
- Zone de pénétration anglaise

A. **É**galement issus d'Édouard III, les Lancastre (rose rouge) et les York (rose blanche) se disputent la couronne, pendant trente ans, les armes à la main. Bénéficiant d'abord de l'appui de Richard Neville, comte de Warwick, de 1455 à 1469, les York l'emportent ; leur chef, Richard, devient « protecteur du royaume » après la victoire de Saint Albans le 22 juillet 1455, mais il est défait et tué à Wakefield le 30 décembre 1460, et Warwick est vaincu à Saint Albans le 17 février 1461 ; ayant pris sa revanche grâce à ce dernier à Towton le 29 mars 1461, le nouveau duc d'York devient le roi Édouard IV (1461-1483) ; pourtant, en 1464, le mariage du souverain avec Élisabeth Woodville entraîne la rupture avec le « faiseur

B. L'ESSOR DES ENCLOSURES

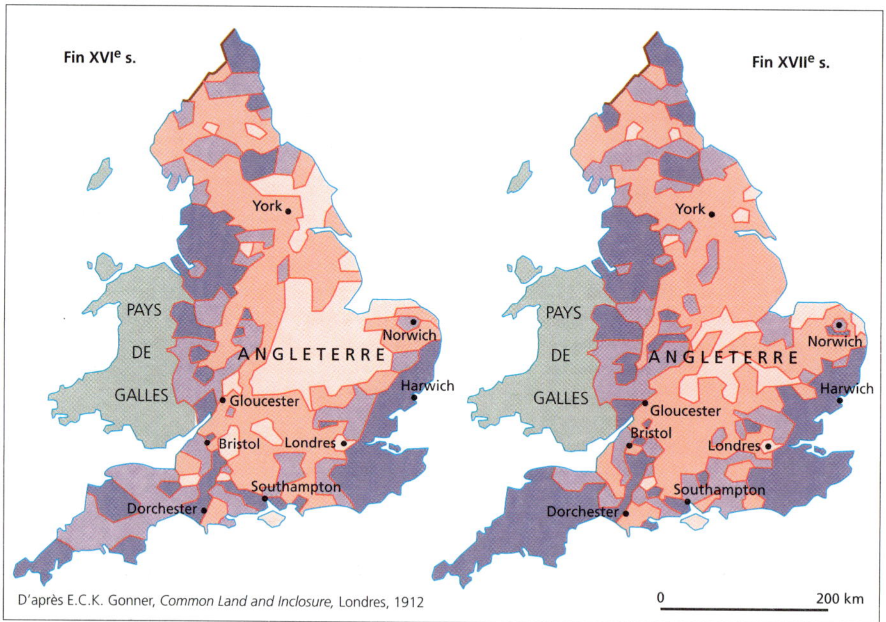

D'après E.C.K. Gonner, *Common Land and Inclosure*, Londres, 1912

Pourcentages de territoires sans communaux
- 70 % et au-dessus
- de 50 à 70 %
- de 15 à 50 %
- au-dessous de 15 %

B. **D**ébutant dès la fin du XIVe siècle pour pallier les conséquences de la diminution du nombre des tenanciers et du coût croissant de la main-d'œuvre, le mouvement des *enclosures* permet de remembrer les terres et de séparer les cultures des pâtures à moutons, en augmentation rapide. Ruinant des petits paysans, privés des ressources des communaux au profit des *lords* qui procèdent

de rois », qui restaure temporairement (1470-71) le roi Henri VI de Lancastre, captif depuis 1465. Mais lui-même et le prince de Galles, Édouard de Lancastre, sont vaincus et tués en 1471, le premier à Barnet, le second à Tewkesbury.
Le triomphe de la rose blanche semble définitif : pourtant, à la mort d'Édouard IV, en 1483, il est remis en cause par le frère de celui-ci, Richard III, qui fait assassiner ses neveux (les enfants d'Édouard). En les vengeant le 22 août 1485 à Bosworth, où Richard III trouve la mort, Henri VII Tudor, l'héritier des deux maisons, met fin à la guerre civile, qui a affaibli économiquement et surtout démographiquement le royaume mais renforcé paradoxalement la monarchie en ruinant l'aristocratie.

C. LES ÎLES BRITANNIQUES AU XVIIe SIÈCLE

C. **E**n 1603, l'avènement du roi d'Écosse Jacques Ier au trône d'Angleterre assure l'union personnelle des deux royaumes antérieurement ennemis. Mais la politique absolutiste des Stuarts en matière financière et en matière religieuse mécontente les Britanniques. Rejetant en 1637 le *Prayer Book* épiscopalien, l'Écosse s'unit la première contre Charles Ier (1625-1649) par le *National Covenant* de 1638. Humilié en 1641 par l'exécution de Strafford, par l'insurrection de l'Irlande et en 1642 par la *Grande Remontrance* qui limite ses pouvoirs, le roi se retire à York (1642-1644), déclenchant la guerre civile. Chef, d'abord victorieux, du parti « cavalier », il est bientôt vaincu à Newbury en 1643, à Marston Moor en 1644 (par Oliver Cromwell) et à Naseby en 1645. Finalement, il est exécuté le 9 février 1649 (nouveau style : celui du calendrier grégorien, qui ne fut introduit en Grande-Bretagne qu'en septembre 1752). Oliver Cromwell instaure alors le *Commonwealth* : l'Irlande est reconquise (sac de Drogheda, 1649) ; Charles II est repoussé à Dunbar en 1650 ; la puissance maritime et commerciale néerlandaise est brisée par l'acte de navigation de 1651 malgré les exploits de Tromp et de Ruyter ; enfin Dunkerque est acquise en 1658. Fragile, le nouveau régime s'effondre deux ans après la mort de son fondateur, et Charles II est restauré (1660-1685). Mais les imprudences de Jacques II (1685-1688) provoquent une seconde révolution, au bénéfice de son gendre : Guillaume III d'Orange. Débarqué à Tor Bay en 1688, reconnu roi d'Angleterre en 1689, ce dernier fait échec, sur la Boyne en 1690, à un retour en force des Stuarts. La monarchie absolue a vécu.

trop souvent à des évictions brutales, l'essor des enclosures est ralenti par le Parlement, qui les condamne en 1515. Mais, comme il permet d'améliorer les rendements et les conditions de travail, ce mouvement s'accélère lorsque le Parlement lève son opposition en 1656, sous la forte pression de ses bénéficiaires. Aussi, à la fin du XVIIe siècle, l'*openfield* est-il déjà en large recul.

A. LA RÉVOLUTION INDUSTRIELLE (1750-1850)

A. **Au** XVIIIe siècle, l'Angleterre bénéficie d'un ensemble de circonstances exceptionnellement favorables à l'essor du machinisme, caractéristique essentielle de la « révolution industrielle » : augmentation rapide de la population (6 millions en 1750 ; près de 28 millions en 1850) ; accroissement de la production et de la productivité agricoles (enclosures ; prairies artificielles...) libératrices de main-d'œuvre ; maîtrise du commerce mondial assurant, depuis la signature du traité d'Utrecht (1713), l'afflux des matières premières (coton) et l'accumulation en Angleterre d'un capital commercial et financier valorisé par les techniques bancaires (crédit bon marché) et par de judicieux réinvestissements industriels ; enfin, existence d'un milieu intellectuel très évolué favorable à l'éclosion de nombreuses inventions. L'application industrielle de celles-ci est rapidement financée, dans des régions géographiquement concentrées sur les gisements de charbon ou autour des grands ports et que relient entre elles des canaux dès 1760, puis des voies ferrées à partir de 1825. Premières bénéficiaires de ces inventions (navette de John Kay, 1733 ; machine à filer [*water frame*] d'Arkwright, 1768, etc.), les industries textiles connaissent un développement rapide : celle de la laine, dont la production augmente de 150 p. 100 au XVIIIe siècle ; celle du coton, qui connaît parallèlement une « croissance *phénoménale* ». La mise au point du procédé de la fonte au coke (1709-1713) par Abraham Darby et celle de la machine à vapeur (1769) par James Watt assurent l'essor des industries charbonnières (10 millions de tonnes en 1784 ; 56 en 1850) et sidérurgiques, la production de la fonte croissant de 500 t en 1717 à 14 000 t en 1789 et à 6 millions de tonnes vers 1870. Ainsi est assuré le passage de l'Angleterre de l'âge artisanal à l'ère industrielle, avec près d'un siècle d'avance sur les autres pays du monde. Sa prépondérance économique et sa domination politique ne seront pas remises en cause avant 1914.

B. L'ITALIE BYZANTINE ET LOMBARDE

B. **É**rigée en préfecture en 554 et débarrassée des derniers Ostrogoths par les Byzantins en 555, la péninsule est envahie dès 568 par les Lombards. Occupant la plaine centrale et occidentale du Pô ainsi que la Toscane, où ils établissent un royaume, les envahisseurs fondent, en outre, les duchés de Spolète et de Bénévent. Mais les Byzantins s'accrochent à un dernier lambeau de *Romania* (Romagne) ; siégeant à Ravenne, l'exarque étend en théorie son autorité sur le reste de l'Italie byzantine : littoral nord de l'Adriatique, où naît Venise au XIIIe siècle ; Ligurie, où Gênes ne succombe qu'en 640 ; Italie méridionale, où Tarente est prise en 675 mais non Bari, Brindisi et Naples ; les îles, qui résistent aux Sarrasins aux VIIe et VIIIe siècles ; Rome, où l'indépendance de fait de la papauté, réelle sous Grégoire le Grand (590-604), est remise en cause par le roi lombard Aistolf, qui occupe Ravenne en 751. Mais, dès 756, son vainqueur, Pépin le Bref, donne à « saint Pierre » ses conquêtes : Ravenne, une partie de la Pentapole et le duché de Pérouse. Les États de l'Église sont fondés (voir cartes pp. 31, 34, 36 et 128).

A. FORMATION DE L'ÉTAT PONTIFICAL

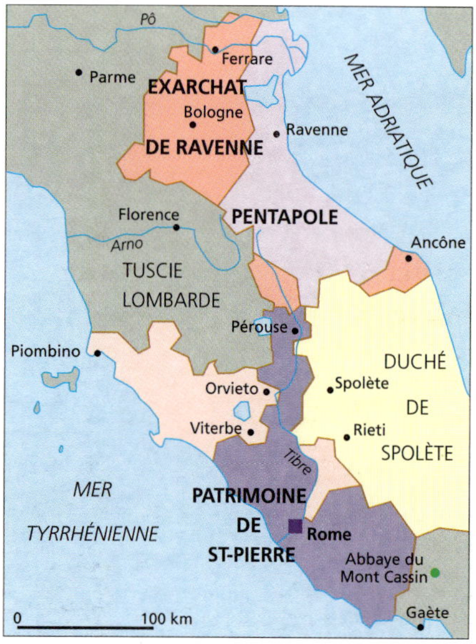

Anciens duchés de Rome et de Pérouse
Donation de Pépin
Siège de la papauté
Acquisitions de Paul Ier
Acquisitions dues à Charlemagne, 781-787

B. LES ÉTATS DE L'ÉGLISE DU XIe AU XIIIe SIÈCLE

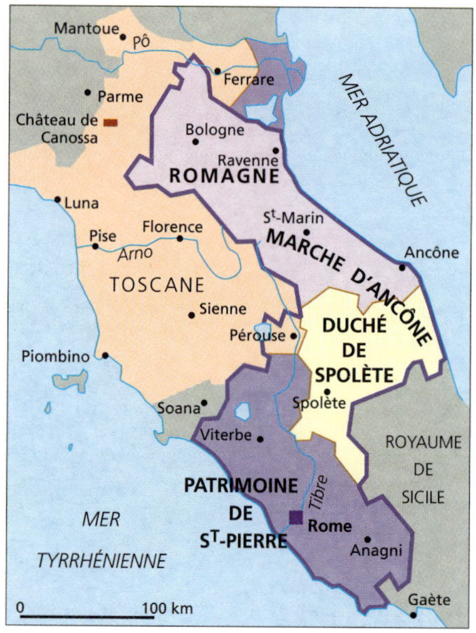

États de l'Église à la fin du XIe siècle :
sous l'autorité du pape
passés à des féodaux
Territoires revendiqués : biens mathildiques
Limites des États de l'Église au XIIIe siècle
Siège de la papauté

C. LES ÉTATS DE L'ÉGLISE DU XVIe AU XIXe SIÈCLE

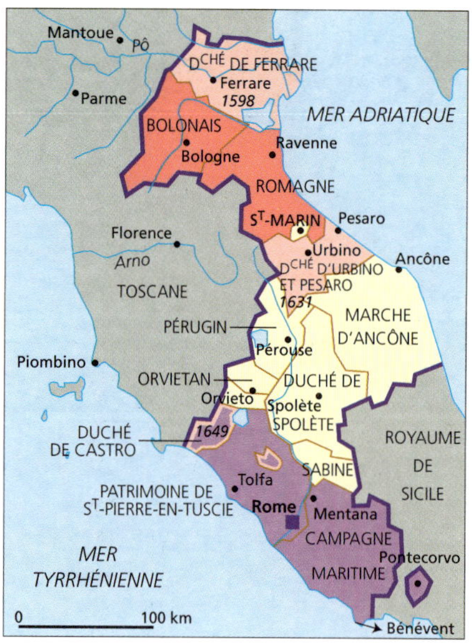

Limites de l'État pontifical à la mort de Jules II (1513)
Principautés féodales
1598 Dates de réunion
États de l'Église de 1860 à 1870
Légations

A, B et C. **L**es États de l'Église sont effectivement fondés en 756 lorsque Pépin Ier le Bref fait don à « saint Pierre » des territoires jadis byzantins conquis sur les Lombards : l'exarchat de Ravenne et une partie de la Pentapole. Un étroit couloir (Pérouse) les relie au Patrimoine. Accrus dès le VIIIe siècle par de nouvelles donations carolingiennes, ces États prennent la péninsule en écharpe de l'Adriatique à la Tyrrhénienne. Pour leur donner cohérence, la papauté tente d'incorporer les biens que la comtesse Mathilde lui a légués en 1077 (Toscane), mais les empereurs lui disputent ici la souveraineté temporelle afin de mieux contrôler l'Italie. Affaiblis par une féodalisation extrême, délaissés par la papauté lorsqu'elle se fixe à Avignon (1309-1377), ces États sont alors réorganisés par Albornoz, mais ils ne retrouvent définitivement leur souverain qu'en 1443. Enrichis par l'exploitation de l'alun de Tolfa à partir de 1462, les États de l'Église acquièrent leurs pleines fonctions sous le pontificat de Jules II. Après de nombreuses vicissitudes entre 1797 et 1849, ils subissent des amputations définitives en 1860 au profit du royaume d'Italie (Romagne, Marche et Ombrie). Ils sont enfin annexés totalement par celui-ci, à la seule exception de la Cité du Vatican dont la *loi des Garanties* du 13 mai 1871 reconnaît au pape la possession en toute souveraineté.

D. **Si** le nord de la péninsule est soumis à l'autorité de l'Empereur qui est à la fois roi de Germanie et roi d'Italie, par contre les États de l'Église échappent, en fait, à l'autorité de ce souverain grâce à l'appui des Normands de Sicile et à celui des communes lombardes. En 1158, à Roncaglia, Frédéric Ier Barberousse impose à chacune d'elles le contrôle d'un podestat impérial ; il assiège et rase Milan (1159-1162), mais celle-ci constitue en 1167, sous l'égide du pape Alexandre III, la *Ligue lombarde* qui fonde la place forte d'Alexandrie (1168). Vaincu à Legnano (1176), Frédéric Ier se réconcilie avec le pape (paix de Venise, 1177), puis avec la Ligue (paix de Constance, 1183). Brusquement, le double avènement d'Henri VI à l'Empire (1190) et en Sicile (1194) rend les Hohenstaufen maîtres de la péninsule. La mort de cet empereur (1197) sauve la papauté de l'encerclement ; fils d'Henri VI, Frédéric n'hérite que de la Sicile, mais le pape Innocent III facilite son accession à l'Empire (1212-1220). Héritier des Hohenstaufen, Frédéric II écrase à Cortenuova la Ligue lombarde reconstituée (1237). Après sa mort (1250), Urbain II investit Charles d'Anjou, frère de Saint Louis, de la Sicile. Celui-ci vainc les derniers des Hohenstaufen, Manfred et Conradin, respectivement à Bénévent (1266) et à Tagliacozzo (1268). Leur disparition assure la survie des États de l'Église : la lutte du Sacerdoce et de l'Empire est achevée (voir cartes pp. 59 et 97).

D. **L'ITALIE AU XIIe ET AU XIIIe SIÈCLE**

A. L'EMPIRE VÉNITIEN (XIIIe-XVe SIÈCLE)

La république de Venise et ses dépendances après la 4e croisade, 1204
Territoires attribués en droit (non occupés)
Comptoirs
Comptoirs mixtes
Acquisitions de Venise jusqu'à la fin du XVe s.
Territoires vénitiens à titre temporaire

Lignes de navigation vénitiennes
Convois de galères au XIIIe et au XIVe siècle
Convois de galères au XVe siècle
Navires non armés

Liaison avec les Flandres par voie terrestre
Empire latin de Constantinople, 1204-1261
États latins du Levant en 1230
L'Empire ottoman à la fin du XIVe siècle
Bataille
)(Cols
Plus de 500 m
0 à 500 m

A et B. **É**vincée de l'Empire byzantin en 1171, Venise s'y réintroduit au XIIIe siècle en participant à la quatrième croisade et à la prise de Constantinople (1204). Son doge, Enrico Dandolo, promoteur de l'expédition, obtient ainsi pour Venise la plupart des îles grecques, une partie de la Thrace et le Péloponnèse. Renonçant à coloniser ses possessions, à l'exception de la Crète, la « Sérénissime » les cède soit à des étrangers (Morée, 1209), soit à des seigneurs vénitiens (Náxos...). Mais elle occupe les bases navales et les regroupe en trois secteurs administratifs : *Haute Romanie* (Constantinople), *Basse Romanie* et *Archipel* (Candie), *Morée* et *îles Ioniennes* (Corfou). Depuis 1211, des convois annuels les unissent à leur métropole, qui dispose d'escales et d'entrepôts sur la route de l'Orient. Perdant le monopole du commerce de la mer Noire en 1261, menacée, en outre, par les Ottomans dès la fin du XIVe siècle, Venise acquiert Chypre en 1489 et recherche des marchés de substitution en Afrique du Nord. Parallèlement, elle entretient des relations régulières avec l'Occident par les passes alpestres et, depuis le XIVe siècle, par voie de mer. La puissance de Venise, édifiée au prix d'incessantes luttes avec ses rivales Pise et Gênes, se matérialise en 1284 par la frappe d'une pièce d'or, le ducat, qui est, pendant trois siècles, avec le florin de Florence, l'étalon monétaire du monde méditerranéen occidental. Au début du XVe siècle, le développement des grandes puissances territoriales en Italie risquant d'entraver le ravitaillement de la ville, dont la population dépasse 100 000 habitants, Venise entreprend, sous l'impulsion du doge Francesco Foscari, la conquête de l'État de *Terre Ferme,* riche et agricole, grâce à une armée de mercenaires. La paix de Lodi (1454), conclue entre Milan, Florence et Venise, rend les Vénitiens maîtres du Frioul, de Trévise, Padoue et Vérone. À l'heure où s'affirme la montée des puissances ottomane, à l'est, et atlantiques, à l'ouest, Venise se trouve ainsi entraînée au cœur des conflits européens (voir cartes pp. 69, 73, 131 et 132).

B. LE DUCHÉ DE NÁXOS

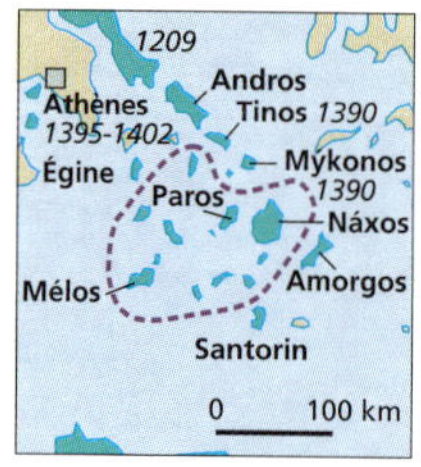

---- *1205-1566*

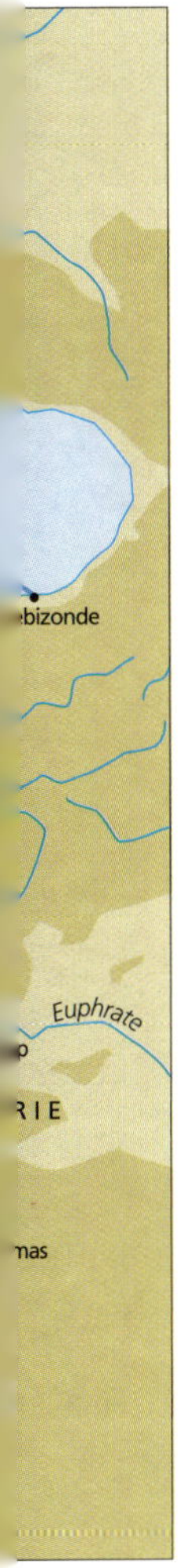

C. LE COMMERCE VÉNITIEN AU XIVe SIÈCLE

C. **D**ès le début du XIVe siècle, Venise se trouve située au point de convergence des grands courants d'échange internationaux. Au nord, elle abandonne à des marchands allemands le soin d'acheminer vers le sud, par le col du Brenner, les produits de l'Europe centrale (fer et cuivre d'Allemagne), qu'ils stockent et négocient au *fondaco dei Tedeschi* ; par contre, la République organise elle-même les convois annuels (mudes) reliant son port aux grandes places marchandes de l'Occident (Southampton, Londres, Bruges), qui l'alimentent surtout en draps, et ceux qui l'unissent à ses nombreux comptoirs de la Méditerranée orientale et de la mer Noire par le relais de Modon et de Coron, de Candie et de Constantinople.
Les trois principaux comptoirs (Tana, Lajazzo et Alexandrie) dirigent vers Venise les richesses de l'Extrême-Orient (soies et soieries chinoises, épices de l'Asie du Sud-Est), celles du monde slave (bois, fourrures, cire, céréales), celles du Proche-Orient (alun d'Asie Mineure, sel, sucre de canne, coton de Chypre ou du Levant, etc.). Elle redistribue ces produits dans le monde entier. Elle exporte aussi ce qui lui vient de ses possessions de Terre Ferme et des îles (blés, huile, vins, fruits frais ou secs), des Pouilles (blé) et de la Dalmatie (bois, poix, cire, sel, esclaves).
À ces profits commerciaux s'ajoutent ceux que procure le transport des pèlerins. Tous ces trafics assurent la richesse des Vénitiens et la puissance de Venise, premier emporium de l'Occident à la fin du Moyen Âge.

A. L'ITALIE APRÈS LA PAIX DE LODI (1454)

A. **D**élivrée, en fait, de la tutelle impériale depuis 1250, l'Italie s'est divisée en un grand nombre de petits États, dont le regroupement est achevé pour l'essentiel au milieu du XVe siècle. Aux deux extrémités de la péninsule s'imposent, en effet, la maison de Savoie, qui a acquis le titre ducal en 1416, et la maison d'Aragon, qui a reconstitué en 1443 l'unité des Deux-Siciles au détriment des Angevins. Et si, au centre de l'Italie, les États de l'Église restent difficilement gouvernables du fait de leur hétérogénéité politique, par contre, dans la plaine du Pô et en Toscane, les communes ont dû concéder la seigneurie aux seules puissances capables de s'assurer les services coûteux des *condottieri* (entrepreneurs de guerre) qui se vendent aux plus offrants. C'est le cas de Venise, qui s'est rendue maîtresse de la Terre Ferme au début du XVe siècle (voir carte p. 131), de Milan, dont le condottiere, Francesco Sforza, est devenu duc en 1450, et de Florence, enfin, dont Cosme de Médicis étend le territoire sur toute la Toscane à l'exclusivité de Sienne. Conclue entre ces trois États, à l'initiative du Médicis, la paix de Lodi (1454) prélude à la conclusion, pour vingt-cinq ans, de la Très Sainte Ligue unissant les États italiens sous l'égide du pape (1455). Ainsi se trouve introduite, pour la première fois, dans les relations inter-États la notion d'équilibre qui a fixé pour quatre siècles les grandes lignes de la géographie politique de la péninsule (voir cartes pp. 70 et 73).

B. LES GUERRES D'ITALIE

B. **Le** morcellement politique de la péninsule, des conflits intérieurs qui, traditionnellement, suscitent l'appel des Italiens à l'étranger, facilitent les interventions françaises en Italie. Celles-ci sont justifiées par les droits que Charles VIII fait valoir sur Naples et Louis XII sur Milan en tant qu'héritiers respectifs des maisons d'Anjou et d'Orléans-Visconti.
Parcourant triomphalement l'Italie (1494-1495), Charles VIII doit céder devant la *Sainte Ligue* des princes italiens, brusquement effrayés par ses succès trop rapides. Il rapatrie son armée victorieuse à Fornoue, mais il ne peut sauver de la capitulation la garnison française de Naples encerclée à Atella par Gonzalve de Cordoue (1496).
Plus prudent, allié de nombreux princes italiens et des Suisses, Louis XII occupe Milan à deux reprises (1499 et 1500), ainsi que Naples ; mais, pressées par Gonzalve de Cordoue sur les bords du Garigliano, ses forces sont chassées du royaume dès 1504. Victorieuses de celles de Venise à Agnadel et de celles du pape et de l'Espagne à Ravenne, elles doivent pourtant évacuer le Milanais après la défaite de Novare, victimes des incessants retournements d'alliance de Jules II.
Plus modeste, François Ier limite ses ambitions au Milanais : Marignan et les Suisses le lui donnent en 1515 ; La Bicoque en 1522 et, plus encore, Pavie en 1525 le lui retirent. Charles Quint le contraint à renoncer définitivement à ses ambitions italiennes, au profit de l'Espagne, par les traités de Madrid (1526) et de Cambrai (1529) [voir carte p. 76].

A. L'ITALIE DE 1815 À 1848

A. **Dominée** par l'Autriche après 1815, l'Italie voit naître une opposition libérale d'inspiration romantique (Risorgimento), dont le Piémont devient le foyer. Les insurrections de 1820 (Naples), 1821 (Piémont), 1831 (Romagne, Marches...), 1834 (Savoie) sont réprimées une à une. Charles-Albert, roi du Piémont, qui lance en mars 1848 la guerre de libération nationale par les Italiens (« Italia fara da se »), est battu à Custoza (23-25 juillet 1848) et à Novare (23 mars 1849). L'ordre ancien triomphe en Italie, où le Piémont apparaît seul capable de cristalliser le mouvement nationaliste.

B. LES DÉBUTS DE L'UNITÉ ITALIENNE

C. L'ITALIE DE 1860 À 1870

Acquisitions :

	Territoires cédés à la France en 1860		de 1866		Expédition de Garibaldi en 1867
	Le royaume d'Italie en 1861		de 1870		Batailles

B et C. **A**près la guerre victorieuse menée contre l'Autriche avec l'appui de la France (1859), Cavour, président du Conseil du royaume sarde, organise des plébiscites qui unissent, en mars 1860, l'Italie centrale au Piémont, puis consacrent, en avril, la cession à la France de Nice et de la Savoie en compensation de son aide militaire ; durant l'été 1860, il laisse Garibaldi « tirer les marrons du feu » dans le royaume des Deux-Siciles *(les Mille)* ; il organise alors une expédition militaire qui s'empare des Marches et de l'Ombrie, avant de confisquer la victoire des républicains à Naples. De nouveaux plébiscites entérinent, en octobre-novembre 1860, ces annexions au nouveau *royaume d'Italie,* proclamé en 1861. Pour régler le problème vénitien, le gouvernement italien s'allie à la Prusse, le 8 avril 1866, par l'entremise de Napoléon III, selon une stratégie diplomatique éprouvée en 1858-1859. Aussi, à l'issue de la guerre austro-prussienne de 1866, peut-il récupérer la Vénétie, malgré les défaites de Custozza et de Lissa. Mais, après l'échec de Garibaldi à Mentana en 1867, échec dû à l'intervention armée de Napoléon III soucieux de conserver l'appui des catholiques, les Italiens doivent attendre 1870 pour recouvrer Rome.

A. LES PAYS-BAS DU IXe AU XIIIe SIÈCLE

Invasions et zones de pénétration des Vikings au IXe s.
Limite entre la France et l'Empire vers 1100
Fiefs relevant de la couronne de France au XIIe s.
Principales liaisons routières au XIIIe s.
M Terre des Quatre-Mestiers
Archevêchés
Évêchés
Batailles
Tracé des côtes au XIIIe s.

A. **Pl**us profondément pénétrés par la mer que de nos jours au sud, moins au nord, où le lac Flevo ne s'est élargi qu'à la fin du XIIIe siècle dans le vaste Zuiderzee, les Pays-Bas ont été le premier terrain de l'expansion franque. Originaires de l'Austrasie, les Carolingiens établissent sur ses lisières la capitale impériale, Aix-la-Chapelle ; l'aristocratie laïque et religieuse y poursuivant la colonisation agricole, une intense activité batelière s'y développe, assurant les échanges entre le continent, l'Angleterre et la Scandinavie. Les Vikings y multiplient leurs incursions au IXe siècle ; Arnulf de Carinthie les repousse à Louvain en 891. Partagés en 870 en vertu du traité de Meersen entre la *Francia occidentalis* et la *Francia orientalis*, les Pays-Bas se décomposent en plusieurs principautés : à l'ouest, les comtés de Flandre, d'Artois et de Boulogne relèvent de la mouvance capétienne ; à l'est, le duché de Basse-Lotharingie, divisé en 959 en duchés de Haute et de Basse-Lorraine, appartient au *Saint Empire*.
Continue du XIe au XIIIe siècle, l'expansion démographique favorise alors le renforcement des États, la disparition du servage, la création de *polders*, le défrichement des terres pauvres des *kampen*, le développement des villes et des ports à la confluence des fleuves (Gand), à la tête des estuaires (Anvers), à l'abri des digues. Bien situées au point d'aboutissement des itinéraires qui, venant d'Italie, traversent les foires de Champagne, les villes d'Artois et de Flandre bénéficient d'un grand essor commercial (foires de Messine) et artisanal (draperie d'Ypres, de Gand) ; Bruges est un grand carrefour de l'Europe du Nord-Ouest, à la fin du XIIIe siècle (voir cartes pp. 37, 62 et 64).

B. LES PAYS-BAS AU TEMPS DE CHARLES QUINT

B. **D**e Charles Quint les Pays-Bas étaient la patrie : il était né à Gand ; sa langue naturelle était le français ; il abdiqua à Bruxelles. Avec une opiniâtreté invincible malgré son éloignement et son immense empire, il a réalisé les ambitions de ses ancêtres bourguignons : unification et centralisation. De 1521 à 1549 il a : 1° *acquis* Tournai et le Tournaisis, la seigneurie de Frise, la principauté d'Utrecht et l'Overijssel, la seigneurie de Groningue et la Drenthe, le duché de Gueldre et le comté de Zutphen ; 2° *rompu,* par le traité de Madrid (1526) et par la paix de Cambrai (1529), les liens parfois très anciens de ces pays avec la couronne de France ; 3° *satellisé* les principautés épiscopales de Liège et de Cambrai ; 4° *organisé* les « dix-sept provinces » en *cercle de Bourgogne,* État centralisé dont la puissance résultait autant de sa situation géographique que de son économie : draps, mines, agriculture, pêche, marché international d'Anvers. Gouvernés par sa tante Marguerite d'Autriche (1518-1530) puis par sa sœur Marie de Hongrie (1531-1555), bien administrés par des magistrats issus essentiellement de la bourgeoisie belge, les Pays-Bas sont, par contre, déchirés par les querelles religieuses. L'humanisme, l'imprimerie avaient, en effet, favorisé la pénétration des idées réformées dans ces populations laborieuses, sensibles à la doctrine nouvelle de la glorification du travail et du succès dans l'entreprise. En déclenchant de violentes persécutions contre les fidèles protestants, Charles Quint affaiblit un régime auquel la durée semblait pourtant assurée (voir carte p. 113).

A. LES PAYS-BAS DE 1555 À 1648

A. **P**rince espagnol ignorant des réalités néerlandaises au contraire de Charles Quint, Philippe II (1555-1598) pratique à l'égard des Pays-Bas une politique de centralisation et de répression religieuse (Inquisition). Brisée en 1566 par Marguerite de Parme (1559-1567), la révolte des ouvriers du textile d'Armentières justifie l'instauration en 1567 par le duc d'Albe (1567-1573) d'un Conseil des troubles.

Des têtes tombent en 1568 : celles des comtes d'Egmont et de Hornes. Les calvinistes répondent par un nouveau soulèvement : *la guerre de Quatre-Vingts Ans* commence. Rapidement maîtresse du Nord, s'imposant même dans le Sud après le premier sac d'Anvers par les Espagnols en 1576, l'insurrection semble obtenir satisfaction par la *pacification de Gand,* le 8 novembre. Les maladresses de Guillaume d'Orange, l'intolérance des réformés provoquent une rupture définitive. Dans les provinces catholiques de l'*Union d'Arras* (6 janvier 1579), l'université de Douai et les Jésuites assurent désormais le triomphe de la Contre-Réforme ; dans les sept provinces de l'*Union d'Utrecht* (23 janvier 1579), par contre, les universités de Leyde, puis d'Utrecht renforcent la cohésion doctrinale des calvinistes. C'est ainsi que naissent les Provinces-Unies. Au terme d'une longue lutte, l'Espagne reconnaît leur indépendance *de facto* en 1609, puis *de jure* en 1648 par le traité de La Haye, qui les accroît officiellement des *pays de la Généralité,* biens communs de l'État (voir cartes pp. 78 et 80).

B. LES PAYS-BAS DE 1789 À 1815

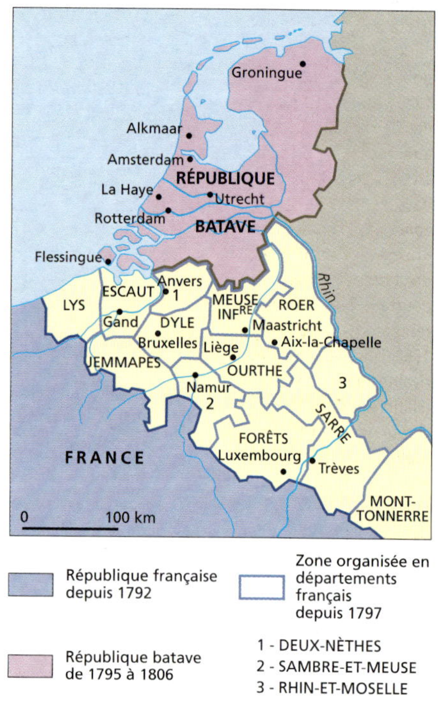

B. **L'**occupation française à partir de 1795 ne revêt pas la même signification dans les deux parties des Pays-Bas.

En Belgique, conquise une première fois pendant l'hiver 1792-1793, elle est d'abord libération de la tutelle autrichienne ; l'incorporation du territoire à la France est assez bien acceptée, car elle apporte une législation libérale et permet le développement des manufactures.

Par contre, la transformation des Provinces-Unies en « république sœur » (soumise à un lourd tribut), puis en royaume de Hollande donné à Louis Bonaparte, mécontente d'autant plus les populations que le *Blocus continental* lèse les intérêts commerciaux néerlandais (voir cartes pp. 82 et 83).

C. LES PAYS-BAS ET LA BELGIQUE DE 1815 À 1920

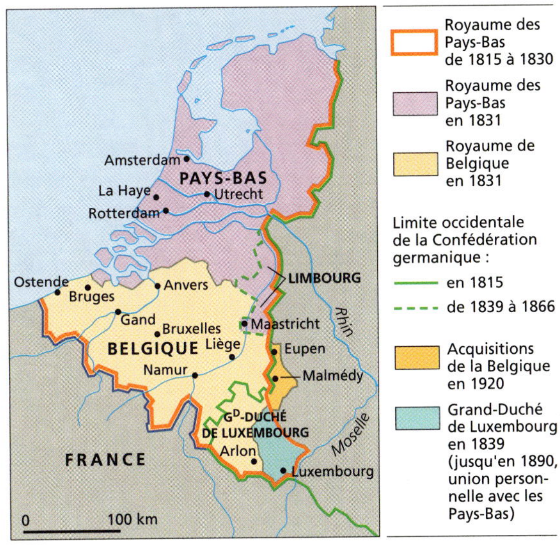

C. **Créé** en 1815 comme « État tampon » contre la France, le nouveau royaume des Pays-Bas réunit deux peuples séparés par leurs convictions religieuses, leurs rivalités économiques et, finalement, par deux siècles et demi d'histoire qui ont forgé deux tempéraments nationaux. Érigé en grand-duché en 1815, incorporé à la *Confédération germanique*, le Luxembourg, propriété personnelle du souverain, renforce le rôle international des Pays-Bas. Malgré les efforts du roi Guillaume Ier pour souder politiquement et économiquement les deux parties du royaume, il se forme en 1828 une coalition entre les catholiques flamands, irrités des interventions d'un roi protestant, et les libéraux wallons, francophiles : l'émeute du 25 août 1830 à Bruxelles débouche sur la proclamation de l'indépendance belge, qui n'est reconnue par les Pays-Bas qu'en 1839 (fixation définitive des frontières). À cette date, la moitié occidentale du grand-duché de Luxembourg est définitivement incorporée au royaume de Belgique, alors que sa moitié orientale reste propriété personnelle du roi des Pays-Bas. À la mort de Guillaume III d'Orange-Nassau en 1890, le grand-duché devient pleinement indépendant. Si, de 1914 à 1918, la neutralité des Pays-Bas est respectée par l'Allemagne, il n'en est pas de même de celle du Luxembourg et de la Belgique. Le territoire de cette dernière est presque entièrement occupé par les Allemands. Elle est la seule de ces trois États à tirer un bénéfice territorial du conflit : l'annexion d'Eupen, de Malmédy et de Moresnet (voir cartes pp. 86, 87, 88 et 101).

D. BELGIQUE. RÉGIONS LINGUISTIQUES

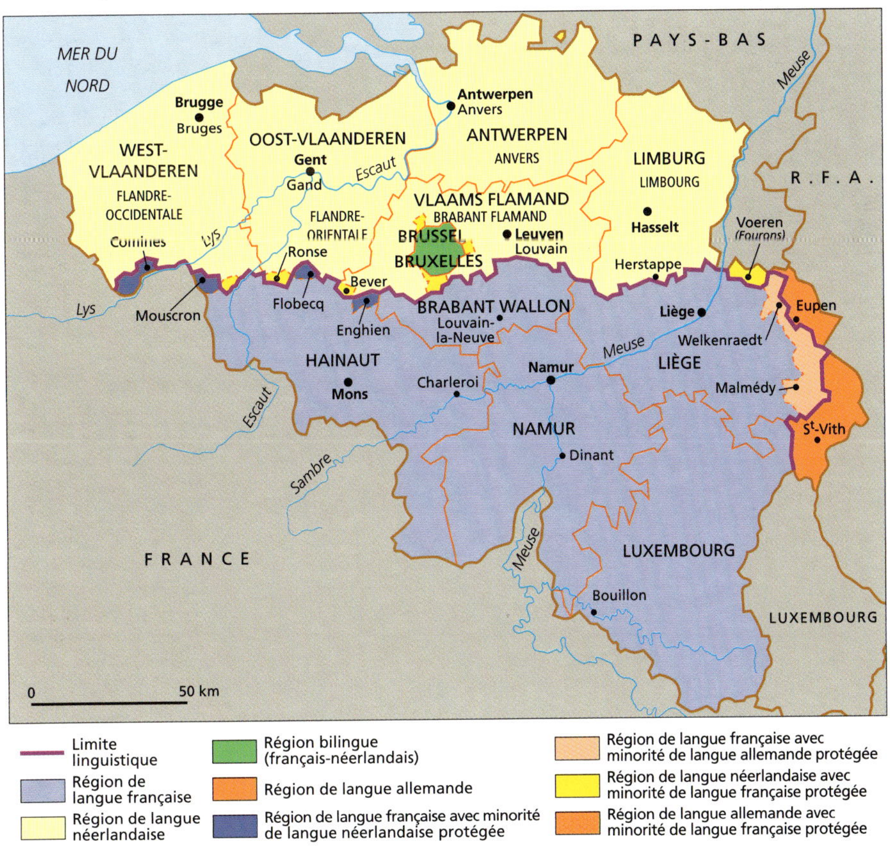

D. **La** Belgique est le type même de la nation née d'un commun choix politique. Pourtant, les différences linguistiques témoignent de l'existence de deux *nationalités* essentielles. Ignoré lors de la fondation de l'État (le français s'imposait même aux élites flamandes), le problème linguistique se trouve posé politiquement en 1870 ; les revendications des flamingants aboutissent, en 1932, au partage officiel du pays en deux grandes zones linguistiques, Bruxelles gardant seule un statut bilingue. Pourtant, le problème rebondit dans les années 1960, compliqué par les rivalités politiques (Flandre sociale-chrétienne contre Wallonie socialiste) et surtout économiques : la Flandre, plus dynamique aux plans démographique et économique, est en position conquérante face à la Wallonie. Les passions s'exacerbent sur deux points : le tracé des frontières linguistiques fixées en 1963 ; le statut de Bruxelles. Ces passions entraînent en 1972 la division de la Belgique en 3 régions, Flandre, Wallonie et Bruxelles. Les nouvelles lois linguistiques ont provoqué de nombreux affrontements, dont les plus violents ont été la conséquence du rattachement au Limbourg néerlandophone de la commune francophone des Fourons.

A. LA POLOGNE DES PIAST AU Xe ET AU DÉBUT DU XIe SIÈCLE

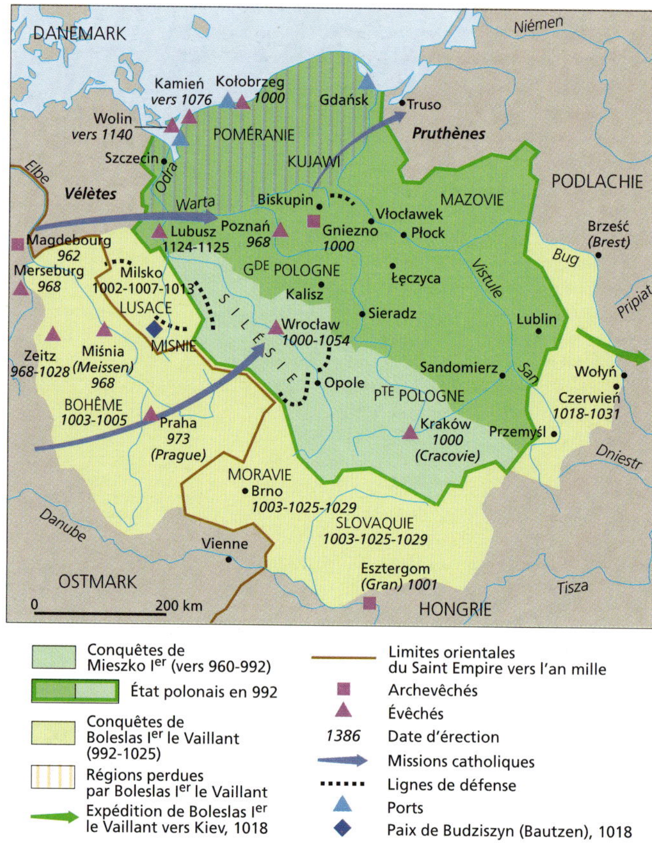

A. **Le** duc Mieszko Ier (v. 960-992), premier ancêtre connu des princes polanes de Gniezno, les Piast, donne au premier État polonais une extension territoriale qui correspond approximativement à celle de la République populaire (voir carte p. 145). C'est un pays de plaines dont les frontières, mal fixées, paraissent perméables aussi bien aux incursions des Allemands qu'à celles des Slaves de Bohême et de Kiev, qui le pressent de toutes parts.
La vigueur du sentiment national, le baptême de Mieszko en 966, enfin l'appui que l'Église, puis l'empereur Otton III apportent en conséquence à son successeur Boleslas Ier le Vaillant (992-1025) assurent le destin de la Pologne : en l'an mille, celle-ci est constituée en une province ecclésiastique autonome avec un archevêque à Gniezno. L'unité polonaise est consacrée par les couronnements comme rois de Pologne de Boleslas Ier en 1025 et de Boleslas II en 1076. Ce pays survit ainsi aux échecs nombreux qui l'éprouvent au XIe siècle : perte du glacis dont Boleslas Ier l'avait couvert entre 1002 et 1025 de l'Elbe au Bug ; querelles dynastiques, troubles intérieurs d'origine populaire ou nobiliaire (v. 1034-1040 notamment), qui entraînent le transfert de la capitale à Cracovie par Casimir Ier le Rénovateur (1039-1058) ; déposition en 1079 de Boleslas II le Hardi (1058-1079) ; partage enfin de l'ancien royaume en quatre duchés héréditaires, au profit des quatre fils rivaux de Boleslas III Bouche-Torse (1102-1138). L'épreuve cette fois dure deux siècles, mais la Pologne la surmonte (voir carte p. 96).

B. ÉTATS DE LA MAISON DES JAGELLONS (XIVe-XVIe SIÈCLE)

B. **G**rands-ducs héréditaires de Lituanie (1377-1392 et 1440-1572), les Jagellons conservent la couronne élective de Pologne de 1386 à 1572, le fondateur de leur dynastie, Ladislas II Jagellon, ayant promis en 1385 d'unir à jamais au royaume ses terres « de Lituanie et de Russie ». Recevant en outre très rapidement l'hommage des princes de Moldavie (1387), de Valachie (1389) et de Bessarabie (1396), ce prince devient le maître d'un immense empire catholique. La constitution de cet empire bouleverse le rapport des forces dans l'Est européen, d'une part aux dépens de l'Église orthodoxe, qui ne peut plus espérer gagner à sa foi les Lituaniens désormais catholiques, et d'autre part aux dépens des chevaliers Teutoniques, auxquels est infligée à Grunwald (Tannenberg), en 1410, la défaite décisive qui leur enlève la Samogitie ; un demi-siècle plus tard, la paix de Toruń ôte aux chevaliers la Poméranie et Gdańsk au profit de la Pologne, dont l'Ordre se reconnaît alors vassal pour le reste de ses possessions en 1466. Acquérant ainsi la maîtrise de leurs échanges extérieurs par la Baltique, les Jagellons s'assurent également les couronnes de Bohême (1471-1526) et de Hongrie (1490-1526), grâce au mariage de Casimir IV (1440/1445-1492) avec Élisabeth de Habsbourg. Mais la survie du Saint Empire en son réduit allemand se trouvant de la sorte menacée, l'empereur Frédéric III se rapproche alors du tsar Ivan III, qui reconquiert dès 1503 le tiers des terres russes du grand-duché. Privés par ailleurs de tout accès à la mer Noire par les Ottomans (1475-1485), les Jagellons perdent, en outre, les couronnes de Bohême et de Hongrie après la défaite et la mort de Louis II à Mohács en 1526. Malgré d'ultimes succès en Mazovie (1526) et en Livonie (1561), le grand déclin est amorcé. Marqué notamment par la prise de Polock par le tsar Ivan IV en 1564, il est consacré en 1569 par l'*Union de Lublin*. Perpétuelle, celle-ci fond les deux nations en une « République commune » ayant Varsovie pour capitale; mais, en rendant élective la fonction grand-ducale, cette décision supprime l'obstacle qui, fixant la monarchie polonaise dans une même famille, l'empêchait de devenir l'enjeu des enchères diplomatiques européennes. Celles-ci sont ouvertes dès 1572 par la mort du dernier des Jagellons, Sigismond II Auguste (voir cartes pp. 73, 74 et 147).

A. LA POLOGNE AU XVIIe SIÈCLE

A. ***L'**« âge d'or »* polonais (celui du grand commerce d'exportation, par Gdańsk, des grains, du bois, du lin, du chanvre) se prolonge pendant la première moitié du XVIIe siècle. Vient ensuite *l'« âge de fer ».* Trois facteurs expliquent cette décadence : un *relief de plaines,* sans frontières naturelles ; un *esprit national de croisés :* les Polonais combattent dans l'Allemand et le Suédois le luthérien, dans le Russe et le Cosaque Zaporogue l'orthodoxe, dans l'Ottoman l'infidèle ; une *constitution destructrice* de l'État ; à la fois république, monarchie élective et oligarchie, la Pologne doit à la « liberté dorée » de son aristocratie et au *liberum veto* d'être surtout une anarchie organisée. Sous la dynastie suédoise des Vasa (1587-1668), les Polonais occupent Moscou pendant deux ans (1610-1612), combattent la Suède qui ne voulait pas d'un roi commun, restent neutres pendant la guerre de Trente Ans, refoulent les Turcs. Mais, sous Jean II Casimir, Russes, Suédois, Ottomans ravagent et dépeuplent le pays. Un noble polonais, Jean III Sobieski (élu roi en 1674), écrase les Turcs sous les murs de Vienne en 1683. Les pertes territoriales restent lourdes : l'Électeur de Brandebourg devient indépendant en Prusse, les Suédois occupent la Livonie (paix d'Oliwa, 1660), les Russes acquièrent Smolensk et Kiev ; seule la Podolie est reprise aux Turcs (1699) [voir cartes pp. 79, 153, 178 et 179].

B. LES PARTAGES DE LA POLOGNE AU XVIIIe SIÈCLE

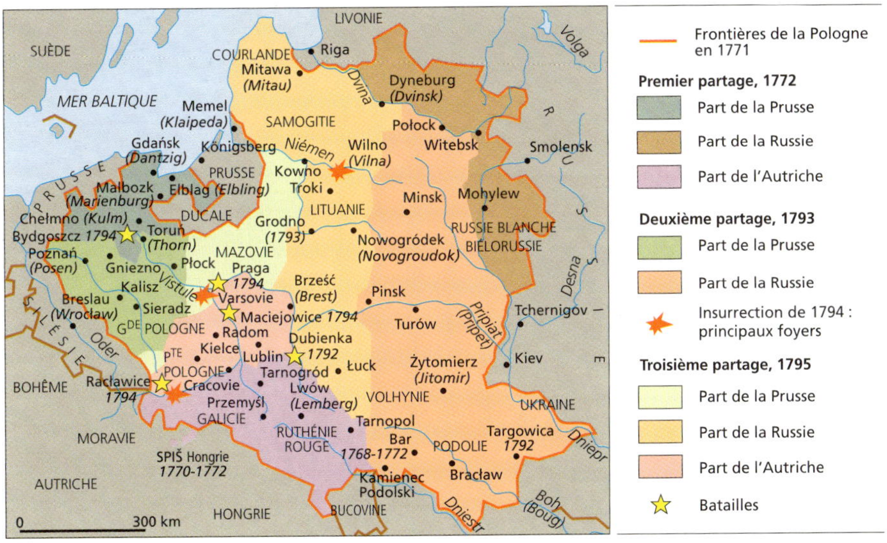

B. **La** Suède en déclin, la France affaiblie par la guerre de Sept Ans, puis retenue par la Révolution, ne peuvent empêcher la Russie, la Prusse et, par contrecoup, l'Autriche de profiter de la faiblesse de l'État polonais pour s'en partager à trois reprises le territoire en toute sécurité. Réagissant contre la constitution en 1768 de la confédération de Bar dirigée contre elle, Catherine II accepte en 1772 le principe d'un partage partiel, qui lui livre la Russie Blanche à l'est de la Dvina et du Dniepr, tandis que Frédéric II unit la Poméranie à la Prusse par l'annexion de la Prusse polonaise (moins Gdańsk et Toruń), peu avant que l'hésitante Marie-Thérèse n'occupe la Galicie. L'adoption de la Constitution révolutionnaire, d'inspiration française, du 3 mai 1791 provoque un second partage en 1793 au profit seulement de la Russie (Biélorussie occidentale, Podolie) et de la Prusse (Gdańsk, Poznań, Toruń). Dirigée par Kościuszko, l'insurrection nationale qui en résulte en 1794 n'aboutit qu'à un dernier partage, auquel participent de nouveau en 1795 la Russie (Courlande, Lituanie), la Prusse (Mazovie avec Varsovie) et l'Autriche (Cracovie et Mazovie méridionale). Pour cent vingt-trois ans, la Pologne n'est plus un État indépendant : « Finis Poloniae » (voir cartes pp. 81, 82 et 148).

C. LA POLOGNE DE 1807 À 1815

C. **Pour** ménager la Russie, Napoléon se borne en 1807 à reprendre à la Prusse l'essentiel de sa part de Pologne et à l'ériger en grand-duché de Varsovie ; en 1809, il y ajoute une partie de la Galicie autrichienne avec Cracovie et Lublin.
Le congrès de Vienne maintient le principe du partage tripartite. La Prusse reçoit Poznań (Posen) et Gdańsk (Dantzig), l'Autriche récupère sa part du premier partage, et la Russie celle des deux premiers.
Les négociateurs créent un « royaume du Congrès » « à jamais réuni à l'empire de Russie », avec Varsovie comme capitale et le tsar comme roi.
La liberté polonaise se réfugie alors dans la ville libre de Cracovie, érigée en république indépendante (voir cartes pp. 84 à 86).

A. LA POLOGNE APRÈS LA PREMIÈRE GUERRE MONDIALE

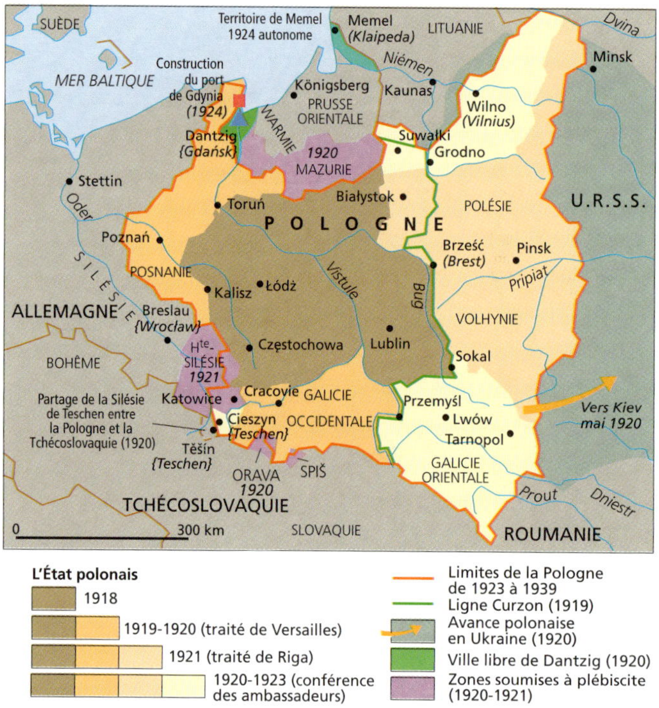

A. **«** **La création d'une Pologne indépendante avec accès à la mer »** : ce principe, proclamé le 8 janvier 1918 par le président Wilson dans son « treizième point », est accepté par tous, même par l'Autriche et par l'Allemagne qui, pendant la guerre, avaient promis aux Polonais l'indépendance pour obtenir leur appui. Outre le problème de la cohésion du nouvel État, qui regroupe des régions séparées depuis plus d'un siècle, la question essentielle est celle des frontières. À l'ouest, le traité de Versailles donne satisfaction aux Polonais en restaurant à peu près le tracé immédiatement antérieur au partage de 1772 (voir carte p. 143 B) ; l'Allemagne, coupée en deux par le « corridor de Dantzig », est mécontente ; la Pologne est déçue par les résultats défavorables des plébiscites en Mazurie (1920) et en Haute-Silésie (1921). À l'est, c'est par la force que les Polonais repoussent leur frontière très au-delà de la *ligne Curzon*.

Mais cet expansionnisme polonais est dangereux, à la fois par ses implications internationales et par ses conséquences intérieures, le pouvoir étant très vite confisqué par les militaires (Piłsudski, plus tard Rydz-Śmigły et Beck).

B. LA POLOGNE DE 1939 À 1945

B. **Ayant signé**, le 23 août 1939, avec l'U.R.S.S. un pacte de non-agression assorti d'un protocole secret de partage de la Pologne, l'Allemagne nazie attaque cette dernière le 1er septembre. Privés de tout appui, les Polonais sont rapidement battus par les armées allemandes : le 28 septembre, le partage est accompli, le Bug servant de nouvelle frontière. Mais, dès 1940, la résistance polonaise est animée de Londres par le général Władysław Sikorski jusqu'en 1943, puis par Stanisław Mikołajczyk, qui forme en février 1942 une *armée nationale de l'intérieur (Armia Krajowa* : A.K.) ; elle s'amplifie lorsque, après l'agression hitlérienne contre l'U.R.S.S. (qui entraîne l'occupation de toute la Pologne par les Allemands), celle-ci encourage la formation de la « Garde populaire », transformée en 1944 en *Armia Ludowa* (A.L.), et soutient la création d'un *Conseil national populaire*, qui organise en 1944 le *Comité de Lublin* présidé par le socialiste Osóbka-Morawski. Mais cette résistance suscite une très violente répression : déportations massives en camps de concentration, extermination des Juifs, écrasement durant l'été 1944 du soulèvement de Varsovie. À la fin de la guerre, on compte environ 6 millions de morts (le quart de la population).

C. LA POLOGNE DE 1945 À 1990

- République démocratique populaire de Pologne
- Territoires sous administration polonaise, de 1945 jusqu'au traité germano-polonais (14 nov. 1990)
- Territoires incorporés à l'U.R.S.S.
- Ligne Curzon
- Rappel des frontières de la Pologne en 1938

C. **R**efusant d'admettre en 1945 la reconstitution de la Pologne dans les frontières de 1921, cause immédiate de la guerre, Staline obtient à Yalta l'accord de principe des Anglo-Américains sur la translation vers l'ouest du territoire polonais, au profit de l'U.R.S.S. qui s'accroît de 180 000 km^2 et au détriment de l'Allemagne qui en perd 100 000. Retrouvant à l'est le tracé (amélioré) de la ligne Curzon, se fixant à l'ouest le long de la ligne Oder-Neisse, incorporant enfin au nord la moitié de la Prusse-Orientale, les nouvelles frontières de la Pologne réduisent sa superficie de 380 000 à 300 000 km^2, mais la dotent d'une façade maritime de 400 km le long de la Baltique (accord de Moscou, le 17 août 1945). Le problème du corridor de Dantzig ne se pose plus. Et celui des minorités disparaît avec le rapatriement des 2 millions de Polonais originaires de Galicie, de Polésie et de Volhynie, qui s'établissent dans les provinces occidentales dont sont chassés 2 ou 3 millions d'Allemands. Compte tenu des victimes de la guerre (6 millions dont 3 millions de Juifs), la Pologne ne compte donc plus en 1945 que 24 millions d'habitants contre 35 en 1938.

En même temps se pose le problème de la nature du régime politique. Il est compliqué par l'existence de deux gouvernements rivaux : celui de *Londres,* soutenu par les Anglo-Américains ; celui de *Lublin,* appuyé par les Soviétiques. Leur fusion, au nom de l'*union nationale,* ne résiste pas à la guerre froide. Maîtres du pouvoir, les communistes instaurent la démocratie populaire en 1949. Restaurée, la démocratie parlementaire obtient de l'Allemagne la reconnaissance de la frontière Oder-Neisse (traité de Varsovie, 14 novembre 1990).

A. L'ÉTAT DE KIEV

État de Kiev en 912

Fortifications de défense contre les nomades

Expéditions russes :

contre Constantinople

contre l'Empire bulgare

État de Kiev en 1054

Petchenègues, fin IXe s.-1036

Polovtses, milieu du XIe siècle

Pénétration des Varègues depuis le IXe s.

Territoires contrôlés par Novgorod, XIIe s.-début XIIIe s.

Capitales des principautés

Limites des territoires russes au début du XIIIe siècle

A. **L**es tribus des Slaves orientaux qui ont donné naissance au peuple russe s'individualisent, au VIIIe et au IXe siècle, dans une immense zone dont l'axe nord-sud est marqué par le Volkhov et le Dniepr. Ces fleuves étaient parcourus, au IXe et au Xe siècle, par les Varègues, marchands d'origine scandinave qui trafiquaient activement avec l'Empire byzantin ainsi que dans les contrées avoisinant la Caspienne et desservies par la Volga. Diffusé depuis Birka, ce commerce convergeait vers Novgorod et Kiev. Autour de ces villes se sont constituées les premières principautés russes sous l'autorité de deux princes qui seraient d'origine varègue : Riourik, dont le nom déformé aurait servi à baptiser le peuple sur lequel il régnait (Rous : russe), et son fils Oleg. Ce dernier fait de Kiev, vers 882, la capitale du premier État russe unifié. Vassalisant de proche en proche de nouvelles tribus, combattant avec plus ou moins de succès les peuples voisins (Khazars, Bulgares de la Kama et des Balkans, Polonais), Oleg (882-912), puis ses héritiers étendent leur souveraineté sur l'ensemble des Slaves orientaux ; malgré des alternatives de succès (907) et d'échecs (941, 971), ils imposent même leur alliance à Byzance dont ils adoptent la foi, vers 988, puis les institutions.
La principauté de Kiev est à son apogée en 1054.
Mais déjà jouent contre elle des facteurs de dissolution : velléités d'indépendance des villes périphériques en voie d'expansion (Novgorod...) ; pratique du partage de la fonction grand-ducale, inaugurée en 1054 par Iaroslav en faveur de ses trois fils et confirmée en 1097 par le traité de Lioubetch. La Russie de Kiev n'y survit pas (voir cartes pp. 38 et 56).

B. L'ÉTAT RUSSE DE 1300 À 1689

B. **N**ée en 1263 du legs consenti par le prince de Vladimir-Souzdal, Alexandre Nevski, à son fils cadet Daniel, la petite principauté de Moscou lie habilement son sort à celui de la Horde d'Or, qui confère en 1328 à son souverain le titre de grand-prince. Aussi s'étend-elle rapidement autour du noyau original. Après la conversion au catholicisme de la Lituanie, qui s'unit à la Pologne en 1386 et abandonne de ce fait à la Moscovie le rôle de seul rassembleur des terres russes et orthodoxes, la progression s'oriente vers le nord et vers l'est. Une victoire fugitive mais prestigieuse sur les Mongols à Koulikovo en 1380, la chute de Constantinople en 1453, le mariage en 1472 de Zoé Paléologue avec Ivan III (1462-1505) font d'ailleurs de Moscou la « troisième Rome » et de ses princes les héritiers des Césars byzantins, dont Ivan IV (1533-1584) assume pour la première fois le titre (tsar) en 1547. Ivan III qui s'était proclamé souverain de toute la Russie dès 1494, puis Basile III (1505-1533) avaient achevé déjà le rassemblement des terres russes, exploitant le déclin de la Horde d'Or. Annexant Kazan en 1552, puis Astrakhan en 1556, Ivan IV laisse Iermak s'engager en 1581 sur la voie sibérienne (v. carte p. 149). Au nord, Arkhangelsk est atteint dès le XVIe siècle. Mais c'est à l'ouest et au sud que se joue, au XVIIe siècle, la survie du jeune État contre les ambitions de ses voisins suédois, polonais et turcs. Affaiblie par les graves crises dynastiques du *temps des troubles* (1584-1613), puis par de nombreuses révoltes paysannes, la Russie cède d'abord à la Suède sa fenêtre baltique (Stolbovo, 1617), puis à la Pologne la ville de Smolensk (Deoulino, 1618). Mais, dès 1667, Smolensk est récupérée, l'Ukraine orientale et Kiev sont occupées (Androussovo). Ainsi la Russie des Romanov affirme-t-elle sa puissance continentale à la veille de l'avènement de Pierre le Grand en 1689 (voir cartes pp. 73, 80, 141, 142, 148, 150, 153, 190 et 191).

A. LA RUSSIE DE PIERRE LE GRAND ET DE CATHERINE II (1682-1796)

A. **R**éformant les institutions, Pierre le Grand (1682-1725) se proclame empereur en 1721. La flotte et l'armée régulière qu'il organise lui permettent d'acquérir une fenêtre sur la Baltique, où il fait construire Saint-Pétersbourg, la nouvelle capitale. Les excès du « règne des Allemands » ne remettent pas en cause son œuvre, dont Catherine II (1762-1796), adepte de la « philosophie des Lumières », est la véritable héritière. Elle confie à Potemkine (1774-1787) la charge de procéder à une certaine décentralisation administrative ; surtout, par les chartes de 1785, elle libère la noblesse du service de l'État et de l'impôt pour lui permettre de consacrer ses ressources à la création de richesses nouvelles (textiles du bassin de Moscou, métallurgie de l'Oural) et elle favorise l'autonomie de communautés urbaines (marchands) afin d'assurer l'essor des échanges intérieurs et des échanges extérieurs. Mais, pour atteindre de tels objectifs, elle abandonne aux nobles 800 000 paysans libres, qui sont réduits au servage. Cet exemple souligne le caractère froidement réaliste de la politique impériale. Disposant d'une puissante armée et d'une flotte importante, Catherine II les utilise avec prudence contre ses adversaires naturels : la *Pologne*, dont elle accepte le premier partage en 1772 et dont elle provoque le deuxième en 1793 et le troisième en 1795 ; la *Turquie*, qu'elle contraint à lui abandonner les côtes de la mer Noire aux termes de deux guerres imprudemment engagées par le Sultan (1768-1774 et 1786-1792), la première à l'instigation de la France pour soutenir la Pologne, la seconde à la suite de l'annexion du khanat de Crimée en 1783 ; la *Suède* enfin, qui a tenté de secourir la Turquie de 1788 à 1790 par une attaque de diversion. La Russie a désormais pour frontière occidentale les cours du Niémen, du Bug et du Dniestr et pour frontière méridionale le littoral de la mer Noire, sur les rives de laquelle Catherine II édifie en 1784 le port de guerre de Sébastopol et en 1794 le port de commerce d'Odessa. Pouvant faire franchir depuis 1774 les Détroits à ses navires de commerce, mais non à ses navires de guerre, l'impératrice songe même à restaurer l'Empire byzantin en 1782, mais renonce à son projet pour attirer les Ottomans dans la coalition que l'Europe constitue en 1792 contre la France. Le réalisme l'emporte sur le rêve (voir cartes pp. 79, 82, 143, 149 et 179).

B. LA FORMATION DE L'EMPIRE RUSSE

B. **C**ontinental à l'origine, l'État russe cherche depuis la fin du XVIe siècle à s'assurer des fenêtres maritimes, et à jouer ainsi un rôle international de premier plan. L'expansion est menée au nord, où Arkhangelsk est fondée sur la mer Blanche (1584) ; à l'ouest, où Saint-Pétersbourg est édifiée sur la Baltique en 1703 ; au sud, où Catherine II étend à la mer Noire l'accès entrouvert au XVIIe siècle sur la mer d'Azov ; à l'est, où les Russes atteignent le détroit de Béring dès 1648, puis, en 1860, la mer du Japon, après avoir été écartés durant deux siècles, par la Chine, des bassins de l'Amour et de l'Ossouri. Au XIXe siècle, un glacis destiné à protéger les terres russes est mis en place à l'ouest (Finlande, 1809 ; Bessarabie, 1812 ; Pologne, 1815) ; au sud du Caucase (Géorgie, 1801 ; Azerbaïdjan, Arménie, 1828), puis au sud de la Sibérie (Kazakhstan, 1846). En Asie centrale, un gouvernement général du Turkestan est créé en 1867, et un protectorat imposé aux khanats de Boukhara et de Khiva (1868 et 1873) [voir cartes pp. 147 et 148].

A. LA GUERRE CIVILE (1917-1921)

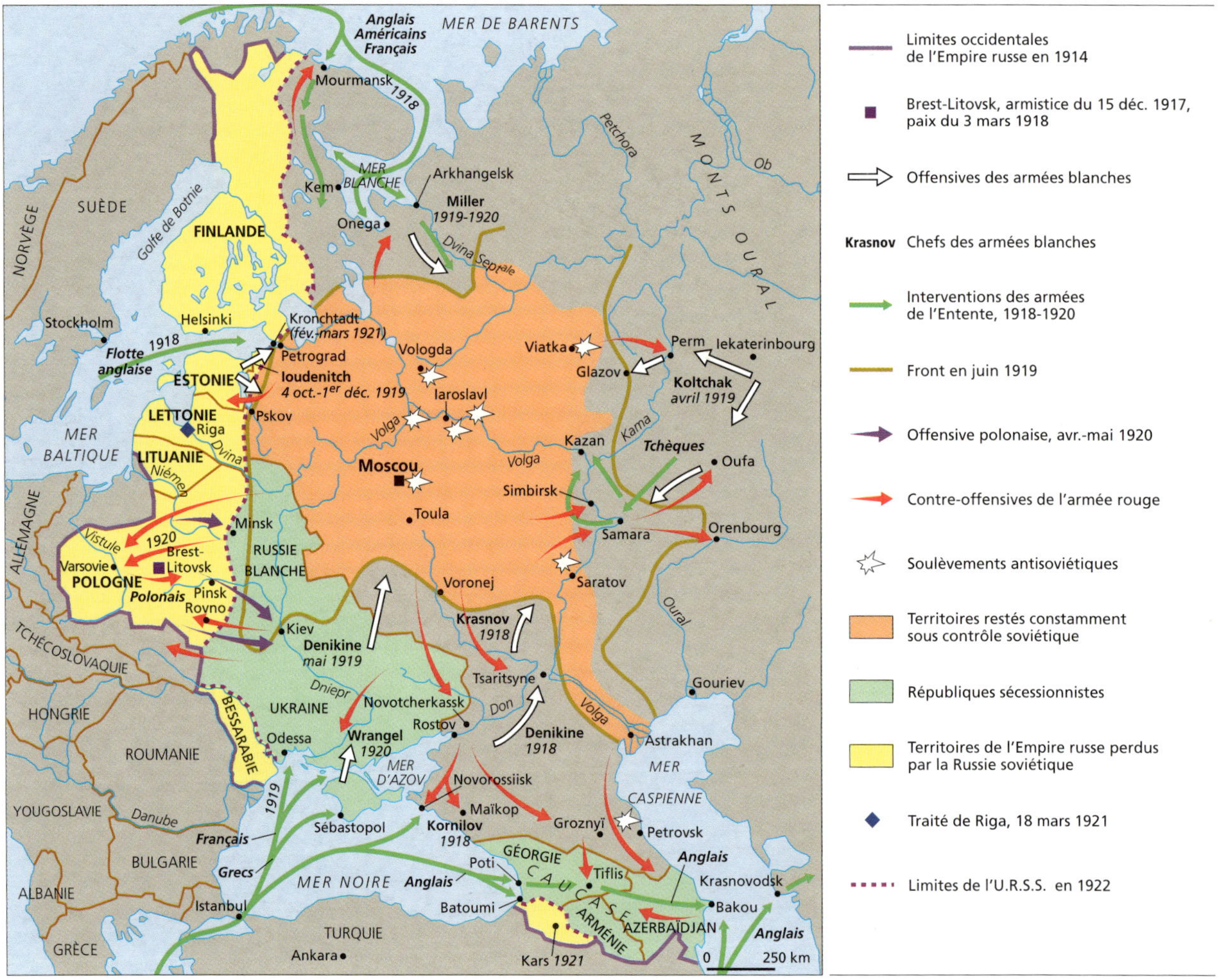

A. **N**ée de la révolution d'octobre 1917, la Russie bolchevique est confrontée à deux dangers immédiats : l'intervention directe, par voie de mer, des Alliés, qui, relayant celle des Empires centraux après la signature du traité de Brest-Litovsk le 3 mars 1918, isole le nouveau régime du monde extérieur ; la rébellion intérieure des allogènes et des contre-révolutionnaires. Les premiers proclament leur indépendance (Finlande, États baltes, Pologne, Ukraine, Bessarabie, Transcaucasie) ; les seconds opposent des armées blanches (500 000 hommes) à l'armée rouge constituée par Trotski à partir du 28 janvier 1918 (5 millions d'hommes). Mal commandées mais disposant de lignes de communications plus courtes en raison de leur position centrale, les forces bolcheviques l'emportent finalement sur des adversaires incapables de coordonner leurs offensives et qui, de plus, commettent l'erreur de restaurer, dans les territoires reconquis, les grands propriétaires dans leurs droits ou de réincorporer à la Russie les populations allogènes qui s'en sont détachées. Génératrices de jacqueries et de soulèvements nationaux, ces mesures contribuent aux échecs successifs en 1919 de Koltchak à l'est, de Denikine au sud, de Ioudenitch au nord-ouest, puis de Miller au nord. Malgré la victoire remportée par les Polonais devant Varsovie le 15 août 1920, l'ultime effort de Wrangel pour menacer Moscou échoue (juin-septembre 1920). La guerre civile est pratiquement terminée. Mais le pays exsangue et l'économie ruinée nécessitent un vigoureux effort de reconstitution (voir carte p. 91).

B. U.R.S.S. ÉVOLUTION DE LA SITUATION ADMINISTRATIVE DE 1921 À 1924

1 - **R.S.F.S.R.**, ***1918***, Rép. socialiste fédérative soviétique de Russie
2 - A.S.S.R. du Turkestan
3 - A.S.S.R. bachkire, ***1919***
4 - A.S.S.R. tatare, ***1920***
5 - Commune prolétaire de Carélie (transformée en *juillet 1923* en A.S.S.R. de Carélie)
6 - R.A. tchouvache
7 - A.S.S.R. de Kirghizie
8 - R.A. des Votes (Oudmourtes)
9 - R.A. des Maris
10 - A.S.S.R. de la montagne, *1921 à 1924*
1922, autonomie des régions
• kabardine-balkare
• tchétchène
• karatchaï-tcherkesse
1924, régions autonomes
• d'Ossétie du Nord
• Ingouche
11 - A.S.S.R. du Daguestan, ***1921***
12 - R.A. des Komis (Zyrianes)
13 - R.A. des Kabardines
14 - R.A. des Bouriates Mongols
15 - R.A. des Tcherkesses
16 - A.S.S.R. de Iakoutie
17 - R.A. des Oïrotes
18 - R.A. des Adyguéens (Tcherkesses)
19 - S.S.R. d'Ukraine
20 - S.S.R. de Biélorussie
21 - S.S.R. fédérative de Transcaucasie
22 - S.S.R. d'Azerbaïdjan
23 - R.A. du Nakhitchevan
24 - S.S.R. d'Arménie
25 - S.S.R. de Géorgie
26 - A.S.S.R. d'Abkhazie, ***1921***
27 - A.S.S.R. d'Adjarie, ***1921***
28 - R.A. d'Ossétie du Sud
29 - République démocratique soviétique du Kharezm (anc. Khiva), ***1920***
30 - République démocratique soviétique de Boukhara, ***1920***
31 - Haut-Karabakh, ***1923***

A.S.S.R. République autonome socialiste soviétique
S.S.R. République socialiste soviétique
R.A. Région autonome
1918 Date de formation des républiques, des républiques autonomes, des régions

C. LA RÉPUBLIQUE FÉDÉRATIVE DE TRANSCAUCASIE

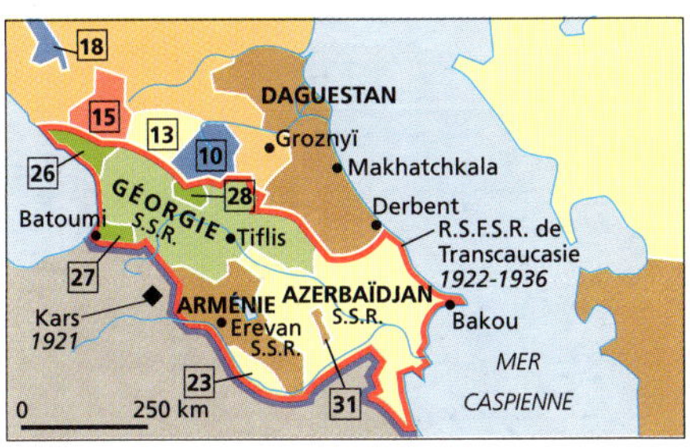

D. L'ASIE CENTRALE APRÈS 1924

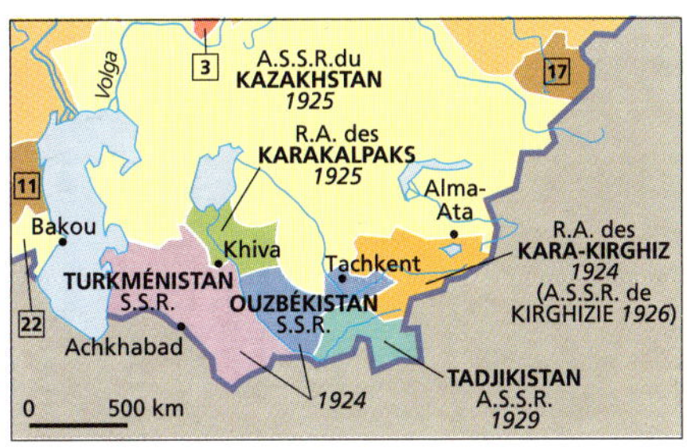

B, C et D. **E**n affirmant le droit à la sécession, le décret sur les nationalités ou *Déclaration des droits des peuples de Russie* du 15 novembre 1917 témoignait à la fois du désir d'en finir avec le « chauvinisme grand-russe » et d'une reconnaissance réaliste d'un état de fait. Mais les succès bolcheviques dans la guerre civile permettent de récupérer les provinces perdues (Ukraine, Biélorussie, pays du Caucase, Asie centrale, Extrême-Orient), puis d'y installer des républiques soviétiques liées à la R.S.F.S.R. Le 30 décembre 1922, la création de l'U.R.S.S. soude ces républiques en une fédération hiérarchisée selon l'importance des groupes ethniques. Elle comprend des *républiques fédératives* (R.S.F.S.R. [Russie], Transcaucasie), des *républiques socialistes* (Ukraine, Biélorussie...), des *républiques autonomes* (des Komis, d'Ossétie du Sud...) ; elle est « ouverte », ce qui laisse la possibilité de remodelages (ce fut le cas de l'Asie centrale entre 1924 et 1929), de scissions et de réunions.

A. LA SCANDINAVIE AU MOYEN ÂGE

Évangélisation
- Archevêchés
- Monastères
- Archevêché de Brême-Hambourg
- Missions de l'archevêché de Brême-Hambourg (X^{e}-XIe s.)
- Conquête de la Finlande par les Suédois après 1157
- Bataille de Falköping (1389)
- Union dite de Kalmar (1397)
- Courants hanséatiques dans la seconde moitié du XIVe s.

A. **Conséquence de l'expansion des Vikings et de celle des Varègues (voir carte p. 37),** la christianisation de la Scandinavie est réalisée, pour l'essentiel, entre le IXe et le Xe siècle par des missions sous l'autorité des archevêques de Brême-Hambourg. Après la disparition du dernier grand temple païen à Uppsala à la fin du XIe siècle, les Églises du Danemark, de Norvège et de Suède acquièrent leur autonomie lorsque sont créés les archevêchés de Lund en 1103, de Nidaros (act. Trondheim) en 1152 et d'Uppsala en 1164. Ainsi se trouve facilitée la constitution en États des trois royaumes scandinaves. Plus largement ouvert aux influences occidentales, le Danemark construit, le premier, d'éphémères empires, soit autour de la mer de Norvège sous le règne de Knud le Grand (1018-1035), soit dans la Baltique au temps de Valdemar le Grand (1157-1182) et de ses premiers successeurs, maîtres de Lübeck en 1201 et fondateurs en 1219 de Tallinn, la « ville des Danois » (Reval). Plus tardivement unifiée, la Norvège constitue un empire nord-atlantique, englobant l'Islande en 1261 et le Groenland en 1262-1264, sous les règnes de Haakon IV (1223-1263) et de Magnus le Législateur (1263-1280). Plus archaïque, la Suède érige pourtant à la même époque un empire baltique grâce à la conquête de la Finlande par Birger Jarl (1250-1266), fondateur de la dynastie des Folkungs. Un mariage heureux permet à Magnus VII Erikśson d'hériter des deux couronnes de Suède et de Norvège (1319-1363), que sa mère Ingebørg accroît de la Scanie en 1332 et qu'il transmet à sa belle-fille, la reine Marguerite de Danemark. Souveraine de fait des trois royaumes après avoir remporté, en 1389, la victoire de Falköping sur le roi de Suède Albert de Mecklembourg, elle désigne pour héritier son petit-neveu, Erik de Poméranie. Au profit de celui-ci, l'Acte de Kalmar institue en 1397 l'union personnelle et perpétuelle des trois États, qui restent pourtant des entités politiques juridiquement distinctes. Constamment contestée, l'Union de Kalmar ne survit pas à l'avènement de Gustave Vasa au trône de Suède en 1523 (voir carte p. 74).

B. LA SCANDINAVIE ET LES RÉGIONS BALTIQUES DU XVIe AU XVIIIe SIÈCLE

B. **E**n rompant l'Union de Kalmar en 1523, Gustave Ier Vasa restaure l'indépendance de la Suède, désormais opposée au royaume dano-norvégien pour la maîtrise de la Baltique que dominent encore les Hanséates (voir carte p. 74). Souhaitant contrôler ses débouchés, la Suède mène contre le Danemark et la Pologne, la guerre de Sept Ans (1563-1570). Réformés, les Scandinaves donnent, en outre, une dimension religieuse à leurs conflits avec la Pologne et l'empereur catholiques, avec la Russie orthodoxe. Gustave II Adolphe (1611-1632) gagne, à la paix de Stolbova, l'Estonie et l'Ingrie (1617), fonde Göteborg (1619) sur un territoire racheté aux Danois, puis s'engage dans la Guerre de Trente Ans après l'échec de l'intervention danoise (1625-1629). Allié de la France, ses victoires (Lützen, 1632), puis celles de ses généraux sur les Impériaux (1635-1642) prennent à revers Christian IV de Danemark. À Brömsebro (1645), celui-ci cède les îles et provinces d'Ösel, de Gotland, de Halland (danoises), de Jamtland et de Härdjedalen (norvégiennes). Puis, par les traités de Westphalie (1648), la Suède acquiert la Poméranie occidentale, Wismar, Brême et Verden. Enfin, par le traité de Roskilde (1658), elle annexe la Scanie et partage les péages du Sund. Malgré la victoire du Brandebourg à Fehrbellin (1675), elle poursuit son essor grâce aux victoires de Charles XII (1697-1718) sur le Danemark, la Pologne et la Russie. Mais, vaincue à Poltava (1709), elle doit accepter à Nystad (1721) que soit mis fin à sa prépondérance en Baltique, où Pierre le Grand a enfin ouvert une fenêtre à la Russie en fondant Saint-Pétersbourg (1703) [voir cartes pp. 98, 142 et 147].

A. LA CONFÉDÉRATION DES HUIT CANTONS VERS 1385

A. **M**enacés dans leurs libertés traditionnelles par les Habsbourg, les cantons montagnards *(Waldstätte)* de Schwyz, Uri et Unterwald s'unissent par un *pacte perpétuel* de défense, le 1er août 1291. Ainsi naît la *Confédération suisse,* du nom du principal canton associé. En conflit en 1313 avec la riche abbaye d'Einsiedein qui est protégée par Frédéric de Habsbourg, les confédérés brisent, à Morgarten, le 15 novembre 1315, une tentative du frère de celui-ci, Léopold Ier, pour rétablir l'autorité de sa maison. Les adversaires des Habsbourg s'associent alors, selon des formes diverses, à la Confédération : Lucerne en 1332, Zurich en 1351, Glaris et Zoug en 1352, enfin Berne en 1353. S'étant déjà exercée aux dépens des seigneurs féodaux à Laupen en 1339, la puissance militaire bernoise aide les confédérés à vaincre les Autrichiens à Sempach en 1386 et à Näfels en 1388. Par l'armistice de 1389, les Habsbourg reconnaissent l'existence de la *Confédération des huit cantons,* dont la cohésion militaire est assurée en 1393 par le convenant de Sempach (voir cartes pp. 73 et 76).

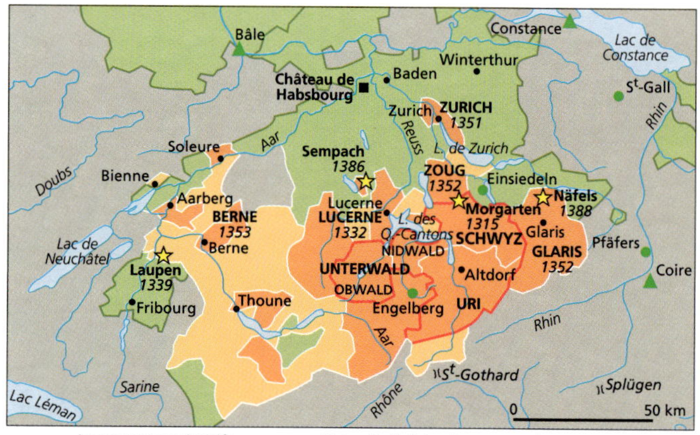

(ligne rouge)	Les cantons primitifs en 1291	*1352*	Date d'adhésion à la Confédération	☆	Batailles
(orange)	Cantons et bailliages vers 1385	▲	Évêchés	(vert)	Possessions des Habsbourg
(jaune)	Zone d'influence des Confédérés	●	Principales abbayes		

B. LA CONFÉDÉRATION DU XVe AU XVIIIe SIÈCLE

1513 Date d'adhésion à la Confédération

Conflit avec les Bourguignons : bataille de Grandson, 2 mars 1476
- Bourguignons
- Confédérés

bataille de Morat, 22 juin 1476
- Bourguignons
- Confédérés

La Confédération de 1536 à 1798
- ● **BERNE** Villes souveraines
- Cantons souverains
- Pays sujets d'un seul canton
- Bailliages communs
- Alliés à titres divers
- Pays sujets d'un allié

- Principaux centres de diffusion de la Réforme
- ☆ Batailles
- ◆ Traités
- ● Abbayes
- ■ Châteaux
- Frontières actuelles de la Confédération

B. **Au** xve siècle, les Habsbourg perdent leurs possessions en Suisse soit au profit de la Confédération (Argovie, 1415), soit au profit de chacun des cantons contigus à leurs terres : Berne, Lucerne et Zurich. Constitués parfois en bailliages communs (Argovie [région de Baden], 1415 ; Thurgovie, 1460), ces territoires renforcent la puissance du jeune État, qui s'allie, en outre, à de nombreux pays périphériques : Saint-Gall, Grisons, Bienne, Neuchâtel. Surmontant ses crises internes (conflit Schwyz-Zurich), la Confédération affirme sa puissance démographique et militaire aux dépens de Charles le Téméraire, qui est vaincu à Grandson et à Morat en 1476, puis de Maximilien d'Autriche, lors de la guerre de Souabe en 1499. Pour prix de leur aide, Soleure et Fribourg en 1481, Bâle et Schaffhouse en 1501 sont admises dans la *Confédération* dite des *treize cantons* après l'adhésion d'Appenzell en 1513. Accru de nouveaux bailliages communs dans le Tessin à la suite de ses interventions dans les guerres d'Italie pour le compte des belligérants (1502, 1513), le nouvel État est défait à Marignan en 1515 ; il met alors sa puissance militaire au service de la France en 1521. Mais, à cette époque, les idées réformées pénètrent déjà en Suisse et dans les pays périphériques, où Zwingli à Zurich, Farel à Neuchâtel et Calvin à Genève leur donnent des contenus plus radicaux. Marquée par la défaite, puis par la mort du premier de ces réformateurs à Kappel en 1531, la guerre civile qui en résulte rompt l'unité religieuse de la Confédération, dès lors divisée en deux groupes de cantons opposés : sept catholiques (Schwyz, Uri...) et quatre protestants (Zurich, Bâle, Berne et Schaffhouse), seuls Glaris et Appenzell admettant la liberté religieuse. Après la reconnaissance de la pleine indépendance des treize cantons par les traités de Westphalie en 1648, cette situation se perpétue jusqu'au XIXe siècle (voir cartes pp. 73, 77, 78, 80, 81, 98, 100 et 133).

C. LANGUES ET RELIGIONS DE LA CONFÉDÉRATION SUISSE ACTUELLE

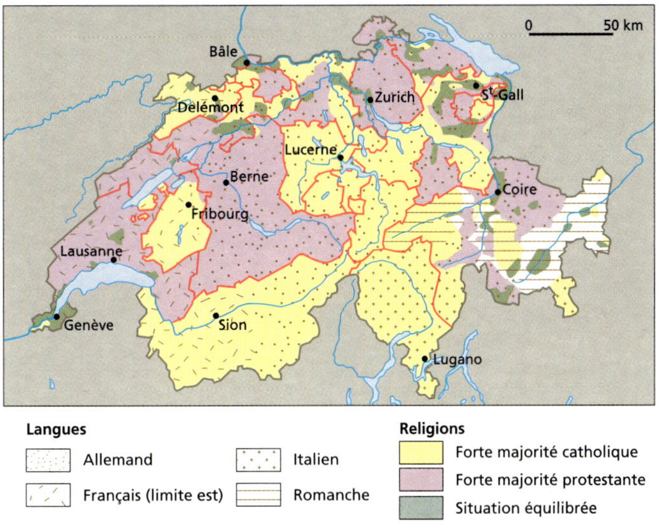

C. **E**n raison de la situation géographique de la Suisse au cœur de l'Europe alpestre, là où Italiens, Français et Allemands se rencontrent, quatre ethnies (alémanique, romande, italienne, rhéto-romane) coexistent sur son territoire de 41 295 km². L'allemand, en léger recul (65 p. 100), domine dans seize cantons et même dans les Grisons ; le français (18,4 p. 100) dans six cantons, y compris dans celui du Jura bernois constitué en 1979 ; l'italien (9,8 p. 100) dans le Tessin ; le romanche (0,8 p. 100) dans les Grisons ; d'autres langues sont parlées un peu partout (6 p. 100). Lointains descendants des Réformateurs du XVIe siècle, les protestants (44 p. 100 env.) sont majoritaires dans douze cantons (9 alémaniques, 3 romands) ; les catholiques dans dix cantons (7 alémaniques ; 2 romands : Fribourg, Valais ; 1 italien : Tessin). Mais la population catholique (47,6 p. 100) progresse rapidement par l'effet d'une plus forte natalité et de l'immigration (en recul pourtant depuis quelques années) de travailleurs étrangers, italiens pour la plupart (environ 953 000 en 1984 sur une population totale de 6 700 000 habitants en 1990) [voir carte p. 78].

A. LA MONARCHIE AUSTRO-HONGROISE

L'Empire d'Autriche en 1848

Territoires perdus
- en 1859
- en 1866

Compromis de 1867
- Cisleithanie, administrée par l'Autriche
- Transleithanie, administrée par la Hongrie

- Territoires occupés en 1878 et annexés en 1908
- Territoires occupés de 1878 à 1909

- Confins militaires
- Limites de l'Autriche-Hongrie en 1914

A. **M**osaïque de nationalités souvent ennemies, l'Empire d'Autriche survit aux soulèvements italien, tchèque, hongrois de 1848 ; les Allemands de la région alpestre rétablissent leur autorité par la force, quoique difficilement, sur les Hongrois (eux-mêmes oppresseurs des Croates et des Roumains). La défaite de 1859, qui lui enlève la Lombardie, celle de 1866, qui lui coûte la Vénétie et la suprématie en Allemagne, contraignent François-Joseph Ier à admettre les « abus héréditaires » et à conclure avec la Hongrie le « compromis » de 1867, fondé sur le « partage des hordes » de part et d'autre de la Leitha : Budapest, capitale de la Transleithanie, tient sous son autorité les Croates, les Slovaques, les Transylvains de la couronne de Saint-Étienne ; Vienne, capitale de la Cisleithanie, gouverne « l'autre moitié impériale », Tchèques, Polonais, Ruthènes, Italiens. Les Allemands empêchent le dualisme de devenir un *trialisme* au profit des Tchèques. En 1878, le congrès de Berlin autorise l'Autriche-Hongrie à occuper « provisoirement » la Bosnie-Herzégovine, peuplée de Slaves ; son annexion, en 1908, provoque les protestations des Serbes soutenus par la Russie. La guerre pourtant n'éclate qu'en 1914 après l'attentat de Sarajevo, contre l'archiduc François-Ferdinand (voir cartes pp. 86, 87, 88, 101, 102 et 161).

B. NOUVELLES FRONTIÈRES EN EUROPE CENTRALE (1919-1921)

Limites de la monarchie austro-hongroise (1914)

Frontières des nouveaux États (traités de 1919 et 1920)

Territoires soumis à plébiscites

Territoires attribués à l'Italie

⊙ Fiume, ville libre de 1920 à 1924, 1924 à l'Italie

B. **E**n novembre 1918, l'empire des Habsbourg se disloque. Le Trentin, le Haut-Adige et l'Istrie sont rattachés à l'Italie ; la Slovénie, la Croatie, la Bosnie-Herzégovine, la Dalmatie et la Serbie forment le royaume des Serbes, des Croates et des Slovènes ; le banat de Timişoara et la Transylvanie s'agrègent à la Roumanie, la Galicie à la Pologne ; au Nord enfin s'édifie la république de Tchécoslovaquie. Les traités de Saint-Germain-en-Laye du 19 septembre 1919 et de Trianon du 4 juin 1920 sanctionnent le démembrement de l'Empire austro-hongrois. Des plébiscites donnent la Silésie de Teschen (Cieszyn) à la Pologne le 28 juillet 1920, Klagenfurt à l'Autriche le 10 octobre, le Burgenland à l'Autriche et Sopron à la Hongrie le 4 décembre. En Haute-Silésie, le plébiscite du 20 mars 1921 est favorable à l'Allemagne ; celle-ci doit cependant abandonner le tiers de ce pays à la Pologne, le 20 octobre. Peu peuplés, dotés de frontières démesurées et contestées, les États nouvellement créés sont stratégiquement indéfendables. L'équilibre économique de l'Europe centrale est rompu, la Bohême, la Haute et la Basse-Autriche industrielles se trouvant désormais séparées de la Hongrie et de la Transylvanie agricoles. Capitale déchue, Vienne échappe difficilement à l'attraction de l'Allemagne. Interdit par les traités, mais fruit fatal de leur application, l'*Anschluss* est réalisé par Hitler, le 13 mars 1938 : cette décision porte en germe la *Seconde Guerre mondiale* (voir cartes pp. 91, 92, 144, 145, 158, 159 et 162).

A. FORMATION DE LA TCHÉCOSLOVAQUIE

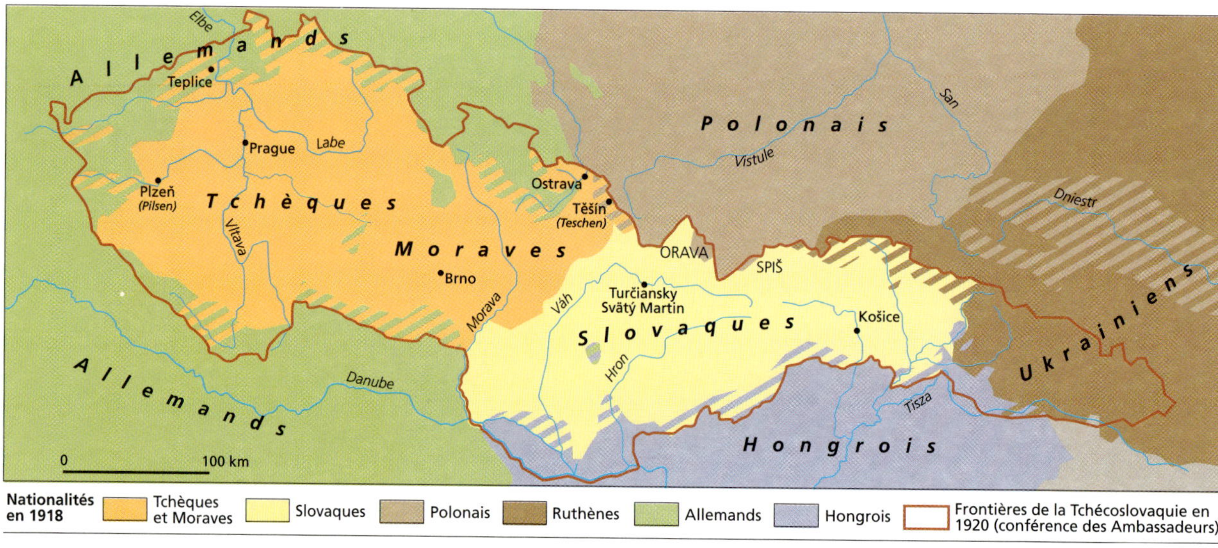

B. LA TCHÉCOSLOVAQUIE DE 1920 À 1945

A et B. **N**ée de l'effondrement de l'Empire austro-hongrois en 1918, la Tchécoslovaquie apparaît comme un État composite : la partie tchèque (Bohême, Moravie, Silésie) issue de l'Autriche, industrialisée, s'oppose à la Slovaquie précédemment hongroise, agricole et attardée ; de plus, le pays englobe de très fortes minorités ethniques (35 p. 100 de la population, dont 3,2 millions d'Allemands des Sudètes). La politique de centralisation pratiquée par le gouvernement, où domine la bourgeoisie tchèque (représentée par Tomáš Masaryk et Edvard Beneš), suscite des oppositions, chez les Slovaques et surtout chez les Allemands, victimes de la « nostrification » économique (naturalisation des sociétés ayant leurs entreprises en Tchécoslovaquie) : l'Allemagne nazie profite de l'agitation du *Sudetendeutsche Partei* (parti allemand des Sudètes) de Konrad Henlein pour intervenir et annexer, après la conférence de Munich des 29 et 30 septembre 1938, tout le pourtour de la Bohême, d'une grande importance stratégique.
Le démembrement de la Tchécoslovaquie, désormais impuissante, est achevé, le 15 mars 1939, par la création du « protectorat (allemand) de Bohême-Moravie » et d'une Slovaquie théoriquement indépendante, en fait asservie. Libéré en 1945, le pays retrouve alors ses frontières de 1920 (sauf à l'est, où la Ruthénie – ou Ukraine subcarpatique – est annexée par l'U.R.S.S.), le problème des minorités étant réglé par l'expulsion des Allemands de la région des Sudètes (voir cartes pp. 91, 92, 156, 157 et 260 B).

C. **FORMATION DE LA HONGRIE**

C. **L'**ancienne Transleithanie, où la république est proclamée le 16 novembre 1918, sort démembrée de la guerre (traité de Trianon du 4 juin 1920) : les 11 millions de Slaves et de Roumains obtiennent leur indépendance, et la « petite Hongrie » est réduite à 92 000 km² avec 8 millions d'habitants. Elle ne regroupe même pas tous les Magyars, dont près de 3 millions sont dispersés en Slovaquie, en Roumanie, en Yougoslavie.
Après plébiscite, elle est même amputée, en septembre 1922, du Burgenland à l'exception de Sopron. Cette situation explique la politique « révisionniste » de l'amiral Horthy et le rapprochement avec l'Italie fasciste, puis avec l'Allemagne nazie : la politique de collaboration menée pendant la guerre vaut à la Hongrie d'être ramenée, en 1945, dans ses frontières du 1er janvier 1938 (voir cartes pp. 91 et 92).

A. LES RÉGIONS «YOUGOSLAVES» DU XVIe AU XVIIIe SIÈCLE

A. **D**iversité des origines et des confessions religieuses, ambitions contraires des princes, compartimentation du relief, tout oppose les peuples sud-slaves et les livre à des influences centrifuges : *Slovènes* catholiques, établis dans un pays frontière progressivement incorporé aux domaines des Habsbourg à partir de 1282 ; *Croates* et *Dalmates,* également catholiques, dont le royaume fondé en 925 accepte pour souverain dès 1102 le roi de Hongrie, afin de résister aux Vénitiens qui contrôlent le littoral adriatique depuis l'an mille (le doge de Venise est « Dux Dalmaticorum ») ; *Serbes* orthodoxes, dont l'indépendance, née en Raška à la fin du IXe siècle, succombe en 1389, à Kosovo, aux coups des Ottomans ; *Bosniaques,* enfin, longtemps soumis, au cœur de la région, aux influences contraires de l'Orient et de l'Occident et, de ce fait, plus accessibles aux doctrines hétérodoxes, tel le bogomilisme au XIIe siècle. Un moment unifiés par les Turcs, dont la progression jusqu'en 1683 n'épargne que la Slovénie et la côte adriatique, les Yougoslaves sont, à la fin du XVIIIe siècle, soumis à une quadruple domination étrangère : celle des *Vénitiens,* qui s'élargit alors à la Dalmatie intérieure ; celle des *Allemands,* qui se maintiennent en Slovénie ; celle des *Hongrois,* qui, de 1683 à 1791, reprennent la Croatie, la Slavonie et la Sirmie, y établissant une zone de défense frontalière – les confins militaires, havre d'accueil pour les Slaves des États des Habsbourg ; celle des *Turcs,* enfin, qui colonisent le reste du pays – l'essentiel.
À deux exceptions près pourtant : celle de Raguse (Dubrovnik) indépendante jusqu'en 1806 et celle du Monténégro, qu'un relief tourmenté isole de ses voisins.
Là survit la flamme de l'indépendance. Par leurs révoltes de 1804 et 1805, les Serbes la ravivent au XIXe siècle (voir cartes pp. 130, 163 et 179).

B. FORMATION DE LA YOUGOSLAVIE

Territoires libérés de l'occupation turque
- du début du XIXe s. à 1876
- 1878
- Ancien sandjak de Novi Pazar
- 1913
- Frontière entre le Monténégro et la Serbie en 1912-1913

Territoires libérés en 1919
- de l'occupation autrichienne
- de l'occupation hongroise
- de l'occupation austro-hongroise
- Frontières du royaume des Serbes, Croates et Slovènes en 1920, devenu royaume de Yougoslavie en 1929
- **Territoires libérés de l'occupation italienne** après la Seconde Guerre mondiale (1945-1954)

B. **E**n 1878, à l'issue du conflit russo-turc, les Serbes deviennent indépendants. Le royaume serbe, qui double son territoire lors des guerres balkaniques de 1912-1913, attire à lui les populations « yougoslaves » de l'Empire austro-hongrois. Il entre en guerre avec ce dernier après l'attentat de Sarajevo (28 juin 1914). La défaite austro-hongroise permet l'unification yougoslave : le 1er décembre 1918 est créé le royaume des Serbes, des Croates et des Slovènes (royaume de Yougoslavie, 1929). Démembré par l'Allemagne nazie (1941), libéré par la résistance intérieure dirigée par Tito, le pays devient une république fédérale au socialisme original, indépendante politiquement de l'U.R.S.S. dès 1948 (voir cartes pp. 258, 259 et 260).

A. FORMATION DE LA ROUMANIE

- Principautés unies de Moldavie et de Valachie (1858-1859)
- Roumanie (1862), État indépendant en 1878 (traité de San Stefano et congrès de Berlin), royaume en 1881
- Acquisitions de 1913 (paix de Bucarest)
- Acquisitions de 1919-1920 (traité de St-Germain, 1919, et traité de Trianon, 1920)
- Roumanie actuelle
- Régions au-dessus de 1000 m

A. **L'**originalité de la Roumanie (sensible encore aujourd'hui parmi les démocraties européennes) est d'abord d'ordre culturel : la persistance, dans un monde slave, d'une langue romane héritée de l'occupation de la Dacie par des colons romains. Pourtant, malgré le bref épisode du prince valaque Michel le Brave en 1600-1601, la Roumanie, coupée en deux par les Carpates, ne réalise son unité qu'au XXe siècle : tandis que la Transylvanie est englobée dans l'empire des Habsbourg en 1699, la Moldavie et la Valachie sont la proie des ambitions contradictoires des Ottomans et des Russes. Profitant de l'affaiblissement des premiers et de la guerre de Crimée, les deux principautés obtiennent une véritable autonomie en 1858. Unifiées en 1859, elles sont fusionnées en 1862 en un seul État : la Roumanie. Celle-ci proclame son indépendance en 1877 et la fait reconnaître en 1878, à l'issue de la guerre russo-turque (annexion de la Dobroudja à majorité bulgare).
Sa participation à la Première Guerre mondiale aux côtés des Alliés à partir de 1916 lui permet d'achever son unité. Par le traité de Trianon du 4 juin 1920, la Hongrie lui cède en effet la Transylvanie et le Banat de Timişoara (Temesvár). Avec l'accord des Alliés, la Roumanie annexe la Bessarabie et la Bucovine le 28 novembre 1918, mais l'U.R.S.S. en exige la rétrocession le 28 juin 1940. Celle-ci est confirmée le 10 février 1947 par le traité de Paris, qui la contraint à restituer la Dobroudja méridionale à la Bulgarie. Démocratie populaire à partir de décembre 1947, le pays subit la dictature de Nicolae Ceauşescu jusqu'à l'insurrection de décembre 1989 au terme de laquelle il est renversé et exécuté (voir cartes pp. 79, 156, 157, 178 et 179).

B. LA BULGARIE SOUS LE RÈGNE DU TSAR JEAN III ASEN II (1218-1241)

B. Jean III Asen II restaure la Grande Bulgarie quatre cents ans après le tsar Siméon. Son empire, ouvert sur trois mers, se referme sur Constantinople. Il conserve la Thrace, conquise avec Andrinople par Kalojan en 1205, détruit à Klokotnica le despotat d'Épire (Albanie), qu'il annexe avec la Serbie orientale. Attirant des Italiens, il stimule la vie économique et culturelle. Sa capitale Tărnovo devient le siège de l'Église bulgare, autonome en 1235. Après Jean III, l'Empire, morcelé, est absorbé par les Ottomans au XIVe siècle.

A. **Au** lieu de la Grande Bulgarie édifiée à San Stefano par les Russes, le congrès de Berlin crée une principauté de Bulgarie, vassale de la Porte, et une Roumélie-Orientale à demi autonome, qui s'unit à la Bulgarie en 1885. Indépendante en 1918, la Bulgarie sort victorieuse d'une première guerre contre les Ottomans (1912-1913). Mais vaincue par les Serbes, les Grecs, les Roumains et les Turcs au cours d'une seconde, elle perd la Dobroudja méridionale et ne conserve qu'un fragment de Macédoine et, surtout, la Thrace occidentale avec Dedeagač (voir cartes pp. 83 et 84).

A. LA BULGARIE (1878-1913)

Traité de San Stefano 3 mars 1878
Limites de la Grande Bulgarie

Congrès de Berlin juin-juillet 1878
Principauté de Bulgarie vassale de l'Empire ottoman — Réunies en 1885
Province autonome de Roumélie-Orientale — (Royaume en 1908)

Traité de Bucarest 10 août 1913
Acquisitions
et pertes de la Bulgarie

B. LA BULGARIE (1919-1947)

La Bulgarie après 1919
Traité de Neuilly, 27 nov. 1919

Agrandissements de 1940 à 1941

La Bulgarie après 1947
Traité de Paris, 10 février 1947

B. **Vaincue** par l'*Entente*, la Bulgarie rétrocède en 1919 la Macédoine, enlevée à la Serbie en 1915, la Dobroudja du Sud, arrachée à la Roumanie en 1916, et enfin son débouché sur la mer Égée. Grâce à l'Allemagne, elle reprend en 1940 la Dobroudja méridionale et croit restaurer la Grande Bulgarie en occupant en 1941 la Macédoine, le port de Kavalla, Thasos et Samothrace.
La paix de 1947 la refoule dans ses frontières de 1919, sauf au nord où l'appui de l'U.R.S.S. lui permet de conserver Silistrie et la Dobroudja méridionale (voir cartes pp. 50, 51 et 91).

C. FORMATION DE LA GRÈCE CONTEMPORAINE

C. **L**a frontière de Vólos à Árta, établie en 1830 lors de l'indépendance, n'est qu'une base de départ pour l'irrédentisme grec de la *Megali Idea* : la résurrection de l'Empire byzantin. En 1864, la Grande-Bretagne renonce aux îles Ioniennes, et en 1881 l'Empire ottoman à la Thessalie et au district d'Árta au sud de l'Épire. Les guerres balkaniques procurent en 1913 Salonique, une partie de la Macédoine, l'Épire du Sud, la Crète, Samos, Khíos, Lesbos, et la Première Guerre mondiale, en 1920, le débouché bulgare sur la mer Égée (Thrace occidentale) ; mais la tentative pour s'emparer de la Thrace orientale, de Smyrne et de la Lydie s'achève en désastre à Afyonkarahisar au sud-ouest d'Ankara, le 26 août 1922. Le traité de Lausanne (1923) efface alors celui de Sèvres (1920), et le Dodécanèse reste à l'Italie jusqu'en 1947, date de sa cession à la Grèce (voir carte p.166).

A. FORMATION DE LA TURQUIE CONTEMPORAINE

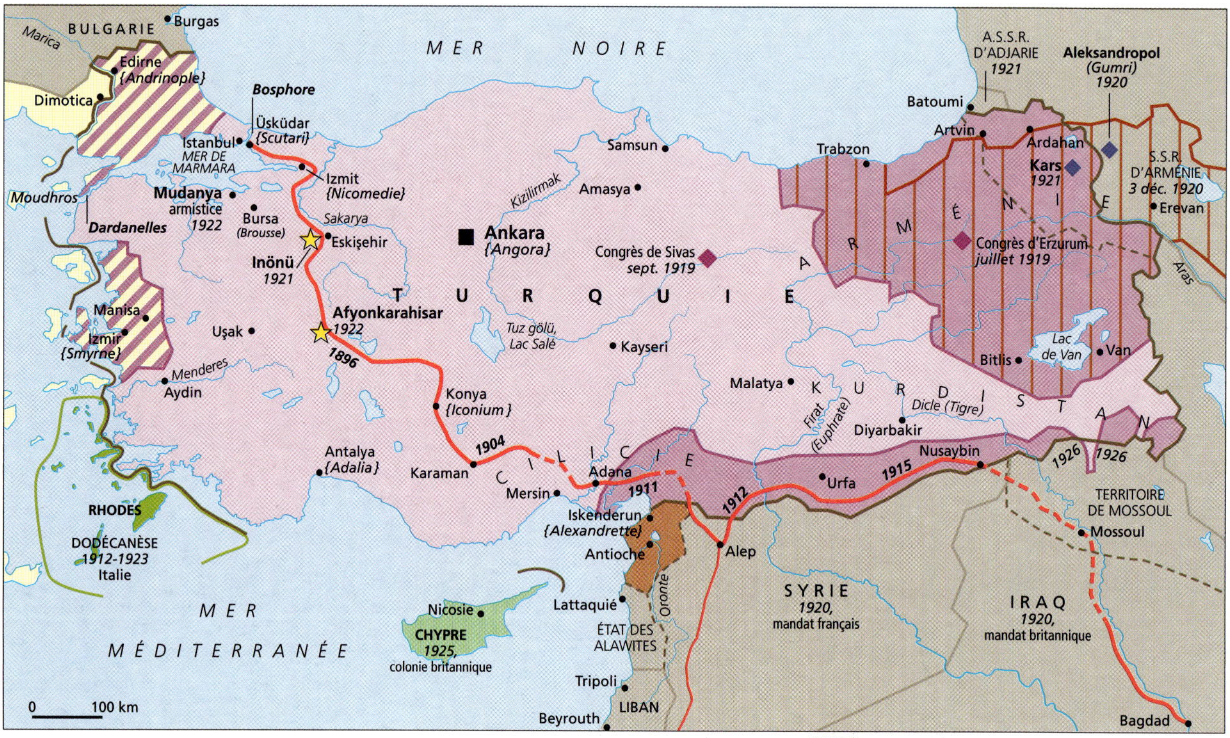

Traité de Sèvres, 10 août 1920
- La Turquie en 1920
- Régions occupées par les Grecs de 1920 à 1923
- Arménie reconnue indépendante

Traité de Lausanne, 24 juillet 1923
- Limites de la Turquie
- Siège du gouvernement de Mustafa Kemal en 1920, capitale en 1923

- Sandjak d'Alexandrette, en 1939 à la Turquie
- Batailles
- Traités
- Congrès
- Chemin de fer de Bagdad
- Sections en construction

A. **V**aincu en Iraq, en Syrie et en Thrace, l'Empire ottoman signe le traité de Sèvres, le 10 août 1920. Ne conservant en Europe qu'Istanbul, il est amputé en Asie de ses provinces arabes et arménienne. À l'ouest, la Grèce annexe la Thrace orientale et Smyrne. Au sud-est, le Liban, la Syrie, la Palestine et l'Iraq sont placés sous mandat français ou britannique ; l'Arabie devient indépendante. À l'est sont reconnues l'autonomie du Kurdistan et l'indépendance de l'Arménie. L'Anatolie méridionale et orientale est divisée en trois zones d'occupation : italienne (Antalya, Konya), française (Cappadoce, Kurdistan occidental), britannique (Kurdistan septentrional). Établissant le siège de son gouvernement à Ankara en 1920 à l'issue des deux congrès d'Erzurum (juillet) et de Sivas (septembre 1919), Mustafa Kemal reconquiert l'Asie Mineure. Il reprend Kars et Ardahan en Arménie (traité de Moscou, 16 mars 1921), la Cilicie (accord d'Ankara, 20 octobre 1921) et, plus tardivement, le sandjak d'Alexandrette (23 juin 1939). Il repousse les Grecs à Inönü (7 janvier et 31 mars 1921), puis sur la Sakarya (23 août-13 sept. 1921), enfin à Afyonkarahisar (26 août 1922) et les contraint à évacuer Smyrne (9 sept.). L'armistice de Mudanya (11 oct.), puis le traité de Lausanne (24 juill. 1923) rendent aux Turcs la Thrace orientale, l'Arménie et le Kurdistan. Rassemblée autour d'un axe économique, le chemin de fer de Bagdad, la république de Turquie entre dans le monde moderne (voir cartes pp. 79, 91, 178, 179 et 180).

L'ASIE

A. L'IRAN À L'ÉPOQUE SASSANIDE

A. **L'**Iran est un vaste plateau largement ouvert aux menaces extérieures : nomades au nord-est et au sud-ouest, Romains, puis Byzantins à l'ouest ; cette situation, qui détermine la création d'une armée solide (cavaliers, archers), explique la longue occupation étrangère des Parthes Arsacides, finalement chassés par une réaction nationale. Sans rejeter totalement l'héritage parthe, les Sassanides prétendent restaurer l'Empire achéménide (voir carte p. 11). Après la conquête de l'Iran (216-224) et celle de la Mésopotamie (230-232), marquée par la prise de Ctésiphon (226), Ardachîr Ier organise un État centralisé, soumis au mazdéisme. L'ennemi principal, aux IIIe et IVe siècles, est Rome, qui résiste malgré d'humiliantes défaites infligées à des empereurs qui y trouvent la mort : Valérien en 260, Julien en 363. Au Ve siècle, la menace vient des Huns Blancs, ou Hephtalites, et de l'Empire byzantin, qui affirme des ambitions territoriales et prend, en même temps, la défense des chrétiens établis en Iran. Khosrô Ier traite avec Justinien en 532, après une offensive victorieuse de Bélisaire, mais il anéantit le royaume des Huns Blancs avec l'aide des Turcs Oghouz ; vers 570, appelé par les Arabes, il intervient au Yémen contre les Éthiopiens. Khosrô II met en danger Constantinople, mais il est repoussé par Héraclius (610 et 622-627). Ces longues guerres, souvent victorieuses, rendent d'autant plus brutale la conquête arabe : les cavaliers musulmans venus du désert prennent Séleucie et Ctésiphon, après la bataille de Qadisiyya (637) ; à Nehavend (642), ils remportent la victoire décisive. L'Iran perd son indépendance. Yazdgard III s'enfuit, mais son assassinat près de Merv scelle le destin de la dynastie en 651 (voir cartes pp. 30 et 34).

B. L'ARABIE PRÉISLAMIQUE

1 - Himyarites
2 - Nabatéens
3 - Royaume de Palmyre

Byzantins

Itinéraires marchands

L'Arabie en 600

Yémen

Kinda

Oman

Ghassan (Ghassanides vassaux des Byzantins)

Hira (Lakhmides vassaux des Sassanides)

B. **A**près la conquête par Rome des royaumes nabatéen en 106 apr. J.-C. et palmyrénien en 272, l'Arabie connaît une période de déclin, aggravé par le dépérissement de la civilisation du Yémen envahi par les Sassanides vers 570. Protégée au nord par les tribus ghassanides et lakhmides, vassalisée par les Byzantins et par les Perses, l'Arabie bénéficie, au VIe siècle, de l'affrontement perso-byzantin, qui détourne vers le Hedjaz une partie du trafic entre la Méditerranée et l'Extrême-Orient. Dans une société à structure pourtant tribale, une telle situation a une double conséquence : croissance des villes et des oligarchies marchandes, notamment à La Mecque ; pénétration du monothéisme juif ou chrétien, qui se superpose à une religion à la fois fétichiste et polythéiste et qui influence la prédication de Mahomet (voir cartes pp. 30, 34 et 168).

A. L'ARABIE ISLAMIQUE

Expansion de l'Islam au temps de Mahomet et des quatre premiers califes

- Mahomet
- Avance musulmane
- Batailles
- Abu Bakr, 632-634
- Umar, 634-644
- Uthman ibn Affan, 644-656
- Extension de l'islam au temps d'Ali 656-661

A. **C**ontraint par l'oligarchie marchande de La Mecque à quitter cette ville en 622 *(Hégire)* pour Yathrib, qui devient alors Médine (la ville du Prophète), Mahomet y précise sa doctrine ; surtout, il y organise une communauté ouverte à tous les musulmans, l'*umma*, bientôt assez forte pour s'imposer à La Mecque et unifier l'Arabie. Après la mort du Prophète (632), l'expansion vers le nord, au nom du *djihad*, est facilitée par le mécontentement des populations soumises aux Empires byzantin et sassanide et par le grave affaiblissement de ces derniers : en douze ans, les Byzantins, battus sur le Yarmouk en 636, perdent la Palestine, la Syrie et l'Égypte, et sont menacés sur mer ; vaincu à Qadisiyya et donc amputé de l'Iraq dès 637, l'Empire sassanide, brisé à Nehavend en 642, achève de disparaître en 655. L'expansion est alors interrompue par l'affrontement entre le calife Ali (656-661), gendre de Mahomet, et le gouverneur de Syrie, Muawiyya. Légitimant son avènement par la capture d'Aicha, la jeune veuve du Prophète (bataille du Chameau, 656), Ali doit en effet accepter à Siffin (657) l'arbitrage d'Adhruh (658) qui permet finalement à son rival de l'éliminer (voir carte p. 168).

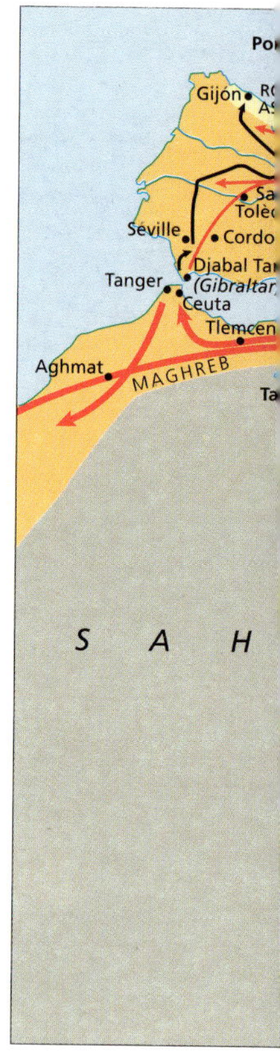

- Domaine des Omeyyades en 661
- Conquêtes omeyyades
- Avance musulmane vers l'est
- Avance musulmane vers l'ouest

B. EXPANSION DE L'ISLAM AU TEMPS DES OMEYYADES (661-750)

B. **L'**élimination d'Ali par Muawiyya (661-680) est à l'origine de violentes tensions religieuses : mouvement kharidjite, d'inspiration égalitaire, qui récuse l'arbitrage d'Adhruh et dont les adeptes assassinent finalement Ali ; mouvement chiite, de nature purement politique, qui estime que le califat doit être réservé aux membres de la famille de Mahomet, c'est-à-dire au cousin et gendre de ce dernier, Ali, et à ses descendants. Malgré cette rupture de l'unité spirituelle de l'islam, la dynastie omeyyade en maintient l'unité politique, tout en faisant glisser son centre de gravité d'Arabie en Syrie, où elle recueille l'héritage byzantin et où naissent une civilisation nouvelle et un nouveau mode de gouvernement, synthèse des apports arabes et impériaux. Mais cette acculturation n'empêche pas un prosélytisme agressif. Interrompue par les troubles consécutifs à la mort de Muawiyya entre 680 et 690, l'expansion vers l'ouest est marquée par l'occupation de l'Ifriqiya en 670 ; puis par celle, plus difficile, du Maghreb, à laquelle s'opposent les Berbères ; enfin, par la conquête de l'Espagne par Tariq ibn Ziyad, agissant sur les ordres du gouverneur d'Afrique du Nord, Musa. À l'est, les Arabes atteignent les confins indiens (Multan, 713) et chinois (victoire du Talas en 751). Mais deux difficultés majeures freinent cette expansion : l'*essoufflement* de l'élan initial, sous les murs de Constantinople en 717 et aux abords de Poitiers en 732 ; l'*apparition* de forces centrifuges, notamment en Perse où l'opposition chiite traduit un nationalisme vivace, traditionnellement hostile à la Syrie. Ainsi s'explique la révolte d'Abu al-Abbas. Partie du Khorasan en 747-748, celle-ci écrase l'armée des Omeyyades au Grand Zab en 749 et permet l'avènement de son chef au califat en 750 : l'ère abbasside commence (voir cartes pp. 56, 172, 220, 221 et 222 A).

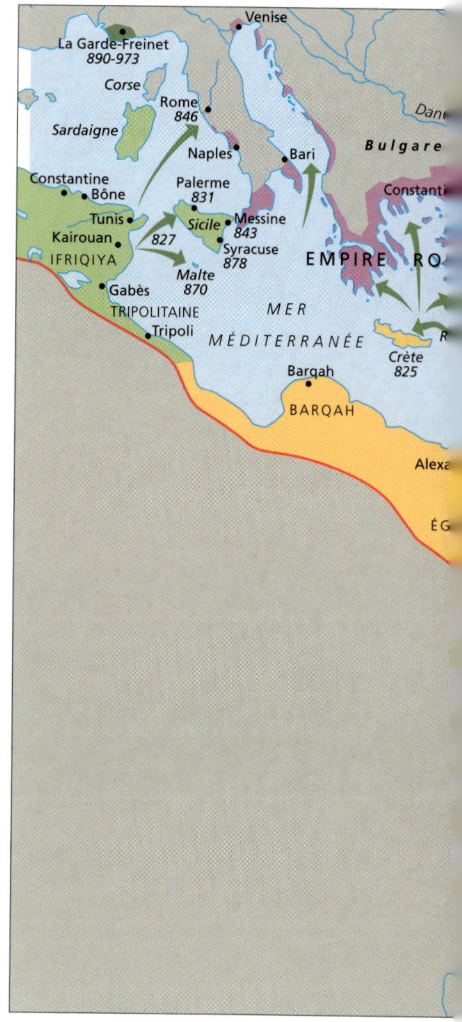

Limites du califat abbasside au temps d'Harun al-Rachid

IRAQ Nom de province sous le règne d'Harun al-Rachid (786-809)

Bagdad, capitale du califat abbassid

Samarra, capitale de 836 à 892

A. **L'**accession au califat d'Abu al-Abbas en 750, le transfert par son successeur al-Mansur de la capitale à Bagdad (fondée en 762) signifient, en un sens, la revanche de la Perse sassanide.
Ainsi s'expliquent le rôle prépondérant des Persans dans la vie publique et l'adoption progressive de leurs traditions politiques (sacralisation du calife, administration complexe et hiérarchisée, dirigée par le tout-puissant *vizir*) ; ainsi s'explique surtout l'épanouissement d'une civilisation arabo-persane très brillante. Pourtant, après le règne d'Harun al-Rachid (786-809), qui marque l'apogée de l'Empire abbasside, la décadence politique est rapide. Dès la fin du VIIIe siècle, l'Occident musulman a fait pratiquement sécession et s'est divisé en États autonomes : émirat omeyyade de Cordoue (756-1031), érigé en califat en 929 ; principauté des Idrisides au Maghreb (788-974), des Aghlabides en Ifriqiya (800-909) ; de plus, le califat s'affaiblit de l'intérieur, du fait notamment des mercenaires turcs, qui exercent, au IXe siècle, une tutelle de fait sur les califes et les vizirs. Cet affaiblissement favorise la création, par les gouvernements provinciaux, de dynasties plus ou moins indépendantes, aux confins iraniens et en Égypte où les Tulunides s'imposent de 868 à 905 ; il explique, en outre, l'éclatement de troubles sociaux (révoltes serviles en Ahwaz) qui prennent souvent une coloration religieuse :
le mouvement qarmate, qui mêle les revendications égalitaristes d'inspiration kharidjite et le fanatisme chiite, accentue le déclin abbasside à la fin du IXe siècle (voir cartes pp. 56, 59, 171, 220, 221 et 222 A).

A. LES ABBASSIDES AU VIIIe ET AU IXe SIÈCLE

A. LES SELDJOUKIDES (XIe-DÉBUT DU XIIIe SIÈCLE)

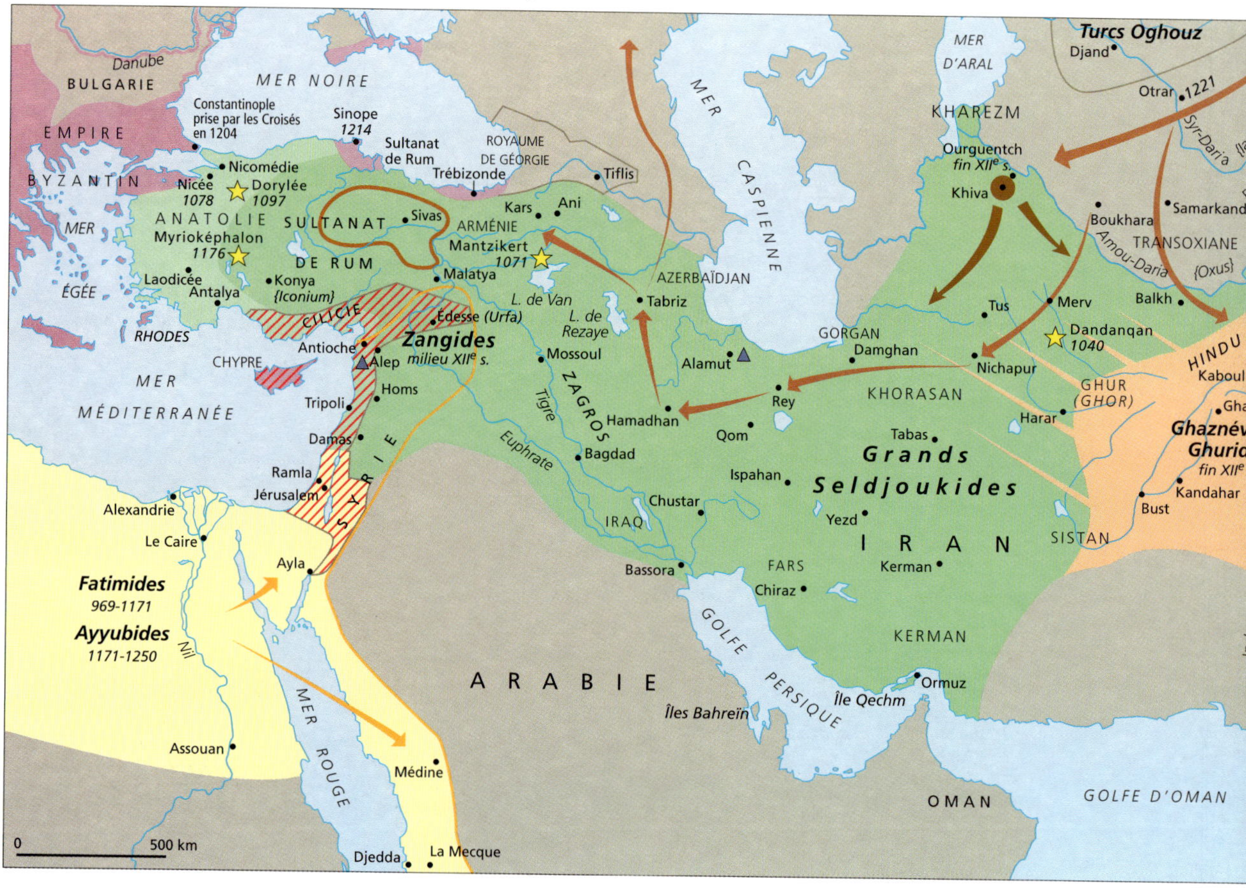

Les Seldjoukides vers 1094 (extension maximale)

Secte des « Assassins » (Hachichiyyin)

Les Danichmendites vers 1100

États latins du Levant, XIe-XIIe s.

Les Kharezmchah, fin XIIe-début XIIIe s.

Les Mongols gengiskhanides, début XIIIe s.

Batailles

A. **D'**origine oghouz, les Seldjoukides partent de Djand à la conquête du Proche-Orient. Profitant des conflits opposant les Samanides d'Iran aux Karakhanides d'Asie centrale, ils occupent la Transoxiane, chassent du Khorasan les Turcs Ghaznévides vaincus à Dandanqan (1040), s'emparent du Kharezm (1042), puis de l'Iran et de l'Iraq.

Leur chef, Toghrul Beg (1038-1063), prend Hamadhan en 1046 et fait de Rey (Rayy) sa capitale. Ispahan est prise peu après, l'Iraq est occupé. Toghrul, défenseur de l'islam sunnite face au chiisme des Buyides (Buwayhides), est sollicité par le calife dans sa lutte contre ses adversaires : il entre à Bagdad en 1055. En 1058, il est proclamé roi et sultan, à côté du calife. Il bat à plusieurs reprises le général révolté al-Basariri. Son neveu Alp Arslan (1063-1073) lui succède : il consolide son pouvoir avec l'aide du vizir persan et sunnite Nizam al-Mulk. Occupant Alep en 1070, écrasant en 1071 à Mantzikert l'empereur byzantin Romain IV Diogène, rejetant les Byzantins sur le littoral, Alp Arslan étend sa domination sur la majeure partie de l'Asie Mineure. Il conquiert ensuite la Syrie et la Palestine, avant de mourir en Transoxiane. Son fils Malik Chah (1073-1092) prend la Transoxiane et soumet le Kerman révolté.

Ayant ainsi constitué à leur profit un immense empire, les Grands Seldjoukides en assurent la cohésion en défendant l'orthodoxie sunnite et en mettant en place une solide armature administrative, respectueuse des particularismes régionaux dans son recrutement (Iraniens, Arabes...) et dans sa gestion.

Mais les Seldjoukides ne peuvent stabiliser l'empire pour de nombreuses raisons : refus de la sédentarisation ; conception patrimoniale de l'État ; recours à des *atabeks* pour assurer la tutelle des princes mineurs, ce qui favorise la multiplication des dynasties, puis des usurpations, surtout après la disparition de Malik Chah (1073-1092) et celle de son fils aîné Sandjar (1118-1157). Établies dans le Kerman (1041-1186), en Iraq (1118-1194) et en Syrie (1078-1117), trois dynasties cadettes s'effacent rapidement, victimes la première des Oghouz, la deuxième des Kharezmiens, la troisième des atabeks mamelouks, les Zangides. La quatrième, celle de Rum, survit de 1077 à 1308 en Anatolie, où naît la Turquie, dans une région retournée à la steppe, alors que la dynastie principale s'éteint en 1194. Ayant brisé la puissance des Danichmendites de Sivas (1172-1176), ayant battu les Byzantins à Myrioképhalon en 1176, les sultans iranisés de Konya ouvrent leur pays au commerce international en 1207 et favorisent un large peuplement turc de l'Anatolie.

Les mercenaires turcs se mettent au service des empereurs byzantins et interviennent dans les querelles autour du pouvoir. Le sultanat subit de rudes vicissitudes : passages des croisés occidentaux, intervention des Mongols qui assujettissent l'ensemble des terres seldjoukides entre 1221 et 1244 (voir cartes pp. 56, 59, 66 à 70, 172, 190 et 191).

B. L'EMPIRE DE TIMUR LANG

Khanat djaghataïde entre 1230 et 1365

1370, Timur Lang (Tamerlan) reconnu roi de Transoxiane

Itinéraires de Timur

Empire de Timur (les limites sont approximatives)

Capitale timuride

Byzantins

Empire de Trébizonde

Empire ottoman dans la seconde moitié du XIVe s.

1402, victoire de Timur sur Bayezid 1er Yildirim (Bajazet)

B. **T**urc de Transoxiane qui se reconnaît vassal du khan djaghataïde en 1361, mais qui se proclame roi à Balkh en 1370, Timur Lang établit d'abord, difficilement, sa domination sur le Kharezm (1370-1379).
Il entreprend ensuite de reconstituer l'empire de Gengis Khan par une série de raids fulgurants et de plus en plus audacieux à partir de sa capitale Samarkand (où s'élève son tombeau, le *Gur-e Mir)*. Pénétrant profondément dans les pays de la Horde d'Or en 1391 et en 1395, s'avançant à l'est jusqu'à Delhi en 1399, atteignant à l'ouest la mer Égée à Smyrne après avoir momentanément détruit l'Empire ottoman à Ankara en 1402, Timur s'engage enfin sur la route de la Chine en décembre 1404, lorsque la mort le surprend le 19 janvier 1405. Son œuvre reste inachevée, car en fait son autorité ne déborde pas les limites de l'ancien empire des Grands Seldjoukides.
Elle apparaît contradictoire, car, ayant prétendu défendre la foi islamique et promouvoir une économie d'échanges dans un empire pacifié, il a abattu toutes les puissances musulmanes du Proche-Orient sans pouvoir leur substituer un État organisé ; au sein de celui-ci, d'ailleurs, il a apanagé largement ses héritiers, dont un seul, son fils Chah Rukh Mirza (1405-1447), réussit à restaurer temporairement la puissance timuride dans le respect de la culture de l'Iran dont ses descendants conservent le contrôle jusqu'en 1502 (voir cartes pp. 79, 147, 178, 190 et 191).

A. L'ÉTAT SÉFÉVIDE

A. **À** la faveur du déclin timuride, les tribus turcomanes des Karakoyunlu (1406-1468), puis celles des Akkoyunlu (1468-1501) dominent successivement l'Iran occidental, l'Iraq et même (à la fin du XVe s.) le Kerman. En 1501, elles sont finalement éliminées par une famille d'Ardabil, les Séfévides. De souche iranienne, peut-être Kurde, prétendant descendre à la fois d'Ali ibn Abi Talib et des rois sassanides, cette dynastie, originairement sunnite, adhère au XVe siècle au chiisme. L'érection du chiisme en religion d'État par le premier roi séfévide, Chah Ismaïl Ier (1502-1524), favorise l'émigration des intellectuels sunnites et donc la large diffusion du persan en Orient ; en outre, elle donne au nationalisme iranien un idéal spirituel : l'attente de l'imam caché. Aussi les Séfévides unifient-ils facilement, sous leur autorité, l'Orient, de l'Afghanistan à l'Euphrate (1503-1510), mobilisant l'énergie de leurs sujets contre leurs adversaires sunnites : Ouzbeks de Transoxiane, qui s'infiltrent à l'est dans le Khorasan ; Ottomans, qui leur enlèvent à l'ouest le Kurdistan à Tchaldiran en 1514, puis la Mésopotamie en 1534 et la Géorgie en 1540. Facilitée par les contacts variés avec l'Occident par l'intermédiaire du comptoir commercial portugais d'Ormuz (1507/1515-1622) qui assure l'armement de l'armée séfévide, l'alliance de revers contractée avec les Habsbourg jugule la poussée ottomane. Elle permet donc à la civilisation persane de s'épanouir dans les résidences successives de la cour : Tabriz, puis Ispahan, ville fondée par Ismaïl Ier et qui symbolise la prospérité de l'Empire à l'époque de Chah Abbas Ier (1587-1629). Celui-ci reconquiert Ormuz et fonde le port de Bandar Abbas en 1622, avant de réinstaller ses forces à Bagdad en 1623. La faiblesse de ses successeurs, la montée des dangers extérieurs (Ottomans à l'ouest ; Rum au nord-ouest, en Anatolie ; Afghans à l'est) permettent aux Afghans de s'emparer de Kandahar en 1709 et d'usurper la royauté en 1722, avant d'être eux-mêmes évincés en 1736 par le dernier grand conquérant asiatique : Nader Chah (voir cartes pp. 174, 178 et 191).

B. L'IRAN AU XIXe ET AU DÉBUT DU XXe SIÈCLE

L'Iran au début du XIXe s.

Pertes et acquisitions au XIXe s.

FARS Provinces iraniennes au XIXe s.

Attaques iraniennes

1838, siège de Harat par le chah d'Iran

1873 Acquisitions russes au XIXe s.

Limites de l'Empire russe en 1900

Convention de 1907

Zone d'influence russe

Zone d'influence britannique

B. **Le** déclin de l'Iran, commencé dès le XVIIe siècle, n'est que temporairement enrayé par l'arrivée au pouvoir, en 1796, d'une nouvelle dynastie issue de la tribu turco-mongole des Qadjars. Toutes les tentatives de réformes entreprises au XIXe siècle (notamment sous le règne de Nasir al-Din, 1848-1896) échouent devant l'agitation des seigneurs « féodaux », l'immobilisme de la classe sacerdotale, les affrontements tribaux et religieux (chiites contre ismaéliens ou babistes). Cette faiblesse interne favorise les entreprises de la Russie, qui s'empare, en deux guerres, des régions caucasiennes (1813 et 1828), puis de la région de Merv au sud du Turkestan en 1884-1885 ; elle facilite aussi celles de l'Angleterre qui, à partir des Indes, étend son influence à l'est (Afghanistan) et au sud-est (Baloutchistan et golfe Persique). Cette domination politique s'accompagne d'une mainmise économique, par l'obtention de concessions ferroviaires ou minières (notamment pour le pétrole) ; seule la rivalité anglo-russe permet de maintenir l'indépendance politique. Celle-ci devient purement formelle lorsque la réconciliation entre Russes et Anglais aboutit, le 31 août 1907, à un partage en deux zones d'influence séparées par une zone tampon : secoué par l'agitation nationaliste (née dans les centres chiites) contre la mainmise étrangère et le despotisme impérial, le pays sombre alors dans l'anarchie. Il n'en sort définitivement qu'en 1925-1926 avec l'avènement de Reza Chah Pahlavi, dont la dynastie se substitue alors à celle des Qadjars (voir carte p. 180).

A. FORMATION DE L'EMPIRE OTTOMAN

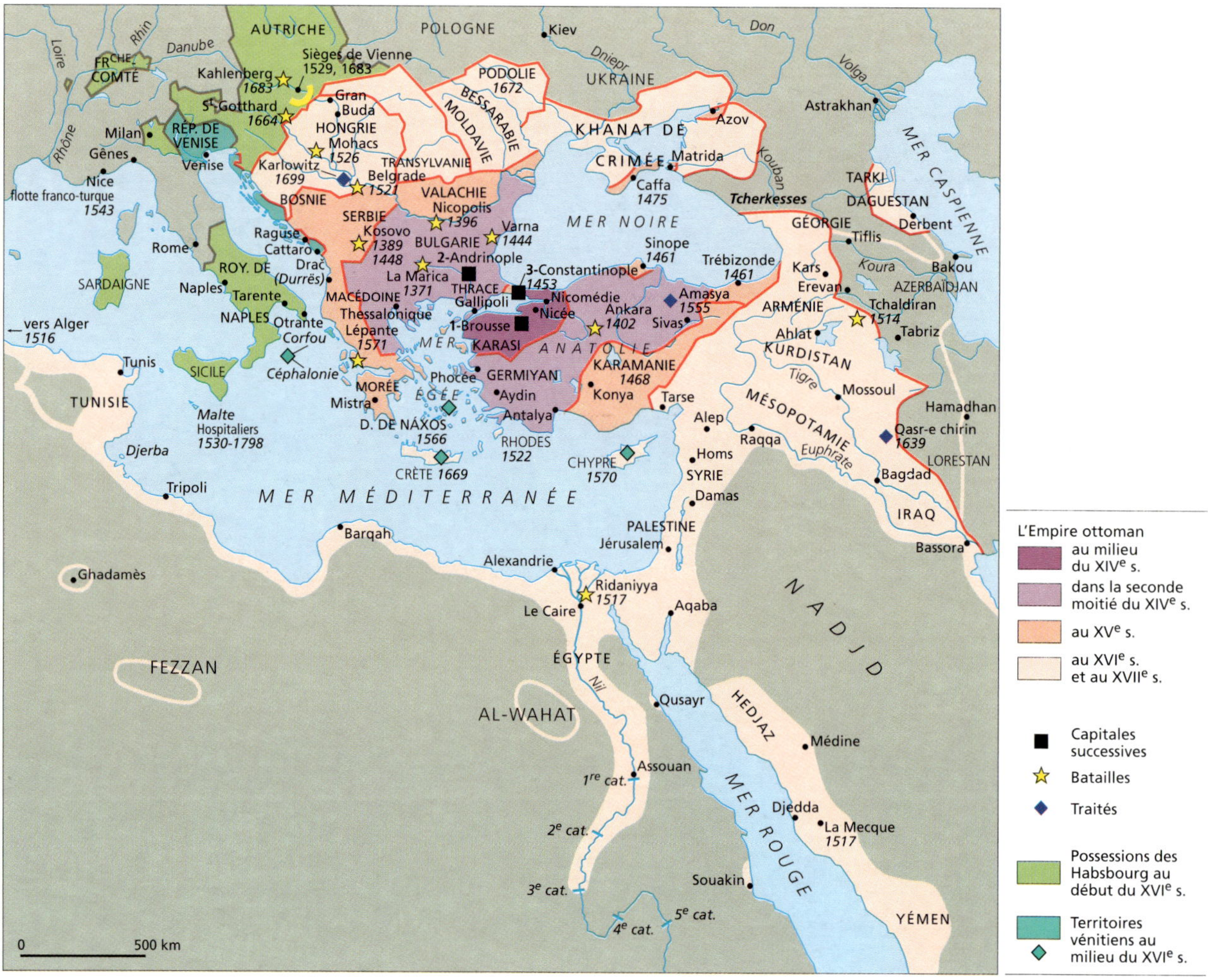

A. **A**pparentée aux Oghouz, chassée du Khorasan par les Mongols, la tribu turque des Ottomans est cantonnée dans la région de Brousse par le sultan de Konya, Ala al-Din Kay Qubad Ier (1219-1237). Émancipée à la fin du XIIIe siècle par Osman Ier, qui contrôle rapidement l'ouest de l'Anatolie, elle s'accroît du Karesi entre 1335 et 1345.
Marquée par la victoire de Kosovo en 1389 et par la prise de Constantinople en 1453, la conquête de l'Europe se poursuit jusqu'aux portes de Vienne en 1529 et englobe même la Podolie en 1672.
En Asie, par contre, après avoir reçu, en dot de sa femme, la majeure partie du Germiyan en 1381, Bayezid Ier est vaincu en 1402 à Ankara par Timur Lang. Coup d'arrêt qui aurait pu leur être fatal sans les ressources de l'Europe, ce désastre n'empêche pas les Ottomans de reprendre leur expansion à l'est du Bosphore. Mais tardivement. Après la prise de Trébizonde en 1461, ce n'est en effet qu'en 1514 que le sultan Sélim Ier (1512-1520) bat le chah de Perse Ismaïl à Tchaldiran. Il occupe alors sa capitale, Tabriz, annexe le Kurdistan, puis la Syrie, les villes saintes d'Arabie, enfin l'Égypte mamelouk que lui livre la bataille du mont Muqattam le 22 janvier 1517. Désormais tricontinental, l'Empire ottoman englobe même le Maghreb, grâce au ralliement à la personne du sultan du corsaire turc Khayr al-Din entre 1518 et 1534. Parachevée à cette dernière date par l'entrée de Soliman le Magnifique (1520-1566) à Bagdad, l'expansion ottomane a réalisé l'unification du monde arabe et du monde islamique autour du successeur, désormais incontesté, du calife abbasside. Mais, en conjuguant leur action, Habsbourg et Vénitiens à l'ouest, Séfévides à l'est font peser sur l'Empire une lourde menace. Et sa défaite navale à Lépante en 1571 révèle qu'il n'est pas invincible à l'heure où, à l'intérieur, agissent déjà de nombreux facteurs de dissociation : corruption, révolutions de palais, désordre des institutions… (voir cartes pp. 73, 76, 79, 81, 130 A, 174, 175, 176, 221 E, 221 F et 222 A).

B. DÉMEMBREMENT DE L'EMPIRE OTTOMAN

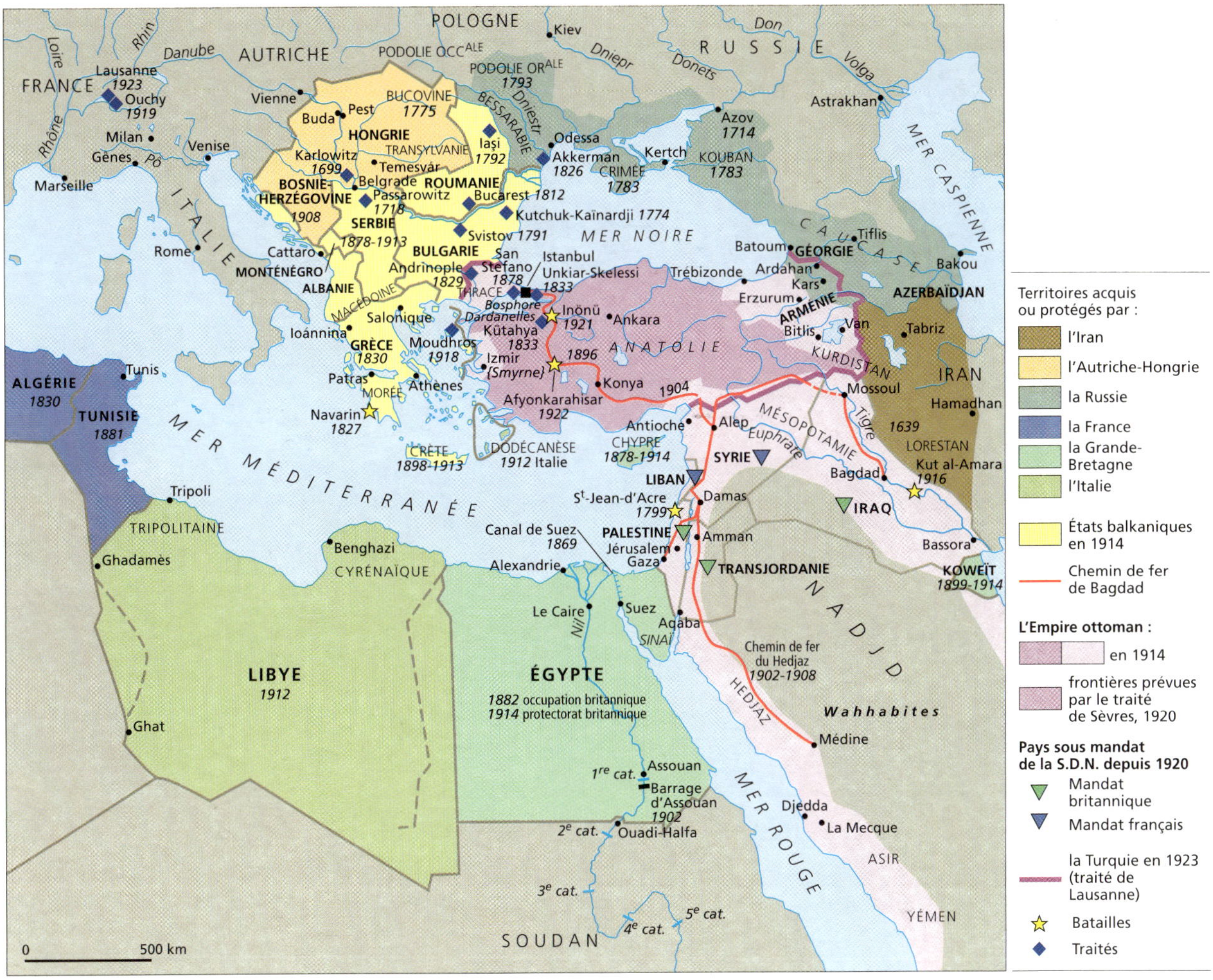

B. Incapable de se réformer, miné par les tendances centrifuges et l'agitation des populations chrétiennes des Balkans, l'Empire ottoman devient, à partir du XVIIIe siècle, la proie des puissances étrangères. Tandis que l'Autriche affirme sa domination sur les régions danubiennes, la Russie, à la recherche de débouchés maritimes, s'empare des provinces septentrionales de l'Empire et s'efforce d'étendre son influence sur les Balkans, en jouant de la solidarité slave et orthodoxe. Cette poussée russe vers le sud, dont le but est la mainmise sur les Détroits, se heurte à la politique britannique de contrôle de la Méditerranée et de la route des Indes (occupation de Chypre et de l'Égypte). En fait, le processus de démembrement de l'Empire par les trois impérialismes est freiné par leur rivalité même : depuis 1830, le déclin ottoman se marque plus par une désagrégation interne (indépendance des nationalités balkaniques) et l'emprise économique anglo-française que par de nouvelles annexions étrangères (mis à part les territoires africains déjà pratiquement indépendants). La réaction nationaliste du mouvement jeune-turc contre cette domination étrangère amorce bien, par la révolution de 1908, le redressement, mais, en engageant l'Empire dans la Première Guerre mondiale, elle précipite sa dislocation (voir cartes pp. 79, 81, 88, 89, 90, 156, 159, 161, 164, 165 et 178).

A. LE MOYEN-ORIENT PENDANT ET APRÈS LA PREMIÈRE GUERRE MONDIALE

A. **E**ntre 1915 et 1918, Français et Anglais convergent vers Istanbul (Constantinople) depuis Salonique, Bassora et Suez. Animées par des états-majors allemands, les forces ottomanes s'opposent aux Britanniques en Mésopotamie et en Palestine, et aux Russes sur le front du Caucase, où le grand-duc Nicolas remporte deux brillants succès en 1916, à Erzurum (janvier) et Trébizonde (avril). Pour les Anglais, au contraire, 1916 est une année difficile : le 28 avril, ils doivent capituler à Kut al-Amara (Mésopotamie) devant les assauts des Turcs, qui lancent en août un deuxième raid contre Suez. C'est alors que débute en milieu arabe l'action du jeune T. E. Lawrence, qui, ayant gagné la confiance d'Abdullah et de Faysal, fils d'Husayn ibn Ali, roi du Hedjaz, organise avec eux la libération de la « nation arabe » du joug ottoman. En 1917-1918, Lawrence obtient de brillants succès en préparant et en appuyant l'action des troupes d'Allenby dans la conquête de la Palestine. Le 1er octobre 1918, Lawrence et Faysal arrivent à Damas, et la foule proclame Husayn roi des Arabes. Mais de nombreux événements vont empêcher la constitution d'un Grand Royaume arabe promis par la Grande-Bretagne à Husayn : à l'insu de Lawrence, Paris et Londres ont conclu en mai 1916 un accord partageant l'Empire ottoman en deux zones d'influence politique et économique : l'une, française, incluant la Syrie et le Liban, l'autre, britannique comprenant la Palestine, l'Iraq et la Transjordanie (accords Sykes-Picot). Le 2 novembre 1917, la Grande-Bretagne, qui entend jouer à la fois la carte sioniste et la carte arabe, affirme sa volonté de « créer après la guerre un Foyer national juif en Palestine » (déclaration Balfour). En 1920 enfin, la S.D.N. attribue un mandat sur la Syrie et le Liban à la France, sur la Palestine et la Mésopotamie à la Grande-Bretagne. En 1924-1925, le Hedjaz est occupé par l'émir whahabite du Nadjd Abd al-Aziz ibn Saud : les fils d'Husayn ibn Ali, les Hachémites Faysal Ier et Abdullah, deviennent respectivement roi d'Iraq en 1921 et émir de Transjordanie en 1922. Imposant la démilitarisation des détroits turcs (1920-1923), se maintenant sur les rives du canal de Suez

L'Empire ottoman en 1914

Raids germano-turcs sur Suez (1915 et 1916)

ffensives alliées

1916

1917

1918 (Allenby)

Batailles

Traités

États après 1920

Acquisitions de la Turquie en 1923 (traité de Lausanne)

Capitale de Mustapha Kemal en 1923

A. Sandjak d'Alexandrette

Conquêtes d'Abd al-Aziz III ibn Saud

ys sous mandat A depuis 1920 :

Mandat britannique

Mandat français

Possessions britanniques

Possessions italiennes

Possession française

B. FORMATION DE L'ÉTAT D'ISRAËL

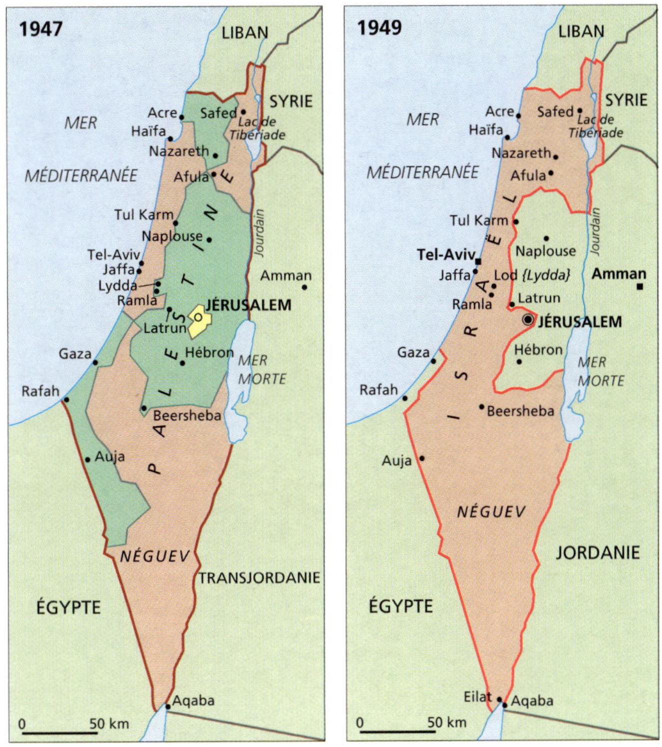

Frontières de la Palestine sous mandat britannique jusqu'au 15 mai 1948

Plan de partage de la Palestine (O.N.U. 1947)

État juif

État arabe

Zone internationale

Autres États arabes

État d'Israël après les armistices de 1949

États arabes

malgré l'indépendance de l'Égypte, étendant progressivement depuis 1899 sa protection à tous les États du golfe Persique, partie prenante de l'Iraq Petroleum Company (Mossoul) et de l'Anglo-Iranian Company (Abadan), la Grande-Bretagne maîtrise la route des Indes et le pétrole du Proche-Orient. À la France, protectrice des chrétiens du Levant, reste le rôle ingrat de briser la révolte des Druses (1925-1927) [voir cartes pp. 91, 179 et 181].

B. **N**é de la recrudescence de l'antisémitisme à l'époque contemporaine, le mouvement sioniste milite en faveur de la création d'un État juif en Palestine (Theodor Herzl, 1896) ; il est renforcé par la déclaration Balfour (1917), qui promet la constitution d'un Foyer national juif dans ce pays. Mais, devant l'hostilité arabe suscitée par l'afflux d'immigrants, les Britanniques bloquent l'immigration en mars 1940. Maintenue alors que 6 millions de Juifs sont exterminés en Europe, cette mesure provoque en 1946 une insurrection juive menée par l'armée de protection (Haganah) et par des mouvements de résistance (Irgoun, groupe Stern).
Le 29 novembre 1947, l'O.N.U. décide le partage de la Palestine en deux États indépendants, aux territoires également éclatés en trois morceaux. Le refus des Arabes déclenche la guerre civile, qui s'internationalise le 14 mai 1948, quand David Ben Gourion proclame l'indépendance d'Israël. Vaincus malgré leur supériorité numérique, les cinq États arabes signent les armistices entre le 24 février et le 20 juillet 1949 ; l'exode des Palestiniens s'accentue. Les lignes de cessez-le-feu deviennent les frontières d'Israël, qui est alors doté d'un territoire continu, mais difficile à défendre et qui comporte une partie de la ville de Jérusalem.

A. LES CONFLITS AU MOYEN-ORIENT (1948-1991)

Islam
- Lieux saints communs à tous les musulmans
- Lieux saints chiites
- Peuplement kurde majoritaire

Peuplement palestinien (estimation de 1990) : une barre pour 100 000 p. un point pour 50 000 p.

États de la Ligue arabe en 1991

Conflits

Frontières des États en 1991

Gisements de pétrole

A et B. **L**e Moyen-Orient est, dans les années 1980, une des régions les plus conflictuelles du monde. À cela plusieurs raisons : les écarts de revenus moyens entre les États pétroliers et les autres sont énormes ; les frontières tracées à l'époque coloniale demeurent contestées. Le conflit entre Israël et les pays arabes perd son caractère global après le traité de Washington (1979) entre l'Égypte et Israël. Mais les dirigeants israéliens estiment que la sécurité de leur pays passe par le contrôle du Liban-Sud (envahi en 1982), par le maintien de l'occupation du Golan syrien et par la colonisation des territoires arabes occupés. L'invasion israélienne de 1982 aboutit au départ de l'O.L.P., mais elle favorise par contrecoup le développement de l'extrémisme islamiste, notamment chez les chiites du Liban-Sud et les Palestiniens des territoires occupés. Une grande partie du Liban demeure occupée par la Syrie. Le Moyen-Orient est aussi épuisé par huit années de guerre entre l'Iran et l'Iraq (sept. 1980-juill. 1988). Si la Turquie reste neutre, les

B. ISRAËL ET LES TERRITOIRES OCCUPÉS

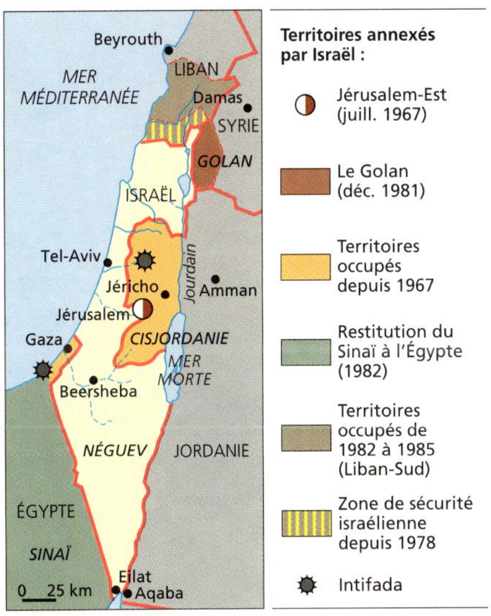

pays arabes, à l'exception de la Syrie et de la Libye, soutiennent financièrement et militairement l'Iraq. Mais l'occupation du Koweït par l'Iraq (août 1990) suscite une intervention internationale cautionnée par le Conseil de sécurité de l'O.N.U. Celle-ci se solde par la défaite totale de l'Iraq (mars 1991) et la dévastation du Koweït.

C. LE LIBAN EN SEPTEMBRE 1983

D'après *le Monde* du 6 septembre 1983.

C. **O**ccupé par Israël après une première intervention militaire (mars-juin 1978), le Liban-Sud servit de base d'opérations à son armée lors de la guerre de 1982 provoquée officiellement par l'implantation de l'O.L.P. dans cet État, notamment à Beyrouth-Ouest, et par celle des Syriens dans le nord et dans l'est du territoire. De ce fait, seule une étroite bande côtière, ayant pour seul point d'accès le port de Djouniye, restait sous le contrôle des Forces libanaises, bras armé du parti phalangiste. L'internationalisation du conflit, en août-septembre 1982, permit la signature de l'accord de paix israélo-libanais de Khaldé, le 17 mai 1983, et le retrait, à partir du 3 septembre, de l'armée d'Israël dans une « zone de sécurité » au Liban-Sud, au-delà du fleuve Awali. Mais cet accord ne mit pas fin à la partition du pays et ne put prévenir l'embrasement général immédiat du Chouf, où les Druzes de Walid Joumblatt, armés par la Syrie, entamèrent une lutte à mort contre les milices chrétiennes entrées dans la région en 1982 lors de l'arrivée de l'armée israélienne. Les haines ancestrales entre chrétiens et musulmans, entre sunnites et chiites étaient trop vives pour que le président Amine Gemayel, même avec l'appui diplomatique des États-Unis et militaire de la Force multinationale, ait pu songer à les apaiser en six ans (voir carte p. 180).

A. LES MIGRATIONS DE PEUPLES EN EURASIE DU IVe AU VIe SIÈCLE

A. **Au** IVe siècle, l'Eurasie est dominée par les quatre grands Empires chinois, indien (gupta), perse (sassanide) et romain, bien défendus par des obstacles naturels (montagnes de l'Asie centrale et du Caucase) ou artificiels (Grande Muraille de Chine, *limes* romain). Mais, à leurs frontières, se pressent alors de nombreux peuples barbares, qui parfois s'introduisent même sur leurs territoires à titre de fédérés : nomades éleveurs des steppes asiatiques (Xianbei de Mandchourie ; Xiongnu au nord-ouest du Huanghe) ; peuples pasteurs du Proche-Orient (Lakhmides, Ghassanides) et d'Afrique du Nord (Blemmyes, Berbères) ; chasseurs, éleveurs ou agriculteurs des forêts et clairières d'Europe (Germains) ; pêcheurs pirates des rives des mers du Nord et d'Irlande (Scots, Pictes, Germains). Au IVe siècle, une possible dégradation du climat et, plus sûrement, une croissance démographique entraînant une surcharge pastorale des pâturages au rendement immuable lancent ces peuples à l'assaut des empires céréaliers. À l'est, les Xiongnu s'emparent de Luoyang en 311, avant d'être éliminés par le clan xianbei des Murong, puis par celui des Tabghatchs (Toba), fondateurs du royaume de Wei qui domine la Chine du Nord jusqu'en 534/581 (voir carte p. 186 A). Au cœur de l'Eurasie, la poussée des Xiongnu fait glisser les Huns Hephthalites de l'Altaï vers l'Asie centrale puis les jette à l'assaut des Empires sassanides et gupta, à la jonction desquels ils se maintiennent jusque vers 565. À l'ouest enfin, la progression de ces mêmes Xiongnu pousse Huns et Germains en quatre vagues successives à l'intérieur de l'Empire romain, à partir de 375 (voir carte p. 31). En 476, celui-ci s'efface même en Occident, où les envahisseurs fondent des royaumes barbares, dont le plus important est celui des Francs. Ainsi se trouve soulignée l'unité profonde de l'histoire de l'Eurasie, dont les grands empires succombent à la même époque sous les coups des peuples de la steppe, en quête d'espaces capables d'assurer leur subsistance (voir cartes pp. 28, 29, 34, 168 et 169).

B. PRÉHISTOIRE ET PÉRIODE SHANG (XVIIIe-XIIe SIÈCLE AV. J.-C.)

Sites paléolithiques :
- ancien
- moyen
- inférieur

Sites néolithiques
Extension de la culture Shang
Sites Shang

C. LES ZHOU ET LA PÉRIODE DES HÉGÉMONS (VIIe-Ve SIÈCLE AV. J.-C.)

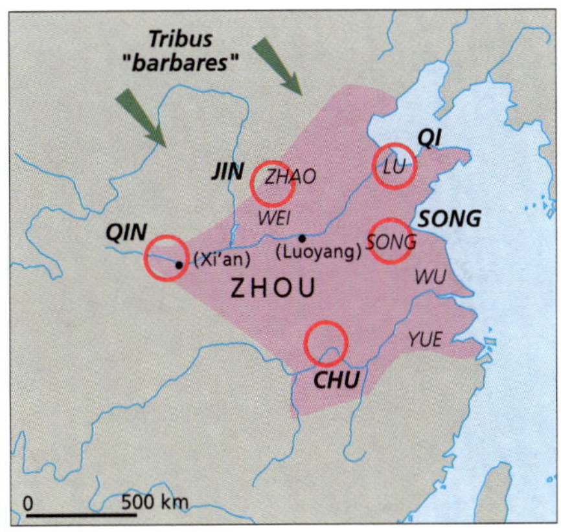

WEI Principautés

Chine à l'apogée des « Printemps et Automnes » (722 - 481)

CHU Les cinq principautés hégémoniques

B et C. **A**près l'âge de la pierre, la Chine, à l'âge du bronze, passe lentement de la légende à l'histoire. La première grande dynastie, celle des Shang (XVIIIe-XIIe siècle av. J.-C.), a le Henan pour centre de gravité. Le roi, sacré, exerce une fonction surtout religieuse. Les habitants ont trois activités essentielles : les récoltes (millet, blé), la guerre, la chasse.
On assiste à la naissance d'une civilisation : des idéogrammes traduisent cette langue monosyllabique ; l'artisanat engendre l'art (vases polychromes) ; la religion, polythéiste, s'organise en fonction des besoins de la société (les grands honorent leurs défunts par de vastes tombeaux, les pauvres essaient de se rendre propices les génies de la nature).
Avec les Zhou (à partir du XIIe siècle av. J.-C.), le centre géographique se déplace vers le Shaanxi. Jusqu'en 771 av. J.-C., sous les Zhou occidentaux, le roi gouverne conformément à la tradition des Shang, mais avec de nombreux fonctionnaires ; après cette date, sous les Zhou orientaux (722-221), le souverain est un véritable « roi fainéant » ; aux VIIe et VIe siècles, les *hégémons,* princes féodaux du Qi, du Jin, du Chu, du Wu et du Yue, triomphent, car ils président aux rites d'alliance entre cités qui permettent aux plus puissantes de dominer les plus faibles. Les nobles ont le pouvoir et la richesse, ils s'adonnent à la guerre, à la chasse, à la fête. Artisans et commerçants, peu nombreux mais actifs (textiles, armes, chars), commencent à se distinguer de la masse paysanne. Celle-ci est encore majoritaire ; elle vit de polyculture, pratique des défrichements. La culture chinoise se précise : depuis l'époque Shang on s'efforce de suivre le *tao* (la « voie »), qui est le produit du *yang* (élément masculin) et du *yin* (élément féminin) ; cette culture est toujours de teinte religieuse ; de grands philosophes apparaissent, Laozi le mystique et Confucius qui propose la morale comme source du bon gouvernement.
L'art produit des vases de bronze, des objets de jade (animaux stylisés, fantastiques).

A. LES ROYAUMES COMBATTANTS (V[e]-IIIe SIÈCLE AV. J.-C.)

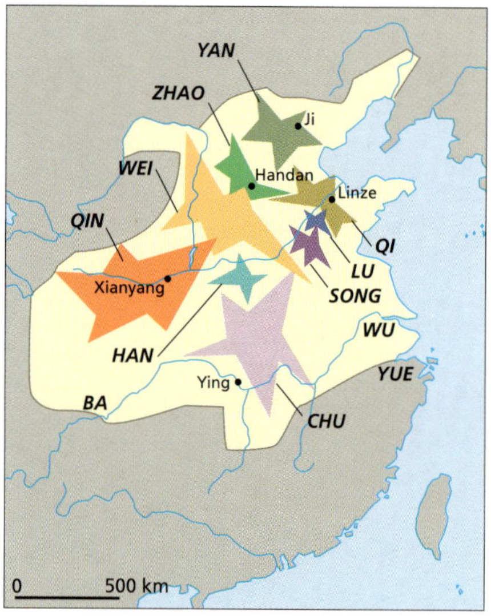

B. LES QIN (IIIe SIÈCLE AV. J.-C.)

-316 Conquêtes de l'État de Qin

L'Empire Qin en 210 avant J.-C.

A et B. **L'**époque des Royaumes combattants (453-221) est une période de crise morale et politique (anarchie, éclatement du Jin) qui correspond aux débuts de la fonte du fer (mentionnée pour la première fois par un texte de 513) ; en 221 av. J.-C., la dynastie de Qin réalise, sous le premier empereur Qin Shi Huangdi (221-210 av. J.-C.), le premier rassemblement de toute la terre chinoise.

C. LA CHINE DES HAN

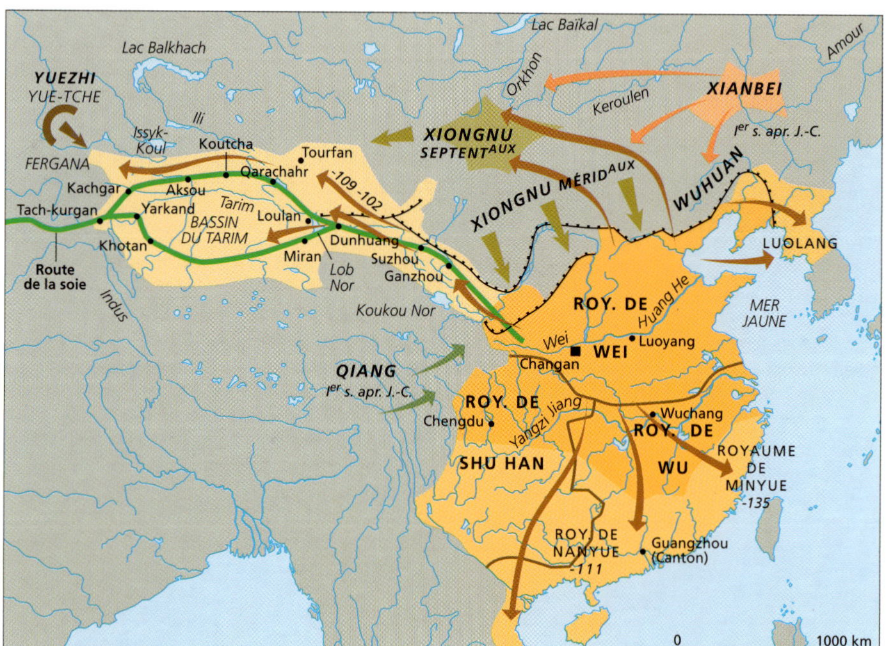

L'Empire des Han à leur avènement (206 av. J.-C.)

Expéditions des Han occidentaux

Conquêtes des Han occidentaux (206 av. J.-C. à 8 apr. J.-C.)

Protectorat chinois contrôlant la route de la soie sous les Han orientaux Politique de Ban Chao de 73 à 94

Limite des Trois Royaumes
Wei : 220-265
Shu Han : 221-263
Wu : 222-280

Expansion des Huns (Xiongnu)

La Grande Muraille

C. **S**ous les Han, le pouvoir impérial, tyrannique, s'appuie sur une armée forte et sur des finances florissantes (impôts élevés et monopoles d'État). La société, où s'imposent les lettrés, est dominée par une noblesse d'argent qui entretient de très nombreux esclaves et des harems. Les paysans, métayers et libres le plus souvent, vivent mal.
La religion tend à n'être plus que philosophie ; celle-ci est divisée en écoles qui correspondent aux aspirations de différents groupes : le confucianisme des hauts fonctionnaires, formaliste, est un athéisme de fait ; les humbles cherchent le salut par le taoïsme, puis par le bouddhisme ; les légistes, militaires, artisans ou commerçants, prônent l'établissement de la justice par la force. Les techniques (moulins

à eau, papier) et les sciences (astronomie) brillent autant que les arts (bronzes, bijoux). Une telle prospérité assure à l'empereur Wudi (140-87 av. J.-C.) les moyens de dilater son empire dans trois directions : vers le nord-ouest et l'ouest, où, malgré les Xiongnu, est ouverte la route du Tarim où s'établit Ban Chao au Ier siècle apr. J.-C. ; vers le sud, où le royaume de Nanyue est annexé en 111 av. J.-C. ; vers le nord-est, où celui de Luolang est plus difficilement occupé en 108-107 av. J.-C. Mais, à partir du milieu du IIe siècle apr. J.-C., le jeu des clans (eunuques, généraux, lettrés) et la misère (révolte des Turbans jaunes en 184) ainsi que les menaces barbares préparent la chute des Han.
La Chine est alors partagée en trois royaumes.

D. LA CHINE DU IVe AU VIe SIÈCLE

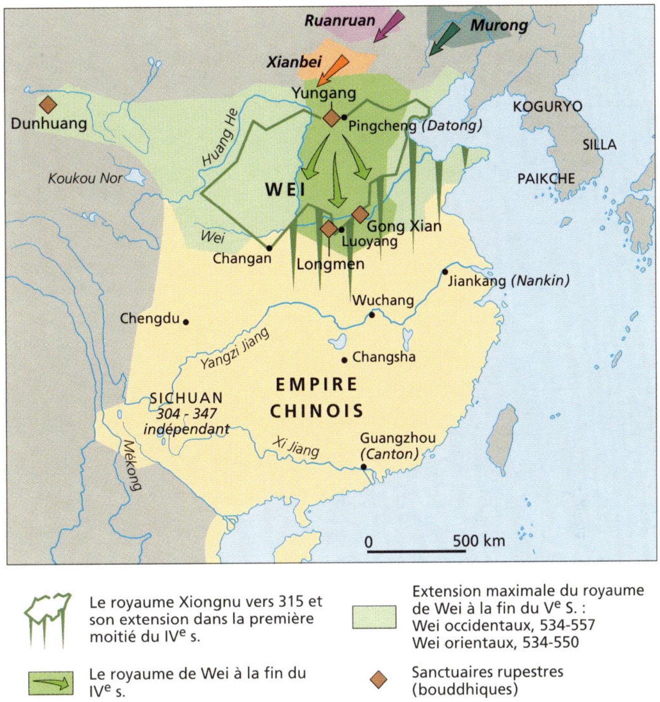

D. **S**'exerçant contre la Chine depuis le Nord et le Nord-Ouest, la menace barbare s'ajoute, du IVe au VIe siècle, à la crise interne. Les pouvoirs du monarque sont limités, nombre de souverains meurent assassinés. Le pays est divisé, dès le IIIe siècle, entre les Trois Royaumes (Wei, Wu et Shu Han) [v. carte 186 C] ; après une brève réunification sous l'autorité des Jin de l'Ouest (280-316), il se trouve de nouveau divisé entre le Sud, où se succèdent cinq dynasties d'origine chinoise, et le Nord, où règnent des dynasties barbares pendant la période dite « des Seize Royaumes » (311-436), parmi lesquels émerge celui des Wei du Nord (386-534/557). Dite également « des Six Dynasties » (cinq dans le Sud, une dans le Nord), cette période (316-580) s'achève par le retour à l'unité imposée par les Sui de 581 à 618.
Dans le même temps, les mentalités et la société évoluent considérablement : recul du confucianisme devant le bouddhisme et le taoïsme ; apparition de deux nouveaux types d'homme : l'aventurier et le dilettante.

A. LA CHINE DES TANG

A. Issue d'un coup d'État militaire, la dynastie des Tang prétend descendre de Laozi et favorise le taoïsme. Taizong (627-649), vainqueur des Turcs orientaux et occidentaux, rétablit le contrôle chinois sur la route du Tarim ou « route de la soie », par où pénètrent le bouddhisme, l'islam, le christianisme nestorien ; mais il échoue en Corée. Il organise une administration centralisée, recrutée par concours. Remariée à son successeur, sa veuve, l'ancienne concubine Wu Zetian [† 705], se proclame « empereur » (690), favorise le bouddhisme, prend pour capitale Luoyang ; elle fait régner la terreur, mais combat énergiquement les Tibétains. La dynastie Tang est restaurée par Xuanzong (713-756) qui passe pour le plus grand empereur de l'histoire chinoise. Il répare les canaux, construit d'énormes silos, organise militairement les frontières. Le commerce prospère tandis que les arts et les lettres connaissent un véritable âge d'or. Mais la fin de son règne est désastreuse : les musulmans prennent Tachkent, après une victoire écrasante sur le Talas (751) ; en 755, la rébellion d'An Lushan, gouverneur de Pékin, désireux de sauver l'Empire, qui vient d'essuyer une série de revers militaires, déclenche l'anarchie ; malgré une courte rémission sous le règne de Hsientsong (806-820), celle-ci s'aggrave avec la jacquerie de Huang Chao (875-881). Elle ne finit qu'avec le dernier Tang et le morcellement de l'Empire (voir cartes pp. 170 et 171).

B. LA CHINE DES SONG ET DES YUAN

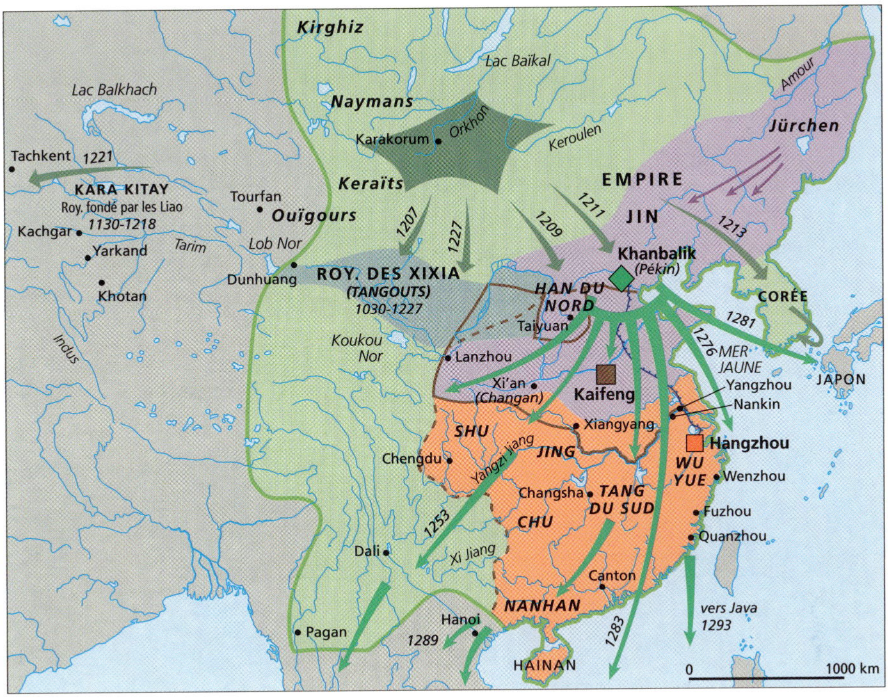

Empire Song à l'avènement de Zhao Guangyin en 960

SHU Royaumes chinois conquis par les Song de 963 à 979

Capitale des Song du Nord de 960 à 1125

L'Empire Song vers le milieu du XIe siècle

Attaques des Jürchen détruisant l'Empire des Liao (Kitans) en 1124-1125

Empire Jin des Jürchen vers 1150

Empire et capitale des Song méridionaux (1127-1279)

Mongols

Expansion mongole au temps de Gengis Khan (1206-1227)

Expéditions de Kubilay Khan

Empire Yuan (dynastie mongole de 1279 à 1368)

Capitale des Yuan

Canaux

B. **L**es débuts des Song sont heureux : ils unifient la Chine, achètent en 1004 la paix avec les Khitans au nord et organisent une administration modèle. Puis, en 1122, les Kitans menacent les Xixia et, pour les secourir, Huizong (Houei-tsong) [1100-1125] s'allie aux Jürchen ; ceux-ci rejettent vers l'ouest les Kitans, fondent à leur place l'empire Jin (d'or) et attaquent les Song, qui se replient à Nankin, puis à Hangzhou (1127). Il y a alors trois Chines : celle des Xixia, celle des Jin, celle des Song du Sud (dont la civilisation reste brillante). Au début du XIIIe siècle, le Mongol Gengis Khan submerge les Xixia et repousse les Jin ; après sa mort (1227), Ogoday domine les Jin, puis, en 1234, pénètre dans la Chine des Song, que Kubilay élimine définitivement en 1279 pour fonder la dynastie Yuan, avec Khanbalik (Pékin) pour capitale. Il y héberge le Vénitien Marco Polo. Ses tentatives d'invasion du Japon, du Champa, de la Birmanie et de Java ne lui permettent que de faire reconnaître sa « suzeraineté » sur la péninsule indochinoise. Premiers étrangers à gouverner la Chine entière, les Yuan représentent, parmi les grandes dynasties, celle dont la durée est la plus brève : l'immense empire de Kubilay dépasse les forces trop peu nombreuses de ses successeurs, qu'affaiblissent des querelles familiales. Diffusée à partir de 1351, la révolte chinoise aboutit à la restauration d'une dynastie nationale, celle des Ming (1368) [voir cartes pp. 190 et 191].

A. L'EMPIRE MONGOL DE GENGIS KHAN

A. **É**lu khan des Mongols en 1196, Gengis Khan (Tchingiz khan) unifie les tribus mongoles et turco-mongoles en les opposant avec habileté les unes aux autres : Tatars à l'est de 1198 à 1202 ; Keraïts au centre en 1203 ; Naymans et Merkits à l'ouest en 1204 et en 1205. Proclamé khaghan (khan suprême) de toutes les tribus par le quriltay de 1206 (assemblée générale des chefs mongols), Gengis Khan instaure alors un véritable État mongol, en empruntant aux Ouïgours leurs institutions administratives et en imposant à tous le respect du droit mongol. Surtout, il entreprend de dilater son État en un vaste empire qui englobe, au nord, les Oïrats et les Kirghiz en 1207, au sud et au sud-est, les Xixia de 1205 à 1207 et l'empire des Jin jusqu'au Huanghe, au sud-ouest, les Kara Kitay en 1218 et le Kharezm, au prix de rudes combats, de 1219 à 1224. Dirigé par ses fils Subutay et Djebe, le raid dévastateur de 1222-1223 ravage la Russie méridionale sur les rives de la Kalka, petite rivière qui se jette dans la mer d'Azov.
Ces deux chefs mongols infligent même une défaite totale au prince de Kiev le 31 mai 1223.
Mais la mort du conquérant, le 18 août 1227, laisse à ses héritiers le soin d'achever la conquête de l'Eurasie et de la pacifier sous la domination mongole (voir cartes pp. 174 et 189).

B. L'EMPIRE MONGOL AU XIIIe SIÈCLE

Extension de l'Empire mongol à la fin du XIIIe s.

Régions vassales

Expéditions de :

- Batu (1226 - 1255)
- Kubilay (1249 - 1294)
- Hulagu (1256 - 1265)
- Tchormagan (1236, 1244)

Khanat de Djaghataï (1227 - 1369)

Empire des Ilkans fondé par Hulagu (1256 - 1265)

Khanat de Kiptchak issu de l'apanage de Djutchi

Empire du Grand Khan issu de l'apanage d'Ogoday

Zone dominée par Kubilay (1260 - 1294)

Conquête de la Chine des Song, commencée en 1234

B. **H**éritiers de Gengis Khan, les khaghans Ogoday (1229-1241), Güyük (1246-1248) et Möngke (1251-1259) achèvent la conquête mongole. De 1229 à 1235, le premier élimine définitivement les Jin de la Chine du Nord. Dotant alors l'Empire d'une capitale fortifiée, Karakorum, en 1235, il y convoque aussitôt un quriltay (assemblée des chefs de tribus), qui décide de lancer une offensive générale dans quatre directions : l'*Europe*, où, de 1236 à 1242, Batu Khan sème la terreur jusqu'à l'Adriatique ; le *Moyen-Orient*, où l'Azerbaïdjan et la Transcaucasie sont conquis (1231-1239), le sultanat seldjoukide de Rüm vassalisé (1243), Bagdad occupée (1258) ; la *Corée*, qui est rapidement assujettie (1236-1241) ; la *Chine méridionale*, où les Song ne sont éliminés qu'en 1279 par Kubilay Khan (1260-1294), qui, de 1274 à 1293, tente de vassaliser en vain le Japon et Java, mais soumet l'Asie du Sud-Est. La cohésion de l'ensemble est assurée par la grande armée impériale et par un remarquable système de postes (*yam*) qui permettent la libre circulation des hommes (Matteo, Niccolo et Marco Polo), des biens (soie) et des idées (christianisme). Mais cet Empire, le plus vaste qui ait jamais existé, ne résiste pas aux rivalités qui opposent les quatre fils de Gengis Khan et qui le disloquent en khanats bientôt ennemis : *Kiptchak* (Horde d'Or) et *Horde Blanche* détenus par les héritiers de l'aîné, Djutchti ; *Asie centrale* possédée par ceux du second, Djaghataï ; *Chine* (empire des Yuan) et *Perse* (empire des Ilkhans) fondées respectivement par Kubilay (1249) et par Hulagu (1256), tous deux fils du cadet Tuli. Ainsi se trouve facilitée la renaissance des nations traditionnelles qui assimilent leurs vainqueurs (voir cartes pp. 147, 174, 189, 198 et 207).

A. LA CHINE DES MING

L'Empire des Ming (1368-1644)

Expansion chinoise (fin XIVe siècle-début XVe siècle)

Grande Muraille

Canaux

Attaques des Jürchen (Mandchous en 1635)

Révolte de Li Zicheng (1637-1644)

Refuge des Ming de 1644 à 1651

Établissements européens

Portugais

Hollandais

A. **L**es seize empereurs Ming rendent la Chine à ses traditions et la rétablissent dans sa puissance du VIIIe siècle. Le fondateur, Hongwu (1368-1398), gouverne de Nankin, avec l'aide d'un Grand Conseil de cinq ou six membres et celle d'une administration recrutée par concours et étroitement surveillée. Yongle (1403-1424) fait définitivement de Pékin, en 1421, une capitale d'aspect monumental. Ses successeurs exercent un pouvoir absolu, gêné par les intrigues des concubines et des eunuques, maintenu par des épurations sanglantes. Le pays reste prospère, à l'abri de la Grande Muraille, restaurée et prolongée ; l'époque produit une céramique superbe, des romans, des opéras encore populaires. Au début du XVIe siècle, les Portugais apparaissent, suivis des Espagnols, des Hollandais, tous mal reçus ; mais l'empereur Wanli (1573-1620) accueille à la cour le père Matteo Ricci, jésuite. Au XVIIe siècle, les Mandchous franchissent la Grande Muraille (1629) et menacent Pékin, en même temps que les paysans du Shaanxi et du Henan, qui se sont révoltés sous la direction de Li Zicheng (v. 1605-1645). Abandonné, l'empereur Tch'ung-tchen (1628-1644) se pend ; les chefs militaires font appel aux Mandchous, qui mettent les rebelles en déroute, mais s'emparent de Pékin et du pouvoir (1644). Une résistance Ming persiste dans le Sud-Est pendant une trentaine d'années ; Koxinga et son fils la prolongent à Taïwan jusqu'en 1683.

B. LA CHINE DES QING

B. **L**es premiers Qing gouvernent en vrais et grands empereurs chinois. Kangxi (1661-1722) et Qianlong (1736-1796) annexent la Mongolie, le Tibet, la vallée de l'Ili, le Xinjiang et arrêtent l'infiltration russe par le traité de Nertchinsk en 1689. Jamais l'Empire n'a été si vaste, si prospère, si peuplé, puisqu'il englobe dès lors le bassin de l'Amour : c'est la *Pax sinica*, de 1683 à 1830 environ. Puis la corruption, les eunuques, les sociétés secrètes, les étrangers (Anglais, Français, Russes d'abord – Allemands, Japonais ensuite) minent les assises de la dynastie. Le traité de Nankin (ouverture de cinq ports et cession de Hongkong au Royaume-Uni, 1842) inaugure l'ère des « traités inégaux ». À Pékin (1860), les Anglo-Français imposent l'ouverture de nouveaux ports (onze), et les Russes, qui ont annexé les territoires au nord de l'Amour (Aihun, 1858), s'avancent jusqu'à la mer du Japon. En écrasant la révolte des Taiping, les Anglo-Américains raffermissent la dynastie au profit de l'impératrice-douairière Zixi (1861-1908), adversaire des réformes. Deux guerres perdues, contre la France (1883-1885) et le Japon (1894-1895), la défaite des *Boxeurs (Boxers)*, société secrète antieuropéenne soutenue par Zixi (1900), contraignent celle-ci aux réformes — trop tard ! Peu après sa mort (1908), la révolution préparée par Sun Yat-sen part de Wuchang le 10 octobre 1911, gagne Nankin (novembre) et force le régent à abdiquer au nom de Puyi, le dernier empereur, un enfant, de la XXIVe et dernière dynastie (12 février 1912) [voir cartes pp. 200 A et 204].

A. LA LONGUE MARCHE (OCT. 1934-OCT. 1935)

A. **L**a révolution de 1911 débouche sur la proclamation de la république, avec à sa tête Sun Yat-sen (1912). Mais ce dernier est vite évincé par Yuan Shikai, qui instaure une dictature militaire. À sa mort (1916), la Chine, partagée en zones d'influence par les puissances étrangères, est alors plongée dans le chaos. Le Japon s'empare des concessions allemandes et le pays, devenu le jouet de généraux rivaux, est en voie de désintégration politique. Après 1923, Sun Yat-sen s'allie avec le parti communiste et obtient l'appui militaire soviétique. Après sa mort (1925), son successeur Jiang Jieshi (Tchang Kaï-chek) rompt cette alliance, lance l' « Expédition vers le Nord » dissident et entreprend la reconstruction politique et économique du pays. Chassé des grands centres urbains après 1927, le *Parti communiste chinois* se replie vers les campagnes ; ainsi se constituent des bases rurales, qui ne tiennent durablement que dans les zones d'accès difficile : réfugié dès 1928-1929 dans les montagnes du Jiangxi, Mao Zedong fonde, le 11 décembre 1931, une république soviétique, où se manifeste déjà le particularisme du communisme chinois, paysan et militaire. Mais, encerclés à partir de 1932 par les troupes de Jiang Jieshi encadrées par des officiers allemands, les communistes doivent quitter leurs bases et s'enfoncer dans les montagnes de l'Ouest. La « Longue Marche » de 12 000 kilomètres qui les mène en un an jusqu'au Shaanxi (21 octobre 1934-20 octobre 1935) est une épreuve épuisante au cours de laquelle 100 000 Chinois trouvent la mort, et 30 000 seulement survivent ; mais elle permet d'aguerrir les troupes communistes et surtout d'entrer en contact avec les populations allogènes et de se mêler encore plus aux milieux paysans. Nommé « président du comité central » lors de la conférence de Zunyi, le 18 janvier 1935, Mao Zedong impose, à la conférence de Maoergai, le 10 juillet, la poursuite de la marche vers le Shaanxi, mais ne peut empêcher Chang Kuo-t'ao de se diriger peu après vers le Sichuan. Lui-même s'établit enfin, en octobre 1935, au Shaanxi nord, où il fonde une nouvelle république soviétique à Yan'an.

B. L'INVASION JAPONAISE

Frontières de la Chine en 1931

Territoires japonais et sous domination japonaise en 1934

Occupation partielle de l'Indochine, sept. - oct. 1940

Régions contrôlées par l'armée japonaise :

à l'automne de 1938

au début de 1944

Offensives de 1944

D'après J. Guillermaz

B. **La** crise économique de 1929, qui éprouve durement le Japon, entraîne le retour au pouvoir des militaires, appuyés par les dirigeants de la grande industrie. La Mandchourie, réservoir de matières premières et débouché des produits japonais, est la première victime de leur politique impérialiste : profitant d'un attentat contre la voie ferrée du Sud-Mandchourien, les militaires japonais occupent Moudken (sept. 1931), puis conquièrent le pays en quelques semaines. Ils créent en Mandchourie (mars 1932) un État fantoche, le Mandchoukouo, qui devient un véritable protectorat japonais et servira de base à l'élargissement de l'influence japonaise en Mongolie et en Chine du Nord. Mais ce « grignotage », favorisé par la passivité d'un gouvernement chinois surtout préoccupé de combattre les communistes, suscite une réaction nationaliste : à la suite de l'incident de Xi'an, le 12 décembre 1936, Jiang Jieshi est contraint d'accepter le « front commun » avec les communistes. Brusquant alors les événements, le Japon envahit la Chine en juillet 1937 et occupe rapidement tout l'est du pays, jusqu'à Nankin, où le gouvernement collaborateur de Wang Jingwei (Wang Tsin-wei) est installé le 30 mars 1940. Mais le contrôle effectif des Japonais se limite aux grandes villes et aux voies de communication, ce qui favorise la résistance des troupes de Jiang Jieshi (qui s'est replié sur Chongqing) et surtout la guérilla communiste, qui immobilise d'importantes troupes japonaises (voir carte p. 52 A).

A. CHINE. DIVISIONS ADMINISTRATIVES (1969-1979)

■ Capitale d'État

• Capitales de province ou de région autonome

Municipalités

Provinces

Régions autonomes

1 - Région autonome des Hui du Ningxia

2 - Région autonome des Zhuang du Guangxi

3 - Région autonome des Ouïgours du Xinjiang *(Sin-kiang)*

A. **L'**organisation administrative de la République populaire de Chine, proclamée le 1er octobre 1949 à Pékin par Mao Zedong, obéit à deux impératifs : un souci de centralisation, d'une part, que reflètent le rattachement des trois grandes villes au pouvoir central – Pékin, Tianjin et Shanghai –, l'organisation stricte en 22 provinces – en y incluant Taiwan qui reste sous l'autorité des dirigeants du Guomindang – et la subordination directe des comités révolutionnaires des 21 provinces continentales au gouvernement ; et, d'autre part, la volonté affirmée depuis la Longue Marche de respecter le particularisme des populations allogènes. C'est pourquoi la Chine est un État multinational, dont les minorités ethniques bénéficient d'un statut particulier dans le cadre territorial de cinq grandes régions autonomes qui couvrent de 50 à 60 % de son territoire : Guangxi, Xizang, Xinjiang, Ningxia, Neimenggu. Celles-ci étaient alors peuplées de 60 millions d'habitants (6 % de la population chinoise) appartenant à 50 ethnies et à 55 minorités nationales. Enfin, pour répondre à l'exigence idéologique de « compter sur ses propres forces », un rôle essentiel est dévolu à chacune des 75 000 communes populaires que le régime communiste a érigées en collectivités de base de la société. Constituant toutes des unités économiques et sociales autonomes placées sous la direction d'un comité révolutionnaire élu, elles permettent aux agents de l'État de mieux contrôler la production agricole.

B. LA GUERRE DE CORÉE (25 JUIN-12 NOV. 1950)

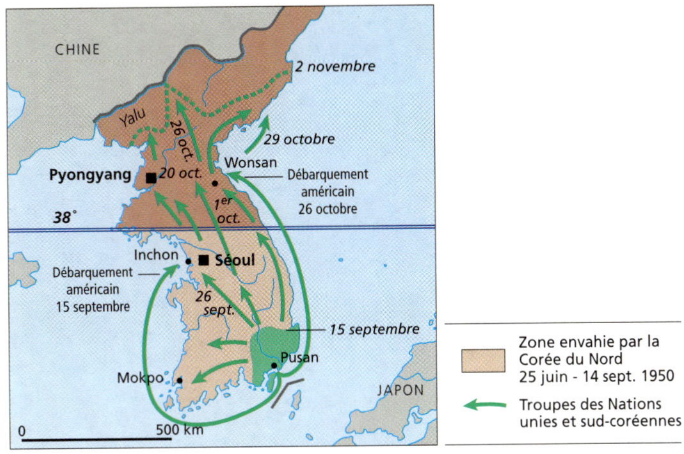

B, C et D. En 1945, après la défaite du Japon, la Corée est divisée en deux zones d'occupation, américaine et soviétique, de part et d'autre du 38e parallèle nord. La guerre froide rendant la réunification impossible, la « république de Corée » (au sud) et la « république démocratique populaire de Corée » (au nord) sont créées en 1948. Encouragés par les succès communistes en 1949 (première bombe atomique soviétique, victoire communiste en Chine), les Nord-Coréens franchissent le 38e parallèle par surprise le 25 juin 1950 et marchent sur Séoul. Le Conseil de sécurité de l'O.N.U., dont l'U.R.S.S. se trouve volontairement absente, et qui ne peut donc user valablement de son droit de veto, enjoint à la Corée du Nord de cesser son agression, puis, dès le 27 juin, fait appel aux nations membres pour porter militairement assistance à la Corée du Sud. Le même jour, le président Truman s'y engage au nom des États-Unis. Le 28, Séoul est prise par les Nord-Coréens et, dès le 30, les divisions américaines stationnées au Japon interviennent sous le commandement de MacArthur. Aux troupes américaines se joindront des contingents plus ou moins symboliques de pays occidentaux (Grande-Bretagne, France, Belgique, Turquie) ou asiatiques (Thaïlande, Philippines). Les troupes débarquent à Inon (Inchon) le 15 septembre 1950, prennent Séoul, et atteignent le Yalu le 26 octobre. Elles sont rejetées aussitôt par les « volontaires » chinois jusqu'au sud de Séoul, qui tombe le 4 janvier 1951, avant d'être reprise le 14 mars par les troupes de Mac Arthur. Celles-ci sont renforcées par le président Harry Truman, qui refuse cependant de recourir à l'arme nucléaire, de peur de déclencher une troisième guerre mondiale.
Mac Arthur est rappelé le 11 avril, et son successeur, le général Ridgway, stabilise le front entre le 23 mai et le 27 novembre 1951, un peu au nord du 38e parallèle.
Après deux ans de négociations, l'armistice est signé à Panmunjom le 27 juillet 1953 : il rétablit le *statu quo ante*, sans pour autant résoudre le problème coréen.

C. LA GUERRE DE CORÉE (INTERVENTION CHINOISE, JANV.-AVR. 1951)

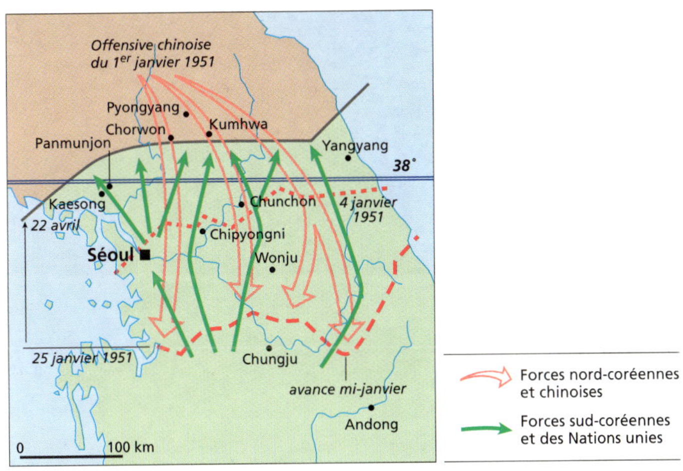

D. LA GUERRE DE CORÉE (12 JANV. 1951-27 JUILL. 1953)

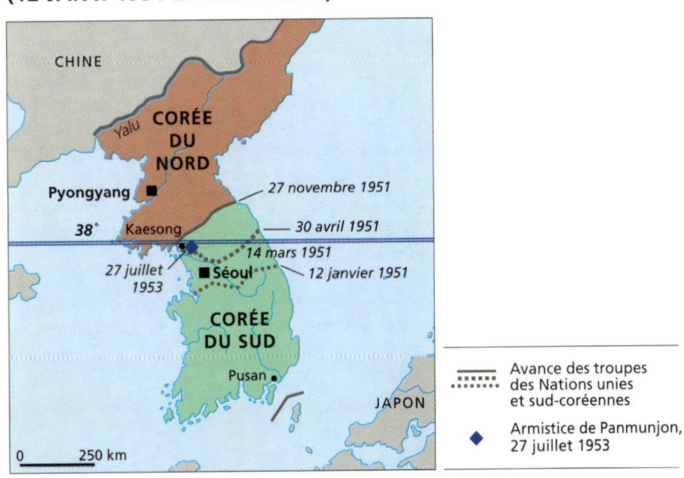

B. LA PÉNINSULE INDOCHINOISE À LA PÉRIODE ANGKORIENNE

La péninsule indochinoise au XIIe-XIIIe siècle

- Empire khmer
- Viêt Nam (939 indépendant)
- Expansion de l'Empire mongol à la fin du XIIIe siècle
- Attaques mongoles (itinéraire de Kubilay)
- • Villes
- Monuments
- ▲ Montagnes
- Expansion vietnamienne du XIe au XIVe siècle
- Royaume du Champa

A. LA PÉNINSULE INDOCHINOISE À LA PÉRIODE PRÉANGKORIENNE

- • Villes
- Monuments
- ▲ Montagnes
- ★ États proto-birmans préangkoriens
- Influence chinoise du IIIe au IXe siècle

A et B. **Le** morcellement physique et humain n'a pas permis l'éclosion d'une civilisation indépendante dans la péninsule indochinoise, qui doit son originalité à sa situation dans la zone de convergence des civilisations indienne et chinoise. À l'exception des Vietnamiens, qui lui sont réfractaires, la première pénètre tous les peuples indochinois (Pyus, Môns, Khmers, Chams) et aboutit à la formation, aux premiers siècles de notre ère, de petits royaumes totalement indianisés. À l'ouest, les royaumes pyu (Prome) et môn (Pegu, Dvaravati, Haripunjaya) n'ont qu'un faible rayonnement ; mais au IXe siècle, l'émigration des habitants de Prome à Pagan donne réellement naissance à la Birmanie, bientôt accrue de Pegu ; plus à l'est, les Khmers édifient de vrais empires, porteurs d'une brillante civilisation : après la domination du Funan du IIe au VIe siècle, le relais est pris par la principauté des Kambujas du Tchen-la, qui l'absorbe au milieu du VIe siècle. Ainsi se constitue un puissant empire khmer, dont l'apogée au XIIe siècle se reflète dans la splendeur des monuments d'Angkor Vat. Mais, à partir de la fin du XIIIe siècle, la géographie politique indochinoise est bouleversée : la décadence khmère (largement due à la charge écrasante entraînée par les constructions somptueuses), les raids mongols, l'expansion vietnamienne aux dépens du Champa, puis les invasions des peuples thaïs descendus du Yunnan témoignent du recul de l'influence indienne et des progrès des éléments mongoloïdes (voir cartes pp. 184, 188, 189, 190, 191 et 199).

C. LE VIÊT NAM DES ORIGINES AU Xᵉ SIÈCLE

- Sites archéologiques
- Empire chinois
- Influence chinoise
- **939** Date d'indépendance du Nam Viêt
- Limites approximatives des commanderies impériales
- Royaume du Champa

D. LE VIÊT NAM DU XIᵉ AU XVIIIᵉ SIÈCLE

- Le Viêt Nam au Xᵉ siècle

La marche vers le Sud (d'après Le Thanh Khoi)

- 1069
- 1307
- 1471
- 1611-1697
- 1698-1759
- 1780
- Capitale du Nord, 1010
- Capitale du Sud
- Invasions mongoles au XIIIᵉ s. (d'après *Études vietnamiennes*, Hanoi, 1969)
- Comptoir portugais

C. **D**ès son origine, le Viêt Nam apparaît divisé en deux aires culturelles. Au sud, de la porte d'Annam au delta du Mékong, les Chams, population malayo-polynésienne, subissent l'influence indienne par l'intermédiaire des royaumes du Funan (Oc-èo, centre du commerce international), puis du Tchen-la ; en 192, ils fondent le royaume du Champa. Au nord, les Vietnamiens, issus du métissage de groupes mongoloïdes (Muongs, Thaïs) avec les autochtones mélano-indonésiens, sont marqués par l'influence chinoise, qui devient prépondérante à partir de la création du royaume du *Nam Viêt* par un général chinois en 208 av. J.-C. Annexé en 111 av. J.-C. par les Han et englobé dans le Nanyue, le nouveau royaume du Nam Viêt (Tonkin, Thanh-hoa, Je-nan) subit une sinisation renforcée (diffusion du taoïsme et du confucianisme) ; mais, en même temps, se développe un sentiment national, forgé par les menaces du Champa et du Nanzhao et par les révoltes périodiques contre la tutelle chinoise. Aussi, en 939, profitant de l'affaiblissement de la dynastie des Tang en Chine, un soulèvement général permet d'obtenir l'indépendance du pays, dont la capitale est alors transférée de Hanoï à Cô Loa. Après un siècle d'anarchie, l'arrivée au pouvoir de la dynastie Ly consolide définitivement le nouveau royaume du Dai Viêt ; celui-ci s'étend vers le sud au détriment du Champa, qui transfère sa capitale à Vijaya après le pillage d'Indrapura en 982 (voir cartes pp. 186 A et B, 188 et 198).

D. **L**'organisation d'un pouvoir central fort, établi en 1020 à Thang Long (Hanoi), s'appuyant sur une classe de mandarins qui dirigent l'administration, permet de développer la puissance économique et militaire du Dai Viêt ; ainsi celui-ci peut-il pratiquer une politique d'expansion que suscite la pression démographique et qui se nourrit d'un nationalisme vivace. Impossible vers le nord en raison de la présence menaçante des Chinois (invasion des Song en 1077 ; raids mongols du XIIIᵉ s. ; nouvelle invasion au début du XVᵉ s.), cette expansion s'exerce au sud, aux dépens du Champa, qui perd ses provinces septentrionales (en deux étapes [1069 et 1307]), puis le Centre-Annam après une bataille décisive en 1471. Mais cette dilatation même du Dai Viêt, en favorisant les tendances centrifuges, affaiblit le pouvoir central, ce qui entraîne la rupture de l'unité du pays au XVIᵉ siècle. Tandis que le Nord est soumis à la dictature du clan Trinh, les Nguyên, établis à Phu Xuân (Huê), reprennent à leur compte la marche vers le sud, atteignant, à la fin du XVIIᵉ siècle, le delta du Mékong, d'où ils refoulent peu à peu les Khmers. Ayant retrouvé son unité en 1789, le Dai Viêt semble atteindre alors son apogée (voir cartes pp. 188, 189, 191, 192 et 193).

A. L'INDOCHINE FRANÇAISE

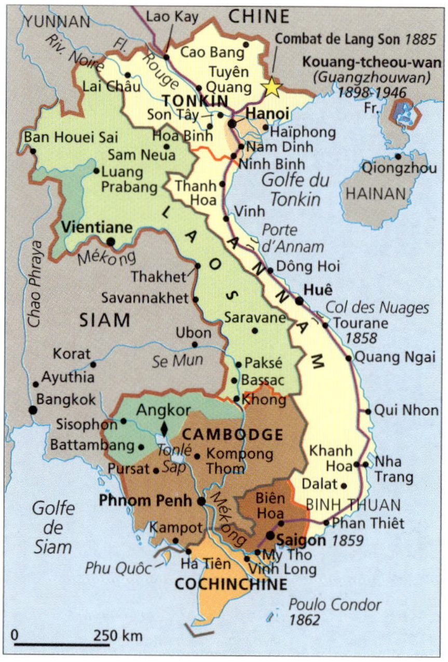

Étapes de la colonisation française

- 1859-62
- 1863
- 1867
- 1873 (F. Garnier)
- 1883-85
- 1893
- Provinces cédées par le Siam en 1907
- Limites de l'Indochine française en 1927
- Transindochinois commencé en 1921, terminé en 1936
- Viêt Nam actuel

B. LA GUERRE D'INDOCHINE (1946-1954)

- Voie d'arrivée de l'aide chinoise
- Zone disputée (grande insécurité)
- Zone disputée (sécurité relative)
- Zone entre les mains du Viêt-minh
- Implantation viêt-minh sérieuse
- Implantation viêt-minh encore lâche

A. **L**a colonisation de l'Indochine débute lorsque, pour protéger les chrétiens persécutés, Napoléon III fait occuper Saigon en 1859, puis la Cochinchine orientale (1862-1864), que l'amiral de La Grandière accroît de la Cochinchine occidentale (1867), après avoir placé en 1863 le Cambodge sous protectorat français pour le soustraire aux ambitions du Siam.
Le désir de conquérir le marché chinois explique l'extension vers le nord. Francis Garnier remonte le Mékong (1866-1868), prend Hanoi en 1873, mais est tué le 21 décembre. L'assassinat du commandant Rivière aux portes de cette ville, le 19 mai 1883, provoque alors l'intervention décisive : dès le 25 août, le protectorat français est accepté par l'Annam, puis étendu au Tonkin le 6 juin 1884. Malgré l'incident de Lang Son en mars 1885, la Chine hostile accepte le fait accompli. Regroupés en 1887 en une *Union indochinoise*, accrue en 1893 du Laos pacifiquement conquis par Auguste Pavie, ces territoires sont soumis, notamment par le gouverneur général Paul Doumer (1896-1902), à une centralisation systématique et connaissent un incontestable essor économique, dont deux des instruments essentiels sont, à la veille de la Seconde Guerre mondiale, le chemin de fer transindochinois et celui du Yunnan (voir carte p. 193).

B. **C**onséquence de la défaite française en Europe, l'occupation japonaise, à partir du 23 septembre 1940, a renforcé le nationalisme indochinois ; aussi, le 2 septembre 1945, profitant du vide du pouvoir dû à la capitulation japonaise, Hô Chi Minh, chef du mouvement nationaliste et communiste viêt-minh, proclame à Hanoi l'indépendance du Viêt Nam. Pour se réinstaller au Tonkin, les Français doivent donc négocier avec lui ; mais malentendus et suspicions concernant l'interprétation des clauses de l'accord du 6 mars 1946 engendrent deux incidents graves qui créent l'irréparable : le bombardement de Haiphong par l'artillerie française le 23 novembre ; l'attaque de Hanoi par Vô Nguyên Giap le 19 décembre. Pendant trois ans, les Français se heurtent à la guérilla menée par le Viêt-minh qui, par la propagande ou la terreur, s'assure le contrôle de vastes régions rurales en Cochinchine et au Tonkin ; à partir de 1950, l'aide massive que lui assurent les communistes chinois permet au général Giap de remporter d'importants succès dans le nord du Tonkin. En renforçant les effectifs franco-vietnamiens (près de 450 000 hommes à la fin de 1953) et en obtenant l'aide des États-Unis, déjà alertés par la guerre de Corée, le général de Lattre de Tassigny opère pendant deux ans un redressement militaire, mais le désastre de Diên Biên Phu, le 7 mai 1954, précipite la fin de la guerre : dans la nuit du 20 au 21 juillet, à la conférence de Genève, Pierre Mendès France entérine le partage provisoire du Viêt Nam en deux zones, de part et d'autre du 17e parallèle nord, et confirme l'intégrité des États du Cambodge et du Laos, dont l'indépendance a été affirmée dès 1953.

C. LA GUERRE DU VIÊT NAM. SITUATION APPROXIMATIVE (DÉC. 1967)

C. **La** guerre du Viêt Nam est née du refus de Ngô Dinh Diêm, chef de la république du Viêt Nam (sud), de procéder aux élections prévues par les accords de Genève. Regroupant communistes et progressistes sud-vietnamiens, le *Front national de libération* (F.N.L.) coordonne les opérations de guérilla menées contre le régime en place dès sa fondation en 1960. Deux facteurs contribuent à l'internationalisation rapide du conflit : l'intervention directe des États-Unis (165 000 hommes en 1965 ; 510 000 en 1968) pour éviter l'effondrement du Viêt Nam du Sud ; l'aide apportée au F.N.L., *via* la « piste Hô Chi Minh », par les armées du Viêt Nam du Nord, appuyées par le Pathet Lao et largement ravitaillées en matériel par l'U.R.S.S. et par la Chine. Ainsi les combats s'aggravent-ils dans le Sud et la guerre s'étend-elle au Nord, bombardé par les Américains. L'échec de la politique de « pacification » est révélé par l'« *offensive du Têt* » du 30 janvier 1968 et par l'hostilité de l'opinion américaine, ce qui entraîne l'arrêt des bombardements sur le Nord, l'ouverture de négociations et la mise en œuvre d'une nouvelle stratégie en 1969. Mais, ni la « *vietnamisation* » de la guerre, ni son extension au Cambodge en avril 1970, pour couper la « piste Hô Chi Minh », ni la reprise des bombardements sur le Nord, ni le blocus naval du golfe du Tonkin ne viennent à bout de la résistance du peuple vietnamien. Aussi les États-Unis se retirent-ils du conflit, auquel il est mis un terme théorique par les accords de Paris du 27 janvier 1973. Ne recevant plus, dès lors, qu'une aide américaine limitée, le gouvernement sud-vietnamien du général Nguyên Van Thiêu s'effondre le 30 avril 1975, après deux ans de résistance.

A. CONQUÊTE DE L'ARCHIPEL PAR LES JAPONAIS

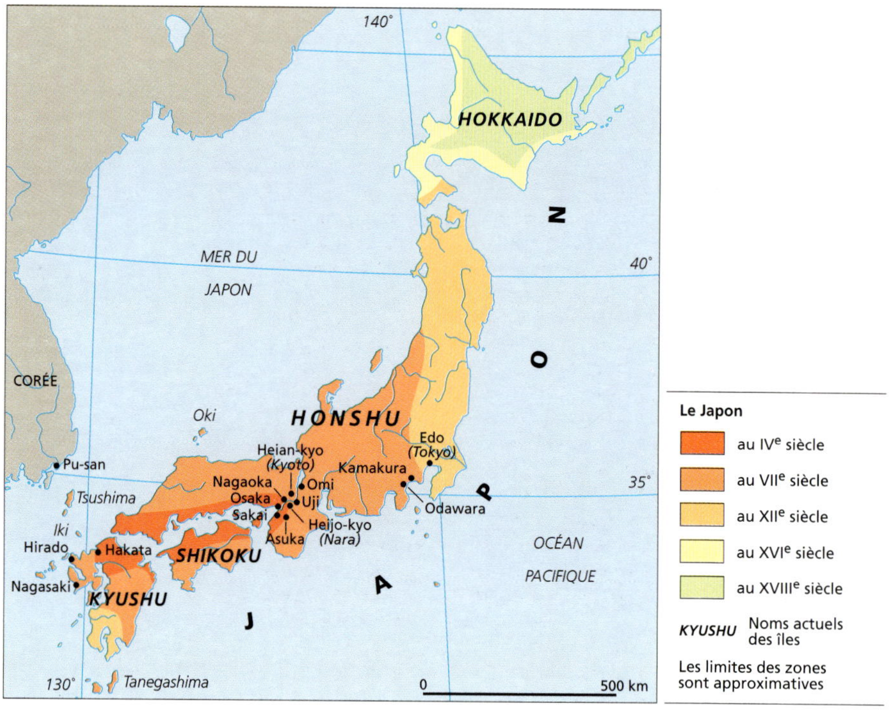

B. DISTRIBUTION DES GRANDS SEIGNEURS AU XVIe SIÈCLE

B. **L'**usurpation de vastes domaines, qu'ils concèdent en fiefs à des vassaux, fait des gouverneurs provinciaux de véritables « seigneurs féodaux » *(daimyo)*, disposant d'une vaste clientèle, et pratiquement indépendants du pouvoir du *shogun* résidant à Kyoto. Le morcellement politique affaiblit l'autorité centrale ; le pouvoir est en effet accaparé par une trentaine de grands daimyo, par une centaine de petits seigneurs révoltés, enfin par les sectes religieuses (Ikko). Les guerres sanglantes qui les opposent les uns aux autres plongent le pays dans l'anarchie et le ruinent en suscitant de nombreuses jacqueries, qui aggravent les désordres.

A. **D'**abord peuplé par des groupes venus de Sibérie (Aïnous) ou de l'Asie méridionale, le Japon reçoit, au Ier millénaire avant notre ère, de nouveaux arrivants qui s'installent au sud de l'archipel. Leur avance technique (riziculture, intensive ou non, dès le IIIe s. av. J.-C. ; métallurgie du bronze au Ier s. apr. J.-C., puis du fer), l'unification des clans primitifs en petits royaumes permettent la formation, au milieu du VIe siècle, d'un « empire » : l'État du Yamato, que renforce l'adoption, par l'intermédiaire de la Corée, des grands traits de la civilisation chinoise – confucianisme au Ve siècle, bouddhisme au VIe siècle. Après s'être retirés de Corée, les Japonais entreprennent la colonisation de l'Est et du Nord « barbares ». Au terme de violents affrontements, les Aïnous sont refoulés au VIIIe siècle au nord de Honshu. Mais cette expansion est freinée, à partir du XIIe siècle, par le développement progressif d'une « féodalité » (lié à l'accaparement des terres par l'aristocratie territoriale, qui prend un caractère militaire) et par l'affaiblissement d'un pouvoir impérial trop éloigné (à Heijo-kyo [Nara], 710-794 ; puis à Heian-kyo [Kyoto], 794-1185) : après l'expulsion définitive des Aïnous d'Honshu, seule la restauration d'un pouvoir central fort (qui s'installe symboliquement plus à l'est, à Edo [auj. Tokyo] en 1603) permet d'engager, dès la fin du XVIe siècle, la colonisation d'Hokkaido.

C. LES SOIXANTE-SIX PROVINCES TRADITIONNELLES

C. **D**ans un cadre provincial qui n'a guère changé depuis le VIIe ou le VIIIe siècle, le rétablissement, au XVIIe siècle, de l'autorité centrale par la dynastie shogunale des Tokugawa entraîne un nouveau style de gouvernement local, mélange de féodalité et de centralisation. Le processus de féodalisation semble achevé, puisque les provinces sont concédées en fiefs aux daimyo ; mais le shogun y assure son autorité en « domestiquant » les seigneurs, soumis à un système rigoureux de « prise d'otages » et contraints de résider une année sur deux dans la capitale, Edo (aujourd'hui Tokyo).

A. LE JAPON (1868-1939)

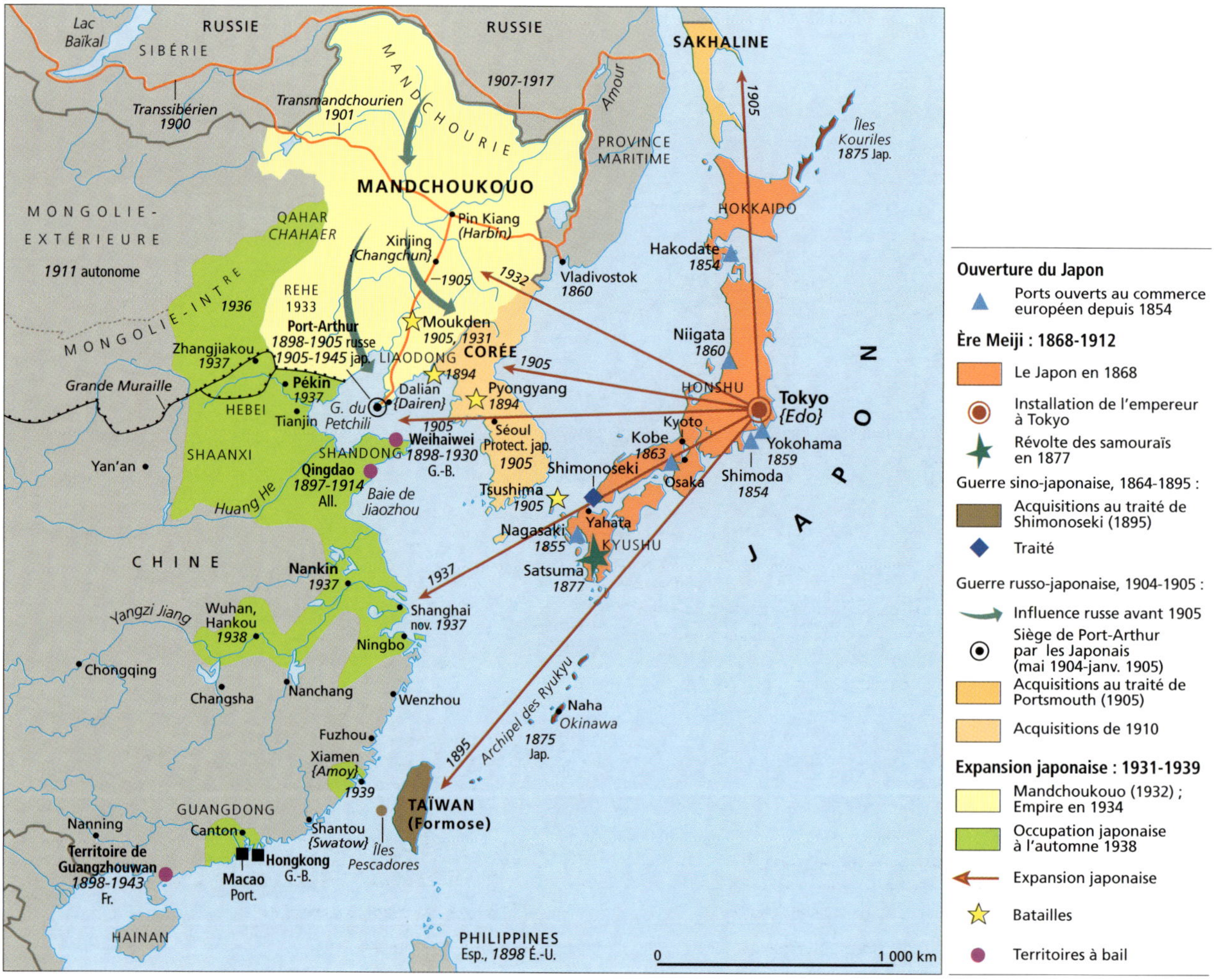

A. **C**ontraint de s'ouvrir aux étrangers à partir de 1854, le Japon assimile rapidement les apports occidentaux, sous l'impulsion de l'empereur Mutsuhito (1867-1912), qui inaugure l'« ère Meiji » (1868-1912) par l'élimination du shogunat et par la répression des révoltes féodales. Des réformes politiques et sociales ouvrent la voie à la modernisation économique : l'État fait appel aux techniciens étrangers, subventionne les industries et aide à la création de grandes entreprises, les *zaibatsu.* Mais le rapide développement industriel se heurte au manque de matières premières et à l'étroitesse du marché intérieur : il en résulte un processus impérialiste précoce, dont la visée principale est la Chine. En deux guerres, contre la Chine de 1894 à 1895 et contre la Russie de 1904 à 1905, le Japon s'empare de Taiwan en 1895 et de la Corée en 1905 (mais il n'annexe cette dernière qu'en 1910) ; à partir de 1905, il étend son influence sur le sud de la Mandchourie. Après la *Première Guerre mondiale,* au cours de laquelle le Japon s'est renforcé en Chine et dans le Pacifique, l'expansion nippone semble prendre une forme plus pacifique, pus exclusivement commerciale. Mais, du fait de la crise de 1929, qui ferme de nombreux marchés au commerce japonais, les militaires reviennent au pouvoir et les thèses impérialistes triomphent : l'occupation de la Mandchourie en 1931, l'invasion de la Chine en 1937 sont les premières étapes de la construction de la « sphère de coprospérité asiatique » (voir cartes pp. 52, 193, 196 et 212 B).

B. LA CIVILISATION DE L'INDUS

B. **O**n appelle « civilisation de l'Indus » la culture qui, dans le bassin de ce fleuve, correspond à la période protohistorique et se caractérise par la diffusion du cuivre (v. 2500-v. 1500 av. J.-C.). Les principaux sites sont Mohenjo-Daro, Chanhu-Daro et, surtout, Harappa ; on y voit les vestiges des villes comportant une citadelle et des quartiers d'habitation. L'existence de surplus agricoles (vastes greniers) explique cette floraison urbaine et alimente un commerce lointain, attesté par la découverte de sceaux jusqu'en Mésopotamie.
La destruction de la culture d'Harappa correspondrait à l'arrivée de cavaliers armés de fer, les Aryens (Indo-Européens venus d'Iran).

A. L'EMPIRE D'ASHOKA ET SON DÉMEMBREMENT

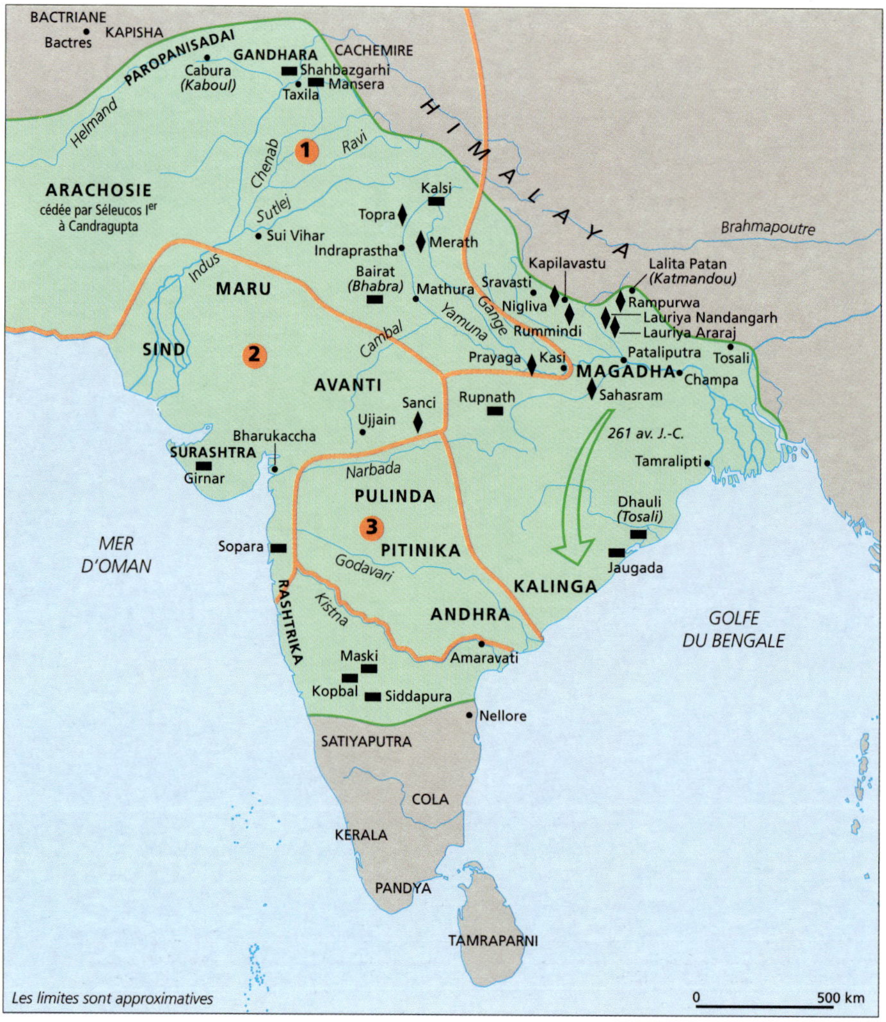

- Empire d'Ashoka vers 250 av. J.-C.
- ▬ Édits gravés sur des rocs
- ♦ Édits gravés sur des piliers

L'Inde vers 150 av. J.-C.

1. Empire kushana
2. « Satrapies » occidentales
3. Royaume andhra

A. **Le** règne d'Ashoka (v. 268-v. 232) marque l'apogée de la dynastie des Maurya et, pour l'Inde, sa première unification. Sacré à Pataliputra, sa capitale, le roi est converti au bouddhisme et se montre fervent prosélyte, comme l'attestent ses édits gravés sur le roc ; il embellit les sanctuaires existants et en construit d'autres, provoquant l'essor d'un art admirable. Profitant du reflux des Grecs consécutif à la mort d'Alexandre en 323, exploitant l'héritage de Candragupta, le Sandrakottos des historiens grecs, Ashoka étend son empire : celui-ci comprenait les bassins de l'Indus et du Gange, le nord-ouest de l'Inde et l'Afghanistan oriental ; il atteint les limites de l'Inde actuelle, à l'exception de l'Assam et du sud du Deccan. Le gouvernement est religieux sans excès, la civilisation, mixte : au fonds indien s'ajoutent des influences iraniennes et grecques (bilinguisme de Kandahar en Afghanistan). L'unité de cet ensemble ne survit pas à Ashoka : on a incriminé sa politique de non-violence, une possible réaction des brahmanes contre le bouddhisme ; il faut aussi tenir compte de l'excessive pression économique exercée par l'État.

B. LE SULTANAT DE DELHI

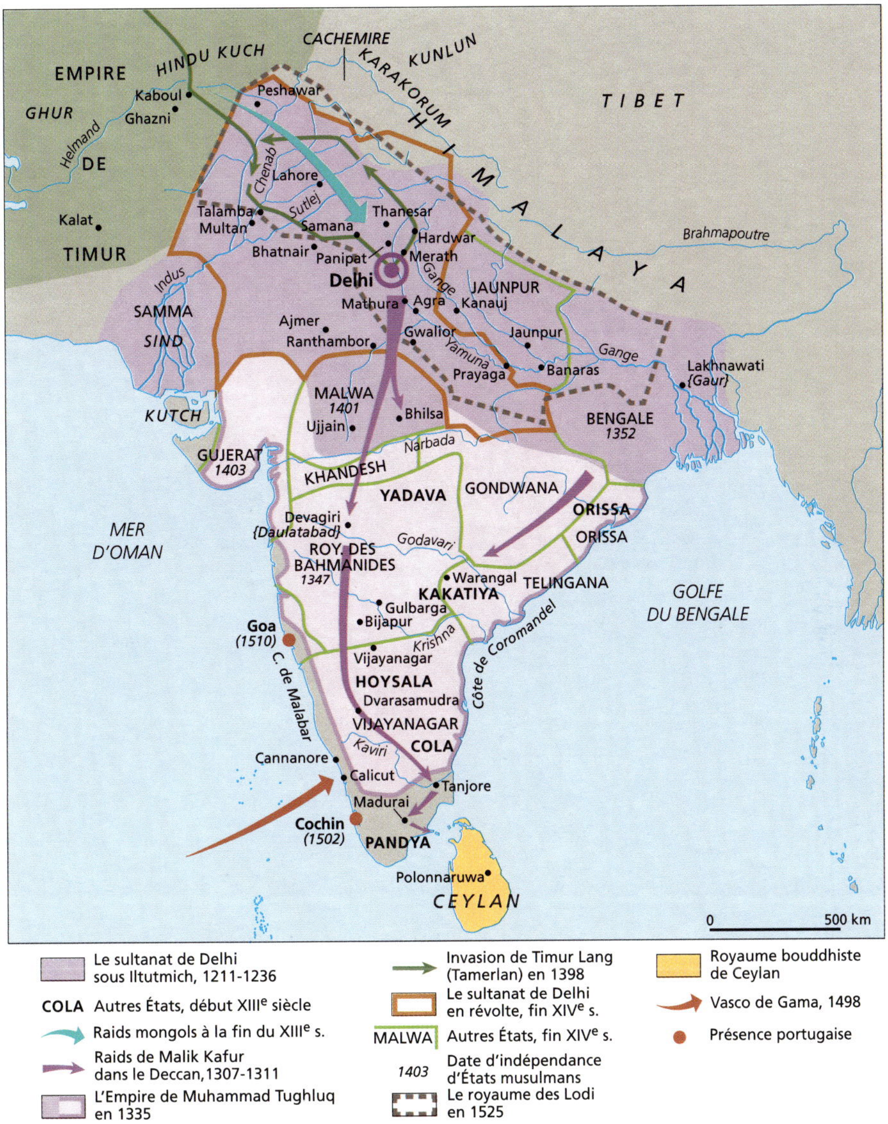

B. Commencée au XIe siècle par les raids de Mahmud de Ghazna, la mainmise des musulmans sur l'Inde septentrionale est achevée par la victoire de Muhammad de Rhur (ou de Ghor) sur le roi de Delhi, Prithvi Raj, à Thanesar en 1192. Le *sultanat de Delhi* passe dès 1206 à des dynasties turques : celle des « Esclaves », que domine le règne d'Iltutmich, jusqu'en 1290 ; celle des Khaldji jusqu'en 1320 ; celle des Tughluq jusqu'en 1414. Étendant sa domination du Sind au Bengale, cet État vassalise, au début du XIVe siècle, presque tous les royaumes hindous du Deccan, à l'exception de l'extrême Sud Tamoul. En même temps, l'islamisation se répand. Mais, dès cette époque, s'amorce un processus de démembrement : dans un aussi vaste empire, les gouverneurs musulmans profitent de la faiblesse des structures politico-administratives pour se tailler des royaumes indépendants (en particulier le Bengale, le royaume des Bahmanides au Deccan, le Malva, le Gujerat) ; de surcroît, la résistance hindoue à l'islamisation conduit à la formation d'États qui luttent contre le sultanat (confédération rajput, Orissa de la dynastie Ganga, Pandya et, surtout, empire de Vijayahagar, créé en 1336 et qui incarne jusqu'en 1565 la permanence hindoue). Ce démembrement est accentué, après 1398, par le raid de pillage de Timur, qui plonge définitivement le sultanat de Delhi dans l'anarchie, contre laquelle lutte vainement la dynastie afghane des Lodi de 1451 à 1526 (voir cartes pp. 174 et 175).

A. L'EMPIRE MOGHOL

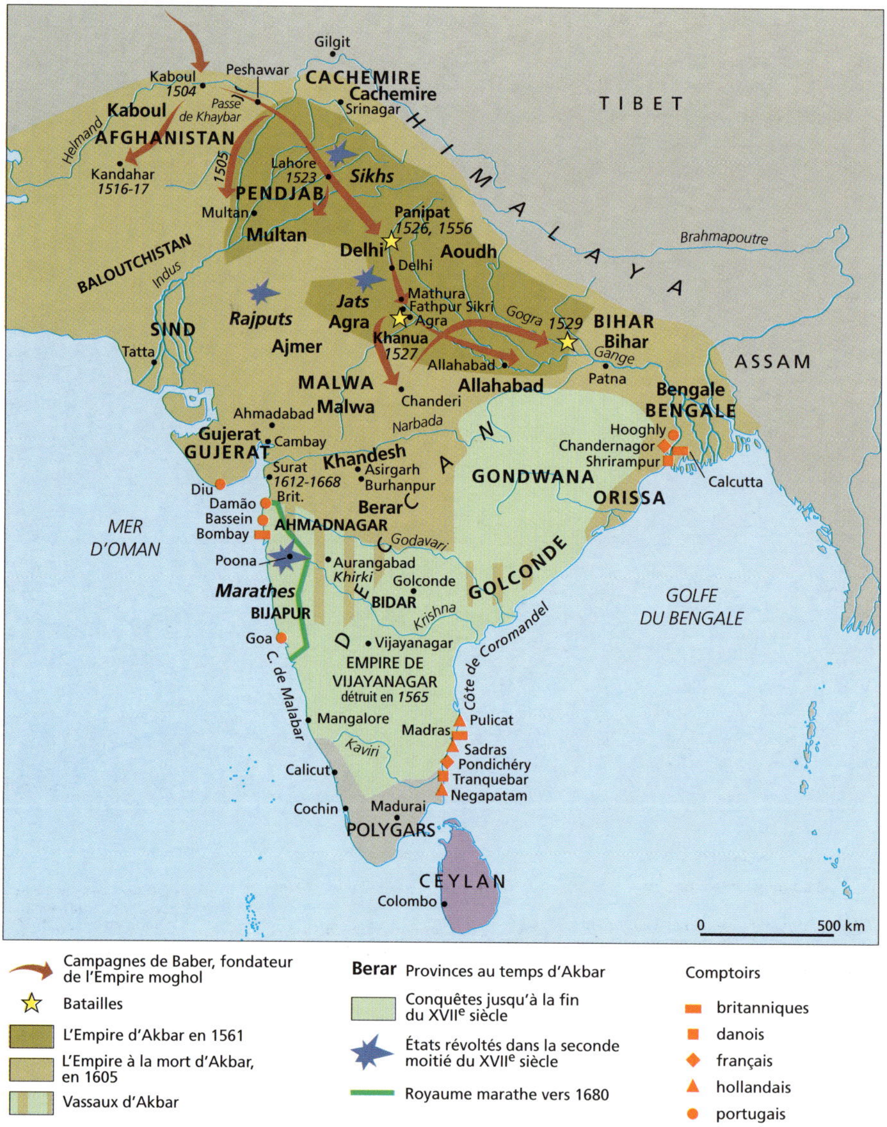

A. **L**a faiblesse du sultanat de Delhi permet au prince timuride Baber (1483-1530), venu d'Afghanistan, de constituer un Empire moghol dans la plaine Indo-Gangétique, après ses victoires de Panipat (1526) contre le dernier sultan de Delhi, Ibrahim Lodi, et de Khanua (1527) contre les Rajputs. Son petit-fils Akbar (1556/1561-1605) renforce l'Empire en annexant toute l'Inde du Nord, du Sind à l'Orissa, et en le protégeant par un système de glacis (Afghanistan, Cachemire, Baloutchistan) ; de plus, après la destruction du royaume de Vijayanagar en 1565, il vassalise les États du Deccan central. Le renforcement de l'administration, une politique sociale et religieuse habile assurent à l'Empire, au XVIIe siècle, une stabilité et une prospérité remarquables, qui favorisent l'épanouissement d'une civilisation indo-musulmane très brillante. À la fin du XVIIe siècle, Aurangzeb (1658-1707) conquiert la majeure partie du Deccan, élargissant encore l'Empire ; mais celui-ci est financièrement ruiné par ces guerres, tandis que la politique anti-hindoue suscite de violentes révoltes : Jats en 1669 ; Rajputs, puis surtout Marathes, qui édifient, à partir de 1674, un véritable État dans l'ouest du Deccan. Cet affaiblissement de la puissance moghole est mis à profit par les Européens, qui ont établi des comptoirs commerciaux dès le XVIe siècle, pour renforcer leurs positions au Bengale, au Maharashtra et en pays tamoul (voir carte p. 177).

B. L'INDÉPENDANCE ET LA PARTITION DE L'INDE

B. **E**n 1849, après l'annexion du Pendjab, le sous-continent est entièrement contrôlé soit directement (Inde britannique), soit indirectement (États princiers théoriquement indépendants, en fait protégés : *Native States*) par la *Compagnie anglaise des Indes orientales*. Mais la grande *révolte des cipayes* de 1857, qui touche toute l'Inde centrale, révèle les tares de la colonisation menée par la Compagnie, à la fois maladroite et brutale, et dépourvue de moyens suffisants. Aussi, une fois la révolte réprimée, l'Inde britannique devient-elle colonie directe de la Couronne. Animé à partir de 1885 par *l'Indian National Congress (Congrès National Indien)*, le mouvement nationaliste indien se développe après la Première Guerre mondiale, sous l'influence de Gandhi, qui lance une vaste campagne de désobéissance civile et de boycottage des produits anglais ; alternant répressions et concessions et jouant sur les dissensions religieuses, la politique britannique renforce, en fait, les éléments extrémistes, qui répudient la stratégie de non-violence de Gandhi ; surtout, elle approfondit le fossé entre hindous et musulmans. Aussi, le processus d'indépendance, inéluctable après la Seconde Guerre mondiale (qui a renforcé les sentiments antibritanniques), détermine-t-il l'éclatement de l'Inde : fondée dès 1906, la *Ligue musulmane* d'Ali Jinnah exige la création d'un Pakistan regroupant les régions à majorité musulmane ; les Britanniques, qui n'ont pu empêcher les émeutes religieuses d'août 1946, entérinent la partition en reconnaissant, le 18 juillet 1947, l'indépendance de deux États – l'*Union indienne* du Pandit Nehru, qui n'achève son unité que lors de l'annexion des territoires portugais de Goa, Diu et Damao, les 18 et 19 décembre 1961 ; le *Pakistan* d'Ali Jinnah, monstre géographique et économique, dont les deux fractions sont éloignées de 1 500 km l'une de l'autre. Aux franges du sous-continent, deux autres États sont créés, les 15 décembre 1947 et 4 janvier 1948 : *Ceylan* (Sri Lanka depuis 1972) et *l'Union birmane*. Dans les deux premiers États (Union indienne et Pakistan), le retrait précipité des Britanniques crée un vide politique, qui favorise de nouvelles violences (massacres au Pendjab, assassinat de Gandhi le 30 janvier 1948), notamment lors des échanges de populations : entre eux, l'hostilité, aggravée par le problème du Cachemire, semble désormais irréductible, alors même que la Chine populaire conteste le tracé des frontières héritées de la colonisation.

A. JAVA DU VIIIe AU XIVe SIÈCLE

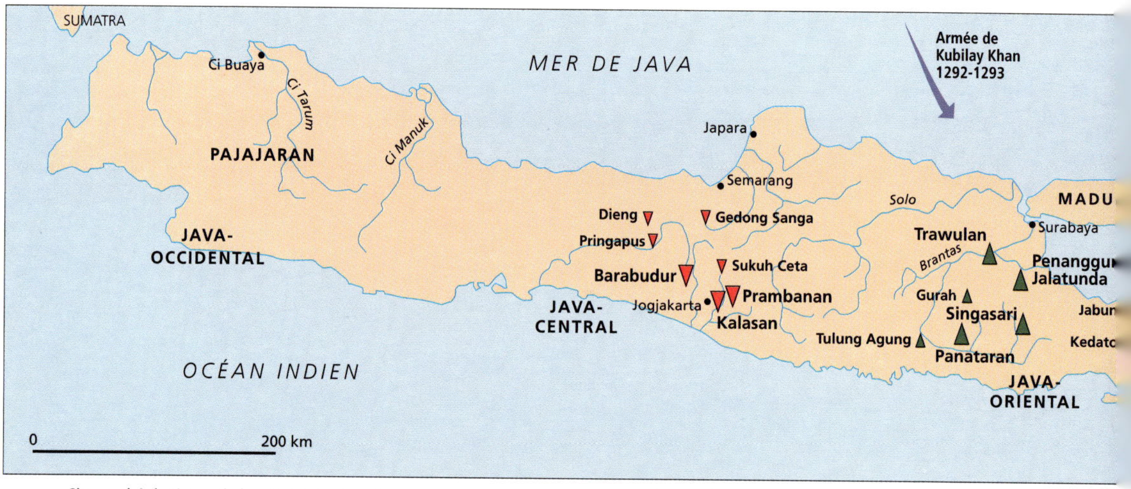

▼ Sites archéologiques de la période de Java-Central (VIIIe-IXe s.)

▲ Sites archéologiques de la période de Java-Oriental (X^e-XIVe s.)

A. **E**n 732 se constitue dans le centre de Java un État dont les rois deviennent vassaux, à la fin du VIIIe siècle, des Sailendra de Sumatra. Sur le plan culturel, l'indianisation débute dès le Ve siècle, ainsi que l'attestent des textes épigraphiques dérivés du sanskrit. Elle progresse du VIIe au IXe siècle au centre de Java, où sont édifiés de magnifiques monuments : sanctuaires dédiés dès 732 à Shiva sur le plateau de Dieng ou à la trimurti hindouiste à Prambanan ; célèbre stupa bouddhique édifié à Barabudur vers 750. Après la « catastrophe », de nature inconnue, de 928, la création artistique passe brutalement du centre à l'est de Java. C'est dans cette région que sont désormais édifiés, du Xe au XIVe siècle, des sanctuaires (Gurah, XIIe s. ; Singasari, XIIIe s. ; etc.) et une statuaire où se marque l'invasion progressive d'apports indigènes. Au XIVe siècle, cette tendance s'accentue à l'ère de Majapahit.

• Villes repères

B. ISLAMISATION DE L'ARCHIPEL

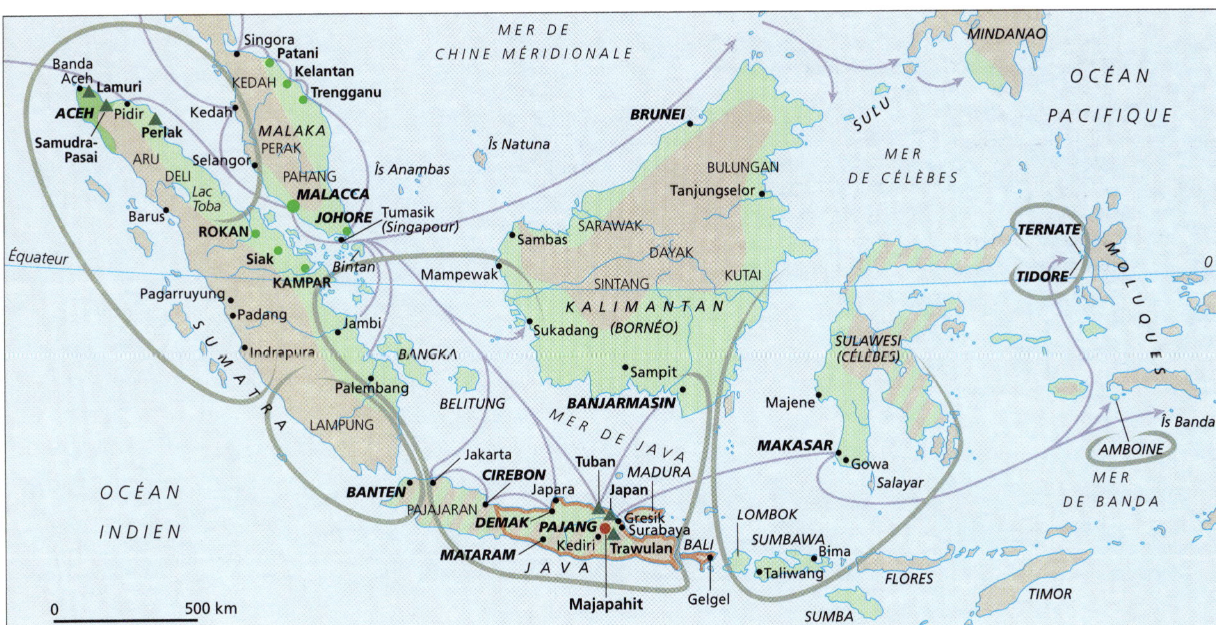

Le royaume de Majapahit au XIVe s.
Routes maritimes

Pénétration de l'islam
▲ XIIIe-XIVe s.
● XVe-XVIe s.
XVIIe s.

Aires d'influence des sultanats dans la première moitié du XVIIe s.

BANTEN Sultanats

B. **Jusqu'au** XIVe siècle, l'apport culturel indien (diffusion de l'hindouisme et du bouddhisme tantrique) domine, surtout à Sumatra et à Java, d'où l'empire maritime de Majapahit étend son influence sur tout l'archipel. Mais l'importance commerciale et la richesse en bois et en épices des îles attirent les marchands – Chinois, Arabes et Indiens du Gujerat ; ceux-ci apportent avec eux l'islam, qui s'infiltre dans le nord de Sumatra dès la fin du XIIIe siècle. D'abord diffusé à Malacca et à Sumatra (où la ruine du royaume de Srivijaya a laissé un vide politique et culturel), l'islam se répand d'autant plus facilement que les princes vassaux de l'empire de Majapahit en profitent pour se soustraire à l'influence de ce dernier ; aussi cet empire s'effondre-t-il à la fin du XVe siècle, ce qui accélère alors la pénétration de l'islam à Java et dans le reste de l'archipel : les fidèles de l'hindouisme doivent se réfugier à Bali. Cette islamisation, qui incorpore certains éléments animistes préhindous, s'accompagne d'un morcellement politique de l'archipel en sultanats indépendants, dont les rivalités favorisent de nouvelles pénétrations étrangères : dès le début du XVIe siècle, les Européens, auxquels les Arabes ont fait découvrir la route des épices, s'installent à la périphérie de l'archipel (Malacca, 1511 ; Timor, 1520 ; Moluques, 1521 ; Flores, 1667), avant de s'attaquer aux grands sultanats (Mataram, Banten, Aceh) à l'instigation surtout des Néerlandais à partir du XVIIe siècle.

A. LA PÉNÉTRATION HOLLANDAISE À JAVA (1800-1830)

Principautés autonomes

Banten — Cirebon — Sultanat de Surakarta et sultanat de Jogjakarta — Domaine d'administration directe — *1809* Les dates indiquent le début de la suzeraineté occidentale sur les principautés

A. **I**nstallés dès le début du XVIIe siècle à Java, où ils fondent Batavia en 1619, les Hollandais contrôlent, au XVIIIe siècle, la côte nord de l'île et vassalisent le sultanat de Mataram, divisé en 1755 en deux principautés, Jogjakarta et Surakarta. Après la disparition de la Compagnie hollandaise des Indes orientales dont la charte expire le 31 décembre 1799 et malgré l'occupation anglaise de Batavia (1811-1814/1816), les Néerlandais renforcent leur mainmise sur l'île : l'autonomie des sultanats est limitée, le domaine de l'administration directe s'étend et l'exploitation coloniale s'intensifie avec l'institution du « système des cultures » par le gouverneur Johannes Van den Bosch (1830-1833).

B. L'EXTRÊME-ORIENT EN 1938

Acquisitions territoriales du Japon

- 1895
- 1905-1910
- 1932
- Territoires occupés à l'automne 1938

Possessions coloniales occidentales

- Grande-Bretagne
- France
- Pays-Bas
- États-Unis
- Colonie ou territoire à bail européen

B. **À** la veille de la Seconde Guerre mondiale, l'Extrême-Orient apparaît comme une zone stratégique, objet des convoitises des puissances coloniales européennes, des États-Unis, présents aux Philippines depuis 1898, et du Japon, devenu première puissance asiatique depuis l'ère Meiji. Contraint de sortir de son isolement en 1854, l'archipel a en effet fait le choix de relever le défi de l'Occident en copiant ses méthodes : face aux impérialismes occidentaux, il se lance dans une expansion militaire effrénée, qui vise particulièrement la Chine. Mais l'impérialisme nippon inquiète les grandes puissances, et notamment les États-Unis, qui, au nom de la politique de la « porte ouverte », estiment que chaque nation doit jouir des mêmes avantages et s'opposent donc à la mainmise japonaise en Chine. Dès la fin de la Première Guerre mondiale, les Occidentaux marquent un coup d'arrêt à l'influence japonaise dans la région en obligeant l'archipel à renoncer à ses avantages en Chine. Mais la crise de 1929, en fermant de nombreux marchés au Japon, impose le retour à l'expansion armée. L'impérialisme japonais se dirige à nouveau contre la Chine, tout en commençant à lorgner vers les minerais et le caoutchouc d'Indochine et vers le pétrole des Indes néerlandaises. Après avoir envahi la Mandchourie en 1931 et créé l'État fantoche du Mandchoukouo, le Japon entre, en juillet 1937, en conflit ouvert avec la Chine. Cette deuxième guerre sino-japonaise, qui permet aux Japonais d'occuper Pékin et la plupart des régions côtières, aura pour conséquence de détériorer de façon irrémédiable les relations de l'archipel avec les États-Unis (voir carte p. 204).

C. L'ASIE DU SUD-EST (1975-1990)

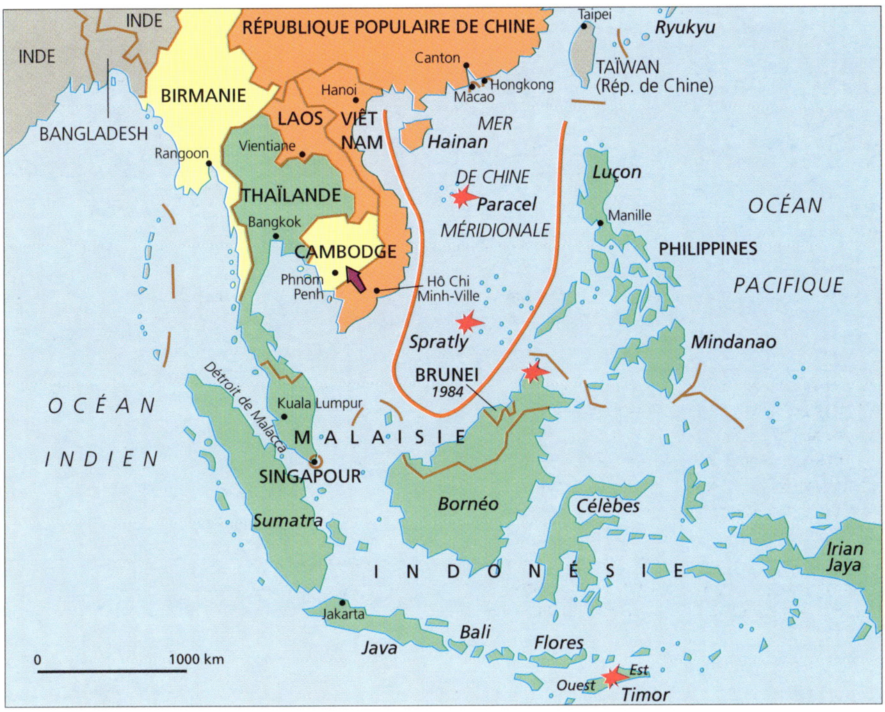

Pays de l'ASEAN
Pays communistes
Pays neutres de régime socialiste
Occupation du Cambodge par les troupes vietnamiennes (1979-1989)
Litiges territoriaux
Zone maritime revendiquée par la Chine

C. **L'**ère postcoloniale a débuté en Asie du Sud-Est dès 1975. Soutenu par l'U.R.S.S., le gouvernement d'Hanoi réunifie sous sa férule le Viêt Nam, le 30 avril, et favorise la proclamation d'une république démocratique populaire au Laos, le 2 décembre, alors que l'Indonésie occupe le Timor oriental. Si la République socialiste de Birmanie reste neutraliste, le Cambodge subit la dictature sanglante des Khmers rouges depuis 1975. Fondateur, de fait, de la république populaire du Kampuchéa, le Viêt Nam exerce enfin son hégémonie (1978-1989) sur la totalité de l'ancienne Indochine française et amorce une pénétration vers le sud, concurrente de celle que veut effectuer Pékin à travers la mer de Chine méridionale. L'une et l'autre sont également menaçantes pour les pays de l'ASEAN, non communistes. Mais la reprise des contacts économiques de la Chine et du Viêt Nam avec l'Occident dans les années 90 atténue ces tensions, au moins momentanément.

L'AFRIQUE

A. LES ÉTATS SOUDANIENS (X^e-XIVe SIÈCLE)

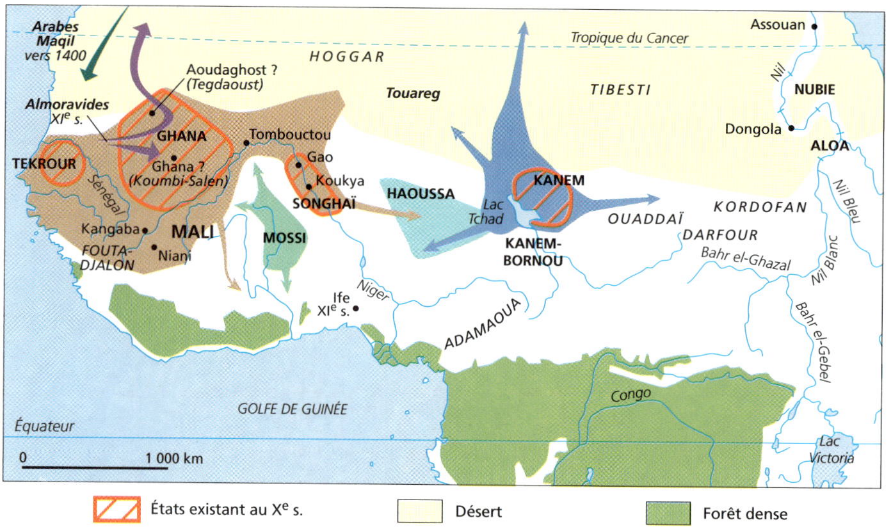

A. Les premiers États soudaniens naissent de la rencontre des pasteurs berbères et des agriculteurs noirs. L'intensification des échanges avec le Maghreb, grâce à l'usage du dromadaire, assure, à partir du ve siècle, la prospérité du royaume du Ghana, qui contrôle le commerce de l'or et du sel. Celui-ci domine ainsi, au

B. L'AFRIQUE AU XVIe SIÈCLE

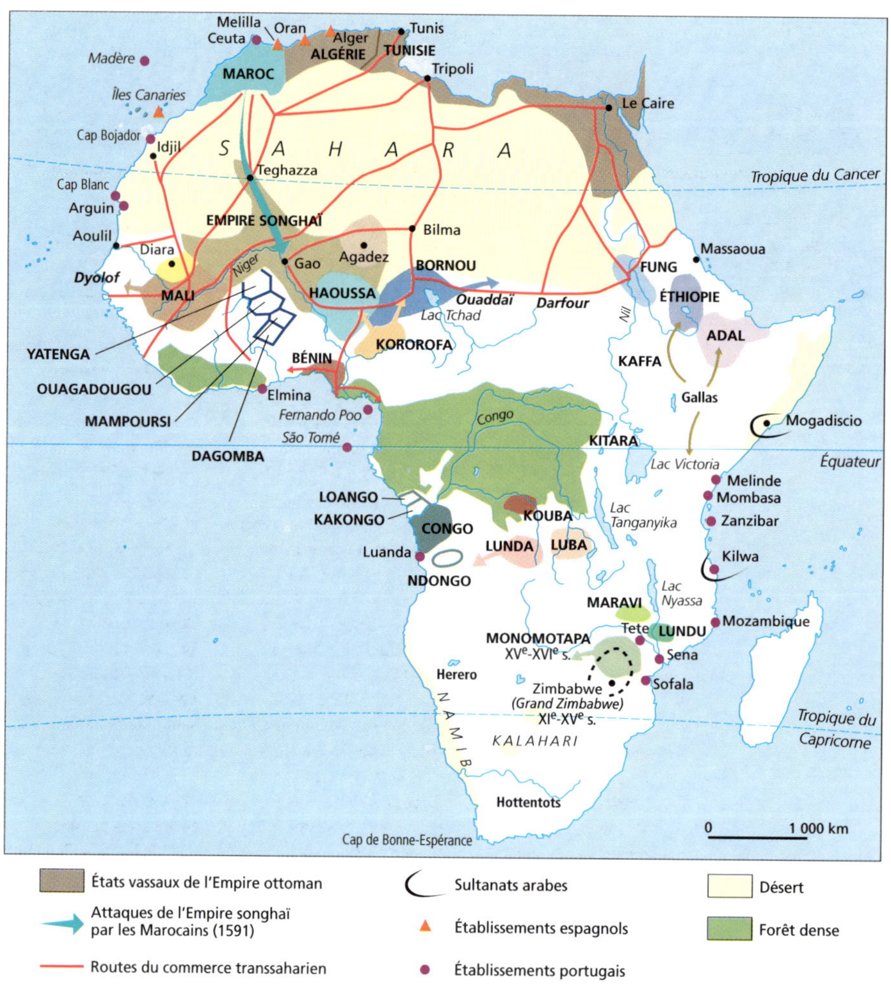

B. **À** partir de 1522, la migration des Gallas, nomades païens venus du lac Rodolphe, entraîne le déclin de l'empire chrétien d'Éthiopie ; en Afrique sud-orientale, celle des Hereros affaiblit les États bantous (Congo, Lumba), parfois décadents (Monomotapa) ; au Soudan, enfin, les Saadiens, en 1591, détruisent l'Empire songhaï, ce qui facilite le maintien des États haoussas et mossis et surtout la montée du Bornou. Affaiblie, l'Afrique noire s'ouvre aux chrétiens et aux musulmans. Les Espagnols s'établissent aux Canaries entre 1404/1405 et 1496, à Melilla en 1497 et à Oran en 1509. Désireux de commercialiser xe siècle, plusieurs États vassaux. Au xie siècle, la diffusion de l'islam par les Berbères perturbe le Soudan. Le royaume Songhaï et le Kanem deviennent musulmans. Le chef almoravide Abu Bahr s'empare du Ghana en 1076-1077. Les progrès de l'islam permettent la constitution de grands États, dont le Kanem-Bornou et le Mali (voir carte p. 230).

C. L'AFRIQUE AU XIXe SIÈCLE

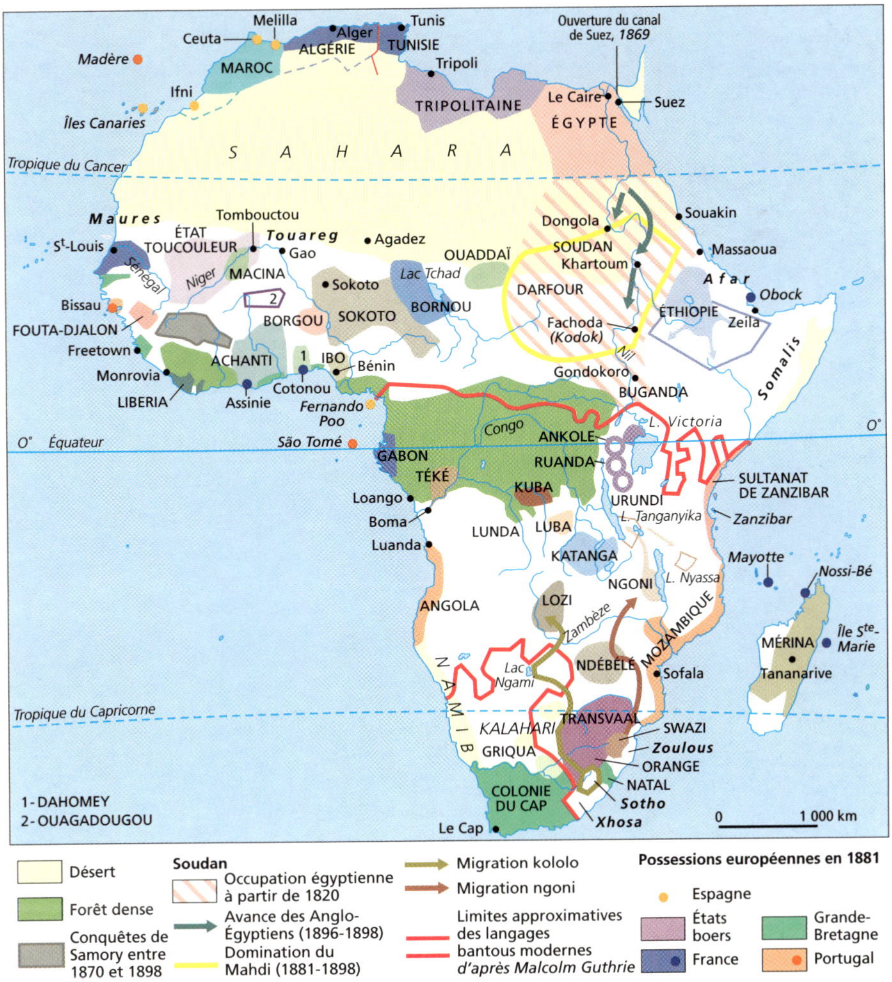

les épices des Indes orientales, les Portugais colonisent les îles atlantiques au xve siècle et fondent des comptoirs côtiers (São Jorge da Mina, 1482 ; Sofala, 1505/06) ou fluviaux (Tete, 1530/31) ; ils drainent ainsi l'or et les esclaves de l'Afrique guinéenne et du Monomotapa. Établis depuis le viiie siècle sur la côte orientale du continent entre Mogadiscio et Sofala, les Arabes y diffusent l'islam avant que les Turcs Ottomans n'aient unifié à leur profit la quasi-totalité de l'Afrique blanche entre 1517 (occupation de l'Égypte) et 1587 (constitution de la Régence d'Alger) [voir cartes pp. 45, 70, 73, 220, 221, 222 A, 227 C, 228 et 230].

C. **L**imitée jusqu'en 1882 à l'Afrique du Sud (Boers, Anglais) et à l'Afrique du Nord (Français), la présence européenne ne peut empêcher le réveil africain, marqué dès 1804 par l'émancipation de fait de l'Égypte. Rejetant l'autorité ottomane, Méhémet-Ali conquiert, à partir de 1820, le Soudan nilotique, ce qui facilite l'islamisation de l'Afrique orientale ; en Afrique occidentale s'édifient des États théocratiques : Empires peuls de Sokoto et du Macina fondés respectivement par Ousmane dan Fodio (1804) et par Cheikhou Amadou (1818) ; Empire toucouleur du Niger créé vers 1850 par El-Hadj Omar et maintenu jusqu'en 1890 ; Empire mandingue établi par Samory Touré en Guinée orientale entre 1870 et 1898 ; enfin l'État constitué par le Mahdi dans le Soudan anglo-égyptien, de 1881 à 1898. Les États esclavagistes de Zanzibar et, de 1886 à 1900, celui, péritchadien, du sultan noir Rabah, se réclament aussi de l'islam auquel restent étrangers quelques peuples. Tels sont les cas des Fantis, des Achantis et, surtout, des Dahoméens du golfe du Bénin qui s'adaptent aux nouvelles conditions économiques. Il en est de même des Mérinas de Madagascar et des Zoulous d'Afrique du Sud qui élargissent leur domination depuis 1817 ; enfin, grâce à l'énergie de leurs empereurs Théodoros (1855-1867) et Ménélik (1867-1913), les Éthiopiens parviennent seuls à se soustraire à la colonisation européenne. Celle-ci a recouvert en 1914 le reste de l'Afrique (voir cartes pp. 46, 47 D, 218, 219, 222 B, 223, 229, 230, 231, 232 et 233).

A. L'EXPLORATION DE L'AFRIQUE AU XIXe SIÈCLE

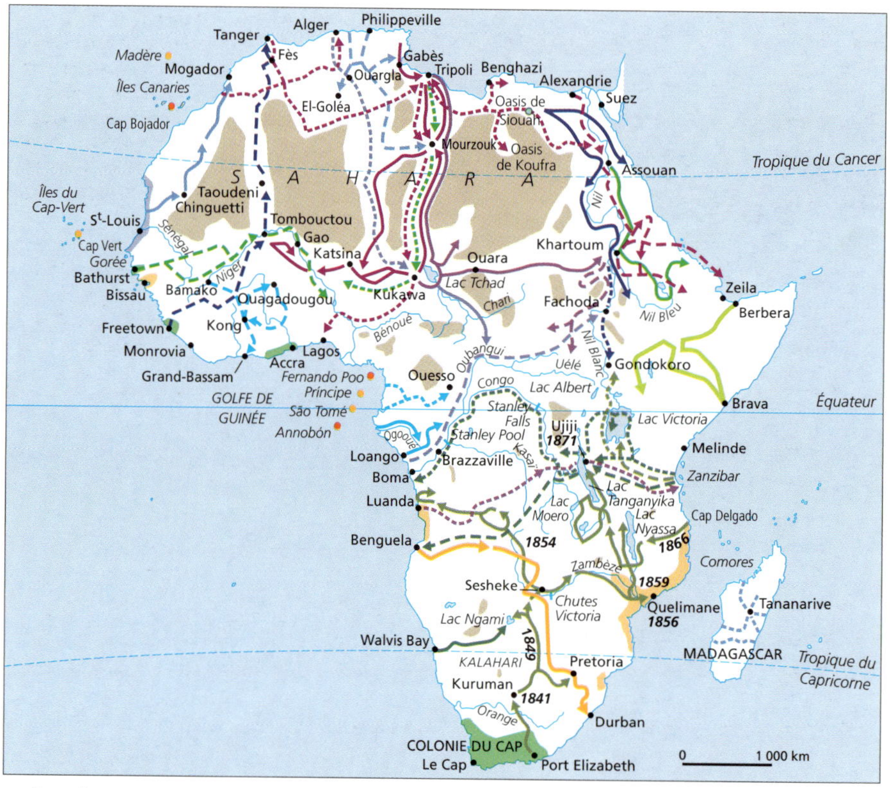

Français
- Cailliaud, 1819-1822
- Caillié, 1827-1828
- Arnaud et Sabatier, 1840
- Panet, 1850
- Duveyrier, 1859
- Grandidier, 1865-1870
- Brazza, 1875-1878
- Binger, 1887-1889
- Fourneau, 1888
- Gentil, 1895-1900
- Marchand, 1897-1898
- Mission Foureau-Lamy, 1898-1900

Italiens
- Bottego, 1892-1897

Britanniques
- James Bruce, 1768-1772
- Mungo Park, 1795-1806
- Clapperton, 1822-1823
- Livingstone, 1840-1873
- Speke, 1858
- Speke et Grant, 1861-1862
- Baines, 1861
- Cameron, 1873-1875
- Stanley, 1871-1877

Portugais
- Serpa Pinto, 1877-1879

Allemands
- Barth, 1850-1855
- Beurmann, 1860-1863
- Rohlfs, 1864-1867
- Nachtigal, 1869-1875
- Schweinfurth, 1868-1871
- Wissmann, 1880-1882

Régions inconnues en 1900

Possessions européennes en 1818
- Portugais
- Espagnols
- Français
- Britanniques

A. **C**'est la « révolution » intellectuelle et philosophique de la fin du XVIIIe siècle (mouvement antiesclavagiste, curiosité scientifique) qui éveille un intérêt nouveau pour l'Afrique. Le mouvement d'exploration, entamé par Mungo Park (1795), est renforcé, au XIXe siècle, par le renouveau religieux (souci missionnaire) et surtout par les préoccupations économiques nées de la révolution industrielle en Europe. D'abord consacrées à l'Afrique musulmane, à la liaison Maghreb-Soudan (voyages de Clapperton, de Caillié, de Barth, prolongés plus tard par ceux de Rohlfs et de Nachtigal) et à la recherche des sources du Nil, les explorations s'orientent vers l'Afrique équatoriale, à la suite des voyages missionnaires de Livingstone : les Anglais Cameron et, surtout, Stanley révèlent l'importance du bassin du Congo. Mais, à partir des années 1875-1880, dans un contexte d'âpre rivalité coloniale, les préoccupations politiques deviennent déterminantes : les voyages de Stanley et de von Wissmann pour le compte de Léopold II, de Brazza et de Binger pour la France, de Serpa Pinto pour le Portugal, de Bottego pour l'Italie servent d'abord à frayer la voie à la colonisation. Après 1890, les explorations ne sont plus que des missions militaires chargées d'assurer la liaison entre des territoires déjà colonisés : la mission Foureau-Lamy en 1900 marque la fin de l'époque héroïque de l'exploration (voir cartes pp. 217 et 232).

B. LE PARTAGE DE L'AFRIQUE (1924)

B. **P**our éviter les conflits nés de la ruée des puissances européennes en Afrique, la conférence de Berlin (1884-85) réglemente la colonisation sur ce continent. De nombreux traités de partage sont conclus à partir de 1890, sans toujours tenir compte de l'unité des ethnies.
Le partage de l'Afrique est finalement achevé en 1914 ; seuls l'Éthiopie et le Liberia conservent leur indépendance. Ce partage n'est remis en cause entre les deux guerres mondiales que par l'attribution en 1919-1920 par la S.D.N. des colonies allemandes aux puissances mandataires (Belgique, France, Royaume-Uni) et par la conquête de l'Éthiopie par l'Italie en 1936 (voir cartes pp. 45, 46, 47, 218, 222 B, 223, 229 et 232).

C. LA DÉCOLONISATION DE L'AFRIQUE

C. **L**a décolonisation s'effectue en Afrique selon un double processus. L'Afrique blanche suit le mouvement d'émancipation du monde arabe après la Seconde Guerre mondiale, la révolution égyptienne l'amplifie à partir de 1952 ; mais l'existence d'une importante colonisation française explique le caractère tardif et violent de la décolonisation du Maghreb. En Afrique noire, après le temps des insurrections mal organisées (rébellion malgache de 1947, mouvements « mau-mau » au Kenya entre 1952 et 1955), l'émancipation prend la forme d'un relais pacifique (sauf au Congo et dans les colonies portugaises) des cadres européens par les élites africaines occidentalisées. Commencé par Kwame Nkrumah au Ghana en 1957, le mouvement s'étend à toute l'Afrique française en 1960, puis à l'Afrique orientale britannique, enfin, de 1980 à 1990, à l'Afrique australe où l'Afrique du Sud est contrainte à une déségrégation progressive. Mais de nombreux faits révèlent les limites de cette émancipation : sous-développement ; fragilité politique d'un continent balkanisé et en proie aux rivalités des grandes puissances ; maintien, jusqu'au début des années 1990, du « pouvoir blanc » en Afrique du Sud.

A. LE MAGHREB AU Ve ET AU VIe SIÈCLE

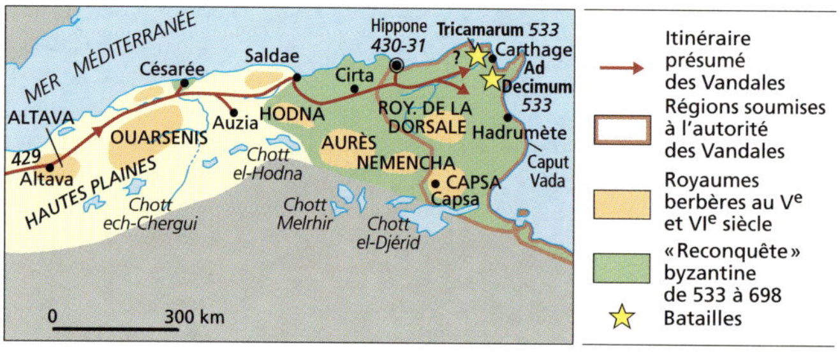

A. **Après** avoir suivi le sort de l'Empire d'Occident, le Maghreb est occupé par les Vandales venus d'Espagne. Ils assiègent Hippone (aujourd'hui Annaba), s'emparent de Carthage (439) et s'enracinent. Mais ils sont menacés par les royaumes berbères et les raids des chameliers du Sud. En 533, en deux batailles (Tricamarum et Ad Decimum), le général Bélisaire conquiert le royaume au profit de l'Empire byzantin.

B. LA CONQUÊTE ARABE (VIIe-VIIIe SIÈCLE)

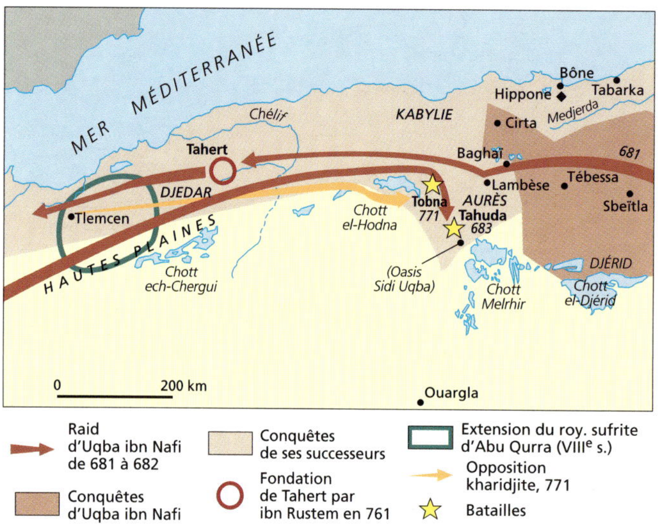

C. LA CONQUÊTE ARABE (IXe-DÉBUT DU Xe SIÈCLE)

B et C. **En** 647, les premiers conquérants arabes pénètrent au Maghreb. Leur installation est lente car Byzantins et Berbères résistent. Au début du VIIIe siècle, le Maghreb est soumis. L'islamisation est rapide. L'aristocratie arabe doit coexister avec les Berbères, qui se révoltent régulièrement, tandis que le pays se morcelle en émirats assez indépendants. Les Berbères découvrent dans le kharidjisme, mouvement hérétique, un élément moteur de leur opposition à la dynastie aghlabide établie à Kairouan (800-909). À la fin du VIIIe siècle, Tahert (aujourd'hui Tihert) devient la capitale d'un royaume kharidjite gouverné par la dynastie des Rustémides (761-911), jusqu'à sa destruction par les Fatimides, dès leur arrivée dans le pays. En 911, les Rustémides sont éliminés par les Berbères Kutama de Petite Kabylie, agents du chiisme des Fatimides. Après l'émigration de ces derniers en Égypte en 937, le Maghreb est en fait indépendant, sous l'autorité des Berbères Zirides, qui abandonnent l'ancienne Numidie aux Hammadides (1015-1152).

D. LES HAMMADIDES

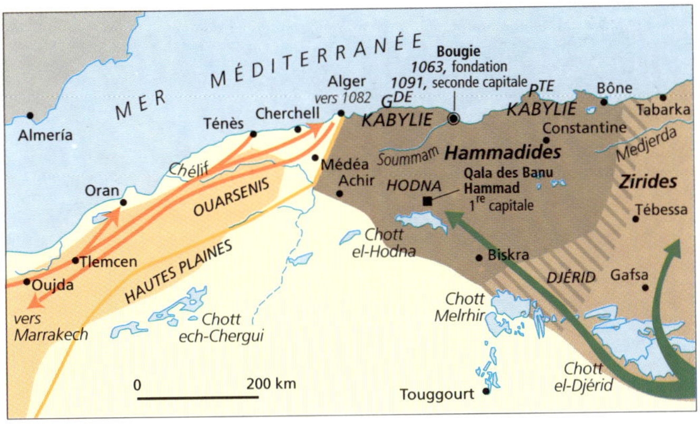

Royaume des Hammadides, 1015-1152

« Invasion hilalienne » après 1049

Principautés zenata, milieu XIe s.

Campagnes de Yusuf ibn Tachfin après 1069

Zone dominée par les Almoravides, vers 1080

D. **Au** XIe siècle, les Hammadides, dynastie berbère sanhadjienne (1017-1152) issue d'une branche des Zirides, règnent sur le Maghreb central à Qala des Banu Hammad, qu'ils abandonnent en 1091 pour Bougie, fondée en 1063. Le dernier Hammadide, Yahiya, est détrôné par les Almohades.

E. LES ALMOHADES (1147-1269)

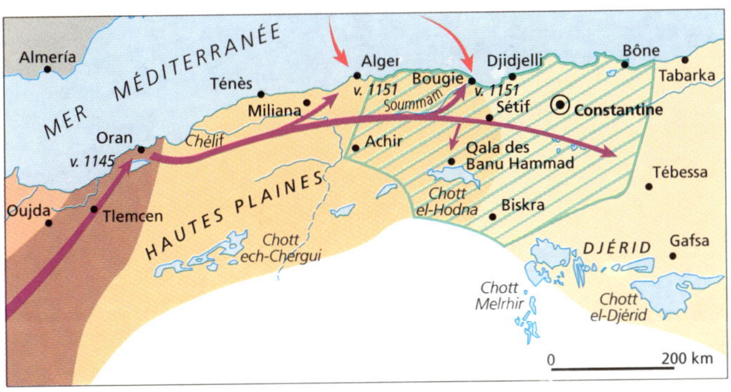

La conquête almohade

en 1145

en 1147

en 1152

après 1160

Avance almohade

Hammadides jusqu'en 1152

Débarquement en 1184 des Almoravides des Baléares

E. **Les** Berbères almohades, issus de l'Anti-Atlas marocain, se révoltent au début du XIIe siècle, sous l'influence d'Ibn Tumart, partisan de l'interprétation allégorique du Coran. Ils occupent rapidement le Maghreb et s'emparent d'une partie de l'Espagne.

F. LES ABDALWADIDES (1235-1550)

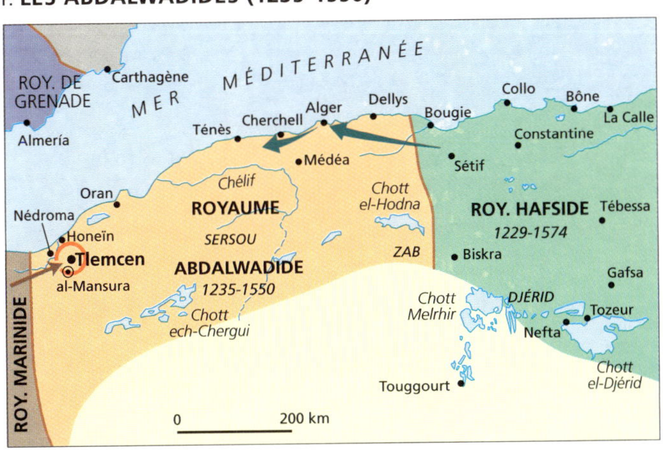

Limites approximatives des royaumes

Annexion d'Alger par les Hafsides, 1231

Siège de Tlemcen par les Marinides, 1299-1307

Al-Mansura, fondée par les Marinides

F. **La** dynastie berbère des Abdalwadides règne à Tlemcen (auj. Tilimsen) après l'effondrement des Almohades au XIIIe siècle. Les Marinides prennent Tlemcen en 1337, mais les Abdalwadides reviennent au pouvoir avec Abu Hammu Musa (1339-1389). Le royaume tombe aux mains des Turcs en 1550.

A. LE PROTECTORAT OTTOMAN

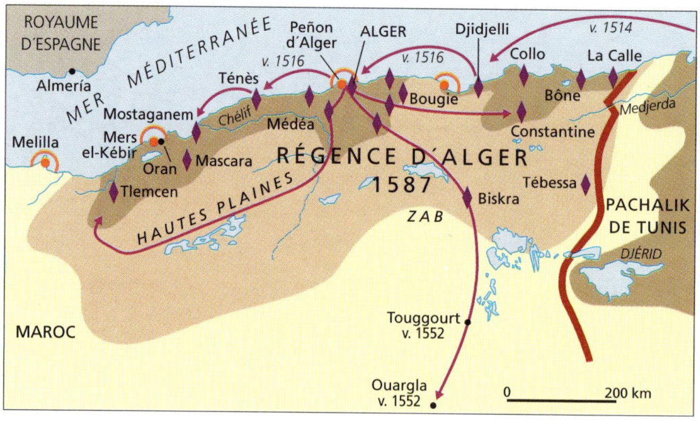

Présides espagnols début XVIe siècle

1516 Avance des corsaires turcs Arudj, Khayr al-Din et leurs successeurs

Forts turcs

Territoires sous contrôle turc permanent

Régions tributaires

A. **L'**Algérie n'acquiert une certaine unité politique qu'avec l'arrivée, en 1514, des corsaires turcs, Baba Arudj et Khayr al-Din. En 1518, Khayr al-Din place le pays sous le protectorat de Selim Ier, sultan de Constantinople. Ainsi protégé, le nouvel État, qui est rattaché à l'Empire ottoman en 1533, se livre à la piraterie en Méditerranée, malgré les expéditions de Charles Quint, puis de Louis XIV. Le pacha d'Alger est nommé par le sultan, mais, à partir du milieu du XVIIe siècle, son autorité est partagée avec celle de l'agha, élu par la milice algéroise, puis avec un dey qui, en 1771, s'arroge l'autorité. À l'intérieur du pays, les beys administrent et perçoivent les impôts.

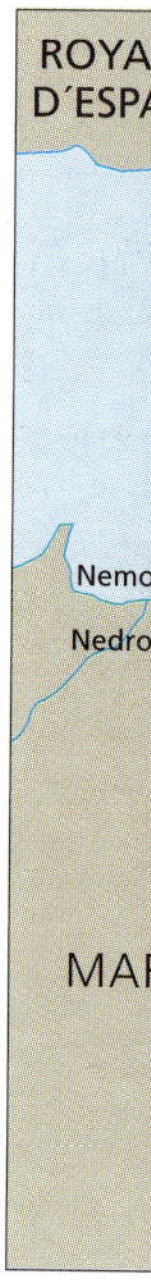

B. LES ÉTAPES DE L'OCCUPATION FRANÇAISE

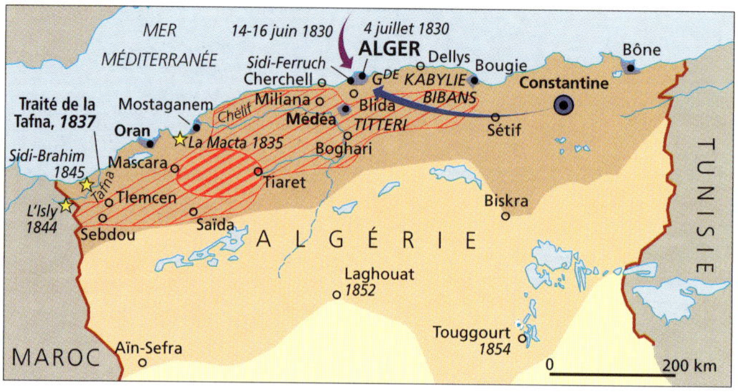

Oran Capitale de beylicat

Débarquement du corps expéditionnaire français (1830)

Établissements français de 1830 à 1835

Expéditions françaises contre Constantine (1836, 1837)

Régions sous la domination d'Abd el-Kader

Acquisitions françaises de 1835 à 1847

Expédition française de 1839

Acquisitions françaises de 1848 à 1870

B. **I**ssue d'une simple opération de prestige, qui a permis la prise d'Alger, l'occupation française se limite alors à quelques villes côtières ; mais la résistance des émirs locaux incite le gouvernement d'abord à négocier avec eux et notamment avec Abd el-Kader, créateur d'un véritable État algérien indépendant des Turcs (traité de la Tafna), puis à procéder à une conquête de l'arrière-pays, qui déborde sur les confins marocains (bataille de l'Isly) ; en 1847, celle-ci s'achève par la soumission d'Abd el-Kader. La colonisation permet certes d'importants progrès économiques et sociaux, et donc une forte croissance démographique ; mais l'afflux des colons européens en Algérie (109 000 dès 1847, 300 000 en 1881) et surtout leur mainmise sur les terres des autochtones contraignent souvent ces derniers à s'expatrier en France à la recherche d'un emploi, ou parfois même les incitent à l'insurrection (1871) ; ces réactions sont aggravées par une politique d'*intégration,* qui se veut assimilatrice mais qui fait des musulmans des citoyens de seconde zone.

C. L'ALGÉRIE DE 1954 À 1962 (L'ORGANISATION FRANÇAISE)

Régions territoriales et corps d'armée :

d'Alger — d'Oran — de Constantine

Limites :

d'État

de département (en 1956)

d'arrondissement (en 1956)

■ Chef-lieu de préfecture

• Chef-lieu de sous-préfecture

------ Barrage de la frontière algéro-tunisienne (1957-1962)

C. **N**é vers 1930, le mouvement national algérien est stimulé par la Seconde Guerre mondiale, en particulier par le débarquement américain du 8 novembre 1942 ; la répression brutale du soulèvement constantinois en mai 1945 et la double hostilité des Français d'Algérie et des musulmans à l'encontre du statut libéral de 1947 expliquent, en partie, l'insurrection du 1er novembre 1954 et la création d'un *Front de libération nationale* (F.L.N.). La guerre s'accentue à partir de 1955-1956 : les nationalistes modérés (Ferhat Abbas) se rallient à la rébellion, qui se dote d'institutions au congrès de la Soummam le 20 août 1956 ; surtout, de nombreux facteurs contribuent à l'internationalisation du conflit : aide du Maroc et de la Tunisie indépendants ; solidarité arabe, notamment égyptienne ; interventions diplomatiques anglo-américaines. En reconnaissant le droit de l'Algérie à l'autodétermination le 16 septembre 1959, le général de Gaulle modifie le cours de la guerre, qui se complique des réactions de désespoir d'une partie de l'armée française et des « pieds-noirs ». Mais la flambée de violence qui en résulte ne peut empêcher la signature, le 18 mars 1962, des accords d'Évian, prélude à la proclamation de l'indépendance de l'Algérie le 3 juillet et à l'exode de la plus grande partie des pieds-noirs (voir carte p. 219 C).

A. CARTHAGE ET ROME

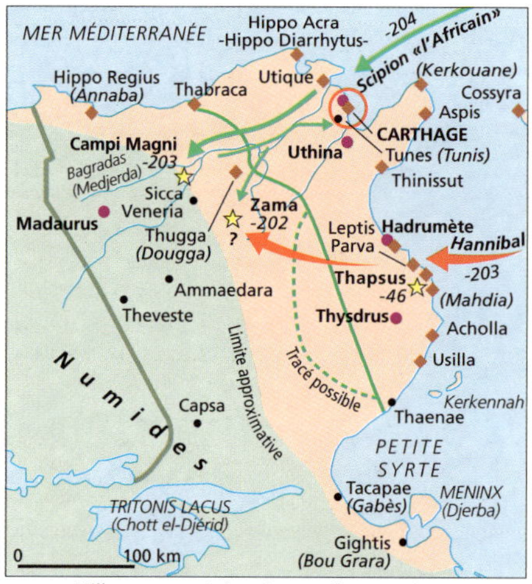

- Villes ou comptoirs des Phéniciens et des Carthaginois
- Régions dominées par Carthage

Deuxième guerre punique, 218-201 av. J.-C.

- Manœuvres des Romains
- Troupes d'Hannibal
- Batailles

Occupation romaine

- Tracé supposé de la *fossa regia* délimitant la province d'Afrique, 146 av. J.-C.
- L'Afrique proconsulaire à l'époque du Haut-Empire
- Églises chrétiennes au IIIe s.

A. **P**endant la deuxième guerre punique (voir carte p. 20 B), Carthage domine un territoire limité, approximativement, par la *fossa regia* de 146 av. J.-C., auquel il faut ajouter les *Campi Magni* et le pays au sud de Zama ; au traité de 201, Carthage garde ce territoire africain. À l'issue de la troisième guerre punique (149-146), la province d'Afrique est constituée ; sa limite est la *fossa regia*. César, en 46 av. J.-C., annexe la Numidie de Cirta ou *Africa Nova* (par opposition à l'ancienne province dite dès lors *Africa Vetus*). Auguste fond les deux provinces en une seule, à une date qui reste imprécise : les régions de *Cirta, Theveste, Capsa* en font déjà partie ; les Flaviens atteignent l'Aurès, qui est encerclé sous Trajan et Hadrien. Avec Septime Sévère, l'apogée territorial est atteint : au sud, l'Afrique romaine s'étend de *Castellum Dimmidi* à Ghadamès.

B. L'AFRIQUE ROMAINE ET BYZANTINE

- Limites de provinces romaines du Bas-Empire
- BYZACÈNE Nom de provinces
- Itinéraire présumé des Vandales, Ve s.
- Régions soumises à l'autorité vandale
- Royaumes berbères aux Ve et VIe siècles
- «Reconquête» byzantine, 533-698
- Sièges épiscopaux importants
- Siège d'Hippone par les Vandales, 430-431
- Batailles

B. **L'**Afrique connaît au IVe siècle une remarquable renaissance mais les donatistes, les circoncellions et la révolte de Gildon en 396-397 affaiblissent le pays. Les Vandales débarquent en Tingitane (429), traversent l'Afrique et battent les Romains (431) ; organisés en royaume, ils confisquent des terres et s'établissent. En 533, sur ordre de Justinien, Bélisaire débarque à *Caput Vada*, bat Gélimer *(Ad Decimum, Tricamarum)*. Les troupes de Byzance occupent le pays jusqu'à la fin du VIIe siècle (voir cartes pp. 31 et 34).

C. LA CONQUÊTE ARABE DU VIIe AU Xe SIÈCLE

- Abd Allah ibn Said, 646-647
- Uqba ibn Nafi, 669-670
- Hassan ibn al-Numan, 695-vers 705
- *647* Étapes de la conquête
- Conquêtes d'Uqba ibn Nafi
- Conquêtes de ses successeurs

Fatimides

- Avancée des Fatimides venant de Petite Kabylie, début du Xe s.
- Avancée vers l'Égypte, 969
- Îlots kharidjites

C. **L**a décomposition de l'Afrique byzantine, l'irrédentisme berbère facilitent la conquête de l'Ifriqiya par les Arabes. Celle-ci est amorcée par le raid d'Abd Allah ibn Said, vainqueur des Byzantins à Sbeïtla en 647. Elle est poursuivie par Uqba ibn Nafi, fondateur de Kairouan, place forte et ville sainte de l'islam, qui est finalement tué à Tahuda en 683 par les Berbères (voir carte p. 220 B). La conquête de l'Ifriqiya est achevée par Hassan ibn al-Numan, qui occupe Carthage en 698 et brise la résistance berbère en 702 lorsque meurt Al-Kahina, héroïne qui l'avait pendant longtemps animée. Rapidement islamisée et arabisée, l'Ifriqiya est placée, par le calife abbasside Harun al-Rachid, sous l'autorité des Aghlabides, qui fondent un émirat héréditaire (800-909). La capitale est transférée par Ibrahim II (875-952) à Raqqada. Éliminant en 909 les Aghlabides, la dynastie chiite des Fatimides fonde la ville d'al-Mahdiyya (Mahdia), capitale jusqu'en 973 de l'Ifriqiya (voir cartes pp. 170 et 171).

D. L'IFRIQIYA DU XIe AU MILIEU DU XIIe SIÈCLE

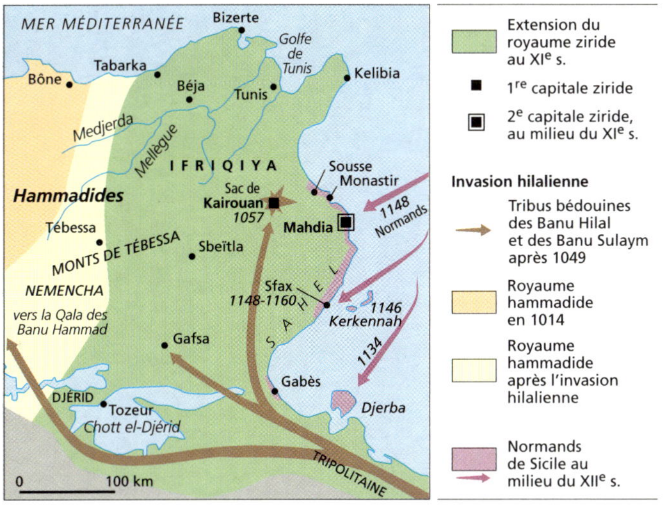

D. **C**ombattant les nomades Zenata à l'ouest de Tahert (Tiaret) pour le compte des Fatimides, le Berbère sanhadjien Yusuf Bulukkin ibn Ziri reçoit de ces derniers le gouvernement de l'Ifriqiya en 973 et celui de la Tripolitaine en 978. Ses successeurs tentant de s'émanciper, les Fatimides suscitent contre eux les révoltes des Berbères Kutama, qui échouent en 986 et en 989. Aussi, lorsque les Zirides décident de faire allégeance au califat de Bagdad en 1048, les Fatimides livrent-ils l'Ifriqiya en 1051-1052 à des nomades, les Banu Hilal : Kairouan est mise à sac en 1057, et les Zirides se réfugient à al-Mahdiyya. Disloquée en petites principautés, l'Ifriqiya tente alors les Normands de Roger II de Sicile qui occupent, dans un but commercial, le littoral oriental du royaume entre 1134 (prise de Djerba) et 1156 (occupation d'al-Mahdiyya). Les Zirides disparaissent à la veille de l'intervention des Almohades, qui assujettissent les Hilaliens et chassent du Maghreb les Normands en 1160. Administrée par un gouverneur résidant à Tunis, l'Ifriqiya n'est plus qu'une dépendance du califat almohade (voir cartes pp. 56, 66, 221 D et E).

E. LES ALMORAVIDES (1056-1147)

E. **A**u milieu du XIe siècle, les Sanhadjas de la tribu berbère des Lemtouna, de rite malékite, veulent imposer leur croyance au monde de l'Islam. Dirigés par Abd Allah ibn Yasin, ses membres, les « gens du ribat » ou Almoravides (almurabitun) [voir carte p. 216 A], entreprennent la conquête dans une triple direction : vers le Maghreb, où ils occupent dès 1053-1054 les oasis du Maroc du Sud – leur premier souverain Yusuf ibn Tachfin (1061-1106) y fonde Marrakech en 1062, avant d'étendre sa domination jusqu'à Alger car à l'est de cette ville se sont imposés d'autres Sanhadjiens, les Hammadides et les Zirides ; vers la péninsule Ibérique, où ils débarquent en 1083 à Algésiras et où ils remportent, sur Alphonse VI de Castille, la victoire de Sagrajas (Zalaca) le 23 octobre 1086, victoire qui leur livre l'Espagne jusqu'à Saragosse et qui leur permet d'imposer leur autorité aux « reyes » de *taifas* en 1094 ; vers le Niger, enfin, où Abu Bakr, oncle de Yusuf ibn Tachfin, occupe la ville de Ghana en 1076-1077. Augmenté des îles Baléares conquises en 1106-1107, l'Empire almoravide s'effondre pourtant dès le règne de Tachfin Ibn Ali (1143-1147), sous les coups conjugués des chrétiens en Espagne et de musulmans encore plus intransigeants au Maghreb : les Almohades (voir cartes pp. 56, 104, 221 E et 225 D).

A. LES ALMOHADES (1147-1269)

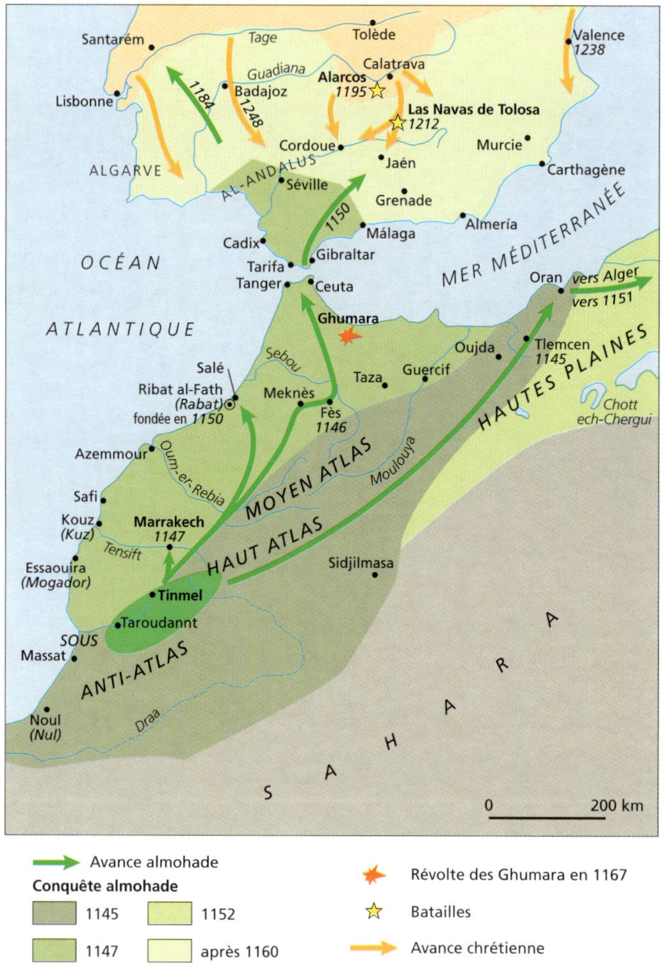

A. **F**ondée par le réformateur Ibn Tumart, la secte austère des Almohades naît dans le Maroc du Sud. Constituée à l'origine des montagnards berbères de l'Anti-Atlas, la communauté almohade se révolte en 1145. Sous la direction d'Abd al-Mumin (1128/1130-1163), elle contrôle rapidement les montagnes marocaines, s'emparant des capitales almoravides édifiées à proximité : Tlemcen en 1145, Fès en 1146, Marrakech en 1147. À partir de ces bases, les Almohades progressent dans deux directions : vers l'ouest et le nord, où le Maroc atlantique, le Rif et al-Andalus (jusqu'au Guadalquivir) sont occupés dès 1147 ; vers l'est, où l'ensemble du Maghreb est conquis entre 1151 et 1160. L'expansion reprend alors en Espagne, où la contre-offensive chrétienne est brisée à Alarcos en 1195 par Abu Yusuf Yaqub al-Mansur (1184-1199), qui porte la puissance almohade à son apogée. Ébranlée par la victoire des chrétiens ibériques à Las Navas de Tolosa en 1212, celle-ci s'effondre sous les coups des Berbères Zenata entre 1244 (chute de Meknès) et 1269 (chute de Marrakech) [voir cartes pp. 59, 105, 221 E et 227 B].

B. LES MARINIDES (1269-1465)

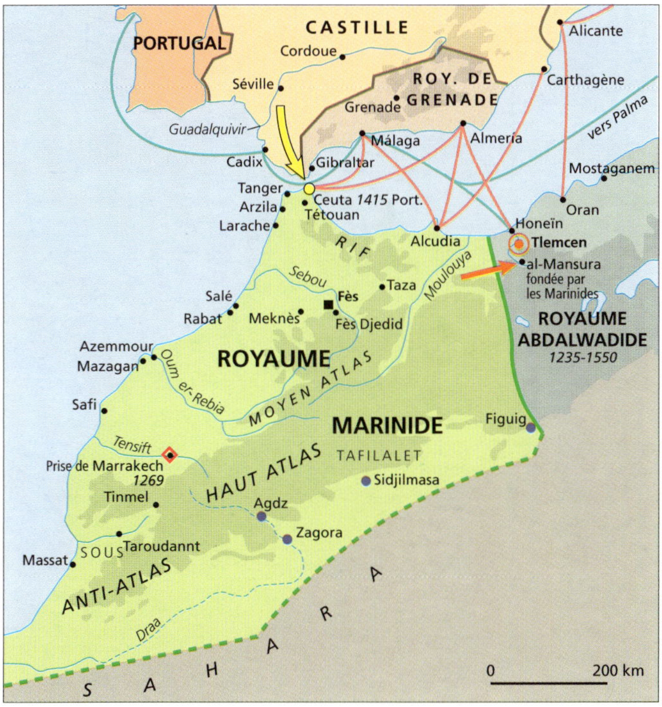

- Le royaume marinide
- Capitale
- Siège de Tlemcen, 1299-1307
- Chrétiens d'Espagne en 1401
- Trafic génois, fin XIIIe s.
- Trafic catalan, début XIVe s.
- Oasis

B. **F**ormant comme les Abdalwadides une confédération de Berbères Zenata, les Marinides mettent un terme à la domination almohade dans le Maghreb occidental en s'emparant de Meknès en 1244, de Fès en 1248 et de Marrakech en 1269. De multiples expéditions en Espagne échouent. À l'est, la lutte contre les Abdalwadides se cristallise autour de Tlemcen, de 1299 à 1389. Aux prises avec leurs divers adversaires de la péninsule Ibérique, les Marinides sont finalement éliminés par les Wattasides (1465) [voir cartes pp. 70 et 73].

C. LE MAROC DU XVIe AU XVIIIe SIÈCLE

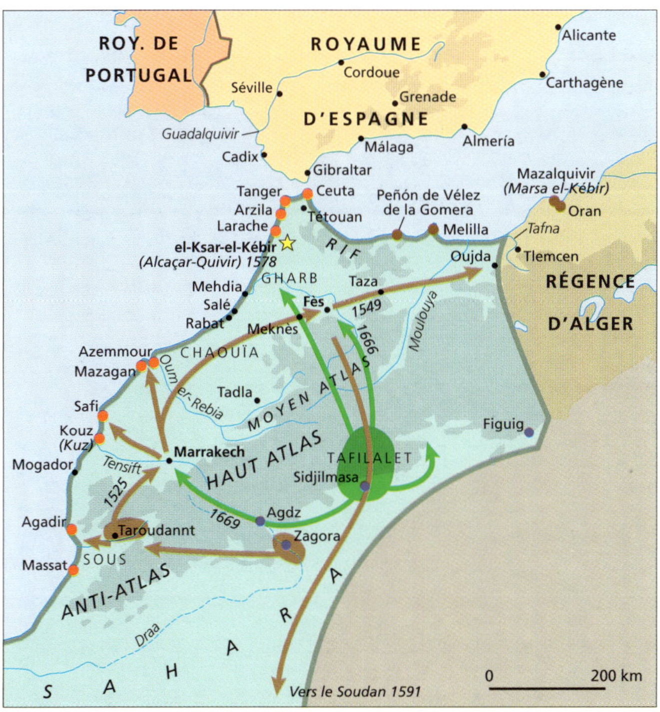

- Campagne des Sadiens XVIe s.
- Le Maroc à la mort d'al-Mansur, 1603
- Expansion des Alawites du Tafilalet au XVIIe s.
- Portugais, début XVIe s.
- Espagnols, début XVIe s.
- Bataille
- Oasis

C. **T**uteurs des Marinides (1420-1465), les Wattasides s'emparent définitivement du pouvoir en 1471, mais ne peuvent empêcher Portugais et Espagnols de s'établir sur la côte marocaine. Ils sont chassés du pouvoir en 1553 par les Sadiens. Ces derniers, fondateurs de l'Empire chérifien, organisent de fructueuses expéditions vers le continent noir ; mais ils doivent céder le pouvoir à une autre dynastie chérifienne, celle des Alawites du Tafilalet, fondée par Mulay al-Rachid (1660-1672), unificateur du Maroc, dont ont été chassés les Européens.

A. L'ÉGYPTE DU XIIe AU XVIe SIÈCLE

Ayyubides, 1171-1250
- Expéditions de Saladin (Salah al-Din Yusuf)
- Empire de Saladin, 1171-1193 (extension maximale)
- États latins au XIIe s. avant la bataille d'Hattin (1187)
- Places fortes restées aux mains des croisés après la 3e croisade (1189-1192)
- Krak des Chevaliers
- Secte des « Assassins » (Hachichiyyin)
- Batailles
- Acre, prise par Saladin (1187), reprise par les croisés (1191-1291)
- Paix de Jaffa, 1229

Mamelouks, 1250-1517
- Sultanat mamelouk
- Régions vassales
- Régions protégées

A. **L**ieutenant au Caire du prince d'Alep, Nur al-Din, Saladin se substitue en 1171 au dernier prince fatimide en Égypte, où il restaure aussitôt le sunnisme. Fondateur de la dynastie ayyubide (1171-1250), il reprend à Damas (1174), puis à Alep (1176) l'héritage de Nur al-Din. Pour renforcer la cohésion de peuples si divers, il proclame alors la guerre sainte contre les États latins du Levant, dont il écrase les forces à Hattin (1187). De Barqah et d'Assouan à Mossoul se trouve ainsi reconstituée l'unité des pays du Croissant fertile jadis réalisée par les pharaons du Nouvel Empire. La médiocrité des successeurs de Saladin, les multiples interventions des croisés entraînent le déclin de la dynastie. Des esclaves turcs, les Mamelouks, qui viennent de sauver l'Égypte en capturant Saint Louis à Mansourah, l'éliminent en 1250. Chassant définitivement les Latins du Levant en 1291, ils maintiennent, pour l'essentiel, le cadre territorial de l'ancien Empire ayyubide. Amputée de la boucle de l'Euphrate, mais agrandie de la Nubie, dont les souverains de Dongola (chrétiens jusqu'en 1315, musulmans depuis lors) sont réduits à la condition de tributaires, l'Égypte islamique domine le Proche-Orient au XIVe siècle. Mais, en 1517, les Ottomans portent un coup fatal à sa puissance en l'occupant et en la réduisant à l'état de pachalik (voir cartes pp. 7, 62, 64, 66, 68, 70 et 72).

B. ÉGYPTE ET SOUDAN (XIXe-DÉBUT DU XXe SIÈCLE)

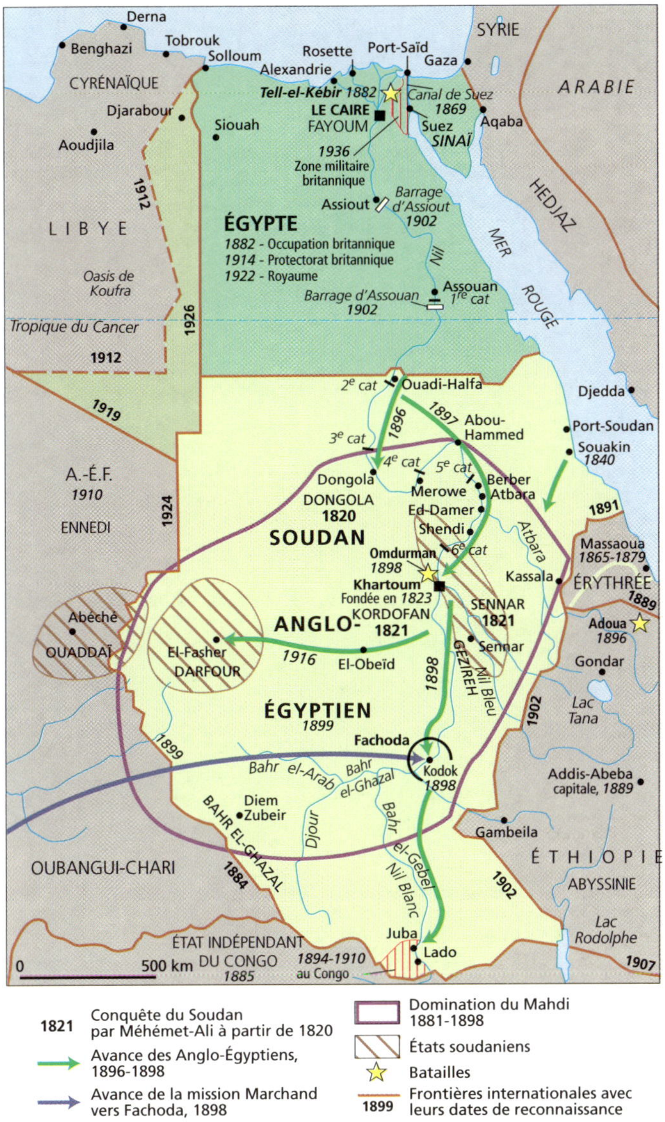

B. **D**evenue pratiquement indépendante de l'Empire ottoman, l'Égypte commence à se moderniser au XIXe siècle, sous l'impulsion de Méhémet-Ali (1804-1849) et de ses successeurs, et elle étend, à partir de 1820, sa domination sur le Soudan, où l'islamisation s'accentue. Mais cette modernisation se fait au prix d'une intervention croissante des puissances occidentales. Après la construction du canal de Suez (1859-1869), qui fait de l'Égypte un jalon essentiel sur la route des Indes, les Anglais supplantent peu à peu les Français, dont la situation était jusqu'alors prépondérante dans ce pays ; en 1882, à la faveur de la révolte d'Urabi Pacha, qu'ils brisent à Tell el-Kébir le 3 septembre, ils établissent leur protectorat de fait sur l'Égypte, mais celui-ci n'est proclamé en droit que le 18 décembre 1914. Pour liquider la révolte des disciples du Mahdi, Muhammad Ahmad ibn Abd Allah, qui s'était emparé progressivement du Soudan de 1881 à 1885, y instaurant un islam purifié, le sirdar Kitchener occupe le Soudan en 1898. En fait, il songe surtout à construire l'Afrique anglaise du Cap au Caire ; il vainc les mahdistes à Omdurman le 2 septembre ; le 25, il bloque la poussée française à Fachoda (Kodok) : la colonne Marchand, arrivée là le 18 juillet dans le but de relier Dakar à Djibouti, doit se retirer le 7 novembre.
Devenu gouverneur général du Soudan, lord Kitchener parvient à placer sur ces pays un *condominium anglo-égyptien* le 19 janvier 1899. La puissance britannique à son apogée renforce, par réaction, le nationalisme égyptien. La Grande-Bretagne doit renoncer, le 28 février 1922, à son protectorat sur le royaume d'Égypte (voir carte p. 46).

A. LES ÉTATS SOUDANIENS (XVIe SIÈCLE)

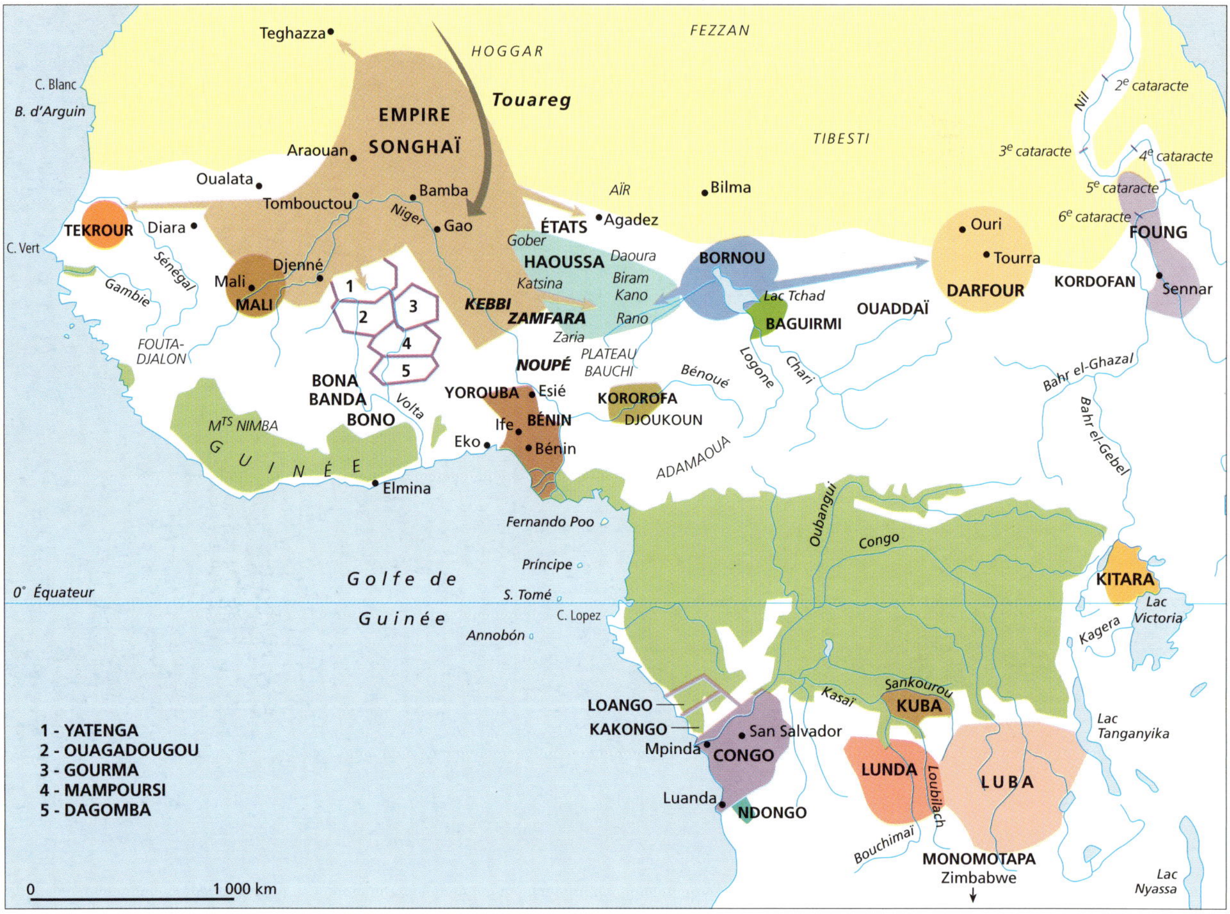

Attaque de l'Empire songhaï par les Marocains (1591) — ***KEBBI*** États haoussa — Désert — Forêt dense

A. **P**renant le relais de l'empire du Mali (voir carte p. 216 A), les Songhaï païens de Gao s'émancipent de sa tutelle dès le XVe siècle. Au XVIe siècle, ils édifient un vaste empire étendant son influence sur le Sénégal, les États haoussas et le Sud saharien (exploitation des salines de Teghazza). Régi à partir de 1493 par la dynastie musulmane des Askias, l'Empire songhaï est plus solide que ses prédécesseurs ; aussi favorise-t-il l'épanouissement de la civilisation islamo-soudanienne (Tombouctou est alors un foyer essentiel de la culture musulmane). Mais, à partir du milieu du XVIe siècle, il commence à décliner, sa cohésion étant atteinte par la menace constante que les Mossi au sud et les nomades peuls à l'ouest font peser sur son axe vital : la vallée du Niger. Cet affaiblissement est lié à un bouleversement plus général, qui affecte toute l'Afrique : l'installation des Européens sur la côte. Cette installation suscite le développement de nouveaux États, par exemple celui du Congo en pays bantou ; surtout, en drainant l'or vers les régions littorales, elle contribue au déclin des voies commerciales sahariennes et donc à celui des États de l'intérieur, déclin auquel échappe, à l'est, le seul Bornou. D'autre part, le renouveau musulman du XVIe siècle entraîne l'invasion du Soudan par les Marocains : la destruction de l'Empire songhaï en 1591 marque la ruine définitive des grandes civilisations soudaniennes (voir carte p. 227 C).

B. L'AFRIQUE GUINÉENNE (XVIIe-XIXe SIÈCLE)

B. Inaugurée au XVIe siècle par les Portugais, la traite des esclaves est développée au XVIIe et au XVIIIe siècle, à partir de comptoirs côtiers, par les Européens qui les ont supplantés : Hollandais et Anglais au XVIIe siècle, Français au XVIIIe siècle. Privant l'Afrique noire d'au moins 11 millions d'habitants entre la fin du XVe et la fin du XVIIIe siècle et bouleversant par contrecoup ses structures socio-économiques, cette pratique provoque d'abord la décadence des brillantes civilisations créées au XIIIe et au XIVe siècle par les Yoruba (région d'Ibadan) et par le Bénin ; mais elle favorise aussi l'essor, près de la côte de Guinée, de trois États négriers relativement bien structurés : la confédération ashantie, née à la fin du XVIIe siècle et qui contrôle les petites principautés Fante du littoral ; le royaume d'Oyo, dont l'apogée se situe au milieu du XVIIIe siècle ; le royaume d'Abomey (Dahomey), enfin, qui se dégage au XIXe siècle du tribut qu'il payait à l'Oyo au XVIIIe. Bloquant l'accès à l'intérieur du continent afin d'y razzier plus facilement le « bois d'ébène » (esclaves noirs), vendu dans les comptoirs européens, ces États « négriers » empêchent tout contact entre les Européens et les États du Soudan : Mossi, au sud du Niger ; Haoussa, au nord de la Bénoué ; et surtout Bornou, dont l'essor est lié à la pratique de la traite avec les Turcs de Tunis et de Tripoli. Mais, désireux chacun de s'assurer le monopole du commerce des esclaves, les trois États guinéens sont durablement affaiblis par les guerres continuelles qui les opposent. Aussi sont-ils facilement vaincus par les Européens lorsque ceux-ci décident, au XIXe siècle, d'entreprendre la colonisation systématique de l'Afrique guinéenne, colonisation à laquelle ne s'opposent réellement que certains peuples (Ashanti, de 1807 à 1901 ; Adja du Dahomey, 1892-1894) [voir cartes pp. 45, 46 et 47 C].

A. MADAGASCAR. DÉCOUVERTE ET COLONISATION

A. **L**a France établit précocement des comptoirs à Madagascar : Fort-Dauphin, 1642/43-1674, 1768-1771 ; île Sainte-Marie, 1750-1811 ; baie d'Antongil, 1774-1776 ; Tamatave, 1804-1817. Contrainte par les Anglais de les évacuer, elle s'établit à Nossi-Bé en 1841 et dans les Comores entre 1841 et 1886. Les Merina étendent leur emprise sur les deux tiers de la grande île où l'influence britannique, à la fois commerciale et protestante, se substitue à celle de la France catholique en 1869. Pour faire échec à cette pénétration et pour disposer d'une importante base stratégique dans l'océan Indien, les Français occupent les principaux ports en 1883, imposent un « protectorat fantôme » en 1885, reconnu par le Royaume-Uni en 1890. La résistance des Merina nécessite l'envoi d'une expédition en 1894. En 1895, le général Duchesne s'empare de Tananarive, impose à la reine Ranavalona III un traité de protectorat effectif. Dès 1896, l'île est annexée et érigée en colonie ; en 1897, la souveraine est exilée. Jouant habilement des dissensions entre ethnies, le gouverneur général Gallieni (1896-1905) assure à Madagascar une prospérité et une tranquillité relatives. Cela explique la modération du processus d'émancipation, mis à part l'insurrection durement réprimée de 1947. À la fin de 1948, l'ordre est rétabli. Les 14 octobre 1958 et 26 juin 1960, ce processus aboutit sans heurt à la proclamation de la *République malgache*, d'abord *autonome* puis *indépendante* de la France (voir carte p. 219).

B. FORMATION DE L'AFRIQUE DU SUD

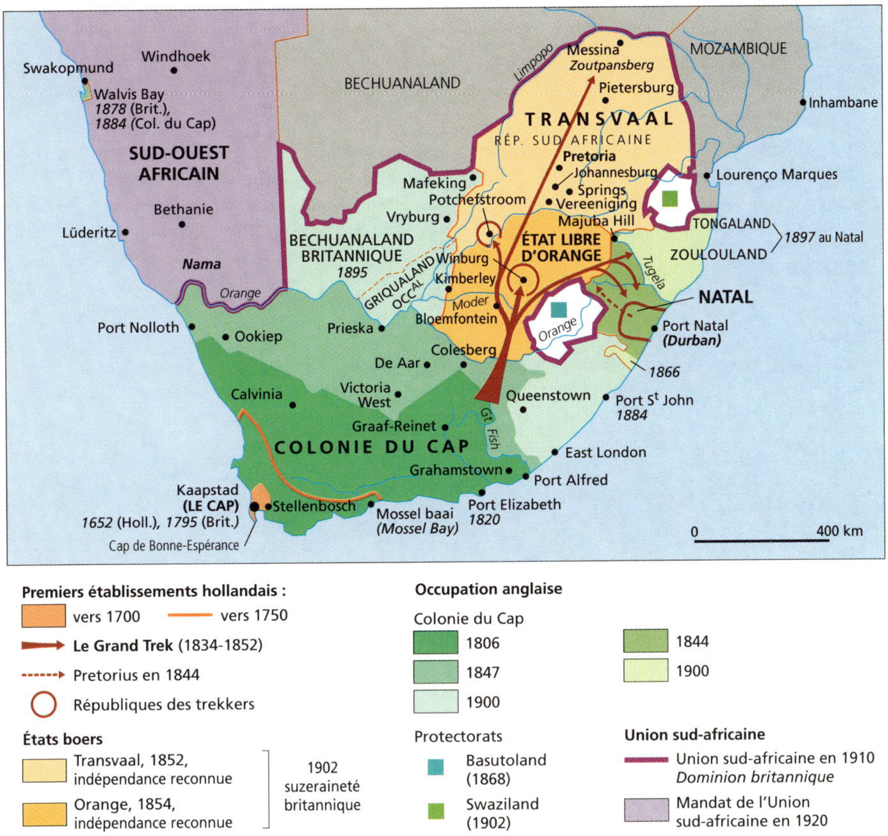

B. Installés dès 1652 au Cap, les colons hollandais, les *Boers,* élargissent leur territoire africain au XVIIIe siècle, au prix de durs combats contre les indigènes, refoulés ou asservis : Namas, autochtones, au XVIIe siècle ; puis Bantous, tardivement arrivés du Nord, vers 1775. En conflit avec les Anglais qui ont occupé à deux reprises la colonie (1795-1802 et 1806-1810) et qui en ont obtenu la cession en 1814, mécontents, en outre, de l'abolition de l'esclavage en 1833, les colons boers émigrent massivement vers le Nord-Est à partir de 1834 : ce « *Grand Trek* » aboutit à la formation des deux républiques du Transvaal et d'Orange, dont l'indépendance est reconnue en 1852 et en 1854 par les Anglais, qui se sont emparés en 1844 du Natal. Mais la découverte des mines de diamant de Kimberley (1867) et surtout celle des mines d'or du Transvaal (1885) renforcent les ambitions impérialistes britanniques (projet de l'Afrique anglaise « du Cap au Caire »), incarnées par Cecil Rhodes. Les Boers sortent victorieux d'un premier conflit (Majuba Hill, 1881), ce qui leur permet de faire renoncer les Anglais en 1884 à l'annexion du Transvaal proclamée en 1877 ; ils font échouer le raid Jameson en 1896 et entrent de nouveau en guerre contre les Britanniques en 1899. Compensant leur infériorité numérique par leur détermination (que reflète l'action du président Paul Kruger) et par leur expérience militaire, acquise contre les Bantous, les Boers remportent d'abord de brillants succès ; mais, en 1900, par la victoire de Paardeberg, l'armée anglaise s'ouvre la route de Bloemfontein et de Pretoria ; après deux ans d'une guérilla féroce et désespérée, les chefs boers doivent signer les préliminaires de Vereeniging et la paix de Pretoria (31 mai 1902). Accélérant la reconstruction économique des républiques boers, les Britanniques ont alors l'habileté de les fédérer en 1910 avec le Cap et le Natal en une *Union sud-africaine* ; en 1920, celle-ci est accrue, à titre de mandat, du Sud-Ouest africain, conquis en 1915 par les troupes du nouveau *Dominion.* En outre, son gouvernement est confié à des Afrikaners modérés, les premiers ministres Louis Botha (1910-1919) et Jan Smuts (1919-1924) ; mais leurs successeurs pratiquent une politique d'*apartheid* qui correspond à la virulence du nationalisme afrikaner et au refus inquiet de la minorité blanche de concéder l'égalité des droits à une très forte majorité noire (voir cartes pp. 46 B, 47 C, 219 B et 267).

A. LES BANTOUSTANS EN 1990

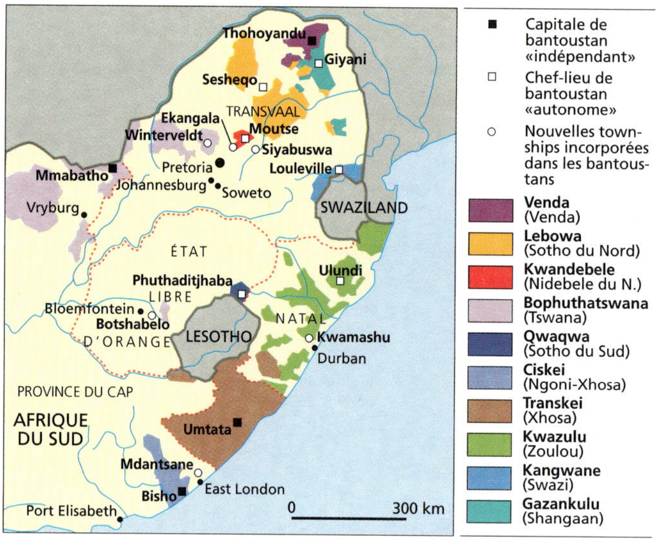

A. **D**ans le cadre du processus de désengagement qu'ils ont entamé dès 1971 par l'adoption du « Bantu Homelands Constitution Act », les dirigeants de la république d'Afrique du Sud ont créé dix bantoustans, foyers nationaux attribués aux Noirs sud-africains. Le premier à accéder à l'autonomie (1971) et le second à l'indépendance (1977) fut le Bophuthatswana. Rassemblant près de 75 p. 100 de la population de l'Afrique du Sud, quatre d'entre eux sont indépendants et les six autres autonomes quoique liés encore à un pouvoir blanc qui renonce peu à peu à l'*apartheid* au prix parfois de la renaissance de guerres tribales (voir carte p. 267).

L'AMÉRIQUE

A. LA MÉSO-AMÉRIQUE. ARCHÉOLOGIE

A. **C**'est l'« invention » de la culture du maïs, vers le Ve millénaire av. J.-C., qui, en entraînant une sédentarisation et une différenciation sociale accentuée, est à la base des civilisations méso-américaines. Dès le Ier millénaire av. J.-C. la civilisation olmèque est déjà très évoluée (villes avec temples en pierre et marchés, calendrier et système de numérotation) ; aussi étend-elle son influence, à partir de la côte atlantique (La Venta [v. 1100-v. 400 av. J.-C.], puis de Tres Zapotes [à partir de 31 av. J.-C.]), sur toute la zone méso-américaine ; elle donne alors naissance à de nouvelles civilisations qui, au Ier millénaire apr. J.-C., s'individualisent en deux grandes aires. Au sud, dans les basses terres guatémaltèques du Petén (Tikal, Uaxactún, Seibal), les Mayas édifient à partir du IVe siècle la plus brillante civilisation de la région, qui rayonne au Chiapas (Palenque, Bonampak, Yaxchilán), au Yucatán et vers le sud-est (Kaminaljuyú, Amatitlán, Copán). Dans l'aire mexicaine, la civilisation de Teotihuacán étend son influence sur tout le plateau central (Xochicalco, Cholula) et jusqu'en pays maya ; elle domine, par la splendeur de ses monuments, les cultures voisines des Zapotèques, dans l'Oaxaca (Monte Albán), et des Totanaques, en Veracruz (El Tajín). À la fin du Ier millénaire apr. J.-C., toutes ces civilisations disparaissent, pour des raisons mal connues, peut-être sous les coups de chasseurs nomades venus du Nord : dans un premier temps, les Toltèques, dans la région de Tula, recueillent l'héritage de Teotihuacán ; mais, au XIIe siècle, ils sont balayés par de nouveaux envahisseurs (affrontement mythique entre Quetzalcóatl, le serpent à plumes toltèque, et Tezcatlipoca, le dieu de la guerre) ; aussi se réfugient-ils au Yucatán, où ils revivifient la civilisation maya, à Uxmal, à Chichén Itzá et enfin à Mayapán. À la même époque, les Aztèques s'imposent lentement au Mexique central (fondation de Tenochtitlán-Mexico en 1325) ; réalisant la synthèse de la civilisation toltèque et de leurs propres traditions guerrières, ils édifient en cent cinquante ans un empire couvrant tout le Mexique, dont la prospérité (attestée par les Espagnols) et la puissance sont pourtant menacées par l'absence de cohésion interne : c'est cette absence de cohésion qui favorise la conquête de Hernán Cortés (voir carte p. 239).

B. L'AMÉRIQUE DU SUD. ARCHÉOLOGIE

B (et carte p. 238). **L'**Amérique du Sud précolombienne présente de grandes différences culturelles, liées à la variété des conditions naturelles. Au sud, les populations ignorent encore l'agriculture : pêcheurs de l'archipel fuégien (Yahgan, Alakaluf) ; chasseurs de guanacos des pampas (Tehuelche, Puelche) ; tribus du Chaco et du Sud brésilien, combinant chasse et cueillette. Les régions tropicales et l'Est sont peuplés d'Indiens pratiquant une agriculture itinérante sur brûlis (manioc, igname, patate), répartis en trois grands groupes culturels : Tupi-Guarani, Arawak au sud de l'Amazonie (qui édifient la civilisation Marajoara sur l'Amazone) et Carib au nord, d'où ils envahissent les Antilles. Enfin la région andine connaît, depuis le IIe millénaire, une véritable agriculture sédentaire, fondée sur la culture du maïs, qui permet l'éclosion de civilisations évoluées. Mais le relief accidenté des Andes entraîne un morcellement en petites aires culturelles, qui ne sont que tardivement unifiées. Malgré leurs remarquables réussites dans la métallurgie de l'or (Atacames, Milagro), les civilisations des franges septentrionales pâlissent auprès de celles des Andes centrales. En Colombie, toutefois, le site de San Agustín, dont les débuts sont antérieurs à l'ère chrétienne, peut s'enorgueillir de ses statues colossales. Les Andes sont d'abord marquées par l'influence méso-américaine (civilisation de Chavin, qui rayonne sur toute la côte, à Cupisnique, à Ancón, à Paracas). Paracas est une zone de gisements d'époques variées, favorisée par un climat désertique qui a conservé la flore et les textiles. Un bon niveau technique (agriculture irriguée, artisanat développé) permet l'épanouissement, à partir de 300 av. J.-C., de cultures originales : sur la côte, la culture mochica au nord, celle de Nazca au sud. Le site de Nazca, d'époque classique, s'est rendu célèbre grâce aux qualités de ses céramiques polychromes. Ces civilisations sont bientôt éclipsées par celles des hauts plateaux où, à partir de Tiahuanaco, s'édifie, vers 600 apr. J.-C., le premier empire sud-américain. Son effondrement vers 1100 entraîne un nouveau morcellement en petits royaumes ou confédérations (Chincha, Chancay, surtout Chimú), dont la culture composite reprend les acquis des civilisations côtières et de celle de Tiahuanaco. Il faut attendre le XVe siècle pour que se construise, à partir des hautes terres, un nouvel empire qui unifie toute la région andine : venus de la vallée du Cuzco, les Incas étendent leur domination de l'Équateur au Chili central. De nombreux facteurs témoignent de leur haut degré de civilisation : perfection de l'organisation sociale, importance du réseau routier, ingéniosité du système comptable, splendeur des monuments. Cuzco, capitale de l'ancien Empire inca, comporte de nombreux vestiges enfouis dans les constructions modernes. Machu Picchu, ville morte, aujourd'hui très accessible, est le site le plus étonnant. Mais, comme chez les Aztèques, le manque de cohésion de l'Empire, aggravé par les luttes intestines (querelle dynastique entre Atahualpa et son demi-frère, Huáscar), favorise la conquête espagnole en 1532-1533 (voir carte p. 239).

A. RÉGION ANDINE. ARCHÉOLOGIE

- ● Sites archéologiques
- *CHIMÚ* Cultures ou civilisations
  les flèches vont des cultures les plus anciennes aux plus récentes
- Régions au-dessus de 1 000 m
- Frontières actuelles
- ■ Capitales actuelles
- • Autres villes

A. Voir carte et commentaire p. 237.

B. L'ORGANISATION DE LA CONQUÊTE

B. **L'**arrivée de Christophe Colomb aux Bahamas en 1492 a ouvert la voie à la colonisation de l'Amérique du Sud. Aidés par une poignée d'aventuriers fanatisés par le mirage de l'Eldorado, les *conquistadores* subjuguent en quelques années les puissants empires amérindiens : Hernán Cortés au Mexique, Francisco Pizarro et Diego de Almagro au Pérou. Ainsi se constitue en trente ans un vaste empire espagnol, tandis que les Portugais s'installent lentement sur la côte brésilienne, conformément à l'arbitrage pontifical de 1493 (bulle *Inter aetera*), corrigé par le traité de Tordesillas du 7 juin 1494. La monarchie espagnole met d'abord en place en Europe des organismes de contrôle des nouvelles colonies : la *Casa de la Contratación de Las Indias de Sevilla*, créée en 1503 pour superviser les communications et les échanges ; le *Consejo de Indias* (conseil des Indes), doté en 1524 du pouvoir du gouvernement. Sur place, elle crée une administration locale, formée essentiellement au XVIe siècle de deux vice-royautés et de onze *audiencias*. En même temps, laissant les colons s'enrichir par le système de l'*encomienda* (seigneurie sur les communautés indiennes), la métropole entreprend l'exploitation forcenée des richesses minières de Colombie (or), du Mexique (argent de Zacatecas) et du Pérou (argent de Potosi et mercure de Huancavelica). Les circuits commerciaux s'organisent : les galions espagnols drainent vers l'Europe les métaux précieux, en rapportent les produits manufacturés et assurent à partir d'Acapulco la liaison avec les Philippines et l'Asie (galion de Manille depuis 1565).
Cette intégration à l'économie européenne se fait au prix de lourdes pertes humaines qui entraînent l'effondrement de la population amérindienne réduite de 80 à 11 ou 12 millions d'habitants entre le début et la fin du XVIe siècle. Condamnées par Bartolomé de Las Casas et par les jésuites, les pratiques qui entraînent une telle hémorragie ne peuvent empêcher la naissance d'une société métisse, exemple unique en milieu colonial (voir cartes pp. 40, 41, 76 et 241).

A. LES ÉTABLISSEMENTS FRANÇAIS DANS LA VALLÉE DU SAINT-LAURENT (XVIIe-XVIIIe SIÈCLE)

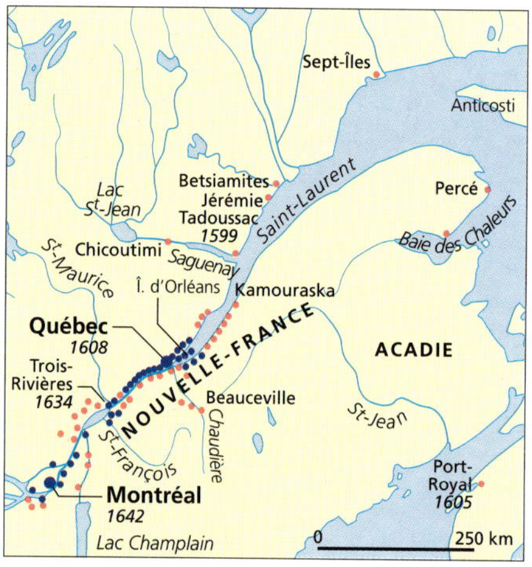

- Établissements français à la fin du XVIIe siècle
- Établissements français en 1765

d'après R. Blanchard

B. LA COLONISATION DE 1697 À 1713

Attributions territoriales

1697 Traité de Ryswick
- Français
- Anglais
- Zones disputées entre Français et Anglais
- Espagnols

1713 Traité d'Utrecht
- Français
- Anglais
- Zones disputées entre Français et Anglais

- Forts français
- Forts anglais

A. **Découvert en 1534 par Jacques Cartier, visité pour la première fois par Samuel Champlain en 1603-1604, le Canada entre dans l'ère de la colonisation. Les premiers établissements permanents français sont créés en Acadie en 1604 et surtout sur les rives du Saint-Laurent (fondation de Québec en 1608). Sous l'impulsion de la Compagnie de la *Nouvelle-France* ou des *Cent-Associés* (1627-1663), les colons s'installent peu à peu en amont, à la suite des coureurs de bois, des missionnaires et des explorateurs, qui cherchent une hypothétique voie de passage vers la Chine ; en 1642, la fondation de Montréal achève la prise de contrôle du bas Saint-Laurent. Pourtant cette colonisation est fragile. Malgré l'alliance des Hurons, les Iroquois et les Anglais sont d'autant plus menaçants que le Canada est *sous-peuplé* (6715 colons seulement en 1673), en dépit d'une natalité très forte (63 p. 100) ; d'ailleurs, les établissements français sont surtout des comptoirs de traite pour la fourrure. Réintégrée dans le domaine royal en 1663, la Nouvelle-France est l'objet de tentatives d'immigration systématique et de colonisation agricole qui améliorent la situation après 1673 (arrivée du gouverneur Louis de Frontenac) ; mais, en 1754, le Canada ne compte encore que 54 000 Français face aux 2 millions de colons anglais établis en Amérique du Nord (voir cartes pp. 46 et 241).

B. **À** partir de 1670, la rivalité franco-anglaise en Amérique du Nord s'accentue, avec le développement des colonies anglaises au sud et la création, au nord, en 1670, de la *Hudson Bay Company* qui, conjointement avec les gens de New York, essaie de capter le fructueux trafic des fourrures ; chaque camp s'assure l'alliance de tribus indiennes (Hurons du côté français, Iroquois du côté anglais). Les tensions s'aggravent lorsque l'extension de la colonisation française vers le sud-ouest (découverte du Mississippi par Joliet et Marquette, fondation de la Louisiane par Cavelier de La Salle en 1682) bloque l'expansion des colons anglais vers l'ouest. Aussi, dès 1690, les hostilités s'engagent-elles : si les Anglais prennent l'Acadie et Terre-Neuve, leur échec devant Québec et les succès français en baie d'Hudson conduisent, au traité de Ryswick en 1697, à une paix de compromis : la France perd une partie de l'Acadie, mais conserve presque tous les postes de la baie d'Hudson. La guerre reprend en 1710, en liaison avec les conflits européens ; mais les échecs français en Europe se révèlent désastreux pour la Nouvelle-France : au traité d'Utrecht en 1713, la France perd, en effet, la baie d'Hudson, l'Acadie et Terre-Neuve, mais conserve, sur la côte nord de cette île (French Shore), le droit de pêche. L'étau anglais se resserre autour d'un Canada trop vaste, que ne peut durablement défendre une population trop clairsemée (voir cartes pp. 46 B et 245 B).

C. L'AMÉRIQUE AU XVIIe ET AU XVIIIe SIÈCLE

C. **À** l'aube du XVIIe siècle, l'Amérique, de la Floride à l'Argentine, est un domaine réservé des Ibériques et notamment des Espagnols, mais, en deux siècles, la situation est bouleversée. Tandis que l'Empire espagnol se consolide, les Portugais occupent progressivement le désert humain qui s'étend entre l'Atlantique et les Andes ; de plus, de nouveaux colonisateurs apparaissent. Si la présence hollandaise, de Nieuw-Amsterdam (New York) au Brésil, dure peu, les Français conquièrent, à partir du Canada, une bonne partie de l'Amérique du Nord ; encore faiblement implantés dans l'ensemble du continent au XVIIe siècle, les Anglais étendent, au XVIIIe, leur influence commerciale dans l'Amérique espagnole par le biais de l'*asiento* (traite des Noirs d'Afrique) et du *vaisseau de permission*, qui leur ont été concédés par le traité d'Utrecht en 1713 ; surtout, il leur est possible de se constituer un vaste empire en Amérique du Nord, après avoir évincé les Français du Canada et de la Louisiane orientale par le traité de Paris de 1763. Dans la plupart des colonies se créent de vastes *latifundia*, exploités par des esclaves noirs ; une société coloniale s'édifie, où la minorité *créole* privilégiée s'impose aux esclaves, métis et indigènes, que les Européens essaient épisodiquement de protéger et d'évangéliser, en particulier dans le cadre des *réductions* jésuites. Mais les colonies restent sous la tutelle politique de leurs métropoles, particulièrement en Amérique espagnole où se renforcent les structures administratives : vice-royautés, capitaineries générales, *audiencias* ; surtout, les pays européens leur imposent, au nom du *mercantilisme*, une domination économique (*pacte colonial*) qui soulève le mécontentement des colons (voir cartes pp. 45, 46, 47 C, 81, 239, 240, 244 et 245 B).

A. L'AMÉRIQUE INDÉPENDANTE

A. **L'**opposition des colons à la domination économique de la métropole engendre l'indépendance américaine. Elle s'exprime à travers l'idéologie libérale développée en Angleterre et en France au XVIIIᵉ siècle. La révolution qui éclate en 1775 dans les Treize Colonies anglaises conduit à l'indépendance des États-Unis en 1783 (voir carte p. 245 C) ; par contre-coup, elle stimule l'émancipation des autres colonies, que facilite par ailleurs l'affaiblissement des métropoles pendant les périodes révolutionnaire et napoléonienne. Commencé à Saint-Domingue, où la révolte servile, menée par Toussaint Louverture, aboutit à l'indépendance de Haïti en 1804, le mouvement se répand en Amérique ibérique. L'effondrement de la monarchie espagnole en 1808 provoque, à partir de 1810, une première vague révolutionnaire. Au Mexique, deux prêtres, Hidalgo en 1810 et Morelos en 1811, mènent l'insurrection. En Amérique du Sud, des mouvements séparatistes éclatent. Au Venezuela, ils sont animés par Francisco de Miranda, puis par Simón Bolívar ; dans le vice-royaume de la Plata par Manuel Belgrano ; enfin au Chili, par Bernardo O'Higgins. Mais les dissensions internes et la restauration en Espagne de la dynastie des Bourbons en 1814 permettent le rétablissement de la souveraineté de la métropole dans toute l'Amérique ibérique, à la seule exception des pays de la Plata. En 1817, les révoltes reprennent : en Amérique du Sud, tandis que San Martín libère le Chili et le Pérou, Simón Bolívar s'empare des trois pays du Nord qu'il fédère en une « Grande-Colombie », avant de liquider la résistance espagnole à Ayacucho le 9 décembre 1824 ; au Mexique, Agustín de Iturbide proclame l'indépendance en 1821 et devient empereur le 19 mai 1822 ; pendant ce temps, les pays d'Amérique centrale chassent les garnisons espagnoles entre 1821 et 1824 et constituent une république fédérale. En acceptant la couronne impériale le 12 octobre 1822, l'héritier du trône portugais, don Pedro, évite au Brésil la révolution et une rupture totale avec la métropole. En Amérique latine, les soulèvements sont menés le plus souvent par des créoles, les masses populaires demeurant plutôt loyalistes. La disparition du contrepoids métropolitain aux ambitions locales provoque le renforcement de l'exploitation des indigènes, ainsi que

B. FORMATION DES ÉTATS DE L'AMÉRIQUE LATINE (XIXe-MILIEU DU XXe SIÈCLE)

l'affirmation des tendances centrifuges. Celles-ci font échouer les tentatives de fédération rêvées par Simón Bolívar au congrès de Panamá en juin et juillet 1826. Aussitôt après cette assemblée, la Grande-Colombie est amputée du Venezuela puis de l'Équateur ; en 1839, les Provinces-Unies d'Amérique se morcellent en cinq républiques, auxquelles se joint le Panamá en 1903. L'Amérique espagnole unie a vécu (voir cartes pp. 45, 46, 47 C, 241 et 243).

B. **D**ans une Amérique latine désormais morcelée, l'indépendance a renforcé le pouvoir des *caciques*, seigneurs locaux qui dominent économiquement et politiquement les indigènes ; dès lors se manifeste une tendance permanente à l'éclatement des États, évitée seulement par l'instauration par des généraux (*caudillos*) de régimes dictatoriaux, tempérés par des coups d'État militaires. Le rôle grandissant de l'armée dans la vie politique exacerbe les nationalismes ; les guerres se multiplient et favorisent les modifications de frontières au détriment notamment des États intérieurs (Paraguay, Bolivie) et au profit des États relativement solides (Chili, Pérou et, surtout, Brésil). La faiblesse politique et économique des États facilite l'impérialisme des grandes puissances : mainmise économique de la Grande-Bretagne sur le « triangle blanc » (Argentine, Uruguay, Chili) ; intervention militaire en 1862 des Français au Mexique, où ils créent l'éphémère empire de Maximilien (1864-1867) ; domination surtout des États-Unis. Ayant annexé les provinces septentrionales du Mexique par le traité de Guadalupe Hidalgo en 1848, ceux-ci étendent leur influence, d'abord dans la région des Caraïbes (devenue une semi-colonie au début du XXe s.) ; après la Première Guerre mondiale et l'effacement britannique, cette influence s'exerce dans toute l'Amérique latine. La véritable émancipation, commencée au Mexique avec la révolution de 1911, reste à réaliser (voir carte p. 248).

A. L'AMÉRIQUE DU NORD DE 1763 À 1774

Traité de Paris, févr. 1763
- Anglais
- Espagnols

Français
- Possessions
- Droit de pêche et de débarquement

Proclamation royale, oct. 1763
- Frontières fixes
- Frontières imprécises
- Ligne de la Proclamation

Acte de Québec, juin 1774
- Frontières fixes
- Extension de la province de Québec, 1774-1783

A. **L**ors de la guerre de Sept Ans (1756-1763), l'affrontement franco-anglais aboutit inévitablement, en raison de la disproportion des forces, à la défaite française, scellée par la capitulation de Montréal le 8 septembre 1760. Après avoir dû céder la Louisiane occidentale à l'Espagne par le traité secret du 3 novembre 1762, la France perd, au traité de Paris du 10 février 1763, toutes ses possessions nord-américaines (sauf Saint-Pierre-et-Miquelon). La nouvelle Amérique anglaise est partagée en trois : le Nord est rattaché aux territoires de la baie d'Hudson ; la région des Grands Lacs et du Mississippi, théoriquement laissée aux Indiens, dépend directement de la Couronne ; seule une frange le long du Saint-Laurent est abandonnée aux francophones, par ailleurs brimés dans leurs convictions religieuses, et pratiquement exclus de toute fonction publique par la loi du Test. Mais le pragmatisme anglais comprend la nécessité de bonnes relations avec les Canadiens : l'*Acte de Québec* du 22 juin 1774 élargit le Québec (donc le champ d'extension des francophones) du Labrador au Mississippi, abolit le Test et rétablit les lois françaises. Aussi suscite-t-il le mécontentement des vieux colons anglais, dont l'expansion vers l'ouest est de nouveau impossible, et qui dénoncent la « collusion anglo-canadienne » ; la rupture qui s'ensuit en 1774 entre l'Angleterre et les Treize Colonies est le point de départ de la formation de deux nations anglophones en Amérique (voir carte p. 46).

B. LA PÉRIODE COLONIALE JUSQU'AU TRAITÉ DE PARIS (1763)

B. **C**ommencée en 1607 (premier établissement en Virginie), la colonisation britannique naît à la fois de raisons matérielles (croissance démographique, bouleversements ruraux dus au mouvement des enclosures, mutations de l'industrie textile) et de motivations religieuses (fuite des groupes minoritaires ou persécutés, tels les puritains du Mayflower). Ainsi, par fondations successives ou par annexion des territoires hollandais, se créent, de 1624 à 1732, treize colonies, où affluent nombre d'immigrants (50 000 Blancs en 1640, 450 000 en 1715, 3 millions en 1775) ; elles forment de petits États séparés, très jaloux de leur autonomie. Aussi les assemblées locales jouent-elles un rôle essentiel et développent-elles un sens aigu de la liberté individuelle. Ces facteurs renforcent le particularisme de chacune de ces colonies ; entre le Sud, « cavalier » (royaliste), dominé par une société de planteurs propriétaires de grands domaines exploités par des esclaves noirs, et le Nord, puritain ou quaker, à société plus égalitaire, où dominent artisans et marchands, l'unité n'est que négative : contre les Indiens, contre les Espagnols et les Français, et, après 1763, contre la tutelle économique anglaise.

C. LA GUERRE D'INDÉPENDANCE AMÉRICAINE (1775-1782)

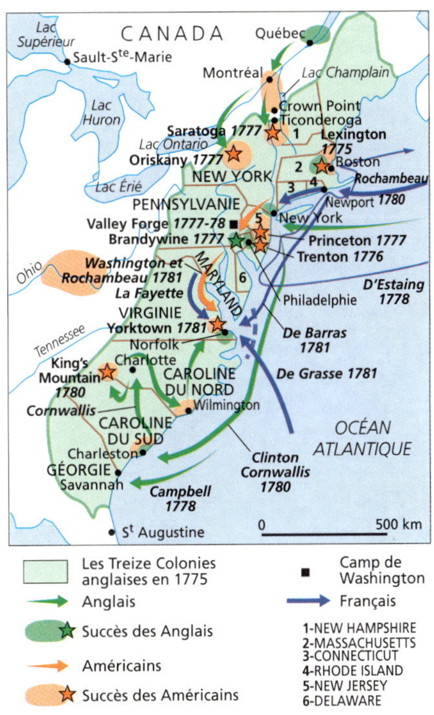

C. **A**près 1763, l'aggravation du mercantilisme et des taxes imposées par l'Angleterre, le blocage de l'expansion vers l'ouest par l'*Acte de Québec* de 1774 (voir carte p. 244) suscitent une agitation qui prend vite une forme politique ; la répression britannique, maladroite et brutale, conduit à la rupture en 1775, officialisée par la Déclaration d'indépendance des treize États-Unis le 4 juillet 1776. Malgré la supériorité théorique des Anglais, les « insurgents », bien commandés par George Washington et aidés de volontaires étrangers tel La Fayette, chassent les Anglais du Nord par la victoire de Saratoga le 17 octobre 1777. La signature d'un traité d'alliance officielle avec la France le 6 février 1778 renforce leur position militaire. Avec l'aide des troupes de Rochambeau et celle de l'escadre de l'amiral de Grasse, ils bloquent l'avance des Britanniques débarqués en Géorgie : la capitulation de Cornwallis à Yorktown le 19 octobre 1781 scelle la défaite anglaise. Le traité de Versailles, signé le 3 septembre 1783, reconnaît l'existence, de l'Atlantique au Mississippi, de la République fédérée des États-Unis. Mais il reste à organiser la nouvelle nation (voir carte p. 248).

A. LA GUERRE DE SÉCESSION (1861-1865)

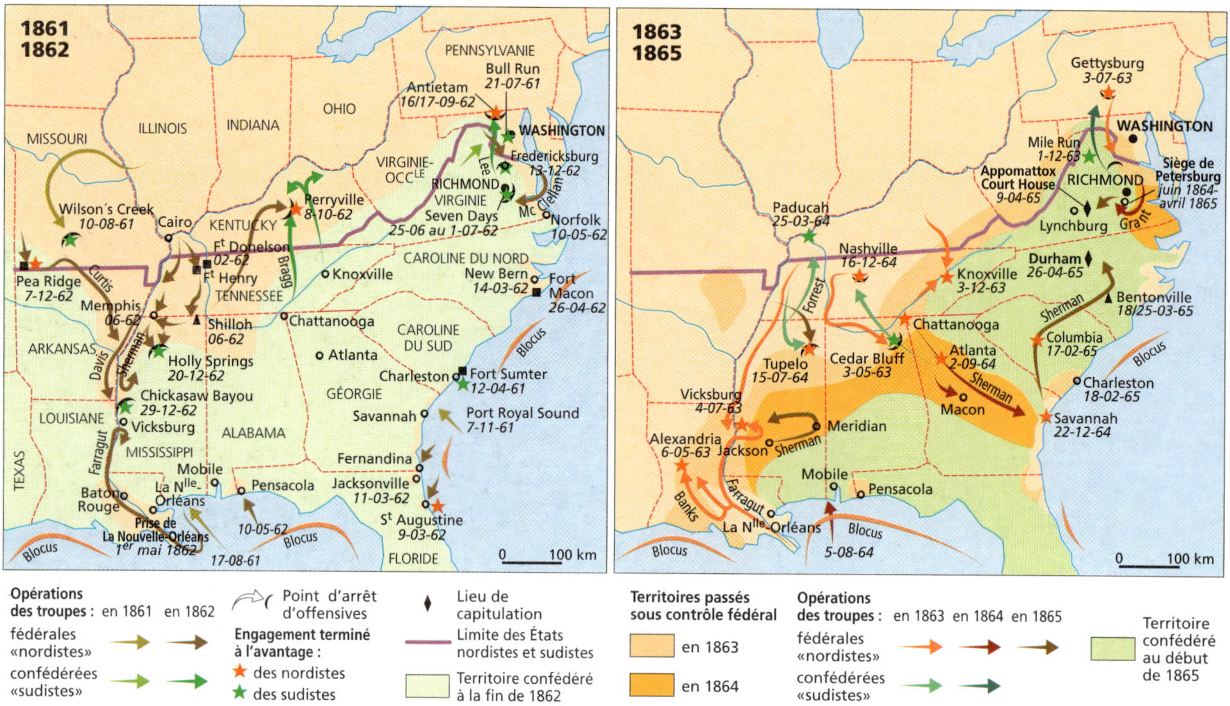

A. **E**ntre le Nord qui s'industrialise et le Sud agricole qui vit de l'exportation du coton, le fossé se creuse à partir de 1840. Vital pour les sudistes en période de « boom » cotonnier, l'esclavage est stigmatisé par les nordistes. Évité par des compromis successifs jusqu'en 1850, l'affrontement est déclenché par le renforcement du mouvement abolitionniste. La publication en 1852 du roman de Mrs Beecher-Stowe, *la Case de l'oncle Tom,* la création du parti républicain en 1854, l'élection, enfin, de son chef, Abraham Lincoln, à la présidence des États-Unis en 1860 provoquent la crise. Onze États du Sud font alors sécession et s'organisent en *confédération* le 8 février 1861. Commencée le 12 avril 1861 par le bombardement de Fort Sumter par les sudistes, la guerre civile tourne en 1861 et en 1862 à l'avantage de ces derniers grâce à l'excellence de leur commandement (Lee, Jackson). Mais l'énormité et la supériorité des effectifs mobilisés par les nordistes (deux millions d'hommes contre 850 000), de même que leur écrasante prépondérance industrielle finissent par s'imposer à partir de 1863. Contenant les sudistes à l'est, le général Grant attaque en 1863 le long du Mississippi, ce qui isole les trois États de l'Ouest ; lançant alors, en 1864, la colonne Sherman à travers la Géorgie, il sectionne une seconde fois le territoire confédéré. Bloqués au nord-est depuis leur défaite de Gettysburg le 3 juillet 1863, menacés par Sherman au sud, Lee, puis Jackson capitulent à Appomatox et à Durham les 9 et 26 avril 1865. La guerre est achevée mais le problème noir n'est réglé qu'en apparence (voir carte p. 248).

B. LES INDIENS DE LA DÉCOUVERTE AU XIXe SIÈCLE

B. **A**vant la colonisation, l'Amérique du Nord est très faiblement peuplée ; un million d'Indiens, répartis entre plus de deux cents tribus, aux différences culturelles marquées : agriculteurs sédentaires au sud-est (Creek, Cherokee, Choctaw, Chickasaw, Séminoles, ou Cinq Nations) et au sud-ouest (Pueblos, Zunis, Hopis) ; chasseurs et pêcheurs au nord (Algonquins, Iroquois, Indiens de Colombie) ; éleveurs nomades au sud-ouest (Navajo et Apaches) ; surtout Indiens des Plaines, chasseurs de bison, du grand groupe siouan, dont le mode de vie (adoption du cheval) se répand chez les groupes voisins. Pendant longtemps, la faiblesse numérique des Blancs et la rivalité franco-anglaise ont permis aux Indiens d'opposer une résistance efficace aux envahisseurs, à l'exception des Algonquins, déjà dominés par les Iroquois ; parfois, ils ont même pu contracter des alliances durables avec les colons. Devenus indépendants, les États-Unis entreprennent la conquête de l'Ouest. Alors débutent l'ère des guerres indiennes et la spoliation systématique des tribus : le 20 août 1794, Miami et Shawnee révoltés sont vaincus à Fallen Timbers, près de l'actuel Fort Wayne ; en octobre 1813, Tecumseh est vaincu et tué sur les bords de la Thames ; le 30 mai 1830, l'*Indian Removal Act* permet d'expulser les Indiens des Cinq Nations à l'ouest du Mississippi, où ils sont parqués dans le territoire de l'Oklahoma en 1834. Mais le véritable génocide commence après 1848 : la ruée vers l'or de Californie, la poussée pionnière dans les plaines, enfin la construction des voies ferrées le favorisent : Sioux, Cheyenne, Crow, plus tard Apaches sont massacrés par l'armée (Sand Creek, 1864 ; Wounded Knee Creek, 1890...), décimés par les épidémies et par l'alcoolisme, affamés par l'abattage massif des bisons ; la violence de leurs réactions (victoire de Sitting Bull dans la vallée de la Little Bighorn, 1876) ne fait que retarder l'issue fatale ; les survivants ne conservent que de maigres réserves sur leurs terres d'origine, ou sont déplacés à leur tour en Oklahoma. En 1890, le problème indien est « résolu ».
En même temps, les réserves sont méthodiquement « rognées » : le *General Allotment Act*, ou *Dawes Severalty Act*, de 1887 entraîne une expropriation massive des Indiens qui, en cinquante ans, perdent près de la moitié de leurs terres ; l'Oklahoma est ouvert en 1889 à la colonisation blanche. Malgré les mesures de protection prises depuis 1934 (garantie des réserves), la population indienne, en vertu de l'*Indian Reorganization Act*, se réduit à 330 000 personnes. La paix revenue, un renouveau démographique s'amorce :
1 420 000 en 1980 ;
1 479 000 en 1990 ;
les Indiens protestent dès lors contre la perte de leur identité du fait de leur intégration au sous-prolétariat américain et de l'intérêt uniquement folklorique que portent à leur culture touristes et ethnologues.

A. ENTRÉE DES ÉTATS DANS L'UNION

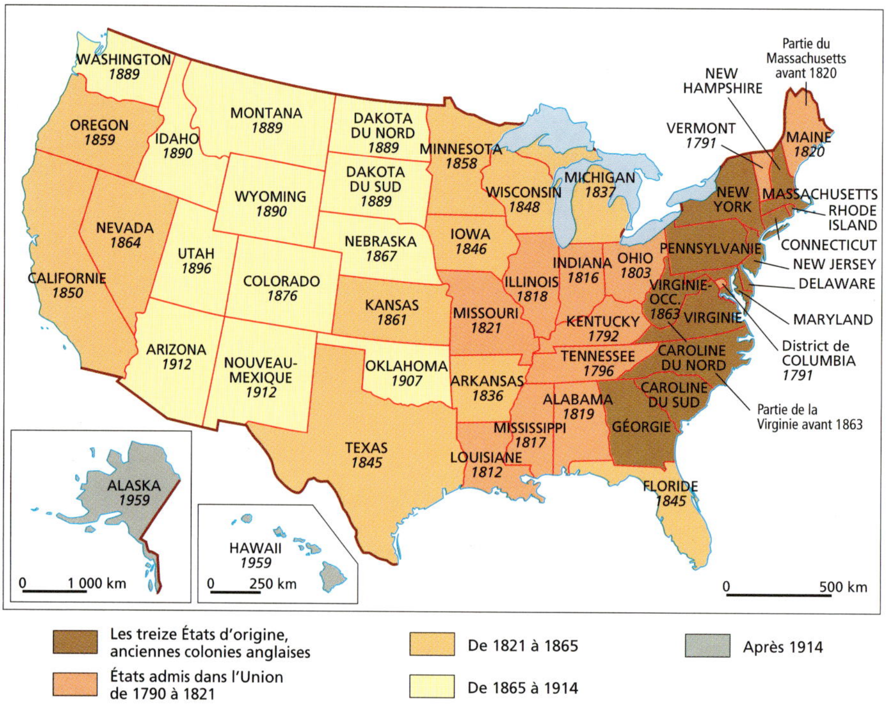

A. **M**algré les acquisitions territoriales réalisées en 1783, la poussée américaine vers l'ouest reste bloquée par les colonies européennes. Les pressions américaines et l'incapacité des métropoles à maintenir dans leurs colonies une présence efficace permettent d'acheter successivement en 1803 et en 1819 la Louisiane, redevenue française en 1800, et la Floride espagnole. Des accords avec la Grande-Bretagne fixent la frontière avec le Canada (annexion de l'Oregon en 1846). L'admission dans l'Union de la république du Texas en 1845 provoque une guerre avec le Mexique ; vaincu, celui-ci cède les territoires du Sud-Ouest, par le traité de Guadalupe Hidalgo, en 1848. En même temps, la croissance démographique et les déplacements de population provoquent l'érection en États des territoires dont la population dépasse 60 000 habitants, selon le principe édicté en 1787. En 1860, la *frontier* passe encore par le Missouri (mis à part la côte Ouest, peuplée depuis la ruée vers l'or californien) ; la construction des transcontinentaux l'abolit dès 1890. L'Union est achevée en 1912 par l'intégration des territoires réservés aux Indiens. Mais en 1959 elle s'accroît de l'Alaska et des îles Hawaii qui en deviennent les 49e et 50e États membres (voir carte p. 245 B).

B. LES INDIENS AU XVIIe SIÈCLE

B. **A**u moment de l'arrivée des Européens, l'Amérique du Nord compte de très nombreuses tribus différentes. Sur le territoire correspondant aujourd'hui au Canada, il s'en trouve plus d'une centaine répartie en une douzaine de grandes familles linguistiques. Après avoir ravagé les populations de la côte atlantique dès le XVIe siècle, les maladies d'origine européenne atteignent le bassin des Grands Lacs où elles poursuivent leurs effets dévastateurs. Des peuples entiers disparaissent, les derniers survivants étant intégrés par des tribus voisines souvent à l'occasion de guerres liées à la concurrence suscitée par l'arrivée des nouveaux partenaires que constituent les Européens. C'est dans la cordillère que la diversité linguistique est la plus grande. L'algonquien (à ne pas confondre avec l'algonquin) est, à l'opposé, parlé sur tout le vaste territoire qui s'étend des Rocheuses au Labrador et aux Maritimes. Au nord, se trouvent les Montagnais, les Algonguins, les Ojibwa, les Cree. Plus à l'ouest, on rencontre les Blackfoot et les Gros-Ventres, également de langue algonquienne. À ces divers groupes, il faudrait ajouter les groupes algonquiens de l'est, comme par exemple les Abenaquis, les Mohican, ainsi que plusieurs autres qui sont implantés plutôt du côté de la Nouvelle-Angleterre. La zone liguistique algonquienne est entourée de diverses familles linguistiques dont le beotuk à Terre-Neuve, l'iroquoien qui comprend l'iroquois, le huron, le pétun, le neutre, l'audaste répandu autour du lac Ontario, et le sioux du centre ouest du continent, famille à laquelle se rattachent les langues parlées notamment par les Sioux et les Assiniboines. Il y a de nombreuses autres familles linguistiques (le salish, le tsimshian) qui regroupent plusieurs langues ou dialectes en apparence disparates mais dont une origine commune n'est pas exclue. Enfin, à l'extrême nord, règne l'inuktitut, la langue des Inuit.

A. PEUPLEMENT DE L'OUEST CANADIEN

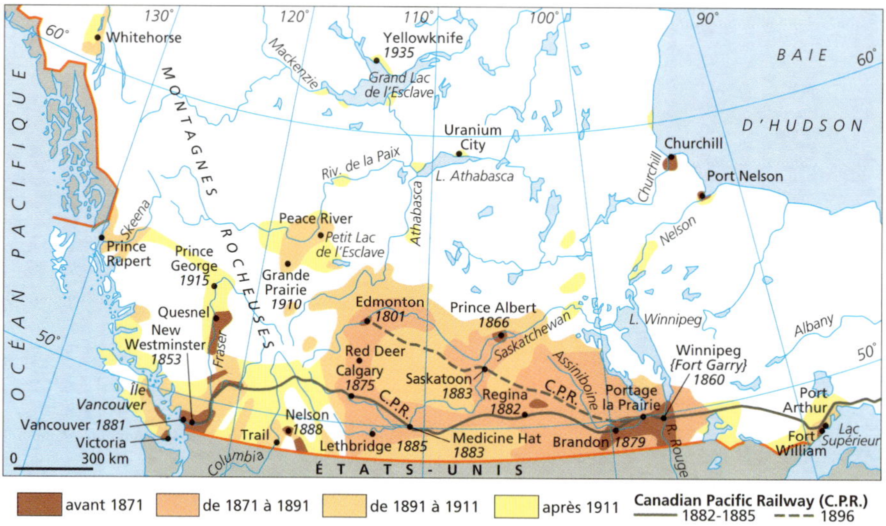

A. **Hormis** la petite colonie agricole de la rivière Rouge, fondée réellement en 1812 par lord Selkirk, et quelques îlots de peuplement autour de Victoria et de Vancouver, l'Ouest canadien n'est peuplé, jusque vers 1860, que de quelques pionniers, chasseurs de fourrures, qui s'agglomèrent autour des postes de la police montée. Ils sont à l'origine de ce peuple métis pour lequel Louis Riel a combattu. Avec le renforcement de l'immigration européenne (Anglais, Allemands, Scandinaves) et surtout avec la construction des transcontinentaux (CPR, 1882-1885, etc.) commencent la mise en valeur de la Prairie et le peuplement systématique de l'Ouest ; à la fin du XIXe siècle, le front pionnier est reporté vers les Rocheuses et vers les territoires du Nord (« ruées » successives vers les métaux précieux).

B. LE CANADA EN 1867

B. **Depuis** le début du XIXe siècle, l'opposition croît, même chez les anglophones, contre la tutelle britannique ; par ailleurs, l'*Acte d'Union* de 1840 n'a pas réussi à fondre les deux communautés canadiennes. Aussi le *British North America Act* (Acte de l'Amérique du Nord britannique) du 20 mars 1867 crée-t-il une *Confédération du Canada*, où le gouverne-

C. LE CANADA EN 1882

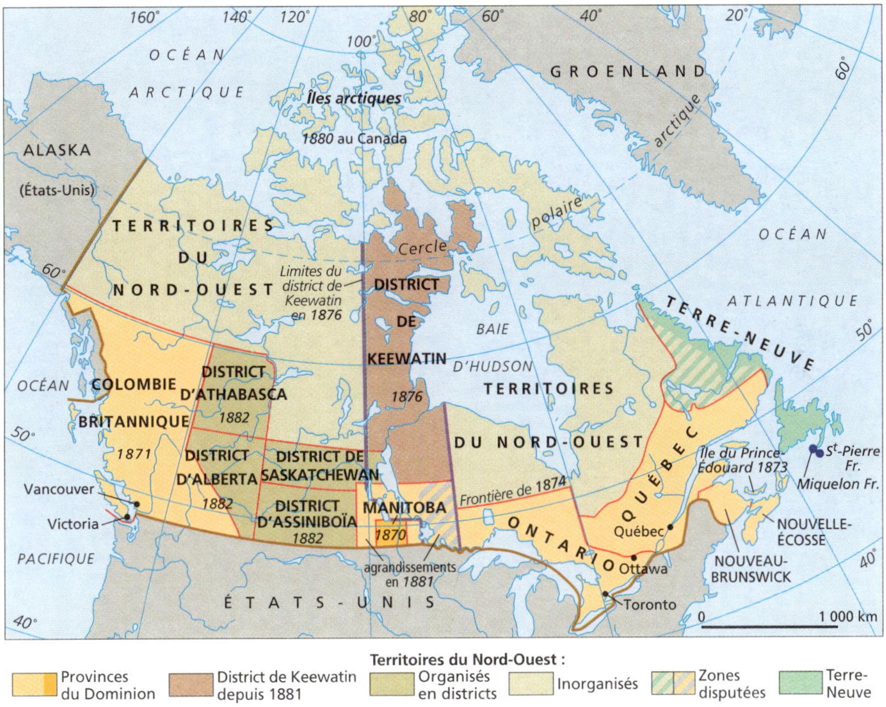

C. **L**e régime bâtard instauré en 1867 ne peut durer. Dès 1869, le Canada achète les immenses territoires du Nord-Ouest, divisés géométriquement en districts entre 1876 et 1882. La promesse de l'établissement de liaisons ferroviaires facilite la création de nouvelles provinces : Manitoba en 1870 ; Colombie britannique en 1871 ; île du Prince-Édouard en 1873. Seule Terre-Neuve conserve son statut de colonie britannique.

ment fédéral, de type parlementaire (le gouverneur anglais n'a plus qu'un rôle limité), dispose de larges pouvoirs face aux gouvernements provinciaux. Mais ce Dominion, le premier, ne comprend que les régions peuplées de l'Est ; tout l'Ouest reste soumis à la Couronne britannique ou à la vénérable Compagnie de la baie d'Hudson.

LE MONDE
DEPUIS 1990

A. LE MONDE EN 1990

A. **H**antées par le spectre d'une troisième guerre mondiale, les puissances victorieuses des forces de l'axe Berlin-Rome-Tokyo mettent en place, à la fin du second conflit mondial, une structure de concertation : l'*Organisation des Nations unies* (conférence de San Francisco, 25 avril-26 juin 1945). Avant même que d'être formulés dans la charte constitutive de l'O.N.U., les espoirs conçus par ses pères fondateurs s'avèrent en contradiction avec les réalités contraignantes de la géopolitique. Dans un télégramme adressé au président Harry Truman, Winston Churchill constate, en effet, dès le 12 mai 1945, la mise en place par l'U.R.S.S. d'un « rideau de fer », depuis les bouches de la Trave jusqu'aux faubourgs de Trieste. En déclenchant la guerre froide en 1947-1948, en abaissant autour de la Chine le « rideau de bambou » en 1949, Staline et Mao Zedong donnent une dimension planétaire au conflit idéologique opposant les pays socialistes aux pays capitalistes. Cette structure « bipolaire » éclate définitivement en 1989 lorsque s'ouvre le mur de Berlin et que l'U.R.S.S. vacille, menacée d'implosion par le mélange détonant de la misère et des nationalismes trop longtemps comprimés par la force. Les anciens États socialistes ne sont plus liés en fait à l'U.R.S.S. par des accords économiques (Comecon) et militaires (pacte de Varsovie) ; les États capitalistes, par contre, restent groupés autour des États-Unis dans le cadre d'organisations économiques (O.C.D.E. ; O.E.A.) et militaires (O.T.A.N. ; O.T.A.S.E., dissoute en 1977 ; etc.). De nouveaux clivages sont apparus depuis 1950. Le premier oppose les pays riches aux pays « en voie de développement ». Affirmée en 1955 à Bandung, la prise de conscience de ces derniers accélère leur émancipation et crée de nouvelles solidarités mondiales (idéologie « tiers-mondiste » ou neutraliste) ou régionales (Ligue arabe ; Organisation de l'Unité africaine [O.U.A.] ; *Association des Nations de l'Asie du Sud-Est* [ASEAN] ; *Organisation des États américains* [O.E.A.] qui tente de s'émanciper des États-Unis). Et, depuis 1973, les pays exportateurs de pétrole de l'O.P.E.P. s'opposent aux pays consommateurs occidentaux. Très tôt, trois États communistes avaient rompu avec Moscou : en 1948, la Yougoslavie ; en 1961, l'Albanie ; en 1962, la Chine que tout opposait à l'U.R.S.S. – la hiérarchie des priorités économiques (agriculture et non industrie), le problème de la décentralisation de la production, les revendications territoriales de Pékin en Asie. L'action des forces centrifuges est moins marquée dans le monde capitaliste, en raison de la moindre force des contraintes idéologiques et de l'interpénétration des intérêts financiers et économiques des firmes multinationales.
Elle n'en est pas moins réelle. Ainsi, certains membres des organisations européennes (telle la C.E.E.) sont-ils entrés

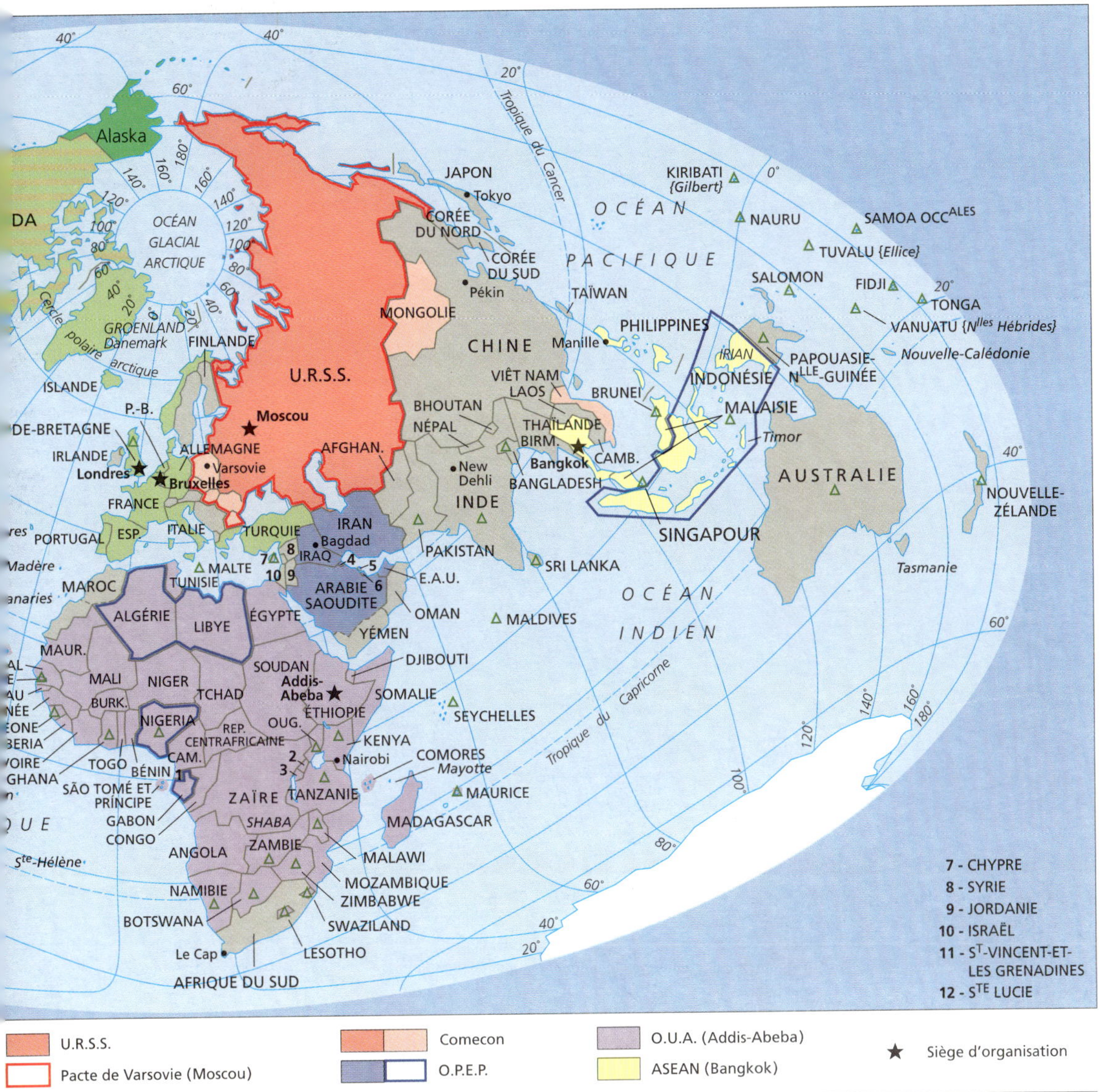

en compétition avec Washington pour des raisons idéologiques (France gaulliste) ou technologiques (aviation civile supersonique : *Concorde* franco-anglais, centrales nucléaires surrégénératrices). De même, des rivalités commerciales opposent à ses partenaires occidentaux le Japon, que le nombre, la qualité et le faible coût de sa main-d'œuvre placent en position favorisée sur les marchés mondiaux, sans pour autant le mettre à l'abri de la concurrence de ses jeunes rivaux asiatiques : Corée du Sud, Taïwan, Singapour, Thaïlande. Ainsi, à la bipolarité de l'immédiat après-guerre s'est substituée jusqu'en 1990 une diversité au sein de laquelle les deux « supergrands » étaient liés par des relations complexes de concurrence et de solidarité. Dans le cadre de la *coexistence pacifique*, cette *concurrence* se déplaçait du « centre » (disparition du problème allemand) vers la « périphérie », c'est-à-dire vers les zones incertaines de l'Afrique ou du Proche-Orient. C'est là que l'ex-U.R.S.S. devait affirmer sa *solidarité* avec les États-Unis et reconnaître que ces derniers pouvaient seuls revendiquer le statut de superpuissance en 1990. Paradoxalement, elle y fut contrainte par l'un de ses principaux acheteurs d'armes, le maître de Bagdad, qui n'a pas hésité à briser l'unité du monde islamique en 1980 (guerre Iran-Iraq) et à rompre celle de l'O.P.E.P. en 1990 pour procurer à l'Iraq un débouché maritime (guerre du Golfe). À court terme, cette entente imposée par la conjoncture paraissait être une garantie de la paix au moins aussi sûre que les sous-marins porteurs de l'arme de dissuasion suprême (la force de frappe nucléaire) ou que les satellites espions qui, par leur surveillance continuelle, interdisaient à chacune des deux plus grandes puissances militaires de la Terre toute action susceptible de rompre l'ordre du monde et d'allumer les feux de l'Apocalypse.

A. L'INTÉGRATION EUROPÉENNE EN 1998

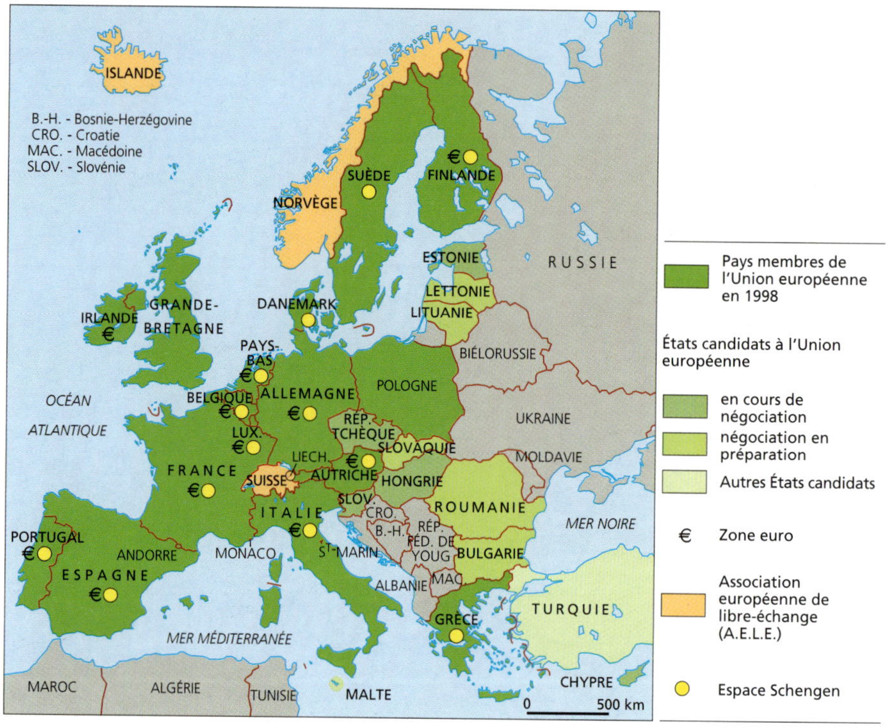

A. **E**n 1995, trois pays – la Suède, la Finlande et l'Autriche – adhèrent à l'Union européenne, préalablement composée de douze membres. Parmi les onze États candidats éligibles à l'adhésion à l'Union, six la négocient activement depuis le 31 mars 1998 (Chypre, Estonie, Hongrie, Pologne, République tchèque, Slovénie) tandis que les autres (Bulgarie, Lettonie, Lituanie, Roumanie, Slovaquie) vont entrer dans une phase accélérée de préparation des négociations. La Turquie, candidate depuis 1987, a été déclarée « éligible » à l'adhésion en 1997, mais l'Union européenne a estimé qu'en raison des conditions économiques et politiques actuelles, les critères d'une adhésion éventuelle n'étaient pas réunis. Autre cas particulier, Malte, qui avait demandé l'adhésion en 1990, a retiré sa candidature en 1996 et a décidé de la réactiver en 1998. La zone euro (« Euroland ») comprend onze pays de l'Union. Le 1er janvier 1999, l'euro est devenu une monnaie à part entière, utilisée par les banques et les entreprises. La mise en circulation des pièces et des billets est prévue pour le 1er janvier 2002. Signés en 1985 et en 1990, les accords de Schengen (Luxembourg) visent à supprimer les contrôles aux frontières communes afin d'instaurer un régime de libre circulation des personnes à l'intérieur de l'espace communautaire ainsi défini (espace Schengen). En 1998, ces accords sont entrés en vigueur dans tous les pays signataires, à l'exception de la Grèce.

B. PRINCIPALES ZONES DE TENSION DANS L'EUROPE DU SUD-EST

B. **Depuis** le début du xxe siècle, la question des minorités est une cause de tension récurrente dans l'Europe du Sud-Est. Après 1945, le partage de l'Europe en deux blocs a fait passer cette question au second plan, sauf à Chypre, où l'exacerbation des tensions entre communautés grecque et turque puis l'intervention de l'armée turque ont entraîné la partition de l'île en 1974. La fin du bloc communiste, en 1990, a quant à elle fait ressurgir de nombreuses zones de tension. Ainsi, l'éclatement de l'Union soviétique s'est accompagné d'un conflit armé en Moldavie (1990-1992), où la minorité russe a proclamé une « république de Transnistrie ». De même, l'éclatement de la Yougoslavie a été suivi de plusieurs conflits armés, en Croatie et en Bosnie-Herzégovine entre 1991 et 1995 (création de républiques autoproclamées par les minorités serbes de ces nouveaux États), puis au Kosovo à partir de 1998 (création d'une république autoproclamée par la population albanaise, majoritaire dans cette province autonome serbe). En dehors de ces conflits ouverts, d'autres tensions sont apparues autour des minorités hongroises (Roumanie, Slovaquie, Voïvodine), turques (Bulgarie, Thrace), russe (Crimée), albanaise (Macédoine) et grecque (Épire du Bord). Enfin, des tensions entre États sont apparues (tensions gréco-macédoniennes autour de l'appellation du nouvel État macédonien) ou se sont perpétuées (tensions gréco-turques dans la mer Égée) dans un contexte régional profondément modifié (voir cartes pp. 157 à 166, 179, 182, 258 et 259).

A. LES PEUPLES DES BALKANS

A. La carte reflète la répartition territoriale des nationalités sans tenir compte des densités de population très inégales en raison du dépeuplement croissant des campagnes et de l'urbanisation. Cette répartition territoriale est pluriséculaire puisque dès le XIIe siècle des colons hongrois (szeklers) et des Germains, les « Saxons de Transylvanie », avaient été implantés dans cette principauté en milieu valaque. L'hétérogénéité ethnique des Balkans fut accrue par la conquête turque, qui colonisa en partie la Bulgarie et, bien plus, la Bosnie et l'Herzégovine, après la victoire de Kosovo, remportée en 1389 par les Ottomans sur les Serbes de Lazare Hrebeljanovic. Diversifiée encore au XVIIIe siècle par la fixation de colons allemands, serbes et valaques dans les pays de la couronne de Hongrie, cette répartition territoriale a été profondément transformée en 1991 et, surtout, en 1992 par l'exode massif des populations dû à la guerre en Croatie et en Bosnie. Celle-ci oppose avec d'autant plus de violence les belligérants qu'en épargnant totalement les Slovènes et partiellement les Croates et les Dalmates, également catholiques, la conquête ottomane a creusé le fossé d'incompréhension et d'hostilité qui les sépare des Serbes orthodoxes. De plus, alors que parmi les Slaves des Balkans, seuls les Bulgares et les Pomaks n'ont pas appartenu à l'État yougoslave, en revanche, les Croates et les Serbes vivaient inextricablement mêlés dans de nombreuses régions, ce qui explique la difficulté extrême qu'éprouvent les uns et les autres à prendre le contrôle des territoires peuplés de leurs nationaux sans être contraints d'en expulser les membres de la communauté à la fois voisine et adverse. En fait, seuls les Grecs et les Roumains ont su créer des États-nations au sein desquels vivent d'importantes minorités. Quant aux Albanais, ils forment eux-mêmes, en dehors de leur pays d'origine, des groupes minoritaires importants, en particulier en Macédoine et, plus encore, au Kosovo, où ils sont très largement majoritaires, constituant plus de 77 p. 100 d'une population tentée de sortir du cadre de la Fédération yougoslave pour s'ériger en État indépendant. Seuls les Tsiganes n'ont pas été représentés sur cette carte en raison de leur mobilité (voir cartes pp. 160 à 166, 257 et 259).

B. PARTAGE DE LA BOSNIE

B. **L'**éclatement de la Fédération yougoslave est suivi d'un conflit armé en Croatie (juin 1991) et en Bosnie-Herzégovine (avril 1992). Dans un premier temps, les Serbes de Krajina (Croatie) et de Bosnie-Herzégovine, soutenus par l'ancienne armée fédérale, s'emparent de vastes territoires dans lesquels ils créent deux « Républiques serbes » autoproclamées. En Bosnie-Herzégovine, Sarajevo et plusieurs villes à majorité musulmane se trouvent complètement enclavées. L'avantage militaire serbe s'accroît entre mai 1993 et février 1994, période pendant laquelle Musulmans et Croates s'affrontent en Bosnie autour de Mostar. À partir de mars 1994, toutefois, la création d'une Fédération croato-musulmane favorise un renversement progressif du rapport des forces. En juillet 1995, la « République serbe » de Bosnie-Herzégovine s'empare encore des enclaves de Srebrenica et de Zepa. Mais dans les mois qui suivent, plusieurs offensives des armées croate et bosniaque se soldent par un effondrement de la « République serbe de Krajina », et par d'importantes pertes territoriales serbes en Bosnie occidentale.
Les accords de Dayton, qui mettent fin au conflit bosniaque le 14 décembre 1995, reconnaissent la République serbe comme une des deux entités constitutives de la Bosnie-Herzégovine, mais exigent la levée du siège de Sarajevo et la restitution de la Slavonie orientale à la Croatie (voir cartes pp. 160 et 161).

A. LES PAYS BALTES

États baltes

Gains territoriaux de la Lituanie en 1939 et 1940

Pertes de l'Estonie et de la Lettonie en 1945

Frontières des républiques d'U.R.S.S. en 1990

Frontières des États en 1990

A. **E**ffaçant d'un trait de plume les conséquences de la Première Guerre mondiale, qui avaient amputé la Russie et son héritière, l'U.R.S.S., des trois provinces Baltes, aussitôt érigées en États souverains et indépendants, Staline avait annexé et transformé en républiques soviétiques l'Estonie, la Lettonie et la Lituanie, en août 1940. Malgré la prise en main du pouvoir par des hommes politiques inféodés au parti communiste de l'U.R.S.S., malgré une campagne idéologique systématique et une forte immigration russe, rien ne put éteindre le sentiment national balte. Attisé par la commémoration du 50e anniversaire de la signature du pacte germano-soviétique qui avait scellé leur destin, il se réveilla brusquement, le 23 août 1989, lorsque plusieurs centaines de milliers de Baltes formèrent une chaîne humaine longue de plus de 1 000 km pour rappeler qu'ils avaient été libres et qu'ils entendaient le redevenir. Profitant de l'éclatement de l'empire soviétique, la Lituanie proclamait son indépendance dès le 11 mars 1990, suivie par l'Estonie et par la Lettonie les 20 et 21 août 1991, après le putsch manqué de Guennadi Ianaev, le 18 (voir cartes pp. 91, 92, 93 et 151).

B. PARTITION DE LA TCHÉCOSLOVAQUIE (1er JANVIER 1993)

B. **F**ruit du mariage de l'idéalisme wilsonien et du réalisme politique de Tomaš Masaryk de 1918 à 1935, cimentée de 1948 à 1989 par le Parti communiste dans le cadre d'une démocratie populaire, l'union des Tchèques et des Slovaques ne survécut pas plus de trois ans au rétablissement d'une démocratie libérale. À l'instigation de la « gauche nationaliste »

– principalement, du Mouvement pour une Slovaquie indépendante – dirigée par d'anciens membres du P.C.T. (parti communiste), tel Vladimir Mečiar, qui avaient remporté les élections législatives des 5 et 6 juin 1992, la dissolution de la Fédération fut votée le 24 novembre, à une infime majorité et malgré l'opposition du président de la République en fonction, l'écrivain Václav Havel. Cette dissolution entraîna le rétablissement paradoxal de la frontière dessinée par l'Allemagne hitlérienne en 1938. Isolés au cœur du continent, les petits États successeurs, déjà alliés à la Hongrie par le pacte de Visegrád du 11 février 1992, sont de ce fait candidats à terme à l'Union européenne (voir cartes pp. 156 à 158).

C. LES CONFLITS DU CAUCASE EN 1992

C. **L**ibérés par l'éclatement de l'U.R.S.S., les nationalismes exacerbés par les conflits religieux fragilisent l'indépendance des États caucasiens. En proclamant, en décembre 1991, l'indépendance de la république du Haut-Karabakh, les Arméniens de cette région autonome affaiblissent la république d'Arménie, qui ne les reconnaît pas mais se refuse à condamner leurs incursions armées en Azerbaïdjan. Et ils provoquent dans ce dernier pays la chute du pouvoir en place, au profit de l'ancien secrétaire du P.C., Gueïdar Aliev, qui accepte de négocier avec les séparatistes tout en signant le traité de sécurité avec la C.E.I. et en se rapprochant de la Russie. La Géorgie est menacée de dislocation par les minorités qui la peuplent : Ossètes, qui aspirent à constituer une république unitaire de part et d'autre de la ligne de faîte du Caucase ; Abkhazes, qui repoussent, dès août 1992, l'offensive des troupes géorgiennes et qui parviennent, en septembre 1993, à s'emparer du port de Soukhoumi, malgré l'appel à la Russie d'Edouard Chevardnadze, réélu chef de l'État en octobre 1992 (voir carte p. 150).

A. L'U.R.S.S. EN 1990. ORGANISATION FÉDÉRALE

Les quinze républiques fédérées :

- Frontières de l'U.R.S.S. en 1990
- Capitale fédérale
- Frontières des républiques fédérées
- Capitale de république

- République socialiste fédérative soviétique de Russie (R.S.F.S.R.)
- Autres républiques socialistes soviétiques (R.S.S.)
- Républiques socialistes soviétiques autonomes (R.S.S.A.)
- Régions autonomes (R.A.)

1 - R.S.S. de Géorgie
2 - R.S.S. d'Azerbaïdjan
3 - R.S.S. d'Arménie
4 - R.S.S.A. de Tatarstan
5 - R.S.S.A. de Bachkirie
6 - R.S.S.A. des Tchétchènes-Ingouches
7 - R.S.S.A. de Kabardino-Balkarie
8 - R.S.S.A. des Maris
9 - R.S.S.A. de Mordovie
10 - R.S.S.A. d'Ossétie du Nord
11 - R.S.S.A. des Oudmourtes
12 - R.S.S.A. des Tchouvaches
13 - R.S.S.A. d'Abkhazie
14 - R.S.S.A. d'Adjarie
15 - R.S.S.A. du Nakhitchevan
16 - R.S.S.A. des Kalmouks
17 - R.A. des Adygués
18 - R.A. des Karatchaïs-Tcherkesses
19 - R.A. d'Ossétie du Sud
20 - R.A. du Haut-Karabakh

B. ORGANISATION FÉDÉRALE

C. ORGANISATION FÉDÉRALE

A, B et C. **L'**organisation fédérale de l'U.R.S.S. a perduré de 1936 à 1990 sans subir la moindre modification d'ordre structurel, à quelques détails près : la suppression, en 1945, des républiques autonomes des Allemands de la Volga et des Tatars de Crimée ; le rattachement de la Crimée à l'Ukraine, en 1954, malgré un peuplement en majorité russe ; la réduction, en 1956, de la République carélo-finnoise en région autonome. C'était faire fi de la volonté émancipatrice des peuples qui la composaient, et dont le décret du 30 janvier 1922 reconnaissait l'égalité et la souveraineté. Particulièrement vivace dans les républiques baltes et transcaucasiennes, où elle reposait sur un passé d'indépendance parfois pluriséculaire, cette volonté put s'exprimer légalement grâce à la réforme constitutionnelle du 1er décembre 1988, qui permit les candidatures multiples aux élections du 25 mars 1989, marquées par l'arrivée au Soviet suprême de représentants de fronts populaires nationaux, tel le front de Lituanie, le Sajudis. Mais en laissant s'exprimer les particularismes nationaux, cette démocratisation du régime favorisa un regain de tension génératrice de troubles, voire de guerres civiles, entre des peuples que l'histoire et la religion avaient de tout temps opposés, tels que les Arméniens catholiques et les Azéris musulmans. En vain l'Armée rouge tenta-t-elle de les séparer en janvier 1990. Elle échoua à Bakou, comme elle avait échoué à Tbilissi en avril 1989 (malgré une répression sanglante) et comme elle devait échouer dans les pays Baltes au printemps 1990. Dans toutes les républiques périphériques, l'heure était à l'indépendance. À ne pas vouloir le reconnaître, Mikhaïl Gorbatchev perdit le pouvoir, et l'U.R.S.S. implosa (voir cartes pp. 148, 149, 150, 151 et 263).

D. **LA C.E.I. EN 1992**

D. **L'**accord de Minsk du 8 décembre 1991 est l'acte de naissance de la « Communauté d'États indépendants » (C.E.I.). Constatant que l'U.R.S.S. avait cessé d'exister en tant que sujet de droit international et en tant que réalité géopolitique, les présidents des trois États slaves (Russie, Ukraine et Biélorussie) avaient décidé de créer cette nouvelle entité politique et de l'ouvrir aux anciennes républiques soviétiques. Quatre refusèrent : les trois États baltes et la Géorgie ; huit acceptèrent : la Moldavie, l'Arménie et les six républiques musulmanes du Caucase. Organisme interétatique destiné à régler les problèmes posés par la dévolution de l'héritage de l'U.R.S.S., la C.E.I. ne se substituait pas à cette dernière. État le plus vaste (17 075 000 km²) et le plus peuplé (150 millions d'hab.), la Russie se fit attribuer son siège à l'O.N.U. et la détention de toutes les armes nucléaires. Elle obtint, enfin, le maintien des forces stratégiques sous commandement unifié mais ne put empêcher les républiques autonomes de contester son pouvoir centralisateur. En fait, celui-ci disposait, avec le temps, d'une force d'attraction assez grande pour calmer les impatiences, rallier la Géorgie à la C.E.I., en 1992, en échange de son intervention armée contre les Abkhazes, et inciter la Moldavie à maintenir son indépendance à l'égard de la Roumanie (voir carte p. 151).

A. LA GUERRE DU GOLFE. OPÉRATIONS TERRESTRES (1er/2 AOÛT 1990-28 FÉVRIER 1991)

A. **P**our compenser les lourdes pertes subies au cours de la longue et inutile guerre Iran-Iraq (1980-1988), Saddam Husayn décida de procéder à l'annexion du Koweït au prétexte de droits hérités de l'Empire ottoman. Réalisé dans la nuit du 1er au 2 août 1990, ce coup de force fut condamné, le 2, par le Conseil de sécurité et, le 10, par celui de la Ligue arabe. Décidée dès le 7 par les États-Unis, l'opération « Bouclier du désert » rassembla les forces de 29 nations membres de l'O.N.U., soit 675 000 hommes, dont 430 000 Américains et la division française Daguet. Elle se déroula en trois temps : du 8 août 1990 au 16 janvier 1991, concentration des troupes aux frontières septentrionales de l'Arabie Saoudite pour mettre cet État à l'abri d'une invasion irakienne ; du 16 janvier au soir au 23 février, opération purement aérienne, « Tempête du désert », qui détruisit le potentiel de Saddam Husayn et ses centrales de commandement et de contrôle ; du 24 au 27 février, offensive terrestre des forces alliées dont l'aile gauche franco-américaine, progressant très rapidement, atteignit la rive méridionale de l'Euphrate, encerclant le corps de bataille de l'ennemi cloué au sol par l'aviation, et contraint au cessez-le-feu, le 28. Cent heures avaient suffi pour briser et détruire la première armée arabe du monde (voir carte p. 182).

B. L'ACCORD DE WASHINGTON (SEPTEMBRE 1993)

B. **H**uit mois de négociations secrètes à Oslo ont rendu possible la reconnaissance mutuelle de l'État d'Israël par Yasser Arafat, le 9 septembre 1993, et de l'O.L.P. comme représentant du peuple palestinien par Yitzhak Rabin, le 10. Dès lors, le chef de l'O.L.P. et le Premier ministre d'Israël pouvaient signer, le 13, à Washington, en présence du président des États-Unis Bill Clinton, un accord quant au statut des territoires occupés. Cet accord concerne d'abord la bande de Gaza et la zone de Jéricho, y prévoyant l'instauration d'un régime d'autonomie administrative et le retrait de l'armée israélienne, à l'exclusion des colonies de peuplement. Difficilement ratifié par la Knesset, le 23 septembre, et par les instances dirigeantes de l'O.L.P., l'accord n'est effectivement appliqué qu'avec retard, en 1994, en raison de la double hostilité à toute concession de colons israéliens et de groupes palestiniens. Le transfert du siège de l'O.L.P. de Tunis à Gaza, la condamnation par Yasser Arafat du terrorisme antiisraélien, l'octroi d'une aide financière internationale à l'autorité palestinienne semblent prouver que le mécanisme de la marche vers l'indépendance a bien été enclenché, malgré d'innombrables difficultés économiques et politiques – en particulier, les attentats dus aux extrémistes de tous bords. Mais, en 1996, le raidissement de la politique israélienne (autorisant notamment l'implantation de nouvelles colonies) entraîne un blocage du processus de paix (voir cartes pp. 181 à 183).

C. PRINCIPALES ZONES DE TENSION EN ASIE

C. **L**es zones de tension sont anciennes et nombreuses en Asie orientale : les confins indo-pakistanais d'abord, où, le 15 août 1947, la partition de l'Inde en deux États, l'un hindouiste (Union indienne), l'autre musulman (le Pakistan), fut sanglante et généra trois guerres (1947-1949 ; 1965 ; 1971) pour le contrôle du Cachemire. La partition de cette province entre le Pakistan et l'Union indienne fut aggravée par la guerre entre l'Inde et la Chine en 1962, qui aboutit à l'annexion de fait par Pékin de la région du haut Ladakh. Cette même guerre fit pénétrer les armées chinoises dans le NEFA (acronyme de l'anglais North East Frontier Agency) à l'est du Bouthan, devenue la province indienne de l'Arunachal Pradesh, où la Chine annexa un petit territoire après avoir retiré ses troupes. La possession de l'arme atomique par l'Union indienne et le Pakistan, attestée par des essais successifs, rend cette tension particulièrement dangereuse, d'autant plus que la Chine est une puissance nucléaire majeure. Le Tibet, et à un degré moindre, le Xinjiang, sont le siège d'une agitation indépendantiste, surtout puissante au Tibet, dont l'indépendance de fait (mais non de droit) avait pris fin en automne 1950 avec l'entrée des troupes chinoises à Lhassa et où la population a été soumise depuis 1959 à une colonisation caractérisée de « génocide culturel » par le dalaï-lama. L'Afghanistan est en guerre depuis son invasion par les Soviétiques en décembre 1980. Après le départ de ces derniers, la guerre civile a pris la suite de la guerre de résistance. La victoire actuelle des Talibans, intégristes soutenus par le Pakistan, n'est pas complète et les principaux voisins de Kaboul interfèrent de façon contradictoire dans le conflit. La guerre civile continue au Sri-Lanka entre les autorités et la minorité tamoule. En Birmanie, l'armée semble avoir pris le contrôle des régions Chan et Karen, mais la guérilla n'est pas totalement éteinte, d'autant plus qu'elle recoupe le problème du trafic d'opium dans la zone du Triangle d'Or qui s'est déplacée sans disparaître. La paix civile semble avoir progressé au Cambodge où cependant les tensions politiques demeurent vives. La Corée du Nord, dont les campagnes sont ravagées par une famine dont le régime porte la plus grande responsabilité, maintient un foyer de tension dans la péninsule où l'armistice de Panmunjom n'a toujours pas débouché sur un traité de paix, tandis que la capacité du régime à se doter d'armes nucléaires et de fusées balistiques inquiète les États riverains du Pacifique (voir cartes pp. 212 B et 213).

A. LA RÉGION DES GRANDS LACS

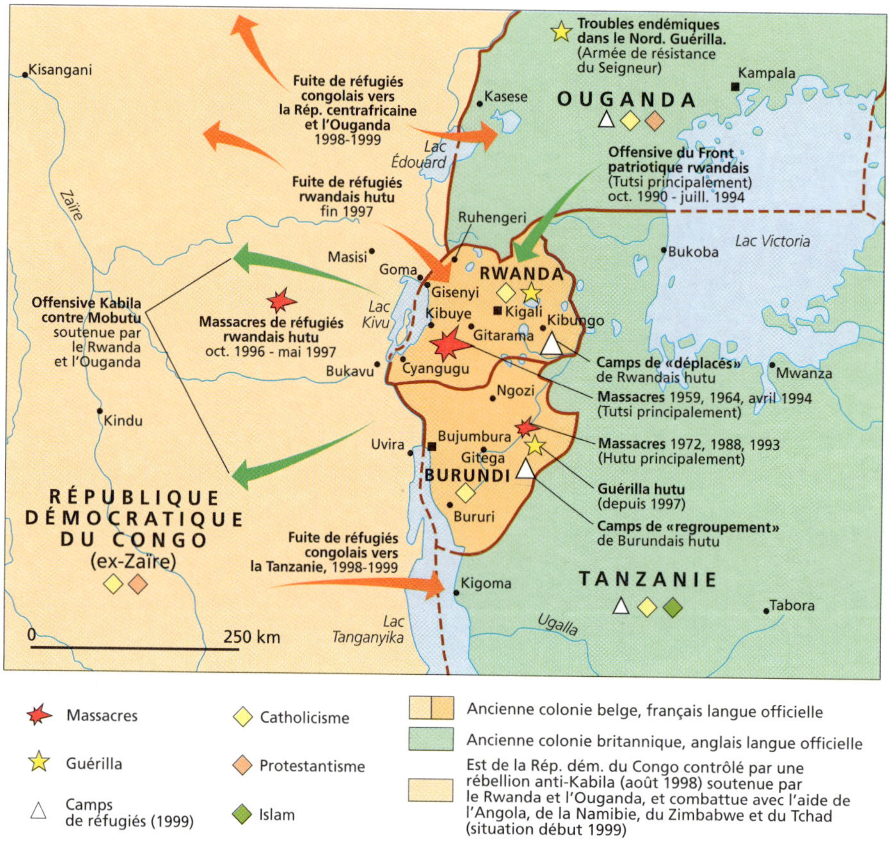

A. **L'**opinion mondiale a pris conscience de la gravité de la situation dans la région des Grands Lacs avec le génocide rwandais de 1994. Mais, à vrai dire, la plupart des pays concernés ont connu une histoire mouvementée depuis la fin de la colonisation (coups d'État, massacres, guérillas, dictatures). La très forte densité de la population a fait que ces drames se sont accompagnés d'intenses déplacements humains, eux-mêmes générateurs d'instabilité. L'existence de camps de réfugiés hutu dans l'est du Zaïre, souvent encadrés par les acteurs du génocide de 1994, a certainement été à l'origine du soutien qu'ont accordé le Rwanda, mais aussi l'Ouganda, à la rébellion de Laurent-Désiré Kabila, rapidement victorieuse (1997) dans le Zaïre agonisant de Mobutu. Il s'en est suivi un massacre, à grande échelle, de réfugiés et les survivants se sont dispersés au-delà de la région elle-même (en Centrafrique par exemple). La situation a pris une dimension nouvelle avec le renversement d'alliance qui s'est produit à la mi-1998 : le Rwanda et l'Ouganda ont rompu avec Kabila, appuyant même une rébellion qui tient tout l'est du pays, après avoir sérieusement menacé le régime lui-même. Elle n'a pu être contenue que grâce à l'intervention, au côté de l'armée nationale, de forces fournies par le Zimbabwe, l'Angola, la Namibie, et même le Tchad. Si l'on tient compte du fait qu'en périphérie de la région, des pays comme le Congo-Brazzaville ou le Soudan sont en proie à la guerre civile, on peut considérer que toute l'Afrique centrale est devenue une zone d'instabilité majeure.

B. AFRIQUE DU SUD. ÉLECTIONS LÉGISLATIVES (26-28 avr.1994). ANC

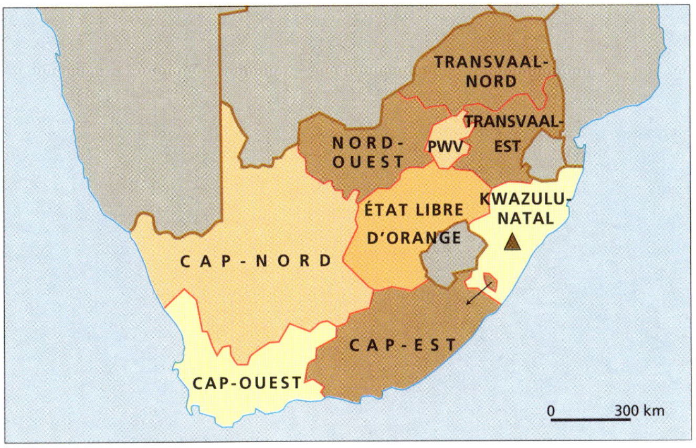

ANC Congrès national africain
Moyenne nationale : 62,65 %
de 30 à 45
de 45 à 60
de 60 à 80
de 80 à 95

IFP Parti de la liberté Inkatha
Moyenne nationale : 10,54 %
▲ 48,6 %
Suffrages exprimés (en pourcentage)

B. **L**es premières élections multiraciales eurent lieu en Afrique du Sud en présence de 3 000 observateurs de l'O.N.U. Fer de lance de la lutte contre l'apartheid, l'ANC (African National Congress, Congrès national africain) et son chef charismatique, Nelson Mandela, les avaient voulues et préparées ; mais elles avaient été contestées par leurs adversaires : les dirigeants des bantoustans, qu'il fallut destituer en mars, et l'Inkatha, organisation conservatrice zouloue dont les groupes armés multipliaient les attentats contre les membres de l'ANC et dont le chef, Mangosuthu Buthelezi, ne fit enregistrer ses candidats qu'après la clôture officielle des inscriptions. Celles-ci étant validées, 16 millions de Noirs furent appelés aux urnes. Largement victorieux, l'ANC obtint la majorité absolue dans les deux chambres du Parlement et dans six États sur neuf, alors que l'Inkatha devait se contenter de la majorité relative dans le seul Kwazulu-Natal. Chef de l'État et du gouvernement depuis 1989, Frederik De Klerk préside également aux destinées du parti blanc dirigeant, le National Party (NP, ou Parti national en fr.), qui est, depuis 1990, avec le Congrès national africain, l'un des deux piliers de la politique de déségrégation raciale en Afrique du Sud. Après l'accord du 18 février 1993 – prévoyant la constitution postélectorale d'un gouvernement d'union nationale pour cinq ans au maximum et sauvegardant, par conséquent, les intérêts de la minorité blanche –, le Parti national fait campagne pour l'instauration d'un État multiracial. À l'issue des élections, auxquelles ont participé 27 partis, il se situe au deuxième rang des forces politiques du pays avec 20,39 p. 100 des suffrages exprimés, ayant triomphé de tous les autres partis blancs, dont aucun n'a pu franchir la barre des 5 p. 100 qui donne l'accès de droit au gouvernement. Bien implanté, particulièrement dans la moitié occidentale du pays, il détient même la majorité absolue dans l'État économiquement et politiquement le plus important : Cap-Ouest.

C. AFRIQUE DU SUD. DIVISIONS ADMINISTRATIVES EN 1996

C. **A**près les élections de 1994, Nelson Mandela est élu président de la République et une période de transition commence, sous la direction d'un gouvernement d'union associant l'ANC, le Parti national et l'Inkhata. Elle s'achève en 1997 avec l'entrée en vigueur d'une nouvelle constitution et le départ du Parti national.
La Constitution fait une large place aux droits de l'homme et prévoit des mesures de « discrimination positive » en faveur des victimes de l'apartheid. Elle instaure une large décentralisation au profit des neuf provinces, considérée cependant comme insuffisante par l'Inkhata. 1999 voit l'élection d'un nouveau président, Thabo Mbeki, président de l'ANC, Nelson Mandela ne se représentant pas.

A. LE CHRISTIANISME DANS LE MONDE AUJOURD'HUI

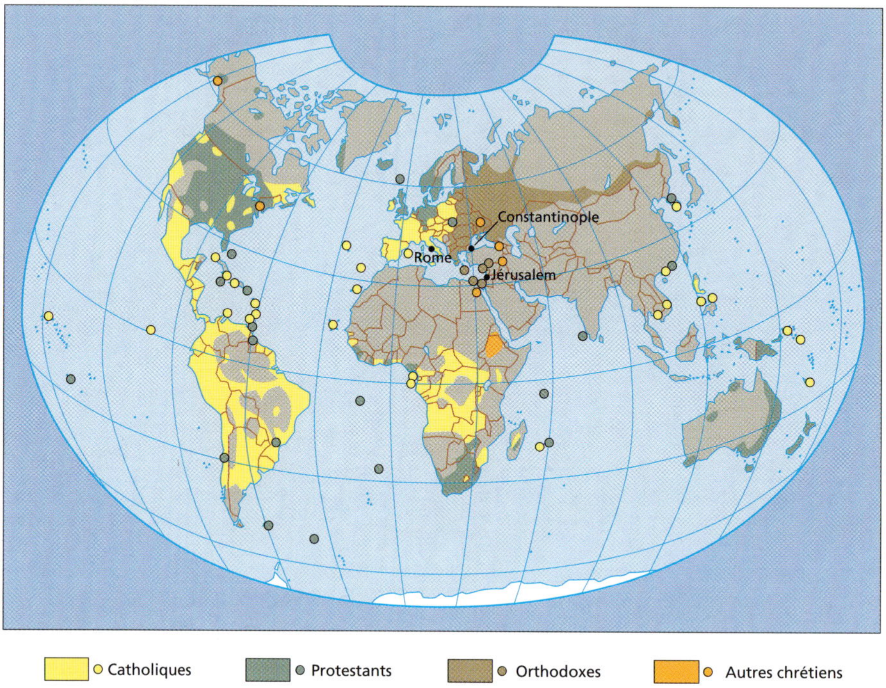

A. **L**e christianisme compte environ 1,75 milliard d'adeptes, soit près du tiers de la population mondiale. Restreint primitivement aux pays du pourtour méditerranéen, il a conquis l'Europe au cours du Moyen Âge, avant de gagner, au XVIe siècle, l'Afrique lusophone et l'Amérique centrale et méridionale, puis, derrière les colonisateurs anglais et français au XVIIe-XVIIIe siècle, l'Amérique du Nord et les littoraux de l'Afrique occidentale et de l'Australie méridionale et orientale. À l'aube de l'époque contemporaine, le christianisme avait pratiquement atteint son extension géographique maximale.

Le christianisme connut au cours des siècles de profondes divisions qui perdurent encore aujourd'hui. Ce fut d'abord le schisme de 1054 entre l'Église catholique romaine et l'Église gréco-byzantine de Constantinople. Puis, au XVIe siècle, la chrétienté occidentale se brisa à son tour sous l'impulsion de la Réforme protestante. Aujourd'hui, l'Église catholique est la plus importante des Églises chrétiennes avec environ 995 millions de fidèles soit 56,5 p. 100 des chrétiens. Restées localisées, pour l'essentiel, dans les terres gréco-slaves des Balkans et de la C.E.I., les Églises chrétiennes d'Orient n'en comptent que 17,5 p. 100 (168 millions). Plus fortement implantées dans les pays germaniques et anglo-saxons, les différentes Églises nées de la Réforme font de nouveaux adeptes en Amérique, en particulier autour de Rio de Janeiro et à Santiago du Chili. Elles réunissent aujourd'hui 33,9 p. 100 des chrétiens (598 millions) et jouent un rôle essentiel dans la création, en 1948, du C.O.E. (Conseil œcuménique des Églises), auquel participe de plus en plus activement l'Église catholique romaine depuis 1963 (voir cartes pp. 30, 35, 38 et 78).

B. L'ISLAM DANS LE MONDE AUJOURD'HUI

Nombre de musulmans par rapport à la population totale :

- au dessus de 80 %
- de 50 à 80 %
- de 30 à 50 %
- de 5 à 30 %
- △ de 2 à 5 %

- Lieux saints communs à tous les musulmans
- Lieux saints chiites
  1- Kazimayn
  2- Karbala
  3- Nadjaf

B. Bénin
B.-H. Bosnie-Herzégovine
E.A.U. Émirats arabes unis
I. Israël
K. Koweït
L. Liban
M. Macédoine
Q. Qatar
S. Sabah
Sa. Sarawak
T. Togo
TA. Tadjikistan

Frontières des États

B. **D**u Kazakhstan au Maghreb, la carte de l'islam contemporain recouvre celle de l'islam en 751, à une seule exception près : la péninsule Ibérique. Trois acquisitions majeures : l'Asie Mineure, conquise dès le XIe siècle ; l'Indonésie, progressivement pénétrée entre le XIIIe et le XVIIe siècle ; l'Afrique sahélienne et orientale dont l'islamisation, encore en cours, révèle la vigueur du prosélytisme des musulmans. L'islam compte aujourd'hui environ 950 millions de fidèles, répartis principalement en Asie et en Afrique. La création, à Rabat, en septembre 1967, d'une Organisation de la conférence islamique (O.C.I.) institutionnalise la solidarité entre États « islamiques », qui déclarent vouloir appliquer la *charia* (la « loi » coranique). Mais rien ne peut surmonter les différences doctrinales opposant sunnites et chiites et qui expliquent en partie la guerre Iran-Iraq (1980-1988). Rien ne peut réduire les minorités religieuses qui contestent les États et retardent le rétablissement de la paix au Moyen-Orient. Rien ne peut empêcher les fondamentalistes d'exiger le respect de la lettre et de l'esprit du Coran. Exploitant les mécontentements populaires, ils déclenchent des mouvements révolutionnaires hostiles aux pouvoirs en place, laïques et occidentalisés. En Iran, le régime impérial est renversé en 1979 par l'ayatollah Khomeyni, qui impose la révolution du « tchador ». En Afghanistan, après l'instauration en 1992 d'un gouvernement islamiste par les moudjahidine, les talibans imposent un islamisme radical. Au Maghreb, tandis qu'en Égypte, en Tunisie ou au Maroc, les gouvernements essaient de limiter l'influence et l'action des islamistes, l'Algérie connaît une situation d'extrême violence qui semble sans issue (voir cartes pp. 169, 170, 171, 174, 175 et 211).

A. LA POPULATION MONDIALE

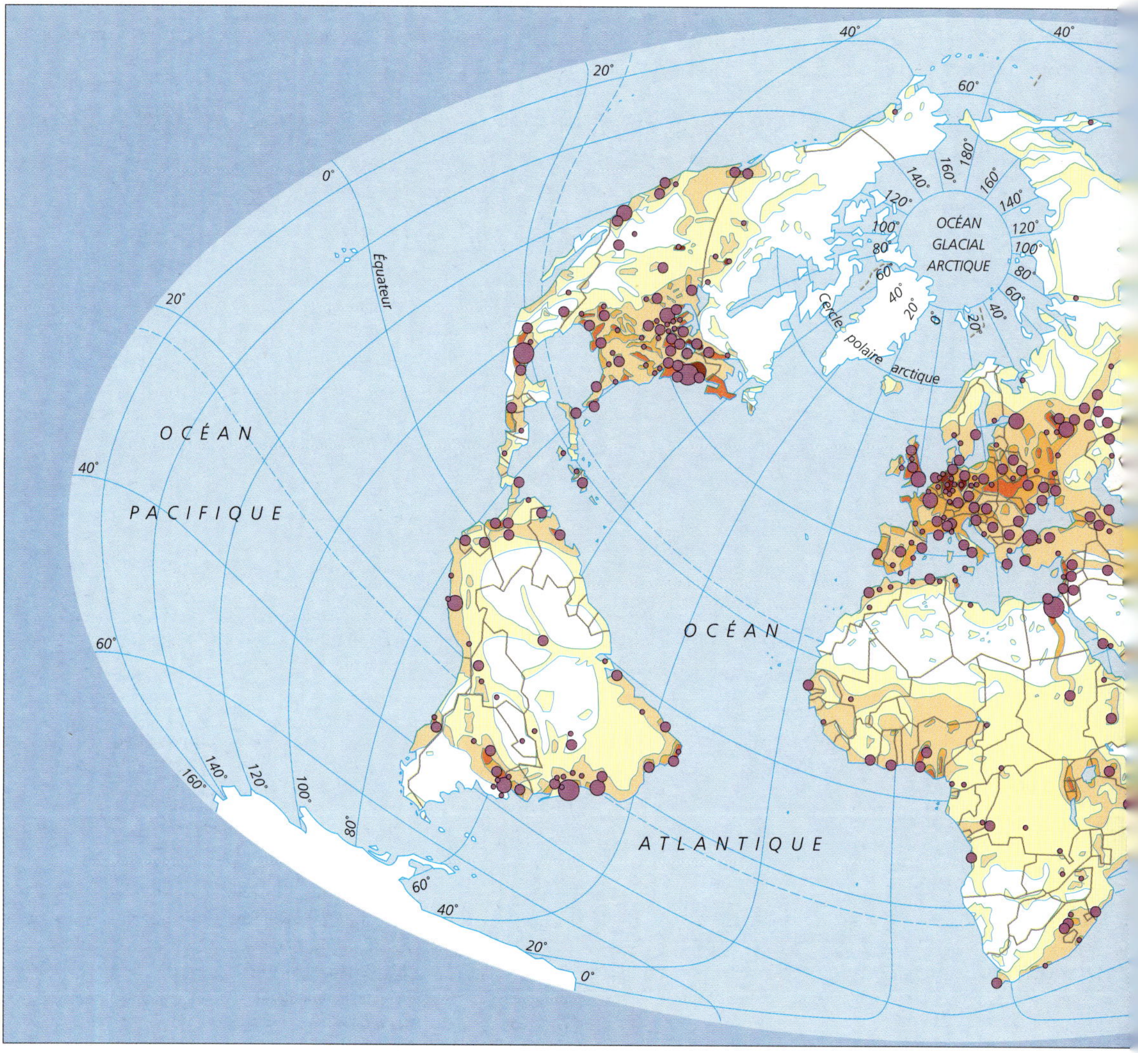

Nombre d'habitants au km² — moins de 1 ; 3 ; 6 ; 50 ; 100 ; 200

Agglomérations — moins de 1 million d'habitants

A. **D**eux phénomènes majeurs caractérisent l'évolution démographique pendant la seconde moitié du xxe siècle : un accroissement de population considérable, sans précédent à l'échelle mondiale ; le développement spectaculaire des grandes métropoles urbaines, en particulier celles du tiers- monde. La population mondiale avoisinait 2,5 milliards d'habitants en 1950. Elle était de l'ordre de 5,7 milliards en 1995 et a franchi le seuil des 6 milliards avant l'an 2000. La répartition des densités est en partie conditionnée par le milieu naturel où se juxtaposent ou se combinent influences du climat et du relief. Des températures exceptionnellement sévères (même seulement une partie de l'année), une sécheresse constante ou, à l'opposé, une chaleur excessive, une pluviosité quotidienne et abondante, condamnent toute occupation permanente notable. En ce sens, l'« écoumène » (la partie de la Terre habitée par l'homme) n'a guère varié depuis le début du siècle. On s'explique alors les faibles densités « climatiques » des régions polaires (auxquelles on peut rattacher la majeure partie de la Sibérie et du Grand Nord canadien), du Sahara et de ses prolongements asiatiques, de la péninsule Arabique au désert de Gobi, d'une partie de la frange pacifique de l'Amérique andine (au Pérou et au Chili), de vastes espaces de l'Australie intérieure, le vide humain des forêts tropicales de l'Amazonie, du bassin du Zaïre, de Bornéo et de Nouvelle-Guinée. L'altitude (conditionnant d'ailleurs en partie le climat) peut être (plus rarement) un facteur d'exclusion, expliquant les très faibles densités du Tibet et de l'Himalaya.
Les grands foyers de peuplement se localisent essentiellement aux latitudes subtropicales (du moins dans l'Asie bénéficiant de la mousson) et tempérées (en Europe et en Amérique du Nord). Les deux plus importants se situent en Asie. L'Extrême-Orient, englobant la Chine orientale, le Japon et les deux Corées, compte plus d'1,3 milliard d'hommes. Le second, l'Asie méridionale, inclut notamment l'Inde, le Pakistan et le Bangladesh : il concentre environ 1,2 milliard d'individus. Cette prépondérance est liée à la présence des deux États (Inde et Chine) les plus peuplés du monde, dont ils rassemblent ensemble plus du tiers de la population, soit plus de 2 milliards de personnes. D'autres foyers notables de peuplement correspondent à

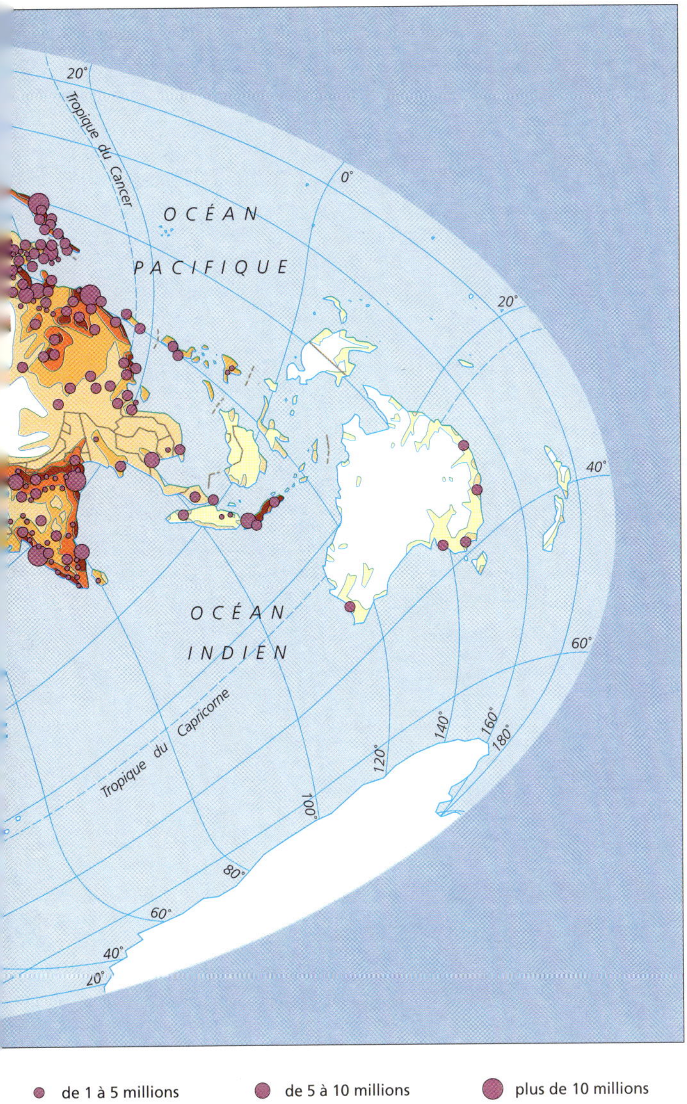

l'Europe occidentale (environ 400 millions d'habitants, presque tous membres de l'Union européenne), au nord-est des États-Unis (débordant sur le Canada laurentien) des Grands Lacs à l'Atlantique (près de 200 millions d'habitants). Plus ponctuellement, on retrouve des zones de fortes densités en Asie du Sud-Est (sud du Viêt Nam, Java, Philippines), en Afrique (sud du Nigeria), en Amérique latine (sud-est du Brésil). L'Asie concentre aujourd'hui environ 60 p. 100 de la population mondiale. Six des neuf États comptant plus de 100 millions d'habitants s'y localisent (outre la Chine et l'Inde, l'Indonésie, le Japon, le Pakistan et le Bangladesh). L'Europe (en excluant la Russie, européenne mais aussi asiatique) ne compte guère plus de 10 p. 100 de la population mondiale et cette part ne cesse de décroître. Les taux de natalité se sont effondrés dans l'Europe méditerranéenne. L'indice de fécondité est tombé au-dessous de 1,5 en Espagne, Italie ou Grèce ; alors que le simple renouvellement des générations exige un taux de 2,1 (taux qui n'est atteint, au sein de l'Europe des Quinze, qu'en Irlande). En France, l'indice de fécondité est de 1,8. La population continue à s'accroître en raison de la structure par âges de la population actuelle où le poids relatif des femmes de moins de 45 ans est encore important. Mais la persistance de cet indice conduit inéluctablement à terme à une baisse de l'effectif global. Durant la seconde moitié du XXe siècle, l'accroissement de la population a été le plus rapide en Afrique. Il ne s'est malheureusement pas accompagné d'un développement économique parallèle et les ravages, actuels et potentiels, du sida, y assombrissent les perspectives, à moyen et long terme.

L'urbanisation n'est pas un phénomène nouveau. Néanmoins, compte tenu, notamment, de la croissance démographique accélérée (au moins au niveau mondial), accentuant la pression sur les espaces agricoles disponibles, elle a connu, depuis 1950, une ampleur exceptionnelle. Celle-ci a profité (ce n'est peut-être pas le mot juste) en particulier aux grandes villes du tiers-monde. En 1950, moins de 10 villes ou agglomérations (la distinction est parfois difficile entre les deux termes, qui, de plus, ne répondent pas universellement aux mêmes critères) comptaient plus de 5 millions d'habitants. Toutes, à l'exception de Shanghai, se localisaient dans les pays développés. On en recense plus de 25 aujourd'hui, dont la majeure partie appartient au tiers-monde.

La plupart des très grandes agglomérations (plus de 10 millions d'habitants) sont des métropoles de pays en voie de développement. Ce gigantisme est moins dû au croît naturel urbain qu'à l'afflux de ruraux chassés des campagnes par la surcharge démographique et/ou attirés par les mirages de la grande ville.

Ici encore, le développement des fonctions productives n'a pas suivi l'accroissement de population. Dans ces métropoles prolifèrent bidonvilles (aux noms locaux variés, mais à la triste réalité identique) et délinquance, inséparables du chômage ou souvent d'un sous-emploi – avec ses « petits métiers » – plus ou moins habilement déguisé.

Le taux de croissance global est passé depuis 1970 de 2,1 à 1,7 p. 100 par an. Mais, le taux s'appliquant à une masse toujours plus grande, l'augmentation réelle, en valeur absolue, demeure impressionnante. D'autre part, les gains initiaux sont toujours plus aisés à réaliser. La croissance démographique, même ralentie, est loin d'être totalement maîtrisée et constitue, régionalement au moins, une bombe à retardement. Il faut savoir que l'Inde compte environ 1,5 million d'habitants de plus chaque mois. On compte, approximativement, le même nombre de naissances dans le seul Nigeria (qui a moins de 100 millions d'habitants) que dans l'ensemble de l'Europe des Quinze (qui en regroupe environ 370 millions). L'accroissement naturel (différence entre naissances et décès) est devenu presque dix fois plus rapide en Algérie qu'en France (à l'indépendance, en 1962, la population d'Algérie représentait environ 20 p. 100 de la population de la France, 50 p. 100 en 1995). En fait, le monde, chaque jour, compte au moins 250 000 habitants de plus. On peut alors imaginer l'ampleur des problèmes à venir, surtout lorsque la « question démographique » est « compliquée » par les inégalités économiques, les tensions ethniques, les fanatismes religieux.

ANNEXES

Chronologie

Abréviations

Index

CHRONOLOGIE

L'ANTIQUITÉ DE 3500 À 1085 AV. J.-C.

ÉGYPTE ET AFRIQUE

v. 3200 Unification de l'Égypte par Ménès-Narmer. – Fondation de Memphis.

v. 3200-2263 Ancien Empire.

v. 2680-2660 Règne de Djoser secondé par Imhotep.

apr. 2200 Invasion des Amorrites dans le delta du Nil.

v. 2052-1770 Moyen Empire.

1991-1962 Règne d'Amenemhat Ier, fondateur de la XIIe dynastie.

1955 Conquête de la Nubie par Sésostris Ier (1962-1928).

1895-1877 Règne de Sésostris II, colonisateur du Fayoum.

1720 Invasion des Hyksos dans le delta du Nil.

1674 Occupation de Memphis par le Hyksos Salitis.

v. 1580-1085 Nouvel Empire.

v. 1567 Rétablissement de l'unité de l'Égypte par Ahmosis (1580-1558).

1524-1512 Règne de Thoutmosis Ier.

1483-1482 Siège et prise de Megiddo, en Palestine, par Thoutmosis III.

1379-1362 Règne d'Aménophis IV.

v. 1361-1352 (ou v. 1354-v. 1346) Règne de Toutankhamon.

1304-1238 Règne de Ramsès II.

v. 1300-1299 Victoire relative de Ramsès II à Kadesh sur le roi hittite Mouwatalli.

v. 1300-1250 Captivité des Hébreux en Égypte.

1284 Traité de paix et d'alliance imposé par Ramsès II à Hattousili III, roi des Hittites.

apr. 1250 Exode vers la Terre promise des Hébreux captifs en Égypte.

1198-1166 Règne de Ramsès III.

1085 Prise du pouvoir en Haute-Égypte par Hérihor, grand prêtre de Thèbes.

1085 Fin du Nouvel Empire.

PROCHE-ORIENT

v. 2750 Fondation de Tyr.

v. 2700 Apparition de la monarchie en Mésopotamie (Kish).

2675 Gilgamesh, roi d'Ourouk.

v. 2550-2500 Ire dynastie d'Our.

v. 2370 Fondation du royaume d'Akkad par Sargon Ier l'Ancien (2370-2314).

2370-2345 Règne de Lougalzaggesi, roi d'Ourouk et fondateur d'un empire sumérien.

2370-2230 Royaume d'Akkad.

2300 Invasion des Louvites en Asie Mineure.

2250-2230 Invasion des Gouti en Mésopotamie.

2150 Goudéa, patesi (vicaire) de Lagash.

2111-2003 IIIe dynastie d'Our.

2035 Début de la pénétration des Sémites occidentaux en Mésopotamie.

v. 2000-1900 Installation des Indo-Européens en Asie Mineure et en Iran.

1940-1901 Erishou Ier, roi d'Assyrie.

1940-1780 Relations commerciales entre l'Assyrie et la Cappadoce.

v. 1875 Sargon Ier, roi d'Assyrie.

1813-1781 Shamshi-Adad Ier, roi d'Assyrie.

1792-1750 Hammourabi, roi de Babylone.

1740-v. 1593 Ancien royaume hittite.

v. 1595 Établissement des Kassites à Babylone.

v. 1550-1500 Formation du royaume du Mitanni.

v. 1470-1354 Royaume hourrite du Mitanni.

1380-1346 Règne de Souppilouliouma Ier, roi des Hittites.

1380-1191 Empire hittite fondé par Souppilouliouma Ier.

1366-1330 Assour-ouballith Ier, fondateur du premier Empire assyrien.

1366-1077 Premier Empire assyrien.

v. 1365 Extension de l'Empire hittite jusqu'à Jérusalem.

1307-1275 Adad-nirari Ier, roi des Assyriens. Assujettissement du Mitanni à l'Assyrie.

1274-1245 Salmanasar Ier (Shoulmân-asharêdou Ier), roi des Assyriens, destructeur du Mitanni.

1230 Entrée des Hébreux en Terre promise et des Araméens en Mésopotamie.

1208 Démembrement du premier Empire assyrien.

1200-1020 Période des Juges en Israël.

1193-apr. 1100 Restauration de l'Empire assyrien.

v. 1191-1190 Invasion des Peuples de la Mer. Disparition de l'Empire hittite. Destruction d'Ougarit. Établissement des Philistins le long du littoral palestinien.

1124-1103 Nabuchodonosor Ier, roi de Babylone.

Conçue comme un complément de l'*Atlas historique*, la chronologie offerte à nos lecteurs ne prétend être ni totalement synoptique ni vraiment exhaustive. Résultat d'un choix fait dans le but d'apporter un complément d'information et non de mentionner systématiquement et exclusivement les faits cartographiés, elle divise l'histoire de l'humanité en vingt périodes, de brièveté croissante mais de plus en plus lourdement chargées de faits politiques, économiques, sociaux et culturels, contemporains des faits qui ont été cartographiés. Nous souhaitons que nos lecteurs puissent ainsi les situer plus aisément non seulement dans l'espace, mais aussi dans le temps.

ABRÉVIATIONS
A. Arts
Dr. Droit
Éc. Économie
L. Lettres
R. Religion
Sc. Sciences
Sp. Sports
T. Techniques

L'ANTIQUITÉ DE 3500 À 1085 AV. J.-C.

MONDES ÉGÉEN ET EUROPÉEN

3500 Début de l'âge du bronze en Anatolie.
3000-2600 (?) Troie I.
2700-2500 Minoen ancien I en Crète (apparition du métal et de la céramique peinte).
2700-2000 Helladique ancien en Grèce.
2500-2250 Troie II.
v. 2500-2200 Minoen ancien II en Crète.
2500-2100 Mégalithes en Europe occidentale.
v. 2250-1800 Troie III, IV et V.
v. 2200-1900 Minoen ancien III.
v. 2000 Établissement des premiers Hellènes (Ioniens) en Grèce.
v. 2000-1750 Minoen moyen I et II.
2000-1570 Helladique moyen.
1750 Destruction des premiers palais crétois par un cataclysme. Arrivée des premiers Achéens en Grèce (?).
1750-1570 Minoen moyen III. Construction des seconds palais crétois.
1570-1500 Mycénien ancien en Grèce. Diffusion en Grèce de l'influence minoenne.
1570-1400 Minoen récent I.
1500-1400 Mycénien moyen en Grèce.
1450-1400 Minoen récent II.
1400 Destruction des seconds palais crétois.
v. 1400-1380 Fondation de Milet par les Mycéniens.
1400-1200 Minoen récent III. Mycénien récent *a* et *b*. Colonisation mycénienne à Rhodes et à Chypre.
1250-1200 Début de l'invasion dorienne en Grèce.
1250-1184 La guerre de Troie.
v. 1200 Début de la colonisation grecque en Asie.
1200 Établissement des Ombriens en Italie.
1150 Destruction de Mycènes.
apr. 1150 Début de l'âge du fer en Grèce.
av. 1100 Fondation de Gades.

ASIE MÉRIDIONALE ET ORIENTALE

2500-1500 Civilisation de l'Indus (Harappa et Mohenjo-Daro).
v. 2194-1945 Dynastie des Xia (Hia) en Chine.
v. 1766-1112 Dynastie des Shang (Chang) en Chine.
v. 1397-1291 Transfert par l'empereur Pan Keng de la capitale chinoise à Anyang (Ngan-yang).
1300 Arrivée des Aryens sur les rives de l'Indus.
1112-771 Dynastie chinoise des Zhou occidentaux.

CIVILISATION

v. 3500-3300 *A.* et *R.* Temples d'Ourouk (Sumer).
v. 3400 *L.* Apparition à Ourouk de l'écriture cunéiforme.
v. 2680-v. 2660 *A.* Édification de la pyramide à six degrés de Djoser à Saqqarah.
v. 2600-v. 2480 *A.* Pyramides de Kheops, Khephren et Mykerinus édifiées à Gizeh, Égypte (IVe dynastie).
2500 *A.* Stèle des Vautours érigée par Eanatoum, roi de Lagash.
v. 2500-2250 *A.* Trésor de Priam à Troie.
v. 2290-1250 *A.* Stèle de victoire de Naram-Sin à Suse.
v. 2200-1900 *A.* Épanouissement de la civilisation du Minoen III en Crète orientale et de l'art du bronze ancien dans les Cyclades.
v. 2100 *R.* Essor du culte d'Osiris en Égypte.
2035 *A.* Mur d'Amourrou en Syrie.
v. 2000-1950 *R.* Essor du culte d'Amon en Égypte.
v. 2000-1750 *A.* Premiers palais minoens en Crète.
1755 *L.* Code d'Hammourabi en Mésopotamie.
1750-1570 *A.* Construction des seconds palais crétois.
– *L.* Écriture linéaire « A » en Crète.
1620 *A.* Tombe à fosse du cercle B à Mycènes.
1500 Italie du Nord : premiers terramares ; début de l'âge du bronze.
1500-1400 *A.* Chefs-d'œuvre du mycénien moyen en Grèce : premières fortifications de Tirynthe, premières tombes à coupoles de Mycènes.
1450-1400 *A.* Style du « palais » à Knossós.
– *L.* Écriture linéaire « B » en Crète.
1400 *A.* Premiers nuraghi en Sardaigne.
v. 1379 *A.* Édification des colosses de Memnon dans la Vallée des Rois (tombe d'Aménophis III).
1375 *R.* Révolution atonienne d'Aménophis IV. Transfert de la capitale égyptienne à Tell al-Amarna.
1350-1200 *A.* Construction de la forteresse et de la porte des Lionnes de Mycènes.
1330 *A.* Trésor d'Atrée à Mycènes.

DE LA CHUTE DU NOUVEL EMPIRE À LA FIN DE LA SECONDE GUERRE MÉDIQUE (1085-479 av. J.-C.)

VIE INTERNATIONALE

v. 1080 Invasion araméenne en Assyrie.

854-853 Bataille de Qarqar sur l'Oronte opposant Salmanasar III aux rois de Damas, d'Israël (Achab), etc.

726-722 Siège et prise de Samarie par les Assyriens.

671 Conquête de la Basse-Égypte par Assarhaddon (Assour-ah-iddin), roi des Assyriens.

665 Prise de Tyr par Assourbanipal (Assour-bân-apli).

663 Reconquête de l'Égypte et destruction de Thèbes par les Assyriens.

646 Destruction de Suse par les Assyriens.

612 Prise de la capitale assyrienne Ninive par Nabopolassar (Nabou-apla-outsour).

586 Prise de Jérusalem par Nabuchodonosor II (Nabou-koudour-outsour II).

546 Prise de Sardes par Cyrus II.

539 Occupation de Babylone par Cyrus II.

535 Bataille d'Alalia opposant les Phocéens aux Étrusques et aux Carthaginois.

518 Expédition de Darios Ier dans la vallée de l'Indus.

513/512 Campagne de Darios Ier en Europe.

v. 512 Campagne de Darios Ier en Inde.

499-493 Révolte des Grecs d'Ionie contre les Perses.

498 Incendie de Sardes par les Grecs d'Europe.

494 Victoire navale des Perses à Ladê. – Prise de Milet par les Perses.

490 Première guerre médique. – Victoire de l'Athénien Miltiade sur les Perses de Darios Ier à Marathon.

481 Alliance panhellénique contre les Perses.

480-479 Seconde guerre médique.

480 Sacrifice du roi de Sparte, Léonidas, aux Thermopyles.

480 Victoire navale de l'Athénien Thémistocle aux dépens de Xerxès Ier, à Salamine.

480 Victoire de Gélon, tyran grec de Syracuse, aux dépens des Carthaginois d'Hamilcar, à Himère.

479 Victoire des Athéniens à Platées et au cap Mycale.

ÉGYPTE ET AFRIQUE

1085-332 Basse Époque égyptienne.

1085 Fondation à Tanis de la XXIe dynastie par Smendès.

814 Fondation de Carthage par les Phéniciens.

759-730 XXIIIe dynastie égyptienne de Tanis.

730-716/715 XXIVe dynastie égyptienne de Saïs.

716/715-664 XXVe dynastie égyptienne.

660-525 Période saïte (XXVIe dynastie).

v. 640-620 Fondation du comptoir grec de Naukratis.

631 Fondation de Cyrène par des Grecs de Thêra.

610-594 Règne du pharaon Néchao, constructeur du canal de la mer Rouge.

568-525 Règne d'Amasis en Égypte.

560 Regroupement des négociants grecs à Naukratis par Amasis.

525 Conquête de l'Égypte par Cambyse II.

519 Réorganisation administrative de l'Égypte par Darios Ier.

PROCHE-ORIENT

v. 1030/1020-v. 1010/1000 Saül, roi des Israélites.

v. 1010/1000-v. 970 David, roi des Israélites.

v. 1000 Jérusalem, capitale du royaume de David.

v. 970-931 Salomon, roi des Israélites.

v. 969-936 Hiram, roi de Tyr.

932-912 Assour-dân II, roi des Assyriens.

931-722 Royaume d'Israël.

931-586 Royaume de Juda.

883-859 Assour-nâtsir-apli II, roi des Assyriens.

879 Fondation de Samarie par Omri, roi d'Israël (885-874).

874-853 Achab, roi d'Israël.

859-824 Salmanasar III, roi des Assyriens.

v. 850-800 Fondation du royaume d'Ourartou.

841-836 Athalie, reine de Juda.

824-810 Shamshi-Adad V, roi des Assyriens.

810-782 Adad-nirari III, roi des Assyriens.

746/744-727 Téglath-Phalasar III (Toukoulti-apil-ésharra III), roi des Assyriens.

727-722 Salmanasar V, roi des Assyriens.

722-705 Sargon II (Sharrou-kên), roi des Assyriens.

720-580 Invasion des Cimmériens au Proche-Orient.

v. 705/704-681/680 Sennachérib (Sin-ahê-érîba), roi des Assyriens.

689 Destruction de Babylone par Sennachérib.

v. 687 Fondation du royaume des Mermnades (v. 687-546) par Gygès (v. 687-652).

v. 669-v. 627 Assourbanipal, roi des Assyriens.

v. 645-600 Cyrus Ier, roi perse d'Anshan.

635-538 Empire néo-babylonien.

633-585 Cyaxare, roi des Mèdes.

626-605 Nabopolassar, roi de Babylone.

625-605 Invasion des Scythes en Assyrie et en Syrie.

605-562 Nabuchodonosor II, roi de Babylone.

v. 600 Disparition du royaume indépendant d'Ourartou.

v. 600-556 Cambyse Ier, roi d'Anshan.

585-549 Astyage, roi des Mèdes.

561-546 Crésus, roi de Lydie.

v. 555-530 Cyrus II le Grand, roi des Perses.

530-522 Cambyse II, roi des Perses.

522 Bardiya, roi des Perses.

522-486 Darios Ier, roi des Perses.

486-465/464 Xerxès Ier, roi des Perses.

DE LA CHUTE DU NOUVEL EMPIRE À LA FIN DE LA SECONDE GUERRE MÉDIQUE (1085-479 av. J.-C.)

MONDES CELTE, GREC ET ROMAIN

v. 950-v. 525 Premier âge du fer en Italie : civilisation de Villanova.

v. 900-v. 500 Premier âge du fer en Europe centrale (civilisation de Hallstatt).

apr. 900 Fondation de Phocée.

v. 800-700 Synœcisme athénien.

754 Début de l'éphorat à Sparte.

753 Fondation de Rome (date traditionnelle).

v. 750 Début de la colonisation grecque en Occident.

v. 747-v. 657 Gouvernement des Bacchiades à Corinthe.

v. 740 Fondation de Cumes.

733/732 Fondation de Syracuse par les Corinthiens.

721-511 Vie et mort de la colonie achéenne de Sybaris.

v. 700-v. 550 Conquête étrusque en Italie.

682 Création de l'archontat annuel à Athènes.

660 Fondation de Byzance par les Mégariens.

621 Lois de Dracon à Athènes.

600 Fondation de Massalia (Marseille) par les Phocéens.

594 Archontat et lois de Solon à Athènes.

561/560-528/527 Pisistrate, tyran d'Athènes.

560/559 Mort de l'Athénien Solon.

533-522 Tyrannie de Polycrate à Samos.

528/527-514 Hippias et Hipparque, tyrans d'Athènes.

520-490 Cléomène Ier, roi de Sparte.

514 Complot d'Harmodios et d'Aristogiton : assassinat d'Hipparque.

510 Chute des Pisistratides à Athènes.

509 Chute de la monarchie des Tarquins et début des fastes consulaires à Rome.

508/507 Réformes de Clisthène à Athènes.

504 Prise de Rome par le roi étrusque Porsenna.

501/500 Création des stratèges à Athènes.

500 av. J.-C.-30 apr. J.-C. Deuxième âge du fer en Europe centrale : civilisation de La Tène.

494/493 Première sécession de la plèbe romaine sur le mont Sacré (ou l'Aventin).

493/492 Archontat de Thémistocle à Athènes.

485 Découvertes des mines d'argent du Laurion.

483/482 Loi de Thémistocle fondant la puissance maritime d'Athènes ; ostracisme d'Aristide.

482-474 Première guerre entre Rome et Véies.

ASIE MÉRIDIONALE ET ORIENTALE

v. 1000-800 Colonisation de la vallée du Gange par les Aryens.

722-221 Dynastie chinoise des Zhou orientaux.

722-481 Époque chinoise des hégémons.

605-520 Vie du philosophe chinois Laozi (Lao-tseu), fondateur du taoïsme.

v. 559-v. 478 Vie du Bouddha Shakyamuni.

v. 551-v. 479 Vie de Confucius.

v. 540-v. 468 Vie de Mahavira, fondateur du jaïnisme (ou jinisme).

v. 500-416 Vie du philosophe chinois Mozi (Mo-tseu).

CIVILISATION

v. 969-v. 962 ou v. 959 *R.* et *A.* Fondation du Temple de Jérusalem par Salomon.

900-725 *A.* Céramique géométrique en Grèce.

850-800 *L.* Composition des poèmes homériques : *l'Iliade* et *l'Odyssée.*

800-600 *A.* Bronzes du Lorestan (Luristan).

v. 780-750 *L.* Adoption par les Grecs de l'alphabet phénicien.

v. 776 *R.* Fondation des jeux Olympiques.

v. 740-v. 670 *L.* Vie du poète grec Hésiode.

v. 717-705 *A.* Construction du palais assyrien de Khursabad par Sargon II.

v. 690 *A.* Construction du palais de Sennachérib à Ninive.

622 *L.* et *R.* Rédaction du *Deutéronome.*

586-539 *R.* Captivité des Juifs à Babylone.

582 *A.* et *R.* Organisation définitive des jeux Pythiques à Delphes.

573 *A.* et *R.* Fondation des jeux Néméens.

566/565 *A.* et *R.* Création des grandes Panathénées à Athènes.

535 *A.* Construction du palais de Pasargades par Cyrus II.

534 *A.* et *R.* Création à Athènes d'un concours de tragédie : les Dionysies.

530 *L.* Fondation à Crotone de la secte de Pythagore.

v. 526/525-456/455 *L.* Vie d'Eschyle.

515 *A.* Dédicace du nouveau Temple de Jérusalem.

v. 500 *A.* et *R.* Construction du tombeau de Darios Ier à Naqsh-i Roustem.
– La Louve du Capitole (à Rome).

498-446 *L.* *Odes* de Pindare.

v. 496/494-406 *L.* Vie du poète tragique athénien Sophocle.

495 *A.* et *R.* Construction du temple d'Aphaia à Égine.

v. 484-425 *L.* Vie de l'historien grec Hérodote d'Halicarnasse.

DE LA FIN DE LA SECONDE GUERRE MÉDIQUE À LA FIN DE LA DEUXIÈME GUERRE PUNIQUE (479-201 av. J.-C.)

VIE INTERNATIONALE

474 Cumes : victoire navale de Hiéron sur les Étrusques.
468-467 Eurymédon : victoire navale de l'Athénien Cimon sur les Perses.
460-454 Expédition désastreuse des Athéniens en Égypte.
449/448 Paix de Callias entre Athènes et la Perse.
412 Traité de Milet entre Sparte et la Perse.
398-392 Première guerre punique de Denys Ier l'Ancien.
394 Défaite navale des Spartiates à Cnide.
386 Congrès de Sardes. Paix d'Antalkidas entre Sparte et la Perse.
383-376 Deuxième guerre punique de Denys Ier l'Ancien.
367 Troisième guerre punique et mort de Denys Ier l'Ancien.
348 Premier traité romano-carthaginois.
337-327 Guerre entre la Macédoine et la Perse.
334-324 Expédition d'Alexandre en Asie et en Afrique.
334 Victoire d'Alexandre au Granique.
333 Victoire d'Alexandre à Issos.
– Occupation de la Phénicie.
332 Sièges de Tyr et de Gaza par Alexandre.
331 Gaugamèles, près d'Arbèles : victoire d'Alexandre.
327 Second traité romano-carthaginois.
281-274 Intervention en Italie et en Sicile de Pyrrhos, roi d'Épire.
275 Défaite de Pyrrhos à Bénévent.
272 Prise de Tarente par les Romains.
264-241 Première guerre punique.
260 Mylae (Myles) : victoire navale du Romain Duilius sur les Carthaginois.
256/255 Expédition du consul romain C. Atilius Regulus en Afrique.
241 Paix entre Rome et Carthage.
238 Cession à Rome de la Corse et de la Sardaigne carthaginoises.
229-228 Première guerre illyrienne.
219/218-201 Deuxième guerre punique.
219 Siège de Sagonte par Hannibal.
218-206 Campagne romaine d'Espagne.
218 Le Tessin et la Trébie : Hannibal bat deux fois les Romains.
217 Lac de Trasimène : Hannibal bat les Romains.
216 Cannes : Hannibal bat les Romains.
212-205 Première guerre de Macédoine.
212-211 Siège de Syracuse par Marcellus.
209 Prise de Carthagène par P. Cornelius Scipio.
207 Le Métaure : défaite et mort d'Hasdrubal, frère de Hannibal.
205-204 Conquête de la Sicile par P. Cornelius Scipio.
205 Paix de Phoinikê entre Rome et Philippe V de Macédoine.
204-202 Campagne nord-africaine de P. Cornelius Scipio.
202 Zama : victoire de P. Cornelius Scipio (dit Scipion l'Africain) sur Hannibal.

MONDE GREC

478-466 Hiéron Ier, tyran de Syracuse.
477-404 Ligue de Délos (première Confédération athénienne).
472/471 Ostracisme de Thémistocle.
462/461 Réformes démocratiques d'Éphialtès à Athènes.
462/461-429 Prééminence à Athènes de Périclès (stratège, 443-429).
454 Transfert à Athènes du trésor de la ligue de Délos.
447/446 Coronée : victoire des Thébains sur les Athéniens.
– Naissance de la confédération béotienne.
446 Paix de Trente Ans entre Athènes et Sparte.
443 Fondation de Thourioi par Périclès.
431-404 Guerre du Péloponnèse.
430 Peste d'Athènes (mort de Périclès en 429).
421 Paix de Nicias entre Sparte et Athènes.
413 L'Assinaros : désastre athénien en Sicile.
411 Révolution oligarchique des *Quatre Cents* à Athènes.
406 Bataille navale des îles Arginuses : Athènes bat Sparte.
405-367 Denys Ier l'Ancien, tyran de Syracuse.
405 Désastre naval des Athéniens à l'Aigos-Potamos.
404-403 Gouvernement athénien des *Trente*.
404-371 Hégémonie de Sparte en Grèce.
404 Capitulation d'Athènes : destruction des Longs Murs.
378/377-338 Seconde Confédération athénienne.
371 Paix imposée par Athènes à Sparte.
– Victoire de Thèbes sur Sparte à Leuctres.
371-362 Hégémonie de Thèbes en Grèce.
367-344 Denys II le Jeune, tyran de Syracuse.
362 Mantinée : victoire (et mort) du Thébain Épaminondas sur Sparte et Athènes.
359-336 Philippe II, roi de Macédoine.
338 Chéronée : victoire de Philippe II de Macédoine sur les Grecs.
– Ligue de Corinthe.
336-323 Alexandre le Grand, roi de Macédoine.
323 Partage de l'empire d'Alexandre entre les Diadoques.
323-321 Régence de Perdiccas.
321-301 Prédominance d'Antigonos Monophthalmos sur les Diadoques.
321 Partage du Triparadisos entre les Diadoques.
306 Fondation de la monarchie antigonide en Macédoine.
304 Fondation des deux monarchies : lagide en Égypte et séleucide en Syrie.
301 Ipsos : défaite et mort d'Antigonos Monophthalmos.
– Début des Épigones.
277/276-239 Antigonos Gonatas, roi de Macédoine.
282 Indépendance de Pergame.
240-133 Royaume attalide de Pergame.
222 Bataille de Sellasie qui livre la Grèce à la Macédoine.
221-179 Règne de Philippe V de Macédoine.

DE LA FIN DE LA SECONDE GUERRE MÉDIQUE À LA FIN DE LA DEUXIÈME GUERRE PUNIQUE (479-201 av. J.-C.)

MONDES ROMAIN, CELTE ET AFRICAIN

471 Organisation des *concilia plebis* (comices tributes) ; création des tribuns de la plèbe.

451-449 Remplacement des consuls romains par des décemvirs.

450-400 Conquête carthaginoise en Afrique du Nord.

450 Carthage : l'aristocratie écarte du pouvoir les Magonides.

449 Seconde sécession de la plèbe sur l'Aventin.

445 *Lex Canuleia :* droit de mariage entre patriciat et plèbe.

443 Création du collège des censeurs.

420 Prise de Cumes par les Samnites.

409 Accès des plébéiens romains à la questure.

406-396 Guerre victorieuse de Rome contre Véies.

396 Dictature de M. Furius Camillus à Rome.

390 ou 386 Bataille de l'Allia ; les Gaulois prennent Rome.

367 *Leges Liciniae Sextiae :* restauration et partage du consulat entre patriciens et plébéiens.

356 Accès des plébéiens à la dictature.

343 ou 341 Première guerre samnite.

340-338 Guerre latine.

337 Accès des plébéiens à la préture.

v. 335 Fondation d'Ostie.

326-304 Deuxième guerre samnite.

312 Censure d'Appius Claudius Caecus à Rome.

300-100 Civilisation celtique de La Tène II.

300 *Lex Ogulnia :* l'accès des sacerdoces aux plébéiens.

298-290 Troisième guerre samnite.

297 Début du monnayage de l'or à Rome.

295 Victoire romaine de Sentinum aux dépens des Gaulois et des Samnites.

249 Rome : premiers jeux Séculaires.

247-183 Vie du chef punique Hannibal.

242 Création à Rome du préteur pérégrin.

v. 241 Réforme des comices centuriates.

235-183 Vie de Scipion l'Africain.

234-149 Vie de Caton l'Ancien.

227 Organisation de deux provinces romaines : Sicile et Corse-Sardaigne.

215 Dictature de Fabius Maximus à Rome.

204 Introduction à Rome du culte de Cybèle.

MONDES ORIENTAL ET ÉGYPTIEN

465/464-424 Artaxerxès Ier Longue-Main, roi des Perses.

462/461 Révolte du Libyen Inaros contre les Perses.

453-221 Époque des Royaumes combattants en Chine.

445-433 Reconstruction du Temple de Jérusalem et rédaction du *code sacerdotal* hébraïque par Néhémie.

423-404 Darios II, roi des Perses.

408-401 Cyrus le Jeune, gouverneur d'Asie Mineure.

404-358 Artaxerxès II Mnémon, roi des Perses.

401-400 Expédition des Dix Mille : l'*Anabase* (dirigée puis décrite [en 390] par Xénophon).

v. 380 Concile bouddhique de Vaishali en Inde.

365 Révolte des satrapes contre le roi des Perses.

359/358-338/337 Artaxerxès III Ochos, roi des Perses.

342 Ultime reconquête de l'Égypte par les Perses.

336/335-330 Darios III Codoman, roi des Perses.

334 Destruction de la principauté Yue par le royaume de Tsou.

331 Fondation d'Alexandrie d'Égypte par Alexandre.

327-326 Expédition d'Alexandre le Grand en Inde.

321-184 Dynastie Maurya en Inde.

321-302 Règne de Candragupta, empereur Maurya.

300-215 Construction de la Grande Muraille de Chine.

275-274 Établissement des Galates en Anatolie.

274-271 Première guerre de Syrie.

v. 268-v. 232 Règne d'Ashoka en Inde.

259-253 Deuxième guerre de Syrie.

255 Conversion d'Ashoka au bouddhisme.

v. 250 Invasion parthe dans le Turkestan et dans l'Iran.

250-130 État grec de Bactriane.

247 av. J.-C.-227 apr. J.-C. Dynastie des Parthes Arsacides.

246-241 Troisième guerre de Syrie.

223-187 Règne d'Antiochos III Mégas en Syrie.

221-217 Quatrième guerre de Syrie.

221-210 Règne de l'empereur chinois Qin Shi Huangdi.

212-205 Expédition d'Antiochos III Mégas dans l'Inde.

217 Victoire à Raphia du roi d'Égypte, Ptolémée IV, sur le roi de Syrie, Antiochos III Mégas.

206 av. J.-C.-220 apr. J.-C. Dynastie chinoise des Han.

204 Fondation du royaume du Nam Viêt.

202-200 Cinquième guerre de Syrie.

CIVILISATION

480-406 *L.* Vie du poète tragique grec Euripide.

479 *A.* Construction des Longs Murs reliant Athènes au Pirée.

v. 478 av. J.-C. *R.* Mort du Bouddha Shakyamuni.

472 *L.* Eschyle : *les Perses.*

470-430 *A.* Vie du sculpteur grec Myron.

v. 470-399 *L.* Vie de Socrate.

468 *L.* Concours de tragédie : Sophocle vainqueur d'Eschyle.

460-420 *A.* Vie du sculpteur grec Polyclète.

460 *L.* Création à Athènes d'un concours de comédie.

455-369 *Sc.* Vie du mathématicien grec Théiatète.

450-v. 386 *L.* Vie du poète comique grec Aristophane.

447/446-438 *A.* et *R.* Construction par Ictinos et par Callicratès du Parthénon sur l'Acropole à Athènes.

430-v. 355 *L.* Vie du philosophe athénien Xénophon.

428-347 *L.* Vie du philosophe athénien Platon.

399 *L.* Procès et mort de Socrate.

av. 397 *L.* Thucydide : *Histoire.*

387 *L.* Fondation de l'Académie par Platon.

385-340 *L.* Vie du sculpteur grec Scopas.

384-322/321 *L.* Vie du philosophe grec Aristote.

372-289 *L.* Vie du philosophe chinois Mencius.

370-330 *A.* Vie du sculpteur grec Praxitèle.

370 *A.* Construction de l'*Apadana* à Suse.

v. 353/350 *A.* Construction du *Mausolée* d'Halicarnasse.

341-270 *L.* Vie du philosophe grec Épicure.

334 *L.* Fondation à Athènes du Lycée par Aristote.

310-230 *Sc.* Vie de l'astronome Aristarque de Samos.

306 *L.* Fondation d'une école philosophique à Athènes par Épicure.

302/301 *L.* Fondation à Athènes de l'école stoïcienne par Zénon d'Élée.

300 *Sc.* Euclide : *Éléments.*

287-212 *Sc.* Vie du savant syracusain Archimède.

v. 280 *A.* Construction du *Phare* d'Alexandrie par Sostratos de Cnide.

v. 270-v. 200 *L.* Vie du poète latin Livius Andronicus.

254-184 *L.* Vie du poète comique latin Plaute.

239-169 *L.* Vie du poète latin Ennius.

v. 205-v. 118 *L.* Vie de l'historien grec Polybe.

LE MONDE ANTIQUE À L'ÉPOQUE DE LA CONQUÊTE ROMAINE (201-31 av. J.-C.)

VIE INTERNATIONALE

200 Défaite du Panion : l'Égypte cède la Syrie Creuse à Antiochos III Mégas.

200-196 Deuxième guerre de Macédoine.

197 Victoire romaine de Cynoscéphales sur Philippe V de Macédoine.

195 Paix syro-égyptienne.

192-188 Guerre entre Rome et Antiochos III Mégas.

191 Victoire romaine des Thermopyles sur Antiochos III.

189 Victoire des Scipions à Magnésie du Sipyle.

188 Traité syro-romain d'Apamée Kibôtos.

181-174 Première guerre celtibère.

172-168 Troisième guerre de Macédoine.

169-168 Sixième guerre de Syrie.

168 Défaite de Persée, vaincu à Pydna par Paul Émile.

154-152 Deuxième guerre celtibère.

150-148 Guerre entre Carthage et Masinissa, roi des Numides.

149-146 Troisième guerre punique.

147-138/137 Guerre lusitanienne dirigée par Viriathe.

146 Sacs de Corinthe et de Carthage par les Romains.

144-133 Troisième guerre celtibère.

134-133 Siège et prise de Numance par Scipion Émilien.

125-117 Conquête et organisation de la Transalpine.

113-101 Guerre des Cimbres.

112-106 Guerre de Jugurtha.

102 Victoire de Marius sur les Teutons à Aquae Sextiae.

101 Victoire de Marius sur les Cimbres à Verceil.

96 Annexion par Rome du royaume de Cyrène.

89-85 Première guerre entre Rome et Mithridate, roi du Pont.

83-81 Deuxième guerre contre Mithridate, roi du Pont.

66-62 Pompée en Orient.

58-51 La guerre des Gaules.

53 Carrhes : Crassus vaincu et tué par les Parthes.

52 Victoires de Vercingétorix à Gergovie, puis de César à Alésia.

51 Prise d'Uxellodunum par César.

49 Prise de Marseille par César.

36 Campagne d'Antoine contre les Parthes.

33 Protectorat romain sur la Maurétanie (Mauritanie).

32-30 Guerre entre Octave et Cléopâtre VII.

ROME : INSTITUTIONS ET PROVINCES

197 Création des deux provinces romaines d'Espagne Citérieure et d'Espagne Ultérieure.

185 ou 184-129 Vie de Scipion Émilien.

184 Censure de Caton l'Ancien.

182 Première loi somptuaire votée à Rome.

180 *Lex Villia Annalis*, fixant le *cursus honorum*.

151 Loi interdisant la réitération du consulat à Rome.

149 *Lex Atinia :* admission de droit des anciens tribuns au Sénat.

149 Premier consulat de Scipion Émilien.

148 Réduction en province romaine de la Macédoine.

134 Second consulat de Scipion Émilien.

134-133 Tribunat et loi agraire de T. Sempronius Gracchus.

129 Érection de Pergame en province romaine d'Asie.

124-122 Tribunats de C. Sempronius Gracchus.

123 Lois agraire, frumentaire et judiciaire de C. Sempronius Gracchus.

122 Fondation d'Aquae Sextiae (auj. Aix-en-Provence).

118 Fondation de la colonie romaine de Narbonne.

111 Annulation des lois agraires des Gracques par la *Lex Thoria.*

107-106 Premier consulat de Marius : réforme de l'armée.

104-100 Consulats de Marius.

101 Création de la province romaine de Cilicie.

101-44 Vie et mort de César.

95 *Lex Licinia Mucia*, interdisant les sacrifices humains.

91-88 La guerre sociale en Italie.

82-79 Dictature et abdication de Sulla.

67 *Lex Gabinia*, interdisant l'exportation des capitaux hors d'Italie.
– Défaite des pirates, vaincus en Méditerranée par Pompée.

67 Création de la province romaine de Crète-Cyrénaïque.

64 Annexion de la Syrie érigée en province romaine.

63-62 Consulat de Cicéron.

59 Premier consulat de César.

52 Pompée seul consul.

51 Création de la province romaine de Gaule.

43 Fondation de Lyon.

ROME : LES CRISES INTÉRIEURES

187 Procès de P. Cornelius Scipio (Scipion l'Africain).

186 Scandale des Bacchanales à Rome.

133 Assassinat de T. Sempronius Gracchus.

121 Assassinat de C. Sempronius Gracchus.

87-82 Guerre civile.

87 Terreur à Rome, mort de Marius.

80-72 Révolte, défaite et mort de Sertorius en Espagne.

73-71 Guerre servile de Spartacus en Italie.

70 Procès de Verrès.

66 Première conspiration de Catilina.

63-62 Seconde conspiration, défaite et mort de Catilina.

60-53 Premier triumvirat : Pompée, César, Crassus (entente privée).

57-55 Révolte des Juifs contre Rome en Syrie.

56 Entrevue des triumvirs à Lucques.

49 Franchissement du Rubicon par César.

49-44 Dictature de César.

48 Bataille de Pharsale, défaite et mort de Pompée, vaincu par César.

46 Victoire de César à Thapsus sur les pompéiens.

45 Victoire de César à Munda aux dépens de Sextus Pompée.

44 Assassinat de César.

43 Bataille de Modène : Octave bat Antoine.

43-33 Second triumvirat : Octave, Antoine et Lépide (collège de magistrats).

43 Assassinat de Cicéron et de nombreux proscrits.

42 Bataille de Philippes : les triumvirs triomphent des meurtriers de César.

41-40 Guerre de Pérouse entre Octave et Antoine.

40 Paix de Brindes : renouvellement du second triumvirat.

31 Bataille d'Actium : Octave défait Antoine.

LE MONDE ANTIQUE À L'ÉPOQUE DE LA CONQUÊTE ROMAINE (201-31 av. J.-C.)

MONDES HELLÉNIQUE ET HELLÉNISTIQUE

230-189 Euthydème, roi de Bactriane.
197-159 Eumène II, roi de Pergame.
196 Rome octroie la liberté à la Grèce lors des jeux Isthmiques de Corinthe.
189-167 Démétrios, roi de Bactriane.
188 Destruction des murs de Sparte par le stratège achéen Philopœmen (le Dernier des Grecs) [† en 183].
187-175 Séleucos IV Philopatôr, roi de Syrie.
181-145 Ptolémée VI Philomêtôr, roi d'Égypte.
179-168 Persée, roi de Macédoine.
175-164 Antiochos IV Épiphane, roi de Syrie.
169/167-159/158 Eucratidas, roi de Bactriane.
167 Annexion de Délos par Athènes.
166/165-160 Révolte de Judas Maccabée contre la Syrie séleucide.
164 Octroi de la liberté de culte aux Juifs par Antiochos IV Épiphane.
162-150 Démétrios Ier, roi de Syrie.
159-158 Dislocation des royaumes grecs de Bactriane et de l'Inde.
159-138 Attale II, roi de Pergame.
145-116 Ptolémée VII Évergète II, roi d'Égypte.
138-133 Attale III, roi de Pergame.
133 Testament d'Attale IV en faveur de Rome.
133 Révolte d'Aristonicos, prétendant au trône de Pergame.
104 Révolte des esclaves siciliens à Athènes.
102/101 Réforme oligarchique de la Constitution athénienne.
89 Révolte d'Athènes contre Rome.
88 Ralliement de la Grèce à la révolte athénienne.
87-86 Siège et prise d'Athènes par Sulla.
86 Victoires de Sulla à Chéronée et à Orchomène sur les forces du roi du Pont, Mithridate VI Eupator.
51-30 Cléopâtre VII, reine d'Égypte.
42 Occupation de la Syrie et de la Judée par les Parthes.
40-34 Hérode Ier le Grand, roi des Juifs.
37 Reconquête de Jérusalem par Hérode Ier. – Mariage d'Antoine et de Cléopâtre VII.
34 Partage de l'Orient par Antoine entre Cléopâtre VII et ses enfants.

MONDES CELTE, AFRICAIN ET ASIATIQUE

v. 203-148 Masinissa, roi des Numides Massyles.
202-195 Règne de Liu Bang (Lieou Pang) [surnommé Gaozu (Kao-tsou)], fondateur de la dynastie chinoise des Han.
185-73 Dynastie indienne des Shunga.
171-138/137 Règne de Mithridate Ier, roi des Parthes.
166 Premières incursions des Huns en Chine.
140-87 Règne de l'empereur Han Wudi (Wou-ti).
140-139 Conquête de la Mésopotamie par Mithridate Ier, roi des Parthes.
138/137-128 Phraatès II, roi des Parthes.
135 Destruction du royaume grec de Bactriane par les Yuezhi (Yue-tche).
123-86 Mithridate II le Grand, roi des Parthes.
121 Conquête du Gansu (Kan-sou) occidental par les Chinois.
119 Pénétration des Chinois dans l'actuelle Mongolie.
111 Occupation et destruction du royaume du Nam Viêt par les Han.
111-63 Mithridate VI Eupator, roi du Pont.
102 Extension de l'Empire chinois au Fergana.
100-1 Civilisation de La Tène III.
73-49 Règne de Xuandi (Siuan-ti) en Chine.
72-v. 28 Dynastie Kanva en Inde.
av. 70 Conquête du Gandhara par Manès.
57-37 Orodès II, roi des Parthes ; apogée de la dynastie des Arsacides.

CIVILISATION

200 *R.* Début de la traduction grecque de la Bible dite « des Septante ».
v. 200-v. 100 *A.* La *Vénus de Milo*.
v. 197-v. 159 *A.* Construction du grand autel et de la bibliothèque de Pergame.
194-159 *L.* Vie du poète comique latin Térence.
184 *A.* et *R.* Construction à Rome de la basilique *Porcia*.
166 *L.* Livre de Daniel.
163-85 *L.* Vie de l'historien chinois Sima Qian (Sseuma-Ts'ien).
159-138 *A.* Portique d'Attale à Athènes.
144-91 *L.* Vie de l'orateur romain Crassus.
129/128 *Sc.* Découverte de la précession des équinoxes par Hipparque de Nicée.
120 *Sc.* Découverte de la mousson par Hippalos.
116-27 *L.* Vie de Varron, écrivain et agronome latin.
109 *A.* Construction du pont Milvius.
106-43 *L.* Vie de l'orateur et homme d'État romain Cicéron.
98-55 *L.* Vie du philosophe romain Lucrèce.
95 *Sc.* Découverte des îles Cassitérides par les Romains.
87-54 *L.* Vie du poète latin Catulle.
86-36/35 *L.* Vie de l'écrivain latin Salluste.
v. 70-19 *L.* Vie du poète latin Virgile.
67 *R.* Introduction du culte de Mithra à Rome.
65-8 *L.* Vie du poète latin Horace.
64 av. J.-C.-17 apr. J.-C. *L.* Vie de l'historien Tite-Live.
55 *A.* Théâtre de Pompée à Rome.
54-34 *A.* et *R.* Basilique Aemilia à Rome.
50-19 *L.* Vie du poète latin Tibulle.
48 *A.* Incendie de la bibliothèque d'Alexandrie.
46 *A.* et *R.* Dédicace du forum de César (Rome). *Sc.* Institution du calendrier julien.
43 av. J.-C.-18 apr. J.-C. *L.* Vie du poète romain Ovide.
40 *A.* et *R.* Temple de la Fortune virile à Rome.

LE MONDE À L'ÉPOQUE DE L'EMPIRE ROMAIN (31 av. J.-C.-395 apr. J.-C.)

VIE INTERNATIONALE

30 av. J.-C. Conquête de l'Égypte par Octave. Mort d'Antoine et de Cléopâtre.
16-15 av. J.-C. Annexion de la Rhétie et du Norique.
12-8 av. J.-C. Conquête de la Germanie jusqu'à la Weser.
4-6 apr. J.-C. Conquête par Tibère de la Germanie entre la Weser et l'Elbe.
9 Désastre de Varus en Germanie.
17 Annexion de la Cappadoce.
40 Annexion de la Maurétanie (ou Mauritanie).
43 Conquête de la Bretagne par les Romains.
74 Conquête des Champs Décumates par les Romains.
101-102 Première guerre de Dacie.
105-106 Conquête de l'Arabie nabatéenne par les Romains.
105-107 Seconde guerre et annexion de la Dacie.
110 Annexion de Palmyre.
114-117 Campagne de Trajan en Orient.
166-? Arrivée d'une ambassade romaine en Chine.
166-175/177-180 Guerres danubiennes entre Marc Aurèle et les Barbares.
197-202 Offensive de Septime Sévère contre les Parthes.
v. 242 Défaite infligée à Vasudeva, empereur kushana de l'Inde, par le perse Châhpuhr Ier.
253 et 258/9 Invasions de la Gaule par les Francs.
260 Défaite et capture par Châhpuhr Ier de l'empereur romain Valérien (près d'Édesse).
269 Victoire de Claude II (269-271) sur les Goths à Naissus.
275 Invasion de la Gaule par les Francs et par les Alamans.
297 Victoire de Galère sur le roi sassanide Narsès.
311 Occupation de Luoyang par les Xiongnu.
338-346-350 Sièges de Nisibe par Châhpuhr II.
348 Défaite de Châhpuhr II par les Romains à Singara.
357 Victoire de Julien sur les Alamans à Argentoratum.
358 Établissement des Francs en Toxandrie reconnu par Julien.
363 Échec de l'expédition de Julien en Mésopotamie.
v. 374 ou 375 Victoire des Huns sur les Goths d'Ermanaric en Ukraine.
378 Mort de Valens défait par les Goths à Andrinople.

MONDE ROMAIN : LES EMPEREURS

27 av. J.-C.-68 apr. J.-C. Dynastie des Julio-Claudiens.
27 av. J.-C.-14 apr. J.-C. Octave, *Augustus*, empereur.
14-37 apr. J.-C. Tibère, empereur.
37-41 Caligula, empereur.
41-54 Claude, empereur.
54-68 Néron, empereur.
68 (juin)-69 (janv.) Galba, empereur.
69 Othon, puis Vitellius, empereurs.
69-96 Dynastie des Flaviens.
69-79 Vespasien, empereur.
79-81 Titus, empereur.
81-96 Domitien, empereur.
96-192 Dynastie des Antonins.
96-98 Nerva, empereur.
98-117 Trajan, empereur.
117-138 Hadrien, empereur.
138-161 Antonin le Pieux, empereur.
161-180 Marc Aurèle, empereur.
180-192 Commode, empereur.
193-235 Dynastie des Sévères.
193-211 Septime Sévère, empereur.
211-212 Geta, empereur.
211-217 Caracalla, empereur.
218 Diaduménien (218), Élagabal (218-222), empereurs.
222-235 Sévère Alexandre, empereur.
235-268 Anarchie (Valérien 253-260, Gallien 260-268).
268-311 Les empereurs illyriens.
284-305 Dioclétien, empereur.
286-305 Maximien, second auguste.
293-311 La tétrarchie, œuvre de Dioclétien.
306-337 Constantin Ier le Grand, empereur.
314-324 Partage de l'Empire : Constantin et Licinius.
337 Baptême et mort de Constantin. Crise de succession : Constantin II (337-340), Constant (337-350) et Constance II (337-361), empereurs.
361-363 Julien, empereur.
364 Valentinien Ier (364-375) et Valens (364-378), empereurs.
375 Gratien (375-383) et Valentinien II (375-392).
379-395 Théodose Ier, empereur.
395 Partage de l'Empire entre Arcadius et Honorius.

MONDE ROMAIN : LES INSTITUTIONS

26 av. J.-C. Création de la préfecture de la ville.
19 av. J.-C. *Lex Junia Norbana* sur les affranchissements.
18 av. J.-C. *Leges Juliae de maritandis ordinibus et de adulteriis coercendis.*
2 av. J.-C. *Lex Fulia Caninia* sur les affranchissements.
2 av. J.-C. Création de la préfecture du prétoire.
6 apr. J.-C. Création de la préfecture des vigiles.
8 Création de la préfecture de l'annone.
9 *Lex Pappia Poppaea* sur le mariage.
15-31 Séjan, préfet du prétoire (complot et mort, 31).
23 Regroupement par Séjan des cohortes prétoriennes.
27-37 Retraite de Tibère à Capri.
56 Création des préfets de l'*aerarium.*
70 *Lex de imperio vespasiani.*
71 Réorganisation de l'armée romaine par Vespasien.
92 Édit de Domitien restreignant la culture de la vigne.
97 Création des *alimenta.*
131 Édit perpétuel unifiant la législation impériale (compilation de Salvius Julianus).
163 Création par Marc Aurèle des *juridici* d'Italie.
212 *Constitutio Antoniniana* octroyant la citoyenneté romaine à tous les habitants de l'Empire.
215 Réforme monétaire de Caracalla.
292-300 Réformes monétaires de Dioclétien.
297 Début du système de l'*indiction.*
301 Édit du *maximum.*
304 Édit de persécution générale contre les chrétiens.
313 Édit de Milan : tolérance à l'égard du christianisme.
320 Abolition de la législation d'Auguste contre le célibat.
321 Édit de tolérance en faveur des donatistes.
324 Création des préfectures de prétoire régionales et sans doute des *magistri militum.*
331 Édit de Constantin contre le divorce.
356 Loi fermant les temples.
359 Création d'un préfet de la ville à Constantinople.
360 Institution du *defensor plebis.*
380 Édit de Théodose érigeant le catholicisme en religion d'État.
391 Interdiction du culte païen par Théodose Ier.

LE MONDE À L'ÉPOQUE DE L'EMPIRE ROMAIN (31 av. J.-C.-395 apr. J.-C.)

MONDE ROMAIN : LES PROVINCES

27 av. J.-C. Partage des provinces entre Auguste et le Sénat.
27 av. J.-C. Création de la province d'Achaïe.
25 av. J.-C. Création de la province de Galatie.
6 apr. J.-C. Création de la province de Judée.
10 Création de la province de Pannonie.
17-24 Insurrection de Tacfarinas en Afrique.
21 Révolte en Gaule de Florus et de Sacrovir.
40 Création de la province de Numidie.
42 Création des deux provinces de Maurétanie.
60-63 Révolte de Boudicca en Bretagne.
66-70 Révolte et guerre juives.
69 Révolte du Batave Civilis.
70 Destruction de Jérusalem par Titus.
70 Assemblée de Reims.
– Proclamation de l'Empire gaulois.
74 Octroi du droit latin à l'Espagne.
86 Division de la Mésie en deux provinces.
90 Organisation des Champs Décumates.
106-107 Division de la Pannonie en deux provinces.
121-125 Premier voyage d'Hadrien à travers l'Empire.
122-126 Construction du mur d'Hadrien en Bretagne.
128-134 Second voyage d'Hadrien à travers l'Empire.
132-135 Insurrection juive en Palestine de Bar-Kokheba.
142 Construction du mur d'Antonin en Bretagne.
177 Persécution des chrétiens de Lyon.
197 Lyon : Septime Sévère bat l'usurpateur Albinus.
208-211 Campagne de Septime Sévère en Bretagne.
252-262 Insurrection antiromaine en Afrique du Nord.
258-274 Empire gaulois de Postumus et de Tetricus.
261-272 Empire de Palmyre détruit par Aurélien.
269-286 Révolte des Bagaudes en Gaule.
305-411 Schisme donatiste en Afrique du Nord.
311 Révolte et mort de Domitius Alexander en Afrique.
312 Victoire de Constantin sur Maxence au pont Milvius.
324-330 Édification de Constantinople.
345 Révolte des circoncellions en Afrique.
380 Établissement des Ostrogoths en Pannonie.
382 Établissement des Wisigoths fédérés en Thrace.
390 Massacre de la population de Thessalonique par Théodose Ier.

MONDES BARBARES

25 av. J.-C.-23 apr. J.-C. Juba II, roi de Maurétanie.
12-38 apr. J.-C. Artaban III, souverain des Parthes.
18-27 Insurrection des « Sourcils rouges » en Chine.
22/23-220 Dynastie chinoise des Han orientaux.
23-40 apr. J.-C. Ptolémée, roi de Maurétanie.
v. 25-v. 60 Kadphisês Ier, premier souverain kushana.
25-57 Règne de l'empereur de Chine Guang Wudi (Kouang Wou-ti).
v. 30-v. 450 Empire indien des Kushana (Kushans).
40-43 Révolte antichinoise des sœurs Trung au Nam Viêt.
73-94 Expansion chinoise en Asie centrale sous la direction Ban Chao (Pan Tch'ao).
v. 100 Fin de la conquête de l'Inde du Nord par les Kushana.
107-130 Chosroês Ier, souverain arsacide des Parthes.
123 Défaite des Xiongnu par les Xianbei.
130-148 Vologèse II, souverain arsacide des Parthes.
140 (?)-172 ou 185 Règne de Kanishka, fondateur de la deuxième dynastie kushana.
162 Première date de l'histoire américaine : les Olmèques.
184 Soulèvement des « Turbans jaunes » en Chine.
196-220 Cao Cao (Ts'ao Ts'ao), fondateur du royaume de Wei, en Chine du Nord.
213-224 Artaban V, dernier souverain arsacide.
220-280 Époque chinoise des Trois Royaumes.
224 Hormizdagan : défaite et mort d'Artaban V.
224-651 Empire des Sassanides.
241-272 Châhpuhr Ier, souverain sassanide d'Iran.
242-342 Troisième dynastie kushana en Inde.
280-316 Unification de la Chine par les Jin occidentaux.
293-302 Narsès, souverain sassanide d'Iran.
300 Conversion de l'Arménie au christianisme.
310-379 Châhpuhr II, souverain sassanide d'Iran.
316-580 Période chinoise du Nan bei chao.
320 Première date connue de l'histoire maya.
v. 320-v. 467 Dynastie indienne des Gupta.
v. 320-v. 335 Candragupta Ier, roi du Magadha (Inde).
v. 335-v. 375 Samudragupta, roi du Magadha.
357-385 Fou-Kien, souverain Xiongnu de Chine du Nord.
375-414 Candragupta II, roi du Magadha.
v. 380-v. 550 Unification de la Chine du Nord par les Wei.

CIVILISATION

17 av. J.-C. *R.* Célébration des jeux Séculaires à Rome.
13-9 av. J.-C. *A.* et *R.* Construction de l'*Ara Pacis*.
4 av. J.-C. (?)-30 apr. J.-C. (?) *R.* Vie du Christ.
4 av. J.-C.-65 apr. J.-C. (?) *L.* Vie du philosophe Sénèque.
v. 6 apr. J.-C. *R.* Introduction du bouddhisme en Chine.
23-79 *L.* Vie du naturaliste latin Pline l'Ancien.
27 *R.* Martyre de saint Jean-Baptiste.
40-104 *L.* Vie du poète latin Martial.
45-62/64 *R.* Missions de saint Paul.
v. 50-v. 125 *L.* Vie de l'historien grec Plutarque.
v. 55-120 *L.* Vie de l'historien latin Tacite.
v. 60-70 *R.* Rédaction des Évangiles synoptiques.
60-140 *L.* Vie du poète satirique latin Juvénal.
62-113 *L.* Vie de l'écrivain latin Pline le Jeune.
64 *R.* Incendie et persécution des chrétiens de Rome.
70 *R. Diaspora* des Juifs de Palestine.
88 *R.* Célébration des jeux Séculaires à Rome.
113 *A.* Édification de la colonne Trajane.
125-190 *L.* Vie du rhéteur grec Lucien de Samosate.
129-201 *Sc.* Vie du médecin grec Galien.
185-254 *L.* et *R.* Vie d'Origène, supplicié en 254.
190 *R.* Conversion de Tertullien (155-222).
228 *L.* Mort du jurisconsulte romain Ulpien.
242 *R.* Début de la prédication de Mani (216-277).
271-283 *A.* Construction du mur d'Aurélien à Rome.
292-346 *R.* Vie du cénobite saint Pacôme.
298 *R.* Dernière célébration des jeux Séculaires.
309-392 *L.* Vie du poète latin Ausone.
315 *A.* Construction à Rome de l'arc de Constantin.
318-336 *R.* Prédication d'Arius.
325 *R.* Ier concile œcuménique (Ier de Nicée) contre l'arianisme.
v. 333/340-397 *R.* Vie de saint Ambroise, Père de l'Église.
335 *R.* Tolérance officielle du bouddhisme en Chine.
348-420 *L.* et *R.* Vie de saint Jérôme, Père de l'Église.
350 *L.* et *R.* Traduction de la Bible en gothique par Ulfila.
354-430 *L.* et *R.* Vie de saint Augustin, Père de l'Église.
381 *R.* IIe concile œcuménique (Ier de Constantinople) contre les Macédoniens.
394 Suppression des jeux Olympiques.

DE LA DIVISION DE L'EMPIRE ROMAIN À LA NAISSANCE DE L'ISLAM (395-622)

VIE INTERNATIONALE

405-406 Invasion saxonne en Bretagne.
406 Franchissement du Rhin par les Barbares.
410 Prise de Rome par les Wisigoths d'Alaric Ier.
412 Premier établissement des Wisigoths en Gaule.
415-418 Établissement des Wisigoths en Espagne.
422 Paix de Cent Ans entre l'Empire d'Orient et la Perse.
429-439 Conquête de l'Afrique du Nord par Geiséric.
430-431 Siège d'Hippone par les Vandales.
439 Prise de Carthage par les Vandales.
442 Traité entre Geiséric et l'Empire d'Occident.
443 Établissement des Burgondes en Sapaudia.
451 *Campus Mauriacus* : victoire d'Aetius sur Attila.
451-453 Invasion des Huns d'Attila en Occident.
455 Pillage de Rome par Geiséric.
455-468 Occupation de la Sardaigne par Geiséric.
468-476 Occupation de la Sicile par Geiséric.
486 (?) Soissons : Clovis bat Syagrius, roi des Romains.
488-489 Migration des Ostrogoths de Mésie en Italie.
493 Assassinat d'Odoacre par Théodoric Ier l'Amale à Ravenne.
v. 496 Zülpich (Tolbiac) : victoire des Francs du Rhin sur les Alamans.
502-503 Siège et prise d'Amida par les Perses.
507 Vouillé : victoire de Clovis sur les Wisigoths.
508 Occupation de la Provence par les Ostrogoths.
531 Callinique : Bélisaire vaincu par les Perses.
532 Paix perpétuelle entre Justinien Ier et le roi de Perse Khosrô Ier Anôchirvân.
533 Ad Decimum et Tricamarum : victoires de Bélisaire sur les Vandales.
534 Annexion du royaume burgonde par les fils de Clovis.
535 Reconquête byzantine de la Dalmatie et de la Sicile.
535-555 Reconquête de l'Italie par Justinien Ier.
537 Cession au *Regnum Francorum* de la Provence ostrogothique.
550-554 Reconquête de l'Espagne du Sud-Est par Justinien Ier.
567 Invasion des Avars en Pannonie.
568-575 Occupation de l'Italie par les Lombards.
617 Arrivée des Slaves sous les murs de Constantinople.
619 Paix entre Byzance et les Avars.

OCCIDENT ROMAIN ET BARBARE

395-410 Alaric Ier, roi des Wisigoths.
395-423 Honorius, empereur romain d'Occident.
418-507 Royaume wisigoth de Toulouse.
418-451 Théodoric Ier, roi des Wisigoths.
428-477 Geiséric, roi des Vandales.
434-454 Aetius, maître réel de l'Occident romain.
466-484 Euric, roi des Wisigoths.
473-493/526 Théodoric Ier l'Amale, roi des Ostrogoths.
476 Fin de l'Empire romain d'Occident.
477-484 Hunéric, roi des Vandales.
481-511 Clovis Ier, roi des Francs.
484-507 Alaric II, roi des Wisigoths.
v. 493 Mariage de Clovis et de Clotilde.
501-516 Gondebaud, roi des Burgondes.
v. 509 Clovis reconnu roi par les Francs du Rhin.
511-561 Clotaire Ier, roi de Soissons (511-558), roi unique des Francs (558-561).
516-523 Saint Sigismond, roi des Burgondes.
523-530 Hildéric, roi des Vandales.
524 Exécution de Boèce sur ordre de Théodoric Ier.
530-534 Gelimer, roi des Vandales.
v. 534-613 Vie de Brunehaut, reine d'Austrasie.
536-540 Vitigès, roi des Ostrogoths.
541-552 Totila, roi des Ostrogoths.
545-597 Vie de Frédégonde, reine de Neustrie (567-597).
549-554 Agila, roi des Wisigoths.
554-567 Athanagild, roi des Wisigoths.
561-575 Sigebert Ier, roi d'Austrasie.
561-584 Chilpéric Ier, roi de Neustrie.
561-593 Gontran, roi de Bourgogne.
567/568-586 Léovigild, roi des Wisigoths.
574-584 Disparition de la monarchie lombarde.
584-590 Authari, restaurateur de la monarchie lombarde.
586-601 Reccared Ier, roi des Wisigoths.
587 Traité d'Andelot, entre Childebert II, roi d'Austrasie, et Gontran, roi de Bourgogne.
612-621 Sisebut, roi des Wisigoths.
613-629 Clotaire II, roi des Francs.
614 Assemblée de Paris condamnant les abus des Mérovingiens.

ORIENT BYZANTIN

395-518 Dynastie théodosienne.
395-408 Arcadius, empereur romain d'Orient.
398-407 Saint Jean Chrysostome (344-407), patriarche de Constantinople.
408-450 Théodose II, empereur romain d'Orient.
413 Construction du mur de Théodose, à Constantinople.
414-416 Régence de Pulchérie.
428-431 Nestorius, patriarche de Constantinople.
450-457 Marcien, empereur romain d'Orient.
457-474 Léon Ier, empereur romain d'Orient.
471 Assassinat du patrice Aspar par Léon Ier.
474 Léon II, empereur romain d'Orient.
474-491 Zénon, empereur romain d'Orient.
491-518 Anastase, empereur romain d'Orient.
498 Suppression de l'impôt du chrysargyre dans l'Empire romain d'Orient.
v. 500-548 Vie de Théodora, impératrice byzantine (527-548).
512 Construction du mur d'Anastase à Constantinople.
513 Révolte du comte Vitalien.
518-527 Justin Ier, empereur romain d'Orient.
527-565 Justinien Ier, empereur romain d'Orient.
531-541 Jean de Cappadoce, préfet du prétoire de Constantinople.
532 Sédition « Nika » à Constantinople.
543 Disgrâce de Bélisaire.
554 Pragmatique de Justinien Ier réorganisant l'administration de l'Italie byzantine.
565-578 Justin II, empereur romain d'Orient.
578-582 Tibère II, empereur romain d'Orient.
580 Établissement des Slaves au sud du Danube.
582-602 Maurice, empereur romain d'Orient.
584-647/709 Exarchat byzantin de Carthage.
584-751 Exarchat byzantin de Ravenne.
602 Révolte de l'armée byzantine du Danube, commandée par Phokas.
602-610 Phokas, empereur romain d'Orient.
608 Révolte d'Héraclius en Afrique contre Phokas.
609 Occupation de l'Égypte par Héraclius.
610-641 Héraclius, empereur romain d'Orient.

DE LA DIVISION DE L'EMPIRE ROMAIN À LA NAISSANCE DE L'ISLAM (395-622)

ÉGLISE ET VIE RELIGIEUSE

399-414 Pèlerinage en Inde et à Ceylan du moine chinois Fa Xian (Fa Hien).
410 Premier concile de Séleucie (chrétiens de Perse).
431 IIIe concile œcuménique (Éphèse) : condamnation du *nestorianisme.*
v. 432 Évangélisation de l'Irlande par saint Patrick.
438-452 Persécution du bouddhisme en Chine.
440-461 Pontificat de saint Léon Ier.
449 Brigandage d'Éphèse : assemblée d'évêques favorables à Eutychès, père du *monophysisme.*
451 IVe concile œcuménique (Chalcédoine) : condamnation du *monophysisme.*
470-543 Vie de saint Césaire d'Arles.
v. 480-547 Vie de saint Benoît de Nursie.
482 Édit d'union ou *Henotikon* de Zénon.
484-519 Premier schisme entre Rome et Constantinople.
486 Deuxième concile de Séleucie organisant l'Église nestorienne de Perse.
492-496 Pontificat de saint Gélase Ier.
498-514 Pontificat de saint Symmaque.
v. 500-601 Saint Léandre, archevêque de Séville.
510/520-580 Vie de saint Martin de Braga, apôtre des Suèves.
511 Concile d'Orléans.
520 Pénétration du bouddhisme en Corée.
v. 520-587 Vie de sainte Radegonde, reine des Francs.
525 Concile de Carthage.
v. 540-615 Vie de saint Colomban.
552-587 Triomphe du bouddhisme au Japon.
553 V[e] concile œcuménique (IIe de Constantinople) : adoption des Trois Chapitres.
554-698 Schisme d'Aquilée.
v. 570-632 Vie de Mahomet.
v. 570-636 Vie de saint Isidore de Séville.
589 Conversion au catholicisme du Wisigoth Reccared Ier.
590-604 Pontificat de saint Grégoire Ier le Grand.
595 Mariage de Mahomet et de Khadidja.
596-605 Évangélisation de l'Angleterre par Augustin.
597 Conversion d'Æthelberht, roi du Kent (560-616).
610 Débuts de la prédication de Mahomet à La Mecque.
619 Mort de Khadidja.

MONDES ASIATIQUE, AFRICAIN ET AMÉRICAIN

399-420 Yazdgard Ier, roi sassanide de Perse.
414-455 Kumaragupta, roi de Pataliputra (Inde).
424-452 T'opa Tao, roi de Wei.
v. 430 Offensive des Huns Hephthalites contre la Perse.
434-453 Attila, roi des Huns.
453 Mort d'Attila. Dislocation de l'Empire hunnique.
455-467 Skandagupta, roi de Pataliputra (Inde).
455 Victoire de Skandagupta sur les Huns Hephthalites.
459-484 Pérôz, roi sassanide de Perse.
apr. 460 Élimination des Kushana par les Kidarites au Kaboul.
v. 460 Division de l'Empire gupta.
490-528/529 Essor, puis échec du mouvement social de Mazdak en Perse.
502-549 Wudi, empereur de Chine.
521 Occupation du Yémen par les Abyssins.
531-579 Khosrô Ier Anôchirvân, roi sassanide de Perse.
534-550 Dynastie des Wei orientaux.
534-557 Dynastie des Wei occidentaux.
550-566 Pulakeshin Ier, roi calukya du Deccan.
552 Constitution d'un Empire turc en Asie centrale.
562 Échec japonais en Corée.
570 Occupation du Yémen par les Sassanides.
578 Destruction de l'État lakhmide par les Sassanides.
581 Réunification de la Chine du Nord par Yang Tian (empereur Wendi en 589).
589-604 Wendi (Wen-ti), fondateur de la dynastie chinoise des Sui.
589-618 Dynastie des Sui : réunification de la Chine.
590-620 Khosrô II Abharvêz Parviz, roi sassanide de Perse.
593-629 Suiko, impératrice japonaise du Yamato.
v. 600 Amérique : début de la civilisation zapotèque. Apogée de la civilisation maya.
605-616 Yangdi (Yang-ti), empereur de Chine.
606-647 Harsha, souverain de Kanauj (Inde).
609-642 Pulakeshin II, roi calukya du Deccan.
614 Prise de Jérusalem par les Perses.
616 Révolte générale contre l'empereur chinois Yangdi.
618-907 Empire Tang (T'ang) fondé par Gaozu (Kao-tsou).

CIVILISATION

397-398 *L.* et *R.* Saint Augustin : *Confessions.*
400-650 *A.* Fresques d'Ajanta (Inde).
412-426 *L.* et *R.* Saint Augustin : *la Cité de Dieu.*
429-439 *Dr.* Compilation du Code Théodosien.
430-484 *L.* et *R.* Vie du poète Sidoine Apollinaire.
v. 470-480 *Dr.* Code d'Euric.
472 *A.* Consécration de Saint-Martin de Tours.
v. 480-524 *L.* Vie de Boèce, philosophe et poète latin.
490-583 *L.* Vie de Cassiodore, écrivain romain.
494 *A.* Début de l'aménagement des cryptes de Longmen (Chine).
v. 500 *Dr. Edictum Theodorici.*
v. 500 *Dr. Lex romana Burgundionum.*
v. 501-505 *Dr. Loi gombette.*
506 *Dr.* Publication du *Bréviaire d'Alaric.*
v. 507-511 *Dr.* Première rédaction de la *Lex salica.*
513 *R.* Fondation du monastère Saint-Césaire d'Arles.
515 *R.* Fondation de Saint-Maurice-d'Agaune.
520 *A.* Ravenne : la Rotonde, dite « tombeau de Théodoric ».
529 *Dr.* Code Justinien.
v. 530-v. 600 *L.* Vie du poète latin Fortunat, évêque de Poitiers (v. 597-600).
533 *Dr.* Publication des *Pandectes* (ou *Digeste*) et des *Institutes* de Justinien.
534-565 *Dr.* Publication des *Novelles.*
537 *A.* et *R.* Dédicace de l'église Sainte-Sophie de Constantinople.
v. 537 *R.* Règle bénédictine de saint Benoît de Nursie.
v. 538-v. 593 *L.* et *R.* Vie de Grégoire de Tours.
v. 540 *R.* Fondation du monastère et de la bibliothèque de Vivarium par Cassiodore.
549 *A.* Construction de l'église *Sant'Apollinaire in Classe* à Ravenne.
558 *A.* et *R.* Dédicace de *Sant'Apollinare Nuovo* à Ravenne.
v. 590 *R.* Établissement de saint Colomban à Luxeuil.
v. 612 *R.* Fondation du monastère de Bobbio par saint Colomban.
614 *R.* Fondation de l'ermitage de Saint-Gall.

DE LA NAISSANCE DE L'ISLAM AU PARTAGE DE L'EMPIRE CAROLINGIEN (622-843)

OCCIDENT CHRÉTIEN

623-638 Dagobert Ier, roi d'Austrasie (623), roi des Francs (629).
633 La monarchie wisigothique devient élective.
634 Saint Oswald, roi anglo-saxon.
657-683 Ebroïn, maire du palais de Neustrie.
675-768 Indépendance de fait de l'Aquitaine.
680-714 Pépin de Herstal, maire du palais d'Austrasie.
687 Tertry : victoire de Pépin de Herstal sur la Neustrie.
713-744 Liutprand, roi des Lombards.
719-741 Charles Martel, maire du palais.
741-768 Pépin le Bref, maire du palais (741-751), roi des Francs (751-768).
743-751 Childéric III, dernier roi mérovingien, déposé.
751-987 Dynastie carolingienne.
756-774 Didier, dernier roi des Lombards.
757-796 Offa, roi anglo-saxon de Mercie.
768-814 Charlemagne, roi des Francs.
772-785 et 794-797 Soumission des Saxons par Charlemagne.
774-814 Charlemagne, roi des Lombards.
778 Défaite franque de Roncevaux.
781 Frappe du denier d'argent par Charlemagne.
784-790 Conquête de la Frise par Charlemagne.
785 *Capitulatio de partibus Saxoniae.*
787 Soumission de Tassilon, duc de Bavière.
796 Victoire décisive de Charlemagne sur les Avars.
800 *25 décembre*. Couronnement impérial de Charlemagne à Rome.
806 Premier projet de partage carolingien.
814-840 Règne de l'empereur Louis Ier le Pieux.
817 *Ordinatio Imperii* de Louis Ier le Pieux.
829 Diète de Worms dotant Charles le Chauve, né en 823.
833 Déposition de Louis Ier le Pieux, restauré en 834.
833-876 Louis le Germanique, roi de Germanie.
840-855 Lothaire Ier, empereur carolingien.
840-877 Charles le Chauve, roi de France (840-875), empereur (875-877).
841 Fontenoy-en-Puisaye : défaite de Lothaire.
842 Serments de Strasbourg (Charles le Chauve et Louis le Germanique).
843 Traité de Verdun.

ÉGLISE ET VIE RELIGIEUSE

626 Siège de Constantinople par les Slaves et par les Avars.
638 *Ecthésis*, charte du monothélisme de l'empereur Héraclius. Fondation d'une Église nestorienne en Chine (Nankin).
648 *Typos*, édit dogmatique de Constant II.
649 Synode du Latran condamnant l'*Ecthésis* et le *Typos.*
653 Conversion des Lombards au catholicisme.
658-739 Saint Willibrord, apôtre des Frisons (690-739).
663 Sac de Rome par l'empereur Constant II.
664 Synode de Whitby : triomphe des moines romains sur les Irlandais.
680-681 VIe concile œcuménique (IIIe de Constantinople) condamnant le *monothélisme.*
680-754 Vie de saint Boniface, apôtre martyrisé de la Germanie, évêque de Mayence (746).
715-731 Pontificat de saint Grégoire II.
718 Covadonga, victoire sur les musulmans d'Espagne.
726-843 Crise iconoclaste dans l'Empire byzantin.
731 Condamnation de l'iconoclasme par le pape Grégoire III.
744 Fondation du monastère de Fulda par saint Boniface.
752-757 Pontificat d'Étienne II.
754 Entrevue de Ponthion, puis, à Saint-Denis, sacre de Pépin le Bref par le pape Étienne II.
756 Constitution des États de l'Église.
757-767 Pontificat de saint Paul Ier.
787 VIIe concile œcuménique (IIe de Nicée) légitimant le culte des images.
792-818 Hérésie de Félix d'Urgel : l'*adoptianisme.*
795-816 Pontificat de saint Léon III.
805-862 Vie du théologien Loup de Ferrières.
816 Règle de saint Chrodegang imposée aux chanoines des cathédrales.
817 Réforme du monachisme par saint Benoît d'Aniane.
v. 820 *Polyptyque* de Saint-Germain-des-Prés établi sur l'ordre de l'abbé Irminon.
824 *Constitutio Romana* entre Eugène II et Louis Ier.
828 Translation des cendres de saint Marc à Venise.

ORIENT BYZANTIN ET SLAVE

625 Création des premiers thèmes en Asie Mineure.
641-668 Constant II, empereur byzantin.
646 Usurpation de l'exarque de Carthage, Grégoire.
650-652 Usurpation de l'exarque de Ravenne, Olympius.
668-685 Constantin IV Pogonat, empereur byzantin.
669 Premier siège de Constantinople par les Arabes : échec.
674-678 Deuxième siège de Constantinople par les Arabes : échec.
685-695 et 705-711 Justinien II Rhinotmète, empereur byzantin.
695-698 Leontios, empereur byzantin.
698-705 Tibère II, empereur byzantin.
v. 700 Colonisation des Shetland par les Norvégiens.
711-713 Philippikos Bardanes, empereur byzantin.
712 Siège de Constantinople par le Bulgare Terbel.
713-715 Anastase II, empereur byzantin.
715-716/7 Théodose III, empereur byzantin.
716/7-740 Léon III l'Isaurien, empereur byzantin.
717/718 Troisième siège de Constantinople par les Arabes : échec.
740 Akroïnon : Léon III l'Isaurien bat les Arabes.
741-775 Constantin V, empereur byzantin.
751 Prise de Ravenne par Aistolf, roi des Lombards.
775-780 Léon IV le Khazar, empereur byzantin.
780-797 Constantin VI, empereur byzantin. Irène, régente.
797-802 Irène, seule impératrice.
v. 800 Colonisation des îles Féroé par les Norvégiens.
802-811 Nicéphore Ier, empereur byzantin.
v. 803-814 Krum, khan des Bulgares.
810 Premières attaques danoises contre l'Angleterre.
811 Virbitza : Nicéphore Ier vaincu par les Bulgares.
812 Paix entre les Francs et les Byzantins.
814-831 Omurtag, khan des Bulgares.
820-867 Dynastie byzantine d'Amorion.
820-829 Michel II, empereur byzantin.
826-852 Principauté danoise de Rüstringen.
834-837 Sac de Dorestad par les Danois.
838 Première ambassade de Varègues à Constantinople.
839 Arrivée des Varègues sur la mer d'Azov.

DE LA NAISSANCE DE L'ISLAM AU PARTAGE DE L'EMPIRE CAROLINGIEN (622-843)

ISLAM ET MONDE MUSULMAN

622 L'*hégire*, fuite de Mahomet de La Mecque à Médine.
632 Mort de Mahomet.
632-634 Abu Bakr, calife « rachidoun » (légitime).
634-644 Umar, calife rachidoun.
636 Le Yarmouk : victoire arabe sur Héraclius.
637 Qadisiyya : victoire musulmane sur les Perses.
638 Prise de Jérusalem et d'Antioche par les Arabes.
642 Prise d'Alexandrie par les Arabes. Nehavend : victoire musulmane sur les Perses.
644-656 Uthman, calife rachidoun.
647 Début de l'invasion arabe dans le Maghreb.
656-661 Ali, calife rachidoun.
661-749 Califes omeyyades.
661-680 Muawiya, calife omeyyade.
670 Fondation de Kairouan par les Arabes.
698 Prise de Carthage par les Arabes.
710-713 Pénétration musulmane dans l'Inde.
711 Débarquement de Tariq en Espagne du Sud.
711-714 Conquête de l'Espagne par les musulmans.
713 Multan : arrêt de l'offensive arabe au Pendjab.
732 Poitiers : Charles Martel bat les musulmans.
744-750 Marwan, dernier calife omeyyade.
750-1258 Califat abbasside de Bagdad fondé par Abu al-Abbas Abd Allah (750-754).
750-803 Les Barmakides, vizirs persans des Abbassides.
751 Victoire musulmane sur les Chinois au Talas.
754-775 Abu Djafar al-Mansur, 2e calife 'abbasside.
756-929 Émirat omeyyade d'Espagne fondé par Abd al-Rahman Ier (756-788).
762 Fondation de Bagdad par Abu Djafar al-Mansur.
786-809 Harun al-Rachid, calife abbasside.
788-974 Dynastie des Idrisides au Maroc.
800-909 Arhlabides, dynastie arabe d'Ifriqiya.
813-833 Abd Allah al-Mamun, calife abbasside.
816-837 Révolte du Persan Babak contre les Abbassides.
820-873 Tahirides, dynastie iranienne du Khorasan.
825 Occupation de la Crète par les Arabes.
827 Débarquement des Arabes en Sicile.
836-892 Samarra, capitale de transfert des Abbassides.
838 Prise d'Amorion par les forces abbassides.

MONDES ASIATIQUE, AFRICAIN ET AMÉRICAIN

v. 630-650 Tibet : règne de Srong-btsan-Sgam-po.
627-649 Taizong (T'ai-tsong), empereur de Chine.
v. 630 Prise d'Angkor Borei par le roi préangkorien Ishanavarman Ier (616-635).
632-651 Yazdgard III, dernier roi sassanide de Perse.
638-651 Conquête de l'Asie centrale par Taizong.
645 Édit de « Taika » transformant l'administration du Japon.
647 Morcellement de l'Inde à la mort de Harsha.
650-683 Gaozong (Kao-tsong), empereur de Chine.
av. 655-apr. 681 Jayavarman Ier, roi khmer.
668-935 Unification de la Corée par l'État de Silla.
669 Mort de Nakatomi no Katamari, premier Fujiwara.
672-686 Temmu-tenno, empereur du Japon.
683-705 Wu Zetian, impératrice de Chine (usurpatrice).
v. 700-1186 Empire pala au Magadha (région du Bengale) [premier Pala connu vers 765].
701 *Taiho :* code « Grand Trésor » au Japon.
708 Frappe de la première monnaie de cuivre japonaise. Fondation de Nara.
710-794 Japon : période de *Nara.*
713-756 Xuanzong (Hiuan-tsong), empereur de Chine.
717 Alliance arabo-tibétaine contre la Chine.
724-748 Shomu-tenno, empereur du Japon.
735 Installation des Parsis en Inde.
742-973 Dynastie Rastrakuta au Maharashtra.
744-840/7 Empire des Ouïgours du Turkestan détruit par les Kirghiz.
v. 750 Apogée de la civilisation maya.
755 Révolte contre les Tang du gouverneur turc de Pékin, An Lushan.
771-781 Konin-tenno, empereur du Japon.
781-805 Kammu-tenno, empereur du Japon.
794 Kyoto, nouvelle capitale japonaise (794-1868).
794-1185/1192 Japon : période de *Heian-Kyo* (Kyoto).
802-854 Jayavarman II, roi khmer d'Angkor.
805 Fondation à Kyoto de la secte bouddhique *tendai* par Saicho (767-822).
806 Fondation sur le mont Koya de la secte bouddhique *shingon* par Kukai (774-835).
838 Dernière ambassade japonaise en Chine.

CIVILISATION

640-710 *L.* Vie du poète arabe chrétien al-Akhtal.
643 *Dr.* Édit de Rothari (roi des Lombards) [636-652].
651-715 *L.* Vie du peintre chinois Li Sixun (Sseu-hiun).
654 *Dr. Forum judicum* ou *Liber judiciorum* de Receswinthe.
656-748 *L.* Vie du poète chinois Tchin tseu-ngan.
v. 660 *L. Chronique* dite « de Frédégaire ».
670-675 *A.* Grande Mosquée de Kairouan.
673-735 *L.* et *R.* Vie de l'écrivain anglo-saxon saint Bède le Vénérable.
687-691 *A.* Mosquée d'Omar à Jérusalem.
699-759 *L.* Vie du peintre chinois Wang Wei.
705 *A.* Construction de la Grande Mosquée de Damas.
726 *Dr.* Publication de l'Écloga, code de Léon III.
726-790 *L.* Vie de l'historien et poète latin Paul Diacre.
v. 735-804 *L.* et *R.* Alcuin, savant religieux anglo-saxon, conseiller de Charlemagne (782-804).
741-829 *L. Annales royales* (des Carolingiens).
v. 750-821 *L.* et *R.* Vie de Théodulf, ecclésiastique (abbé de Fleury) et théologien espagnol.
751 *L. Kaifuso*, première anthologie de poèmes japonais.
v. 770-840 *L.* Vie d'Éginhard, écrivain carolingien.
760 *A.* Grande Mosquée de Bagdad. Temple du Kailasa à Ellora.
772-846 *L.* Vie du poète chinois Bo Juyi (Po Kiu-yi).
773 *Sc.* Apparition de la numération arabe.
v. 780-844 *L.* et *R.* Jonas, évêque d'Orléans, théologien et théoricien politique carolingien.
v. 786-v. 865 *L.* et *R.* Saint Paschase Radbert, abbé de Corbie, théologien et historien carolingien.
v. 796-803 *A.* Construction de la chapelle Palatine d'Aix-la-Chapelle, par Odon de Métz.
806 *A.* Construction de l'église de Germigny-des-Prés, par l'Espagnol Théodulf.
830 *L.* Fondation par les Abbassides du centre de traduction dit « Dar al-Hikma ».
v. 830 *A.* Psautier d'Utrecht.
v. 841-843 *L.* Nithard († 844 ou 845) : *Historiarum libri IV.*
842 *A.* Grande Mosquée de Samarra.

DÉCADENCE CAROLINGIENNE ET NAISSANCE DU MONDE FÉODAL (843-1095)

OCCIDENT CHRÉTIEN

845-882 Hincmar, archevêque de Reims.
846 Pillage de Rome par les Arabes.
855-875 Louis II, empereur carolingien.
870 Traité de Meersen : partage de la Lorraine.
871-899 Alfred le Grand, roi des Anglo-Saxons.
881-887 Charles le Gros, empereur (roi de France, 884-887).
888-898 Eudes, roi de France.
898-923 Charles le Simple, roi de France.
911 Traité de Saint-Clair-sur-Epte.
919-1024 Dynastie saxonne en Germanie.
919-936 Henri Ier l'Oiseleur, roi de Germanie.
936-973 Otton Ier, roi de Germanie.
955 Victoire de Otton Ier sur les Hongrois au Lechfeld.
962 Restauration de l'Empire en faveur de Otton Ier.
973-983 Otton II, empereur germanique.
983-1002 Otton III, empereur germanique en 996.
987-996 Hugues Capet, roi de France.
996-1031 Robert II le Pieux, roi de France.
1002-1024 Henri II, roi de Germanie, empereur en 1014.
1016-1030 Saint Olav II Haraldsson, roi de Norvège.
1017-1035 Knud le Grand, roi d'Angleterre, de Danemark et de Norvège (1028).
1024-1125 Dynastie franconienne en Germanie.
1024-1039 Conrad II, empereur germanique en 1027.
1031-1060 Henri Ier, roi de France.
1033 Rattachement du royaume de Bourgogne à l'Empire.
1037 Réunion des royaumes de Castille et de León.
1039-1056 Henri III, empereur germanique en 1046.
1043 Conquête de l'Italie byzantine par les Normands.
1056-1106 Henri IV, empereur germanique.
1059 Investiture de l'Italie du Sud à Robert Guiscard.
1060-1091 Conquête de la Sicile par les Normands.
1060-1108 Philippe Ier, roi de France.
1066 Hastings : conquête de l'Angleterre par Guillaume de Normandie.
1066-1087 Guillaume Ier, roi d'Angleterre.
1082 Privilèges accordés aux Vénitiens à Byzance.
1085 Prise de Tolède par Alphonse VI de Castille.
1086 Recueil cadastral anglais dit *Domesday Book*.

ÉGLISE ET VIE RELIGIEUSE

858-867 Pontificat de Nicolas Ier.
863-869 Saint Cyrille et saint Méthode en Moravie.
867 Schisme de Photios, patriarche de Constantinople.
869-870 VIIIe concile œcuménique (IVe de Constantinople).
910 Fondation de Cluny par Guillaume, duc d'Aquitaine.
926 Autocéphalie de l'Église bulgare.
948 Hambourg, métropole des pays scandinaves.
v. 966 Pologne : baptême de Mieszko. – Danemark : conversion d'Harald à la Dent bleue.
970 Fédération des monastères du Mont-Athos.
973 Fondation de l'évêché de Prague.
985 Hongrie : baptême d'Étienne.
989 Conversion au christianisme de Vladimir, prince de Kiev. Début du mouvement de la paix de Dieu.
994-1049 Saint Odilon, abbé de Cluny.
997 Destruction de Saint-Jacques-de-Compostelle par al-Mansur.
999-1003 Pontificat de Sylvestre II.
1000 Archevêché métropolitain de Gniezno.
1027 La paix devient « trêve de Dieu ».
1039 Instauration d'une métropole religieuse à Kiev.
1049-1054 Pontificat de saint Léon IX. La papauté prend la tête du mouvement réformateur.
1049-1109 Saint Hugues, abbé de Cluny.
1054 Excommunications réciproques du légat romain, le cardinal Humbert, et du patriarche de Constantinople Michel Cérulaire.
1059-1061 Pontificat de Nicolas II.
1059 Indépendance de l'élection du pape à l'égard de l'empereur.
1064 « Croisade » de Barbastro en Espagne.
1073-1085 Pontificat de Grégoire VII.
1075 Énoncé des prérogatives de l'évêque de Rome dans les *Dictatus papae*.
1075-1122 Querelle des Investitures.
1077 Rencontre de Grégoire VII et Henri IV à Canossa.
1084 Fondation de la Chartreuse par saint Bruno.
1088-1099 Pontificat d'Urbain II.
1090-1153 Vie de saint Bernard, fondateur de l'abbaye de Clairvaux (1115).

ORIENT BYZANTIN ET SLAVE

852-889 Boris, khan des Bulgares.
v. 860 Fondation de Kiev.
867-886 Basile Ier, empereur byzantin.
893-927 Siméon, khan des Bulgares.
913-959 Constantin VII Porphyrogénète, empereur byzantin.
917 Acheloos : victoire bulgare sur les Byzantins.
921-929 Saint Venceslas, duc de Bohême.
925 Siméon, tsar des Bulgares.
941 Igor, prince de Kiev, attaque Constantinople.
961 Reprise de la Crète par Nicéphore II Phokas.
963-969 Nicéphore II Phokas, empereur byzantin.
965 Reprise de Chypre par Nicéphore II Phokas.
969-976 Jean Ier Tzimiskès, empereur byzantin.
969 Reprise d'Antioche aux Arabes par les Byzantins.
976-1014 Samuel, tsar des Bulgares.
976-1025 Basile II le Bulgaroctone, empereur byzantin.
992-1025 Boleslas Ier le Vaillant, duc de Pologne (couronné roi en 1025).
992 Chrysobulle byzantin privilégiant les navires de Venise à Constantinople.
1000-1038 Saint Étienne Ier, roi de Hongrie.
1001-1018 Conquête de la Bulgarie par Basile II.
1014 Cimbalogou : défaite du tsar bulgare Samuel.
1019-1054 Iaroslav, prince de Kiev.
1025-1028 Constantin VIII, empereur byzantin.
1028-1056 Zoé et Théodora, filles de Constantin VIII.
1038-1043 Reconquête de la Sicile orientale par le Byzantin Georges Maniakês.
1043 Attaque des Russes sur Constantinople.
1048 Invasion des Petchenègues dans les Balkans.
1057-1059 Isaac Ier Comnène, empereur byzantin (coup d'État).
1068-1071 Romain IV Diogène, empereur byzantin.
1071 Mantzikert : Romain IV vaincu par Alp Arslan.
1071-1078 Michel VII Doukas, empereur byzantin.
1078-1081 Nicéphore III Botanéiatès, empereur byzantin.
1081-1185 Dynastie byzantine des Comnènes.
1081-1118 Alexis Ier Comnène, empereur byzantin.
1091 Le Léburnion : victoire d'Alexis Ier Comnène sur les Petchenègues.

DÉCADENCE CAROLINGIENNE ET NAISSANCE DU MONDE FÉODAL (843-1095)

MONDE MUSULMAN

868-905 Dynastie Tulunide en Égypte.
874-999 Les Samanides, dynastie de Transoxiane.
902 Achèvement de la conquête de la Sicile par les Arabes.
909-973 Califat fatimide en Afrique du Nord.
912-961 Abd al-Rahman III, calife de Cordoue (929-961).
921/922 Occupation du Maroc par les Fatimides.
929-1031 Califat omeyyade de Cordoue.
945-1055 Mise en tutelle des Abbassides par les Buwayhides.
962-1186 Dynastie turque des Ghaznévides.
969 Installation des Fatimides en Égypte. Fondation du Caire.
973-1171 Califat fatimide d'Égypte.
975-996 Al-Aziz, calife fatimide d'Égypte.
995 Conquête du Khorasan par les Turcs Ghaznévides.
996-1021 Al-Hakim, calife fatimide d'Égypte.
999-1030 Mahmud, roi de Ghazni et du Khorasan.
1002 Espagne musulmane : mort d'al-Mansur.
1008-1021 Conquête de l'Inde du Nord-Ouest par Mahmud de Ghazni.
1009 Destruction des sanctuaires de Jérusalem par al-Hakim.
1031-1110 Royaumes de *Taifas* dans l'Espagne musulmane.
1040 Dandanqan : victoire des Turcs Seldjoukides sur les Ghaznévides.
1048 Rupture des Zirides d'Ifriqiya avec les Fatimides.
1050-1052 Invasion du Maghreb par les Banu Hilal.
1053-1054 Prise de Sidjilmasa par les Almoravides.
1055 Prise de Bagdad par le sultan seldjoukide Toghrul Beg (1038-1063).
1062 Fondation de Marrakech par les Almoravides.
1063-1072 Alp Arslan, sultan seldjoukide.
1069 Occupation de Konya par les Turcs Seldjoukides.
1072-1092 Malik Chah, sultan seldjoukide.
1076 Prise de Ghana par les Almoravides.
1078 Prise de Nicée par les Seldjoukides.
1084 Prise d'Antioche par les Seldjoukides.
1086 Victoire des Almoravides sur les chrétiens d'Espagne à Sagrajas (Zalaca).

MONDES ASIATIQUE, AFRICAIN ET AMÉRICAIN

875 Révolte paysanne de Huang Chao en Chine.
fin IXe s. Début de la civilisation andine.
877-899 Indravarman Ier, roi khmer d'Angkor.
907-947 Parantaka Ier, roi des Cola (Chola).
907-960 Morcellement de la Chine.
v. 920-v. 1000 Les Toltèques au Mexique.
936 Les Khitans (Kitat) à Pékin.
949 Takkolam : défaite des Cola par les Rastrakuta.
955 Persécution du bouddhisme en Chine.
960-1127 Chine : dynastie des Song du Nord.
966-1027 Fujiwara Michanaga, kampaku du Japon.
v. 980 Les Norvégiens au Groenland.
980-990 Inde du Nord : victoire des Paramara sur les Calukya.
985-1015 Rajaroja, roi Cola : hégémonie sur le Deccan.
apr. 985 Inde du Sud : extension du royaume des Cola.
987 Début du Nouvel Empire Maya au Mexique.
987-1194 Mexique : ligue de Mayapán.
fin du Xe s. Début de la civilisation de Tiahuanaco au Pérou.
av. 1000 Afrique centrale : début des migrations des Bantous.
v. 1000 Les Scandinaves au Vinland.
déb. du XIe s. Conversion à l'islam des Toucouleurs et du royaume songhaï de Gao.
1002-1050 Suryavarman Ier, roi khmer d'Angkor.
1005 Soumission de Ceylan aux Cola (Chola).
1009-1025 Dynastie vietnamienne des Ly.
1010-1049 Airlanga, roi de Java.
1012-1025 Radjendra, roi Cola (Chola), impose son hégémonie navale aux Sailendra de Srivijaya.
v. 1027-1167 Lutte des Fujiwara et des Minamoto au Japon.
courant du XIe s. Soudan : premier royaume Mossi.
1030-1227 Royaume des Xixia (Si-hia) en Chine.
v. 1040-1050 Pénétration de l'islam dans le royaume du Tekrour et du Ghana.
1044-1077 Anoratha, roi birman de Pagan.
1054 Prise d'Aoudaghost par les Almoravides au Soudan occidental.
1069-1086 Réformes du Chinois Wang Anshi (Ngan-Che).

CIVILISATION

v. 851 *L.* et *R.* Jean Scot Erigène, théologien scolastique auteur du *De praedestinatione*.
863-869 *L.* Création par Cyrille et Méthode de l'écriture slave dite « glagolithique » (cyrillique).
881 *A.* et *R.* Angkor : édification du Bakong, pyramide à degrés.
887-898 *Dr.* Code des *Basiliques* à Byzance.
893 ou 894 *Dr. Livre du Préfet* à Byzance.
932-1020 *L.* Vie du poète persan Firdusi.
v. 938 *Dr. Livre des Cérémonies* à Byzance.
961 *A.* et *R.* Agrandissement de la mosquée de Cordoue.
975-1000 Construction de la 2e abbatiale de Cluny.
980-1037 *Sc.* Vie d'Avicenne, philosophe et médecin arabe.
1004 *A.* et *R.* Fondation du monastère de Lavra au Mont-Athos.
1006-1019 *A.* et *R.* Construction de l'église Saint-Philibert de Tournus.
v. 1010 *Sc.* École de médecine de Salerne.
1016-1115 *L.* Vie de Ramanuja, penseur hindouiste.
1019-1086 *L.* Vie de Sima Guang, historien chinois.
v. 1020 *A.* Notation musicale nouvelle trouvée par Gui d'Arezzo.
1033-1109 *L.* et *R.* Vie de saint Anselme, philosophe et théologien bénédictin.
1040 *A.* Construction de Sainte-Sophie à Kiev.
1045 *Dr.* et *L.* Fondation d'écoles de droit et de philosophie à Constantinople : prestige de Michel Psellos († 1078).
v. 1050 *L.* Chine : invention des caractères mobiles d'imprimerie.
1055-1137 *L.* et *R.* Vie du philosophe indien Ramanuja.
1058-1111 Vie du philosophe musulman al-Rhazali.
v. 1065-1100 *L. La Chanson de Roland.*
1083-1148 *L.* Anne Comnène, écrivain byzantin (l'*Alexiade*).
1088-1132 *A.* et *R.* Construction de la troisième abbatiale de Cluny.
av. 1090 *A.* et *R.* Construction de l'Ananda à Pagan en Birmanie.
1093 *A.* Ogive utilisée à la cathédrale de Durham.

LE MONDE AU TEMPS DE L'EXPANSION FRANQUE AU LEVANT (1095-1201)

OCCIDENT CHRÉTIEN

1100-1135 Henri Ier Beaucler, roi d'Angleterre.
1106-1125 Henri V, empereur germanique en 1111.
1108-1137 Louis VI le Gros, roi de France.
1118 Prise de Saragosse par les Aragonais.
1125-1137 Lothaire II de Supplinburg, empereur germanique en 1133.
1130-1154 Roger II, premier roi de Sicile.
1135 Prise de Djerba par la flotte de Roger II.
1135-1154 Étienne Ier de Blois, roi d'Angleterre.
1137-1250/1266 Dynastie souabe des Hohenstaufen.
1137-1152 Conrad III, empereur germanique.
1137 Mariage de Louis VII et d'Aliénor d'Aquitaine. Union de l'Aragon et du comté de Barcelone.
1137-1180 Louis VII, roi de France.
1139 Le Portugal transformé en royaume.
1147 Croisade allemande contre les Slaves païens.
1152-1190 Frédéric Ier Barberousse, empereur germanique en 1155.
1152 Mariage d'Aliénor d'Aquitaine, répudiée par Louis VII, avec Henri II Plantagenêt.
1154-1189 Henri II Plantagenêt, roi d'Angleterre.
1157 Diète de Besançon : rupture de l'empereur avec la papauté.
1157-1180 Valdemar Ier le Grand, roi de Danemark.
1158 Début de l'essor de Lübeck fondé en 1143. Fondation de Munich. Diète de Roncaglia.
1162 Destruction de Milan par Frédéric Ier Barberousse.
1167 Formation de la Ligue Lombarde.
1176 Victoire des Lombards sur l'empereur à Legnano.
1177 Entrevue de Frédéric Ier et d'Alexandre III à Venise.
1180-1223 Philippe II Auguste, roi de France.
1183 Paix de Constance : reconnaissance des libertés des communes lombardes par Frédéric Ier.
1189-1199 Richard Ier Cœur de Lion, roi d'Angleterre.
1190-1197 Henri VI, empereur germanique en 1191.
1194 Henri VI, couronné roi de Sicile.
1198 Allemagne : double élection royale de Philippe de Souabe et Otton de Brunswick.
1199-1216 Jean sans Terre, roi d'Angleterre.
1201 Fondation de Riga. Traité franco-vénitien (4e croisade).

ORIENT CHRÉTIEN

1096-1097 Passage des croisés à Constantinople.
1098-1144/1146 Comté d'Édesse.
1098-1268/1289 Principauté d'Antioche.
1099 Prise de Jérusalem par les croisés.
1100-1291 Royaume latin de Jérusalem.
1100-1118 Baudouin Ier, roi de Jérusalem.
1102 Rattachement de la Croatie et de la Dalmatie à la Hongrie.
1109-1187/1289 Comté de Tripoli.
1118-1143 Jean II Comnène, empereur byzantin.
v. 1125-1157 Georges (Iouri) Ier Dolgorouki, prince de Souzdal (Kiev, 1154).
1138 Intervention de l'empereur Jean II à Antioche.
1143-1180 Manuel Ier Comnène, empereur byzantin.
1147 Assemblée des princes russes à Moscou.
1147-1149 Deuxième croisade.
1148 Échec du siège de Damas par Louis VII et Conrad III.
1157-1174 André Ier Bogolioubski, prince de Souzdal.
v. 1170-1196 Étienne Nemanja, grand župan de Raška.
1171 Constantinople : émeutes contre les Vénitiens. Avantages commerciaux concédés à Gênes et à Pise.
1173-1196 Béla III, roi de Hongrie.
1174-1185 Baudouin IV le Lépreux, roi de Jérusalem.
1176 Défaite des Byzantins par les Turcs à Myrioképhalon.
1180-1183 Alexis II Comnène, empereur byzantin.
1182 Massacre des Occidentaux à Constantinople.
1183-1185 Andronic Ier Comnène, empereur byzantin.
1185-1204 Dynastie byzantine des Anges.
1185 Reconstitution d'un royaume bulgare.
1185-1195 Isaac II Ange, empereur byzantin.
1187 Hattin : Gui de Lusignan vaincu par Saladin.
1187 ou 1189 Comté de Tripoli attribué à la maison d'Antioche.
1189/1190-1192 Troisième croisade.
1191 Prise de Chypre par Richard Cœur de Lion. Reprise d'Acre par les croisés.
1195-1203 Alexis III Ange, empereur byzantin.
1197-1207 Kalojan, tsar des Bulgares.
1198 La Bohême, royaume héréditaire pour Přemysl Ier.

ÉGLISE ET VIE RELIGIEUSE

1095 Concile de Clermont : prédication de la première croisade par le pape Urbain II.
1098 Fondation de Cîteaux par Robert de Molesmes.
1099-1118 Pontificat de Pascal II.
1118 Fondation de l'ordre des Templiers.
1120 Fondation de l'ordre des Prémontrés par saint Norbert.
1122 Concordat de Worms entre Calixte II et Henri V.
1122-1151 Suger, abbé de Saint-Denis.
1122-1156 Pierre le Vénérable, abbé de Cluny.
1123 IXe concile œcuménique (Ier du Latran) approuvant le concordat de Worms.
v. 1130-1202 Vie du mystique italien Joachim de Flore.
1130-1143 Pontificat d'Innocent II.
1139 Xe concile œcuménique (IIe du Latran) : liquidation du schisme d'Anaclet II (1130-1138).
1140 Condamnation d'Abélard au concile de Sens.
1145-1153 Pontificat du bienheureux Eugène III.
1154-1159 Pontificat d'Adrien IV : unique pape anglais.
1154-1250 Querelle du Sacerdoce et de l'Empire.
1156 Fondation de l'ordre religieux et militaire espagnol d'Alcantara.
1158-1482 Ordre religieux et militaire espagnol de Calatrava.
1159-1181 Pontificat d'Alexandre III.
1163-1170 Conflit entre Henri II et Thomas Becket.
1164 Création de l'archevêché d'Uppsala (Suède).
1165 Canonisation de Charlemagne par l'antipape Pascal III.
1167 Concile cathare en Languedoc (?).
1170 Conversion du marchand lyonnais Pierre Valdès à une vie pauvre et évangélique. Assassinat de Thomas Becket, archevêque de Canterbury.
v. 1170-1221 Vie de saint Dominique.
1179 XIe concile œcuménique (IIIe du Latran) : liquidation du schisme de Calixte III. Réorganisation de l'élection pontificale.
v. 1182-1226 Vie de saint François d'Assise.
1198-1216 Pontificat d'Innocent III.
1198 Prédication de la quatrième croisade par Foulques de Neuilly.

LE MONDE AU TEMPS DE L'EXPANSION FRANQUE AU LEVANT (1095-1201)

MONDE MUSULMAN

1125 Installation du mahdi almohade Ibn Tumart à Tinmel (sud du Maroc).

1127-1146 Zangi, atabek de Mossoul.

1128 Prise d'Alep par Zangi.

1127/28 ou 1129 Mort d'Ibn Tumart, mahdi des Almohades.

1128/1129-1269 Empire almohade.

1128/1129-1163 Abd al-Mumin, premier calife almohade.

1144 Occupation temporaire d'Édesse par Zangi.

1145-1146 Conquête du Maghreb occidental par l'Almohade Abd al-Mumin.

1146-1174 Nur al-Din Mahmud, atabek d'Alep.

1146 Reprise d'Édesse aux croisés par Nur al-Din Mahmud.

1147-1148 Reconnaissance de l'autorité d'Abd al-Mumin sur l'ouest de l'Andalousie.

1151 Occupation de Ghazni par les Rhurides.

1152 Sétif : victoire sur les Hilaliens des Almohades, dès lors maîtres du Maghreb central.

1154 Rattachement de la principauté de Damas à la domination de Nur al-Din Mahmud.

1159-1160 Conquête de l'Ifriqiya par les Almohades.

1163-1184 Abu Yaqub Yusuf II, second calife almohade.

1164 Intervention de Nur al-Din Mahmud au Caire.

1169-1171 Salah al-Din Yusuf (Saladin), vizir (« al-Malik al-Nasir ») du calife fatimide du Caire.

1171 Suppression du califat fatimide d'Égypte par Saladin.

1171-1250 Sultanat ayyubide d'Égypte et de Syrie fondé par Saladin (1171-1193).

1172 Reconnaissance du califat almohade par toute l'Espagne musulmane.

1174 Prise de Damas par Saladin.

1184-1199 Règne du calife almohade Yaqub al-Mansur.

1186 Annexion du Pendjab par Muhammad de Rhur.

1187 Bataille de Hattin et prise de Jérusalem par Saladin.

1195 Victoire des Almohades sur les Castillans à Alarcos.

MONDES ASIATIQUE, AFRICAIN ET AMÉRICAIN

v. 1100 Islamisation du sultanat Kanem au Soudan.

v. 1100-1335 Domination de Kiloa sur les postes côtiers du Sud-Est africain.

1112-1152 Suryavarman II, roi khmer d'Angkor.

1114 Offensive des Djurtchets contre les Khitans en Chine.

1122 Prise de Pékin par les Djurtchets.

1124-1215 Dynastie Djurtchet des Jin en Chine du Nord.

1127 Repli des Song en Chine du Sud (Song du Sud).

1127-1162 Gaozong (Kao-T'song), empereur de Chine.

1130-1218 Empire des Kara Kitay fondé en Asie centrale par les Khitans (Liao).

1132 Transfert à Hangzhou de la capitale des Song.

1138 Paix entre les Song et les Jin (Kin).

1145 Invasion du Champa par les Khmers.

v. 1150 Arrivée du chef musulman Ramakararo dans l'est de Madagascar.

1153 Transfert de la capitale des Jin (Kin) à Pékin.

1160-1182 Domination des Taira au Japon.

1168 Occupation par les Chichimèques de Tula où s'établissent les Aztèques.

1177 Pillage d'Angkor par les Chams.

1181-1219 Jayavarman VII, roi khmer d'Angkor (1184-1198).

1185 Dan-no-ura : victoire navale au Japon des Minamoto sur les Taira.

1185/1192-1333 Période de Kamakura.

1186-1206 Muhammad de Rhur, sultan afghan de Lahore.

1190-1225 Éthiopie : règne de saint Lalibala.

1192-1199 Minamoto no Yoritomo, shogun du Japon.

1192 Thanesar : victoire de Muhammad de Rhur.

1194 Dislocation de la ligue maya de Mayapán.

1196-1227 Temüdjin proclamé « khan des Mongols » (Tchingiz khan : Gengis Khan).

1197 Début de la domination des Incas dans la vallée de Cuzco au Pérou.

1199 Régime des régents du shogunat avec les Hojo au Japon.

v. 1200 Établissement des Chimú sur la côte du nord du Pérou.

CIVILISATION

fin du XIe s. *Sc.* Chine : apparition de la boussole.

1100-1166 *Sc.* Vie du géographe arabe Al-Idrisi.

début du XIIe s. *L.* France : premiers poèmes courtois.

entre 1112 et 1152 *A.* Construction du temple d'Angkor Vat par Suryavarman II.

1121 *L. Dialectique* d'Abélard (1079-1142).

v. 1125 *Dr.* Enseignement du juriste Irnerius à Bologne.

1126-1198 *L.* Vie du philosophe arabe Averroès.

1130-1200 *R.* Zhu Xi, rénovateur du confucianisme.

1135-1204 *L.* Vie de Maimonide, philosophe juif.

1140 *Dr. Décret de Gratien*, fondement du droit canonique classique. – *L. La Chanson des chétifs.*

1144 *A.* Consécration de la nouvelle abbaye de Saint-Denis.

v. 1145 *L. Cantar de mio Cid.* – *A.* Sculptures du portail Royal de Chartres.

1150 *A.* Construction de Notre-Dame-du-Port à Clermont.

1150-1210 *L.* Vie du poète Jean Bodel.

v. 1150-1190 *A.* Construction de la Kutubiyya, grande mosquée de Marrakech.

1152 *R. Livre des sentences* de Pierre Lombard.

v. 1155-1170 *L. Tristan et Iseut.*

1162-1182 *L.* Œuvres de Chrétien de Troyes.

1163-1182 *A.* Construction de Notre-Dame de Paris.

1164-1213 *L.* Vie du chroniqueur Geoffroi de Villehardouin.

v. 1168-1253 *L.* et *Sc.* Vie de l'érudit et savant anglais Robert Grosseteste.

1171 *A.* Nef de la cathédrale de Tournai.

1180-1234 *A.* Vie du peintre chinois Hia Kouei.

v. 1180 *Sc.* Apparition du moulin à vent dans le nord-ouest de l'Europe.

1181-1219 *A.* Construction du Bayon et d'Angkor Thom.

1182 *L. Perceval* par Chrétien de Troyes.

1184-1195 *A.* Construction de la Giralda à Séville.

1194-1197 *A.* Construction de l'église Saint-Dimitri à Vladimir.

1195-1260 *A.* Construction de la partie gothique de la cathédrale de Chartres.

v. 1200 *L.* Composition des *Nibelungen.*

PAPES, EMPEREURS ET KHAGHANS, OU LA RECHERCHE DE LA DOMINATION UNIVERSELLE (1202-1336)

OCCIDENT CHRÉTIEN

1202 Confiscation des fiefs français de Jean sans Terre.
1204 Occupation de la Normandie, de l'Anjou, du Poitou par Philippe II Auguste.
1211-1250 Frédéric II, roi de Sicile, élu roi de Germanie.
1214 Victoires du prince royal Louis à La Roche-aux-Moines et de Philippe II Auguste à Bouvines.
1215 La *Grande Charte* en Angleterre.
1216-1272 Henri III, roi d'Angleterre.
1220 Couronnement impérial de Frédéric II.
1223-1226 Louis VIII, roi de France.
1226-1270 Louis IX, roi de France.
1229 Traité de Paris entre Louis IX et Raimond VII de Toulouse.
1238 Prise de Valence par les Aragonais.
1248 Prise de Séville par les Castillans.
1250-1273 Grand interrègne en Allemagne.
1257-1284 Alphonse X le Sage, roi de Castille.
1258 Les provisions d'Oxford imposées à Henri III.
1259 Traité de Paris entre Louis IX et Henri III.
1262 Prise de Cadix par les Castillans.
1266-1285 Charles d'Anjou, roi de Sicile, investi en 1265.
1272-1307 Édouard Ier, roi d'Angleterre.
1273-1291 Rodolphe de Habsbourg, empereur germanique.
1282 Vêpres siciliennes : les Aragonais en Sicile.
1285-1314 Philippe IV le Bel, roi de France.
1291 Naissance de la Confédération des cantons suisses.
1296 Conquête de l'Écosse par Édouard Ier.
1302 Courtrai : victoire des Flamands sur les Français.
1304 Mons-en-Pévèle : victoire des Français sur les Flamands.
1307-1327 Édouard II, roi d'Angleterre.
1309-1343 Robert Ier, roi de Naples.
1314-1328 Règnes des trois fils de Philippe IV le Bel.
1319 Magnus VII Eriksson, roi de Norvège (1319-1343) et roi de Suède (1319-1363).
1327-1377 Édouard III, roi d'Angleterre.
1328-1589 Dynastie des Valois.
1328-1350 Philippe VI de Valois, roi de France.
1328 Cassel : victoire de Philippe VI sur les Flamands.

ORIENT CHRÉTIEN

1202-1204 Quatrième croisade.
1203 Première entrée des croisés à Constantinople.
1203-1204 Isaac II et Alexis IV Ange, empereurs byzantins.
1204 Seconde entrée des croisés à Constantinople.
1204-1261 Empire latin de Constantinople. – Dynastie byzantine des Lascaris à Nicée.
1204-1461 Empire grec de Trébizonde.
1204-1205 Baudouin de Flandre, premier empereur de Constantinople.
1204-1207 Boniface de Montferrat, roi de Thessalonique.
1204/1208-1222 Théodore Ier Lascaris, empereur de Nicée.
1205-1318/1348 Despotat grec d'Épire.
1205 Andrinople : victoire bulgare sur Baudouin Ier.
1206-1216 Henri de Flandre, empereur de Constantinople.
1209-1218 Geoffroi Ier de Villehardouin, prince d'Achaïe.
1216-1217 Pierre de Courtenay, empereur de Constantinople.
1217-1224 Étienne « le premier couronné », roi de Serbie.
1221-1228 Robert de Courtenay, empereur de Constantinople.
1222-1254 Jean III Doukas Vatatzès, empereur de Nicée.
1228-1261 Baudouin II, empereur de Constantinople.
1230 Klokotnica : victoire de Jean Asen II sur Théodore Ange, empereur grec de Thessalonique (1224-1230).
1240 Prise de Kiev par les Mongols. – La Néva : victoire d'Alexandre Nevski sur les Suédois.
1242 Lac de Tchoudsks (Peïpous) : victoire d'Alexandre Nevski sur les Chevaliers Porte-Glaive.
1254-1258 Théodore II Lascaris, empereur de Nicée.
1258-1261 Jean IV Lascaris, empereur de Nicée.
1259-1282 Michel VIII Paléologue, empereur byzantin.
1261-1453 Dynastie byzantine des Paléologues.
1261 Traité de Nymphée entre Michel VIII et Gênes. – Reprise de Constantinople par Michel VIII.
1282-1328 Andronic II Paléologue, empereur byzantin.
1328-1341 Andronic III Paléologue, empereur byzantin.
1331-1355 Étienne IX Dušan, roi des Serbes.

ÉGLISE ET VIE RELIGIEUSE

1207 Prédication de saint Dominique en Languedoc.
1209 Début de la croisade contre les Albigeois. – Première fraternité franciscaine.
1210 Excommunication d'Otton IV par Innocent III.
1213 Muret : victoire des croisés de Simon de Montfort sur Pierre II d'Aragon.
1215 XIIe concile œcuménique (IVe du Latran) : suprématie pontificale ; condamnation des cathares. – Fondation de l'ordre des Dominicains.
1219 Autocéphalie de l'Église serbe avec saint Sava.
1221-1274 Vie du théologien franciscain saint Bonaventure.
1225-1274 Vie du théologien dominicain saint Thomas d'Aquin.
1227-1241 Pontificat de Grégoire IX.
1231 Création de l'Inquisition.
1235 Érection d'un patriarcat bulgare à Tărnovo.
1243-1254 Pontificat d'Innocent IV.
1244 Prise de la forteresse cathare de Montségur.
1245 XIIIe concile œcuménique (Ier de Lyon) : destitution de Frédéric II.
1271-1276 Pontificat de Grégoire X.
1274 XIVe concile œcuménique (IIe de Lyon).
v. 1290-1349 Vie du théologien Guillaume d'Occam.
1294 Pontificat et abdication de Célestin V.
1294-1303 Pontificat de Boniface VIII.
1297 Canonisation de Louis IX.
1300 Première année sainte.
1301 Bulle *Ausculta fili* contre Philippe IV le Bel.
1303 « Attentat » de Guillaume de Nogaret à Anagni contre Boniface VIII. Excommunication de Philippe IV le Bel.
1305-1314 Pontificat de Clément V (pape français).
1307 Giovanni de Montecorvino (1247-1328), archevêque de Khanbalik (1307-1328) [Chine].
1307 Arrestation des Templiers.
1309 Installation de Clément V à Avignon.
1311-1312 XVe concile œcuménique (de Vienne) : suppression de l'ordre du Temple.
1326 Moscou, siège du patriarcat russe.
1334-1342 Pontificat de Benoît XII.

PAPES, EMPEREURS ET KHAGHANS, OU LA RECHERCHE DE LA DOMINATION UNIVERSELLE (1202-1336)

EN PAYS D'ISLAM

1208-1217 Conquêtes de Muhammad de Kharezm : Khorasan (1208) ; Afghanistan (1209-1214) ; Iraq (1217).

1212 Las Navas de Tolosa : victoire des chrétiens d'Espagne. Début de la dislocation de l'Empire almohade (1212-1269).

1218-1221 Cinquième croisade : en Égypte.

1218-1219 Siège et prise de Damiette par les croisés.

1220-1221 Destruction du Kharezm par Gengis Khan.

1221-1259 Dounama Dibalami, sultan du Kanem.

1228-1229 Sixième croisade de Frédéric II en Syrie.

1229 Traité de Jaffa : l'empereur Frédéric II et le sultan d'Égypte al-Malik al-Kamil fixent le statut de Jérusalem.

1229-1574 Royaume hafside de Tunis.

1235-1554 Royaume abdalwadide de Tlemcen.

1239-1240 Échec à Gaza de la croisade champenoise.

1244 Prise de Jérusalem par les Turcs Kharezmiens.

1248-1254 Septième croisade de Louis IX en Égypte et en Syrie.

1249-1277 Abu Abd Allah, calife hafside de Tunis en 1253.

1250 Défaite de Saint Louis à Mansourah. – Assassinat du dernier sultan ayyubide du Caire, Turan-chah.

1250-1798/1811 Régime des Mamelouks en Égypte.

1250-1382 Dynastie des Mamelouks bahrites.

1258 Prise de Bagdad par Hulagu ; disparition du califat abbasside.

1260-1277 Baybars, sultan mamelouk d'Égypte.

1260 Aïn Djalut, victoire de Baybars sur Hulagu. Rétablissement du califat abbasside au Caire (1260-1517).

1268 Prise d'Antioche par Baybars.

1269-1465 Dynastie marinide au Maroc.

1270 Huitième croisade ; mort de Louis IX à Tunis.

1273 Occupation de Ceuta et de Tanger par les Marinides.

1291 Prise d'Acre par le sultan mamelouk al-Malik al-Khalil.

1299-1326 Osman Ier Gazi, sultan ottoman.

1326 Prise de Brousse par Orhan.

1326-1359 Orhan, sultan ottoman.

1329 Prise de Nicée (Iznik) par Orhan.

MONDES ASIATIQUE, AFRICAIN ET AMÉRICAIN

1203-1220 Annexion du Champa par les Khmers.

1206-1526 Sultanat de Delhi en Inde.

1206 Gengis Khan, khaghan des tribus mongoles.

1211-1290 Sultanat des Esclaves à Delhi.

1211-1236 Iltutmich, sultan de Delhi.

1215 Prise de Pékin par Gengis Khan.

1218 Conquête de l'empire des Kara Kitay par Gengis Khan.

1220 Victoire des Pandya sur les Cola à Tanjore.

v. 1220-1250 Fondation du royaume thaï de Sukhotai.

1222 Victoire d'Iltutmich sur les Mongols sur l'Indus.

1223 La Kalka : victoire mongole sur les Coumans et les Russes.

1225-1413 Dynastie vietnamienne des Tran.

1227 Partage de l'empire de Gengis Khan.

1229-1241 Ogoday, khaghan des Mongols.

1230-1231 Conquête de l'Iran par les Mongols.

v. 1230 Apogée du royaume sosso du Soudan.

1231-1234 Destruction de l'empire des Jin par les Mongols.

1233 Prise de Kai Feng (K'ai-fong) par les Mongols.

1234-1279 Conquête de la Chine des Song par les Mongols.

1235 Kirina : victoire de Soundiata Keita sur les Sossos, et fondation de l'empire du Mali.

1236-1242 Expédition européenne de Batu Khan.

1241 Prise de Lahore par les Mongols.

1246-1248 Güyük, khaghan des Mongols.

1251-1259 Möngke, khaghan des Mongols.

1251-1265 Hulagu, premier souverain mongol de l'Iran.

1253 Conquête du Yunnan par les Mongols.

1260-1294 Kubilay, khaghan des Mongols.

1260 Capitale de Kubilay installée à Khanbalik.

1274 et 1281 Échecs des Mongols contre le Japon.

1278 Prise de Canton par Kubilay.

1279-1368 Dynastie mongole des Yuan en Chine.

1283 et 1287 Échecs des Mongols en Indochine.

1290-1320 Dynastie des Khaldji, sultans de Delhi.

1320-1414 Dynastie des Turhluq, sultans turcs de Delhi.

1325 Fondation de Tenochtitlán par les Aztèques.

1333-1582 Période de Muromachi au Japon.

CIVILISATION

1208 *L.* et *Sc.* Sécession d'Oxford : naissance de l'université de Cambridge (reconnue en 1308).

1214 *L.* et *Sc.* Premiers statuts de l'université d'Oxford.

1215 *L.* et *Sc.* Statuts de l'université de Paris.

1218 *L.* et *Sc.* Fondation de l'université de Salamanque.

1220-v. 1279 *A.* Construction de la cathédrale d'Amiens.

1221 *A.* Début du chantier de la cathédrale de Burgos.

1224 *L.* et *Sc.* Fondation de l'université de Naples par Frédéric II.

1229 *L.* et *Sc.* Fondation de l'université de Toulouse.

1232 *Dr. Joei Shikimoku*, code de lois japonais.

v. 1236 *L.* Guillaume de Lorris : première partie du *Roman de la Rose*.

1236 *T.* Émission de papier-monnaie dans la Chine mongole.

1237 *T.* Ouverture de la route du Saint-Gothard.

v. 1240-v. 1305 *L.* Vie de Jean de Meung, auteur de la seconde partie du *Roman de la Rose*.

1243-1248 *A.* Construction de la Sainte-Chapelle à Paris.

1245-1248 *L.* Enseignement de saint Albert le Grand à Paris.

1246 *Sc.* et *R.* Voyage de Jean du Plan Carpin en Mongolie.

1252-1259 *L.* Enseignement de saint Thomas d'Aquin à l'Université de Paris.

1254 *Sc.* et *R.* Guillaume de Rubroek chez les Mongols.

1254-1324 *Sc.* Vie du marchand explorateur Marco Polo.

1257 *L.* et *Sc.* Naissance de la Sorbonne.

1260-1269 *Sc.* Premier voyage des frères Polo en Asie.

1263 *L.* Alphonse X de Castille : les *Siete Partidas*.

1265-1321 *L.* Vie du poète italien Dante Alighieri.

1265 *L.* et *R.* Thomas d'Aquin : *Somme théologique*.

1266-1337 *A.* Vie du peintre florentin Giotto.

1271-1295 *Sc.* Second voyage des frères Polo et de Marco Polo.

1283 *Dr.* Beaumanoir : les *Coutumes de Beauvaisis*.

1304-1374 *L.* Vie du poète italien Pétrarque.

v. 1307-1321 *L.* Dante : *la Divine Comédie*.

1313-1375 *L.* Vie de l'écrivain italien Boccace.

1324 *L.* Marsile de Padoue : le *Defensor pacis*.

LE MONDE AU TEMPS DE LA GUERRE DE CENT ANS (1337-1453)

FRANCE ET ANGLETERRE

1337 Défi d'Édouard III à Philippe VI : guerre de Cent Ans.
1339 Débarquement anglais en Flandre.
1340 L'Écluse : défaite navale de Philippe VI.
1341-1365 Guerre de la Succession de Bretagne.
1344/1349 Rattachement du Dauphiné à la France.
1346 Crécy : victoire d'Édouard III sur Philippe VI.
1349 Achat de Montpellier par Philippe VI.
1350-1364 Jean II le Bon, roi de France.
1356 Poitiers : défaite et capture de Jean II le Bon.
1358 Insurrection d'Étienne Marcel et jacqueries.
1360 Traité franco-anglais de Brétigny-Calais.
1364 Cocherel : Du Guesclin bat Charles le Mauvais.
1364-1380 Charles V, roi de France.
1377-1399 Richard II, roi d'Angleterre.
1380-1422 Charles VI, roi de France.
1381 Révolte des paysans en Angleterre.
1382 Émeutes à Paris (Maillotins), à Rouen (la Harelle)...
1392 Folie de Charles VI.
1399-1461/1471 Dynastie des Lancastre.
1399-1413 Henri IV de Lancastre, roi d'Angleterre.
1404-1419 Jean sans Peur, duc de Bourgogne.
1407 Assassinat de Louis d'Orléans par Jean sans Peur.
1413-1422 Henri V, roi d'Angleterre.
1413 Révolution cabochienne à Paris.
1415 Victoire anglaise à Azincourt.
1418 Occupation de Paris par les Bourguignons.
1419 Assassinat de Jean sans Peur à Montereau.
1419-1467 Philippe le Bon, duc de Bourgogne.
1420 Traité franco-anglais de Troyes.
1422-1461 Charles VII, roi de France.
1422-1461/1471 Henri VI, roi d'Angleterre (et de France).
1429 Jeanne d'Arc. Libération d'Orléans. Sacre de Charles VII.
1431 Supplice de Jeanne d'Arc, à Rouen.
1435 Paix d'Arras : réconciliation franco-bourguignonne.
1438 Pragmatique sanction de Bourges.
1440 La Praguerie : révolte féodale.
1450 Défaite anglaise à Formigny.
1453 Défaite anglaise à Castillon. – Procès de Jacques Cœur.

EUROPE DU NORD, DU CENTRE ET DU SUD

1342-1382 Louis le Grand, roi de Hongrie.
1343-1382 Jeanne Ire, reine de Naples.
1346/1347-1378 Charles IV de Luxembourg, empereur germanique.
1347-1349 Épidémie de peste noire en Europe.
1350-1369 Pierre Ier le Cruel, roi de Castille.
1356 *Bulle d'or* de Charles IV pour l'Empire.
1369 Montiel : défaite de Pierre le Cruel, roi de Castille.
1369-1379 Henri II de Trastamare, roi de Castille.
1370 Paix de Stralsund entre le Danemark et la Hanse.
1378 Révolte des *ciompi* à Florence.
1378-1419 Venceslas de Luxembourg, empereur germanique.
1378-1381 Guerre « de Chioggia » (Venise et Gênes).
1385-1433 Jean Ier, roi de Portugal.
1386 Union de la Pologne et de la Lituanie (mariage d'Hedwige d'Anjou et de Ladislas II, grand-duc de Lituanie, 1377-1392).
1386-1434 Ladislas II, roi de Pologne.
1395 Création du duché de Milan au profit de Jean-Galéas Visconti.
1397 Union de Kalmar entre les trois royaumes scandinaves au profit d'Erik de Poméranie.
1406-1454 Jean II, roi de Castille.
1410 Ladislas II Jagellon bat les chevaliers Teutoniques à Grunwald (Tannenberg).
1414-1435 Jeanne II, reine de Naples.
1415 Achat du Brandebourg par Frédéric de Hohenzollern.
1416-1458 Alphonse V, roi d'Aragon et de Sicile (Alphonse Ier des Deux-Siciles, 1442-1458).
1419-1437 Sigismond de Luxembourg, empereur germanique en 1433.
1434-1464 Cosme de Médicis, maître de Florence.
1438-1481 Alphonse V, roi de Portugal.
1440-1918 Dynastie impériale des Habsbourg.
1440-1493 Frédéric III de Habsbourg, empereur germanique.
1445-1492 Casimir IV Jagellon, roi de Pologne.
1447-1450 La République ambrosienne à Milan.
1450-1466 François Sforza, duc de Milan.

ÉGLISE ET VIE RELIGIEUSE

1337-1380 Vie de sainte Catherine de Sienne.
1340-1384 Vie du mystique néerlandais, Geert Groote.
1342-1352 Pontificat de Clément VI.
1348 Achat d'Avignon par Clément VI à Jeanne Ire de Naples.
v. 1355-1419 Vie du dominicain saint Vincent Ferrier.
1362-1370 Pontificat d'Urbain V, mort à Avignon.
1367-1370 Séjour d'Urbain V à Rome.
1369-1415 Vie de l'hérésiarque Jan Hus.
1370-1378 Pontificat de Grégoire XI.
1377 Rétablissement de la papauté à Rome.
1378-1417 Grand Schisme d'Occident : élection d'Urbain VI (1378-1389) et de Clément VII (1378-1394).
1381 Fondation, à Deventer, des Frères de la vie commune par Geert Groote.
1387 Fondation de l'abbaye de Windesheim.
1394-1423 Pontificat de Benoît XIII, pape d'Avignon.
1402-1472 Vie du cardinal Jean Bessarion, humaniste et écrivain byzantin.
1409 Concile de Pise. L'Église a trois papes : Grégoire XII (Rome) ; Benoît XIII (Avignon) ; Alexandre V (Pise).
1414-1418 XVIe concile œcuménique (de Constance) : fin du Grand Schisme.
1415 Supplice de Jan Hus.
1416-1507 Vie du franciscain saint François de Paule.
1417-1431 Pontificat de Martin V.
1420-1434 Essor et défaite des « taborites » (Hussites radicaux).
1421 Synode de Prague organisant l'Église utraquiste.
1431-1449 XVIIe concile œcuménique (de Bâle).
1431-1447 Pontificat d'Eugène IV.
1436 *Compactata* de Jihlava.
1438 Transfert à Ferrare du concile de Bâle.
1439-1449 Antipape Félix V, élu du concile de Bâle.
1439 Transfert de Ferrare à Florence du concile de Bâle : tentative d'union avec Byzance.
1440 Assemblée du clergé de Bourges ; ralliement de l'Église de France à l'obédience romaine.
1447-1455 Pontificat de Nicolas V, pape humaniste.
1448 Concordat de Vienne.

LE MONDE AU TEMPS DE LA GUERRE DE CENT ANS (1337-1453)

ORIENT CHRÉTIEN ET OTTOMAN

1337 Prise de Nicomédie par le sultan ottoman Orhan.
1341-1391 Jean V Paléologue, empereur byzantin.
1341/1347-1354 Jean VI Cantacuzène, empereur byzantin.
1354 Fondation du premier établissement ottoman en Europe : Gallipoli.
1355-1462 Établissement des Génois à Lesbos.
1355-1371 Étienne X Uroš V, tsar des Serbes.
1359-1389 Murad Ier, sultan ottoman.
1359-1389 Dimitri Donskoï, grand-prince de Moscou et de Vladimir.
1361 ou 1362 Prise d'Andrinople par Murad Ier.
1363 et 1371 La Marica : victoires de Murad Ier sur les croisés hungaro-serbes et sur les Serbes.
1371-1389 Lazare Hrebeljanović, prince des Serbes.
1376-1379 Androvic IV Paléologue.
1380 Koulikovo : victoire de Dimitri Donskoï sur Mamaï, seigneur de la Horde d'Or.
1389-1403 Bayezid Ier la Foudre, sultan ottoman.
1389 Kosovo : victoire de Bayezid Ier sur les Serbes.
1389-1425 Basile (Vassili) Ier, grand-prince de Moscou et de Vladimir.
1390 Jean VII Paléologue, empereur byzantin.
1391-1425 Manuel II Paléologue, empereur byzantin.
1396 Nicopolis : victoire de Bayezid Ier sur les croisés.
1403-1421 Mehmed Ier Çelebi (le Seigneur), sultan ottoman.
1421-1451 Murad II, sultan ottoman.
1425-1448 Jean VIII Paléologue, empereur byzantin.
1425-1462 Basile (Vassili) II l'Aveugle, grand-prince de Moscou et de Vladimir.
1427-1456 Georges Branković, prince des Serbes.
1440 Vain siège de Belgrade par les Ottomans.
1444 Varna : Murad II bat les Polonais et les Hongrois.
1448 Seconde bataille de Kosovo : victoire de Murad II sur Jean Hunyadi.
1449-1453 Constantin XI Paléologue (Dragasès), dernier empereur byzantin.
1451-1481 Mehmed II Fatih (le Conquérant), sultan ottoman.
1453 Prise de Constantinople (29 mai) par Mehmed II.

MONDES ASIATIQUE, AFRICAIN ET AMÉRICAIN

1338-1358 Ashikaga Takauji, fondateur du shogunat Ashikaga.
1347 Destruction de Lajazzo par les Mamelouks.
– Prise de Tunis par Abu al-Hasan, sultan marinide.
1347-1482 Royaume des Bahmanides dans le Deccan.
1351 Crue catastrophique du Huang He (fleuve Jaune).
1352-1368 Révolte chinoise contre les Yuan mongols.
1356 Les Yuan chassés de Nankin par Zhu Yuanzhang.
1368-1644 Dynastie des Ming en Chine.
1368-1398 Zhu Yuanzhang, empereur de Chine.
1370-1405 Timur Lang, roi de Transoxiane.
1379 Prise d'Ourguentch ; annexion du Kharezm par Timur Lang.
1382 Sac de Moscou par les Mongols.
1382-1517 Dynastie des Mamelouks burdjites en Égypte.
1382-1398 Barquq, premier sultan burdjite d'Égypte.
1393 et 1401 Deux prises et deux sacs de Bagdad par Timur Lang.
1396 Prise d'Astrakhan par Timur Lang.
1398 Timur Lang ravage l'Inde.
1402 Ankara : victoire de Timur Lang sur Bayezid Ier.
1403-1424 Yongle (Yong-Lo), empereur de Chine.
1405-1435 Sept expéditions maritimes de Zheng He (Tcheng Ho) dans l'océan Indien.
1406-1428 Annexion du Dai Viêt par les Ming.
1408 Siège de Moscou par les Mongols de la Horde d'Or.
1409 Pékin, capitale des Ming.
1414-1526 Période d'instabilité en Inde.
1415 Débarquement portugais à Ceuta.
1418/1419 Les Portugais à Madère.
1420-1465 Tutelle des Wattassides sur les Marinides.
1428 Révolte des paysans japonais, endettés.
1432-1453 Découverte des Açores par les Portugais.
1434 Transfert de la capitale des Khmers d'Angkor à Phnom Penh.
1441 Révolte des Mayas contre Mayapán.
1444 Fondation de la compagnie de Lagos.
– Premières conquêtes des Incas.
1450 Offensive des Mongols : capture de l'empereur de Chine. Yingzong (Ying tsong).

CIVILISATION

1337-1340 *A.* Ambrogio Lorenzetti : Fresque *le Bon et le Mauvais Gouvernement.*
1337-1410 *L.* Vie du chroniqueur et poète français Jean Froissart.
1340-1400 *L.* Vie du poète anglais Geoffrey Chaucer.
1340-1406 *A.* Vie du sculpteur bourguignon Claus Sluter.
1348 *L.* Giovanni Villani : *Nuova Cronica.* Fondation de l'université de Prague par Charles IV.
1348-1353 *L.* Boccace : *le Décaméron.*
1350-1420 *L.* et *R.* Vie du théologien Pierre d'Ailly.
1350 Création de la madrasa Bu-Inaniyya à Fès.
1363-1429 *L.* et *R.* Vie du théologien français Jean Gerson.
1363-1431 *L.* Vie de l'écrivain Christine de Pisan.
1364 *L.* et *Sc.* Fondation de l'université de Cracovie.
1370-1444 *L.* Vie de l'humaniste italien Leonardo Bruni.
1376-1378 *Dr. Somnium Viridiarii,* puis *le Songe du vergier.*
1377-1446 *A.* Vie de l'architecte florentin Filippo Brunelleschi.
1378-1455 *A.* Vie du sculpteur florentin Lorenzo Ghiberti.
1386-1466 *A.* Vie du sculpteur florentin Donatello.
1387-1455 *A.* Vie du peintre italien Fra Angelico.
v. 1390-1441 *A.* Vie du peintre flamand Jan Van Eyck.
1404 *A.* Muhammad ibn Mahmud : le mausolée Gur-e Mir, tombeau de Timur Lang.
1415-1481 *A.* Vie du peintre français Jean Fouquet.
1425-1452 *A.* Lorenzo Ghiberti : *la Porte du Paradis* (baptistère de Florence).
v. 1430-1440 *A.* Donatello : *David.*
1433-1499 *L.* Vie de l'humaniste italien Marsile Ficin.
1435 *A.* Van Der Weyden : l'*Annonciation.*
1443-v. 1453 *A.* Hôtel de Jacques Cœur à Bourges.
1445-1510 *A.* Vie du peintre florentin Sandro Botticelli.
v. 1447-1467 *A.* La mosquée Bleue à Tabriz.
1447-1511 *L.* Vie du chroniqueur Philippe de Commynes.
1450 *T.* Gutenberg installe un atelier d'imprimerie à Mayence.
1452 *L.* Arnoul Gréban : *le Mystère de la Passion.*

LA NAISSANCE DU MONDE MODERNE (1454-1559)

GUERRE, DIPLOMATIE, ÉCONOMIE

1454 Paix de Lodi (Florence, Milan, Venise).
1466 Paix de Torun : Poméranie et Gdańsk à la Pologne.
1475 Traité de Picquigny entre la France et l'Angleterre.
1476 Granson et Morat : Charles le Téméraire vaincu par les Suisses.
1477 Nancy : défaite et mort de Charles le Téméraire.
1492 Prise de Grenade par les Rois Catholiques.
1492 Séparation de la Pologne et de la Lituanie.
1493 Traités franco-aragonais de Barcelone et franco-autrichien de Senlis.
1494 Charles VIII, roi de France, en Italie.
1495 Fornoue : victoire de Charles VIII sur la Sainte Ligue.
1499 Louis XII, roi de France, en Italie.
1500 Ivan III occupe la rive gauche du Dniepr.
1508 Ligue de Cambrai contre Venise.
1511 Sainte Ligue contre les Français.
1512 Ravenne : victoire de Gaston de Foix.
1515 Marignan : victoire de François Ier sur les Suisses.
1516 Concordat du pape et du roi de France à Bologne.
1520 « Bain de sang » de Stockholm. Révolte du Suédois Gustave Vasa contre les Danois. Camp du Drap d'Or (François Ier - Henri VIII).
1525 François Ier fait prisonnier à Pavie par Charles Quint. Les Fugger, concessionnaires des mines d'Almadén.
1526 Traité de Madrid entre François Ier et Charles Quint. Mohács : victoire ottomane sur Louis II de Hongrie.
1529 Siège de Vienne par les Ottomans. Paix franco-espagnole de Cambrai dite « des Dames ».
1544 Victoire française à Cérisoles sur les Impériaux.
1552 Ivan IV occupe Kazan et Henri II les Trois-Évêchés.
1552-1553 Vain siège de Metz par Charles Quint.
1556 Prise d'Astrakhan par Ivan IV.
1557 Saint-Quentin : victoire des Espagnols sur les Français. Banqueroute et crise financière en France et en Espagne.
1558 Prise de Narva par Ivan IV et de Calais par François de Guise.
1559 Traité franco-espagnol du Cateau-Cambrésis.

PUISSANCES EUROPÉENNES

1455-1485 Guerre des Deux-Roses en Angleterre.
1458-1490 Mathias Corvin, roi de Hongrie.
1461-1483 Louis XI, roi de France. Édouard IV d'York, roi d'Angleterre.
1462-1505 Ivan III, grand-prince de Moscou.
1467-1477 Charles le Téméraire, duc de Bourgogne.
1468 Révolte de Liège contre Charles le Téméraire.
1469-1492 Laurent de Médicis, maître de Florence.
1479 Isabelle de Castille (1474-1500) et Ferdinand d'Aragon (1479-1516), les Rois Catholiques.
1480-1508 Ludovic Sforza le More, seigneur de Milan.
1482 Traité d'Arras rattachant la Bourgogne au domaine royal.
1484 États généraux de Tours.
1485 Bosworth : Richard III d'York (1483-1485) battu et tué par Henri VII Tudor (1485-1509).
1491 Charles VIII (1483-1498) épouse Anne de Bretagne.
1493-1519 Maximilien Ier, empereur.
1498-1515 Louis XII, roi de France.
1500 Règlement d'Empire à la diète d'Augsbourg.
1505-1533 Vassili (Basile) III, grand-prince de Moscou.
1509-1547 Henri VIII, roi d'Angleterre.
1515-1547 François Ier, roi de France.
1519-1556 Charles Quint, empereur.
1520 Insurrection des « Comuneros » espagnols.
1523-1560 Gustave Vasa, roi de Suède.
1523-1533 Frédéric Ier, roi de Danemark et de Norvège.
1526-1564 Ferdinand Ier, roi de Bohème (emp., 1558).
1527 Sac de Rome par les Impériaux.
1530 Couronnement impérial de Charles Quint.
1532 Rattachement de la Bretagne à la France.
1533-1584 Ivan IV, grand-prince de Moscou.
1537-1540 Révolte de Gand.
1538-1543 Ivan IV sous la tutelle des Chouïski.
1542-1567/1568 Marie Stuart, reine d'Écosse.
1547-1553 Édouard VI, roi d'Angleterre.
1547-1559 Henri II, roi de France.
1553-1558 Marie Ire Tudor, reine d'Angleterre.
1556-1598 Philippe II, roi d'Espagne.
1558-1603 Élisabeth Ire, reine d'Angleterre.
1559-1560 François II, roi de France.

ÉGLISE ET VIE RELIGIEUSE

1458-1464 Pontificat de Pie II, pape humaniste.
1471-1484 Pontificat de Sixte IV.
1483-1546 Vie du réformateur allemand Martin Luther.
1484-1492 Pontificat d'Innocent VIII.
1484-1531 Vie de Zwingli, réformateur de Zurich.
1491 ? -1556 Vie d'Ignace de Loyola.
1492-1503 Pontificat d'Alexandre VI Borgia.
1492 et 1496 Conversions forcées des juifs et des maures espagnols.
1497 Excommunication du dominicain Savonarole.
1497-1560 Vie du réformateur Philipp Melanchthon.
1503-1513 Pontificat de Jules II.
1509-1564 Vie du réformateur de Genève Jean Calvin.
1512-1517 XVIIIe concile œcuménique (Ve du Latran).
1513-1521 Pontificat de Léon X (de Médicis).
1515-1582 Vie de sainte Thérèse d'Ávila.
1517 Luther publie 95 thèses contre les Indulgences.
1520 Prédication de Thomas Münzer à Zwickau.
1521 Excommunication de Luther, réfugié à la Wartburg.
1522-1523 Pontificat d'Adrien VI, pape non italien.
1523 Apparition des anabaptistes en Allemagne.
1523-1534 Pontificat de Clément VII (de Médicis).
1527 Le Danemark et la Suède adoptent le luthéranisme.
1531 Ligue protestante de Smalkalde en Allemagne.
1534 Alliance de François Ier et des protestants allemands.
1534-1549 Pontificat de Paul III (Farnèse).
1535 Massacre des anabaptistes à Münster.
1536 Calvin : *Institutio religionis christianae.*
1538 Excommunication d'Henri VIII.
1541 Installation définitive de Calvin à Genève.
1542 Création de l'Inquisition romaine.
1542-1591 Vie de saint Jean de la Croix.
1545-1563 XIXe concile œcuménique de Trente.
1547 Mühlberg, Charles Quint bat les protestants allemands.
1550-1555 Pontificat de Jules III.
1555 Paix d'Augsbourg : *cujus regio ejus religio.*
1556 Ouverture du collège des Jésuites à Ingolstadt.
1558 Création de l'Académie de Genève par Jean Calvin.

LA NAISSANCE DU MONDE MODERNE (1454-1559)

MONDES MUSULMAN ET AFRICAIN

1456 Découverte des îles du Cap-Vert par Ca'da Mosto.

1461 Prise de Trébizonde par les Turcs.

1465-1554 Dynastie des Wattasides au Maroc.

1475 Prise de Kaffa par les Ottomans.

1480 Débarquement turc à Otrante.

1481-1512 Bayezid II le Saint (Veli), sultan ottoman.

1487 Bartolomeu Dias double le cap de Bonne-Espérance.

1493-1528 Mamadou Touré, roi du Songhaï.

1501-1722/1736 Dynastie Séfévide en Perse.

v. 1501 Conversion au catholicisme du Mani du Congo : Afonzo Ier (1506-1543).

1502-1524 Chah Ismaïl Ier, roi de Perse.

1505 Les Portugais à Agadir. Les Espagnols à Mers el-Kébir.

1506 Les Portugais à Sofala au Mozambique.

1508 Les Portugais à Safi. Chah Ismaïl à Bagdad.

1508-1540 Lebna Denguel, empereur d'Éthiopie.

1509 Prise d'Oran par les Espagnols.

1510-1551 Occupation de Tripoli de Libye par les Espagnols.

1512-1520 Selim Ier le Terrible (Yavuz), sultan ottoman.

1516 Conquête par Selim de la Syrie (ottomane de 1516 à 1918). Occupation d'Alger par Arudj.

1517 Conquête de l'Égypte par Selim.

1518 Khayr al-Din Barberousse, vassal des Ottomans.

1519 Victoire de Barberousse sur les Espagnols à Alger.

1520-1566 Soliman (Süleyman) le Magnifique, sultan ottoman.

1522 Occupation de Rhodes par les Ottomans.

1523-1543 Invasion de l'Éthiopie par Ahmed Gragne du Harar.

1524-1576 Chah Thamasp Ier, souverain de la Perse.

1534 Prise de Bagdad par les Ottomans.

1535 Prise de Tunis par Charles Quint.

v. 1540-1547 Invasion des Gallas en Éthiopie.

1541 Prise de Buda par les Turcs. Défaite espagnole à Alger. Les Portugais chassés d'Agadir.

1549-1582 L'Askia Daoud au Songhaï.

1554-1659 Empire sadien au Maroc.

1555 Traité d'Amasia entre la Perse et les Ottomans.

1556-1605 Akbar, souverain moghol de l'Inde.

MONDE EXTRÊME-ORIENTAL, NOUVEAU MONDE

1471 Annexion du Champa par le Dai Viêt.

1471-1493 Túpac Yupanqui, souverain inca.

1489-1567 Troubles au Japon (Sengoku).

1492 Découverte de l'Amérique par Christophe Colomb.

1493 Bulles *Inter Coetera :* partage des mondes nouveaux entre l'Espagne et le Portugal par le pape.

1494 Traité hispano-portugais de partage de Tordesillas.

1498 Vasco de Gama atteint Calicut aux Indes.

1500 Les Portugais Corte Real au Labrador, Cabral au Brésil, Diego Dias à Madagascar.

1503 Création de la Casa de Contratación, à Séville.

1506-1522 Wu Zong, empereur de Chine.

1511 Albuquerque occupe Malacca et les Moluques.

1515 Prise d'Ormuz par les Portugais.

1519 et 1521 Prises de Tenochtitlán par Hernán Cortés.

1519-1522 Premier voyage de circumnavigation par Magellan et Juan Sebastián Elcano.

1522-1566 Shizong (Che Tsong), empereur de Chine.

1524 Création en Espagne du Conseil royal suprême des Indes.

1526 Panipat : Babur bat Ibrahim Lodi, souverain de Delhi.

1528 Entreprises des Welser au Venezuela.

1529-1533 Conquête du Pérou, par Francisco Pizarro.

1530-1556 Humayun, empereur moghol de l'Inde.

1533-1789 Restauration de la dynastie Lê au Viêt-nam.

1534-1535 Exploration du Saint-Laurent par Jacques Cartier.

1535 Création de la vice-royauté de Mexico.

1541 Fondation, au Chili, de Santiago par Valdivia.

1542 « Nuevas Leyes » applicables aux Indes espagnoles. Les Portugais à Tanegashima au Japon.

1544 Vice-royauté de Lima au Pérou.

1545 Saint François Xavier en Chine. Découverte des mines d'argent de Potosí.

1546 Mexique : fondation de Zacatecas (mines d'argent).

1549-1551 Saint François Xavier au Japon.

1551 Création de l'université de Lima.

1552 « Recopilación » des lois coloniales espagnoles.

1555-1565 Mise au point en Amérique du procédé de l'amalgame de l'argent au mercure.

CIVILISATION

1460 *A.* Paolo Uccello : *Bataille de San Romano.*

1461 *L.* François Villon : *le Grand Testament.*

1465 *L.* Fondation de l'Académie platonicienne à Florence.

v. 1469-1536 *L.* Vie d'Érasme, humaniste néerlandais.

1469-1527 *L.* Vie de Machiavel, humaniste italien.

1470 *L.* Installation d'une imprimerie à la Sorbonne.

1473-1481 *A.* Construction de la chapelle Sixtine.

1473-1543 *Sc.* Vie de l'astronome polonais Copernic.

1475-1564 *A.* Vie de Michel-Ange, artiste et poète italien.

1478 *A.* Botticelli : *le Printemps.*

1483-1520 *A.* Vie du peintre italien Raphaël.

1487 *A.* Construction du temple aztèque de Mexico.

v. 1490-1576 *A.* Vie du peintre italien Titien.

1494 *T.* Aldo Manuce fonde son imprimerie à Venise.

1494-1553 *L.* Vie de l'écrivain François Rabelais.

1496-1498 *A.* Léonard de Vinci : *la Cène.*

1504 *A.* Michel-Ange : statue de *David.*

1508 *A.* Michel-Ange à la Sixtine.

1511 *L.* Érasme : *Éloge de la folie.*

1512 *L.* Lefèvre d'Étaple : édition des *Commentaires sur les épîtres de saint Paul.*

1514 *A.* Raphaël au Vatican.

1516 *L.* Machiavel : *le Prince,* Thomas More : *Utopie.*

1517-1590 *T.* Vie du chirurgien français Ambroise Paré.

1524 *L.* Érasme : *De libero arbitrio.*

1524-1585 *L.* Vie du poète français Pierre de Ronsard.

1530 *L.* Création du Collège de France.

1532-1534 *L.* Rabelais : *Chroniques de Gargantua, Pantagruel...*

1533-1592 *L.* Vie de l'humaniste Michel de Montaigne.

1541 *A.*Michel-Ange : *le Jugement dernier.*

1543 *Sc.* Copernic : *De révolutionibus.* Vésale : *De corporis humani fabrica.*

1546-1601 *Sc.* Vie de l'astronome danois Tycho Brahe.

1547-1616 *L.* Vie de l'écrivain espagnol Miguel de Cervantès.

1548 *A.* Titien : portrait de *Charles Quint à cheval.*

1549 *L.* Joachim du Bellay : *Défense et illustration de la langue française.*

1556 *A.* Palestrina : *Messe du pape Marcel.*

LE MONDE AU TEMPS DE LA PRÉPONDÉRANCE ESPAGNOLE (1560-1660)

GUERRE, DIPLOMATIE, ÉCONOMIE

1561 Victoire d'Ivan IV sur les chevaliers Porte-Glaive.

1562 Trêve entre Ferdinand Ier et les Turcs.

1563 Banqueroute des Fugger.

1563-1570 Guerre suédo-danoise de Sept Ans.

1567 Expédition du duc d'Albe, aux Pays-Bas.

1574 Banqueroute de Philippe II.

1579 Fondation de l'*Eastland Company* par les Anglais.

1581 Fondation de la *Levant Company* par les Anglais.

1583 Paix russo-suédoise en Livonie.

1587 Alliance de l'Angleterre et des Provinces-Unies.

1588 Désastre de l'Invincible Armada espagnole.

1596 Banqueroute en Espagne.

1598 Traité de Vervins entre la France et l'Espagne.

1600 Fondation de la *Compagnie anglaise des Indes orientales.*

1602 Fondation de la *Compagnie hollandaise des Indes orientales.*

1606 Traité austro-ottoman de Zsitvatörök.

1609 Trêve hispano-hollandaise de Douze Ans. Création de la Banque d'Amsterdam.

1610-1612 Occupation de Moscou par les Polonais.

1618-1648/1659 Guerre de Trente Ans.

1621-1648 Reprise de la guerre entre Provinces-Unies et Espagne. Fondation de la *Compagnie hollandaise des Indes occidentales.*

1625 Wallenstein à la tête des troupes impériales. Prise de Breda par Spinola.

1630 Disettes, épidémies, etc., en Europe.

1632 Lützen : victoire et mort de Gustave Adolphe.

1634 Nördlingen : les Impériaux battent les Suédois.

1635 Déclaration de guerre de la France à l'Espagne.

1636 Corbie : conquête surprise des Espagnols.

1643 Rocroi : victoire de Condé sur les Espagnols.

1644-1648 Congrès de Westphalie.

1648 Lens : victoire de Condé sur les Espagnols. Traités de La Haye (Espagne-Provinces-Unies) et de Westphalie (France-Empire...).

1651 En Angleterre, *Acte de navigation.*

1658 Les Dunes : victoire de Turenne sur les Espagnols.

1659 Traité de paix des Pyrénées (France-Espagne).

1660 Paix du Nord : traités d'Oliwa et de Copenhague.

PAYS EUROPÉENS

1560-1574 Charles IX, roi de France.

1564-1576 Maximilien II, empereur.

1568-1592 Jean III, roi de Suède.

1569 Union de Lublin : Pologne et Lituanie.

1574-1589 Henri III, roi de France.

1575-1586 Étienne Báthory, roi de Pologne.

1576-1611 Rodolphe II, empereur.

1580-1598 Philippe II, roi de Portugal.

1584-1612 Le « temps des troubles » en Russie.

1587-1632 Sigismond III Vasa, roi de Pologne.

1589-1610 Henri IV, roi de France.

1589/1590 Arques, Ivry : victoires de Henri IV sur Mayenne.

1592-1599 Union de la Pologne et de la Suède.

1593-1603 Révolte irlandaise.

1598-1605 Boris Godounov, tsar de Moscou.

1598-1621 Philippe III, roi d'Espagne.

1603-1625 Jacques Ier, roi d'Angleterre.

1610-1643 Louis XIII, roi de France.

1610-1617 Régence de Marie de Médicis.

1611-1632 Gustave II Adolphe, roi de Suède.

1613-1645 Michel Romanov, tsar de Moscou.

1618 *23 mai.* Défenestration de Prague.

1619-1637 Ferdinand II, empereur.

1620 Bataille de la Montagne Blanche.

1621-1665 Philippe IV, roi d'Espagne.

1624-1642 Ministériat de Richelieu.

1625-1649 Charles Ier, roi d'Angleterre.

1630 *10-11 nov.* Journée des Dupes.

1637-1657 Ferdinand III, empereur.

1640 Révolte du Portugal contre l'Espagne.

1642-1653 Guerre civile en Angleterre.

1643-1715 Louis XIV, roi de France.

1643-1661 Régence d'Anne d'Autriche et ministériat de Mazarin.

1648-1649 Fronde parlementaire en France.

1650-1653 Fronde des princes en France.

1653-1658 Dictature d'Olivier Cromwell : le Protectorat.

1654 Pacte de Pereïaslav : union russo-ukrainienne.

1658-1705 Léopold Ier, empereur.

1660-1685 Charles II, roi d'Angleterre.

GUERRES DE RELIGION ET VIE RELIGIEUSE

1560 Tumulte d'Amboise. Organisation de l'Église presbytérienne d'Écosse par John Knox.

1560-1609 Vie du théologien protestant Jacobus Arminius.

1561-1562 Sainte Thérèse d'Ávila : *le Livre de ma vie.*

1562-1598 Guerres de Religion en France.

1563-1641 Vie du théologien protestant Gomar.

1566-1572 Pontificat de Pie V.

1566 Saint Charles Borromée : *Catéchisme du concile de Trente.*

1567-1622 Vie de saint François de Sales.

1568 Révolte des morisques en Espagne.

1572 *24 août.* Massacre de la Saint-Barthélemy.

1575 Fondation de l'Oratoire par saint Philippe Neri.

1576 Reprise d'Anvers (protestante) par les Espagnols.

1576-1660 Vie de saint Vincent de Paul.

1579 Union (catholique) d'Arras. Union (protestante) d'Utrecht : naissance des Provinces-Unies.

1585-1590 Pontificat de Sixte Quint.

1585-1638 Vie du théologien catholique Jansénius.

1589 Création du patriarcat de Moscou.

1592-1605 Pontificat de Clément VIII.

1598 Édit de Nantes en faveur des protestants.

1605-1621 Pontificat de Paul V.

1608 Fondation de l'*Union évangélique* en Allemagne. Saint François de Sales : *Introduction à la vie dévote.*

1608-1657 Vie d'Olier, curé de Saint-Sulpice.

1609 Réforme de Port-Royal. *Ligue catholique* en Allemagne. Morisques chassés d'Espagne.

1610 Conflit des arminiens et des gomaristes.

1618 et 1619 Synode protestant de Dordrecht et exécution de l'arminien Van Oldenbarnevelt.

1623-1644 Pontificat d'Urbain VIII.

1627-1628 Richelieu assiège La Rochelle (protestante).

1629 Édit de grâce d'Alès en faveur des protestants.

1633 Galilée devant l'Inquisition.

1634 Fondation des Filles de la Charité par saint Vincent de Paul et Louise de Marillac.

1640 Jansénius : l'*Augustinus* condamné en 1643.

1641 Fondation du séminaire de Saint-Sulpice.

1644-1655 Pontificat d'Innocent X.

LE MONDE AU TEMPS DE LA PRÉPONDÉRANCE ESPAGNOLE (1560-1660)

PUISSANCES MUSULMANES ET AFRICAINES

1563-1597 Sara Denguel, empereur d'Éthiopie.
1564-1565 Siège de Malte par les Ottomans.
1565-1579 Sokullu Mehmed Pasa, grand vizir ottoman.
1566-1574 Selim II, sultan ottoman.
1566 Invasion de la Hongrie et prise de Chio par les Ottomans.
1568-1587 Eudj-Ali, dey d'Alger.
1571 Prise de Chypre par les Ottomans. Lépante : victoire navale chrétienne sur les Ottomans.
1570-1635 Occupation du Yémen par les Ottomans.
1573 Paix vénéto-ottomane.
1574-1595 Murad III, sultan ottoman.
1574 Reconquête de Tunis par les Ottomans.
1574-1881 Régence ottomane de Tunis.
1578 Alcaçar Quivir : défaite et mort au Maroc de dom Sebastião, roi de Portugal (1557-1578).
1578-1603 Ahmad al-Mansur, sultan du Maroc.
1587-1629 Chah Abbas Ier le Grand, souverain de Perse.
1587-1830 Régence ottomane d'Alger.
1590 Traité turco-persan de Constantinople.
1591 Tondibi : victoire d'Ahmad al-Mansur (chute de Tombouctou et fin de l'Empire songhaï).
1593 Reprise de la guerre austro-turque.
1595-1603 Mehmed II, sultan ottoman.
1597 Chah Abbas Ier en guerre contre les Ouzbeks.
1602 Chah Abbas Ier en guerre contre les Ottomans.
1603-1607 Ahmed Ier, sultan ottoman.
1603-1659 Décadence des Sadiens au Maroc.
1607-1632 Sousneyos, empereur d'Éthiopie.
1609 Fin de l'empire africain du Bornou.
1622 Prise d'Ormuz par Chah Abbas Ier.
1629-1642 Séfi, souverain de Perse.
1632-1667 Fasilidas, empereur d'Éthiopie (Gondar).
1633 Expulsion des missionnaires catholiques d'Éthiopie.
1642 Les Français à Madagascar et à la Réunion.
1642-1667 Abbas II, souverain de Perse.
1648-1687 Mehmed IV, sultan ottoman.
1652 Occupation du Cap par les Hollandais.
1656-1661 Mehmed Köprülü, grand vizir ottoman.
v. 1660 Destruction de l'empire du Mali.

MONDE EXTRÊME-ORIENTAL, NOUVEAU MONDE

1562-1567 Expédition de John Hawkins en Amérique.
1564 Prise d'Ayuthia en Thaïlande par les Birmans.
1565 Talikot : destruction du royaume de Vijayanagar par les Bahmanides.
1565-1571 Conquête des Philippines par les Espagnols.
1567-1573 Long K'ing, empereur de Chine.
1568-1582 Oda Nobunaga, shogun du Japon.
1587 Walter Raleigh en Virginie.
1598-1616 Tokugawa Ieyasu, maître du Japon.
1599 Arrivée des Hollandais au Japon.
1603-1604 Premier voyage de Champlain au Canada.
1605-1627 Djahangir, empereur moghol de l'Inde.
1607 Fondation de Jamestown en Virginie.
1608 Fondation de Québec par le Français Champlain.
1612/1639-1854 Fermeture du Japon aux Européens.
1616-1868 Période d'Edo (ou des Tokugawa) au Japon.
1619 Fondation de Batavia par les Hollandais.
1620 Débarquement au cap Cod des « pèlerins » du *Mayflower*. Scission du Dai Viêt : les Trinh au N., les Nguyên au S.
1623 Massacre des Anglais d'Amboine et de Banda par les Hollandais.
1626 Fondation de Nieuw-Amsterdam.
1627-1672 Guerre entre les Trinh et les Nguyên au Dai Viêt.
1628-1658 Chah Djahan, empereur moghol de l'Inde.
1629 Octroi d'une charte à la colonie du Massachusetts.
1630-1654 Empire hollandais du Brésil.
1635 Occupation de la Guadeloupe par les Français.
1639 Dejima, unique point d'accès des Hollandais au Japon. Les Anglais à Madras.
1642 Les Hollandais en Tasmanie. Fondation de Montréal.
1644-1911 Dynastie mandchoue des Qing (Ts'ing).
1650-1651 Conquête de la Chine du Sud par les Mandchous.
1651 Prise de Mascate (base portugaise) par les Persans.
1655 Occupation de la Jamaïque par les Anglais.
1658-1674 Suzeraineté des Nguyên au Cambodge.
1658-1707 Awrangzib, empereur moghol de l'Inde.

CIVILISATION

1562 *A.* Véronèse : *les Noces de Cana.*
1563-1584 *A.* Construction de l'Escurial.
1564-1616 *L.* Vie de l'écrivain anglais Shakespeare.
1564-1642 *Sc.* Vie du physicien italien Galilée.
1565 *A.* Pieter Bruegel le Vieux : série des *Mois.*
1568 *A.* Vignole : église du Gesù à Rome. – *L.* Jean Bodin : *Réponse aux paradoxes* de M. de Malestroit.
1569 *Sc.* Mercator : 1re carte du monde.
1570 *A.* Palladio : *les Quatre Livres d'architecture.*
1571-1630 *Sc.* Vie de l'astronome allemand Kepler.
1572 *L.* Luis de Camoens : *les Lusiades.*
1577-1640 *A.* Vie du peintre flamand Rubens.
1580 *L.* Montaigne : *Essais* (2e édition, 1588 ; 3e, 1595).
1582 *Sc.* Grégoire XIII réforme le calendrier.
1582-1610 *R.* et *Sc.* Séjour en Chine du père jésuite Matteo Ricci (1552-1610).
1586 *A.* Le Greco : *l'Enterrement du comte d'Orgaz.*
1592 *L.* Édition de la Vulgate Sixtine.
1594-1665 *A.* Vie du peintre français Nicolas Poussin.
1596 *Sc.* Kepler : *Mysterium cosmographicum.*
v. 1600 *A.* Apogée de l'art du Bénin.
1600 *L.* Exécution de Giordano Bruno. – *L.* et *Sc.* Olivier de Serres : *Théâtre d'agriculture.*
v. 1601 *A.* Le Caravage : *Conversion de saint Paul.*
1604 *Dr.* Grotius : *De jure praedae. L.* Bacon : *Des progrès de l'entendement humain.*
1605 *L.* Cervantès : *Don Quichotte.*
1606-1669 *A.* Vie du peintre flamand Rembrandt.
1606-1684 *L.* Vie de l'écrivain français Pierre Corneille.
1607 *A.* Monteverdi : *Orfeo.*
1610 *Sc.* Invention du télescope par Galilée.
1621-1695 *L.* Vie du fabuliste Jean de La Fontaine.
1622-1673 *L.* Vie de l'écrivain français Molière.
1623-1662 *L.* Vie du philosophe français Blaise Pascal.
1627-1704 *L.* et *R.* Vie de l'orateur sacré Bossuet.
1632-1677 *L.* Vie du philosophe Baruch de Spinoza.
1637 *L.* Descartes : *Discours de la méthode.*
1639-1699 *L.* Vie du poète français Jean Racine.
1642-1727 *Sc.* Vie de l'astronome anglais Newton.
1656-1657 *L.* Blaise Pascal : les *Provinciales.*
1657-1757 *L.* Vie de l'écrivain français Fontenelle.

LE MONDE AU TEMPS DE LA LUTTE FRANCO-ANGLAISE POUR LA PRÉPONDÉRANCE (1661-1763)

GUERRE, DIPLOMATIE, ÉCONOMIE

1667-1668 Guerre (franco-espagnole) de la Dévolution.
1668 Paix franco-espagnole d'Aix-la-Chapelle : cession à la France de Lille, Douai, Tournai...
1672-1678 Guerre de Hollande.
1675 Turckheim et Fehrbellin : victoires de Turenne sur les Impériaux et de Frédéric-Guillaume de Brandebourg sur les Suédois.
1678 Paix de Nimègue : cession à la France de la Franche-Comté.
1679-1684 Les « réunions » : annexion en pleine paix à la France de Strasbourg.
1684 Trêve de Ratisbonne.
1686 Ligue d'Augsbourg contre Louis XIV.
1689-1697 Guerre de Louis XIV contre la ligue d'Augsbourg.
1697 Traités de Ryswick.
1701 Grande Alliance de La Haye.
1701-1713/1714 Guerre de la Succession d'Espagne.
1703 Traité anglo-portugais de Methuen.
1704 Occupation de Gibraltar par les Anglais.
1710 Villaviciosa : victoire du duc de Vendôme en Espagne.
1712 Denain : victoire décisive de Villars.
1713 Traités d'Utrecht (avec l'Angleterre et la Hollande).
1714 Traité de Rastatt (avec l'Empire).
1733-1735/1738 Guerre de la Succession de Pologne.
1738 Traité de Vienne : Stanislas Ier Leszczyński, roi de Pologne, devient duc de Lorraine (1738- 1766).
1740-1748 Guerre de la Succession d'Autriche. France et Prusse contre Angleterre et Autriche.
1744 Invasion de la Bohême par Frédéric II.
1745 Fontenoy : victoire française sur les Anglais.
1746 Prise de Bruxelles par les Français.
1748 Traité d'Aix-la-Chapelle.
1755 Reprise de la guerre franco-anglaise. Attentat de l'amiral anglais Boscawen contre les navires français.
1756-1763 Guerre de Sept Ans.
1759 et 1760 Capitulations de Québec et de Montréal.
1760 Prise de Berlin par les Austro-Russes.
1763 Traités franco-anglais de Paris (fin de l'empire) et austro-prussien d'Hubertsbourg.

EUROPE OCCIDENTALE ET CENTRALE

1661 Début du règne personnel de Louis XIV.
1661-1683 Colbert, ministre de Louis XIV (Finances).
1662-1691 Louvois, ministre de Louis XIV (Guerre).
1665-1700 Charles II, roi d'Espagne.
1679 Vote de l'*Habeas Corpus Act* en Angleterre.
1685-1688 Jacques II Stuart, roi d'Angleterre.
1688 Glorieuse Révolution d'Angleterre.
1689 Déclaration des droits en Angleterre.
1689-1702 Guillaume III d'Orange, roi d'Angleterre.
1694 Création de la Banque d'Angleterre.
1700-1746 Philippe V (ex-duc d'Anjou), roi d'Espagne.
1701 *Acte d'Établissement* en Angleterre. Couronnement du premier roi de Prusse, Frédéric Ier (1701-1713).
1702-1714 Anne Stuart, reine d'Angleterre.
1703 *Disposition Léopoldine.*
1705-1711 Joseph Ier, empereur.
1707 Union de l'Écosse et de l'Angleterre.
1710 Création de la *Compagnie anglaise de la mer du Sud.*
1711-1740 Charles VI, empereur.
1713 *Pragmatique sanction* de l'empereur Charles VI.
1713-1740 Frédéric-Guillaume Ier, roi en Prusse.
1714 Avènement à Londres de la dynastie de Hanovre.
1714-1727 George Ier, roi de Grande-Bretagne.
1715-1774 Louis XV, roi de France.
1715-1723 Régence de Philippe d'Orléans.
1716-1720 Essor et faillite du système de Law.
1718/1720 Création du royaume de Sardaigne.
1720 Faillite de la *Compagnie anglaise de la mer du Sud.*
1721-1742 Robert Walpole, Premier ministre anglais.
1726-1743 Fleury, Premier ministre de Louis XV.
1727-1760 George II, roi de Grande-Bretagne.
1733 Invention de la navette volante par John Kay.
1740-1780 Marie-Thérèse, impératrice.
1740-1786 Frédéric II le Grand, roi de Prusse.
1745-1765 François Ier de Lorraine, empereur.
1746-1759 Ferdinand VI, roi d'Espagne.
1750-1777 Pombal, ministre de Joseph Ier de Portugal.
1753-1792 Kaunitz, chancelier d'Autriche.
1758-1770 Choiseul, ministre de Louis XV.
1759-1788 Charles III, roi d'Espagne.
1760-1820 George III, roi de Grande-Bretagne.

EUROPE ORIENTALE ET EMPIRE OTTOMAN

1661-1676 Ahmed Köprülü II, grand vizir ottoman.
1664 Victoire chrétienne de Saint-Gotthard (Hongrie).
1667 Traité polono-russe d'Androussovo.
1674-1696 Jean III Sobieski, roi de Pologne.
1676-1683 Kara Mustafa Paşa, grand vizir ottoman.
1682-1689 Sophie, régente de Russie.
1682-1725 Pierre Ier le Grand, tsar de Russie.
1683 Kahlenberg : Jean Sobieski bat les Ottomans.
1687 Mohács : victoire des Impériaux, sur les Ottomans.
1689-1691 Mustafa Köprülü II, grand vizir ottoman.
1688 Prise de Belgrade par les Impériaux.
1689 Prise du pouvoir en Russie par Pierre Ier.
1691-1719 Hüseyin, puis Numan Köprülü, grands vizirs.
1696 Prise d'Azov par Pierre Ier le Grand.
1697-1718 Charles XII, roi de Suède.
1697-1733 Auguste II de Saxe, roi de Pologne.
1699 Traité de Karlowitz : premier recul ottoman.
1700-1721 Guerre du Nord.
1700 Narva : Charles XII bat Pierre Ier le Grand.
1703 Fondation de Saint-Pétersbourg par Pierre Ier.
1703-1730 Ahmed III, sultan ottoman : l'« ère des Tulipes » (1718-1730).
1704-1709 et 1733-1736 Stanislas Ier Leszczyński, roi de Pologne.
1707 Invasion de la Pologne par Pierre Ier le Grand.
1709 Poltava : victoire du tsar sur Charles XII.
1710-1714 Conquête de la Finlande par Pierre Ier.
1713 Paix russo-turque d'Andrinople.
1717 Prise de Belgrade par le Prince Eugène.
1718 Traité de Passarowitz : second recul ottoman.
1719 Invasion de la Suède par Pierre Ier le Grand.
1720-1751 Frédéric Ier de Hesse, roi de Suède.
1720/1721 Traités de Frederiksborg et de Nystad : reculs suédois.
1725-1727 Catherine Ire, impératrice de Russie.
1730-1740 Anna, impératrice de Russie.
1739 Traité de Belgrade : recul de l'Autriche.
1741-1762 Élisabeth, impératrice de Russie.
1751-1771 Adolphe-Frédéric, roi de Suède.
1757-1774 Mustafa III, sultan ottoman.
1762-1796 Catherine II, impératrice de Russie.

LE MONDE AU TEMPS DE LA LUTTE FRANCO-ANGLAISE POUR LA PRÉPONDÉRANCE (1661-1763)

LE MONDE HORS D'EUROPE

1661-1722 Kangxi (K'ang-hi), empereur de Chine.
1662-1683 Indépendance de Koxinga et de ses descendants à Taïwan.
1664 Nieuw-Amsterdam devient New York.
1665 Établissement des Français à Saint-Domingue.
1666-1672 Mulay Rachid, sultan alawite du Maroc.
1672-1727 Mulay Ismaïl, sultan alawite du Maroc.
1673 Joliet et Marquette reconnaissent le Mississippi.
1674 Installation des Français à Pondichéry.
1680-1704 Iyassou le Grand, négus d'Éthiopie.
1683 Reconquête de Taiwan par Kangxi.
1686 Fondation de Chandernagor.
1687-1690 Guerre entre Awrangzib et la Compagnie anglaise des Indes orientales.
1687-1709 Période *Genroku* au Japon.
1689 Traité russo-chinois de Nertchinsk.
1690 Début de la reprise démographique en Amérique espagnole. Fondation de Calcutta par les Anglais.
1694-1722 Chah Husayn, dernier Séfévide d'Iran.
1697 Occupation de la dernière ville maya par les Espagnols.
1699 Formation de la confédération ashanti en Afrique.
1700 Découverte de gisements aurifères au Brésil.
1708-1732 Occupation temporaire par les Marocains des bases espagnoles d'Oran et de Mers el-Kébir.
1716-1751 Ère Kyoho au Japon.
1718 Fondation de La Nouvelle-Orléans par Pauger.
1722-1736 Assujettissement de la Perse aux Afghans. Yong Zheng, empereur de Chine.
1735-1740 La Bourdonnais, gouverneur de l'île de France.
1736-1747 Nader Chah, roi de Perse, bâtisseur d'empire.
1736-1796 Qianlong (K'ien-long), empereur de Chine.
1742-1754 Dupleix, gouverneur général de l'Inde française.
1750 Protectorat du Carnatic obtenu par Dupleix.
1750-1794 Dynastie zend de Perse.
1752-1885 Dynastie birmane Konbaung.
1754 Traité Godeheu : cession (non ratifiée) de l'Inde française aux Anglais.
1757 Plassey : victoire au Bengale de Robert Clive.
1757-1790 Muhammad III, sultan du Maroc.
1761 Panipat : victoire des Moghols sur les Marathes.

RELIGIONS : ÉGLISES ET VIE RELIGIEUSE

1661 « Formulaire » imposé en France aux jansénistes.
1664 Fondation de l'ordre des Trappistes.
1668-1678 « Paix de l'Église » entre Clément IX (1667-1669) et les jansénistes.
1673 *Test Act* interdisant l'exercice des fonctions publiques aux catholiques anglais.
1673-1693 Affaire de la Régale opposant Louis XIV à la papauté.
1676 Création en France de la Caisse des conversions.
1676-1689 Pontificat du bienheureux Innocent XI.
1682 *Déclaration des Quatre Articles* du clergé de France : le concile est supérieur au pape.
1685 Édit de Fontainebleau révoquant l'édit de Nantes.
1687 Condamnation du quiétisme par Innocent XI. *Déclaration d'indulgence* de Jacques II favorable aux catholiques anglais.
1691-1700 Pontificat d'Innocent XII.
1692 L'empereur de Chine Kangxi protège les Jésuites.
1693 Désaveu des *Quatre Articles* par Louis XIV.
1697 Persécution des chrétiens de Cochinchine.
1699 Condamnation du quiétisme en France. Concordance entre confucianisme et christianisme admise par Kangxi.
1700-1721 Pontificat de Clément XI.
1702-1704 Cévennes : révolte des camisards.
1704 et 1715 Le pape condamne les rites chinois.
1709-1710 Dispersion des religieuses, puis destruction de Port-Royal des Champs.
1713 Condamnation du jansénisme par la bulle *Unigenitus.*
1717 Interdiction par Kangxi de la prédication du christianisme en Chine.
1721 Création du saint-synode en Russie.
1727-1732 Affaire du diacre Pâris à Paris.
1730-1740 Pontificat de Clément XII.
1740-1758 Pontificat de Benoît XIV.
1742 Condamnation des méthodes d'apostolat des Jésuites en Chine par Benoît XIV.
1752 Affaire des billets de confession en France.
1758-1769 Pontificat de Clément XIII.
1759 Expulsion des Jésuites des pays portugais.

CIVILISATION

1662 *L.* Fondation de la Société royale de Londres.
1662-1665 *A.* Château de Versailles : première campagne de travaux (Le Nôtre...).
1655 et 1666 *L.* Fondation du *Journal des savants* et de la *London Gazette.*
1668-1678 *A.* Château de Versailles : deuxième campagne de travaux (Le Vau...).
1670 *L.* Publication *post mortem* des *Pensées* de Pascal.
1675 *Sc.* Invention du calcul infinitésimal par Leibniz.
1677 *L.* Baruch de Spinoza : *Éthique.*
1679-1689 *A.* Jules Hardouin-Mansart à Versailles.
1682 *Sc.* Newton : loi de la gravitation universelle.
1684-1721 *A.* Vie du peintre français Antoine Watteau.
1685-1750 *A.* Vie du musicien Jean-Sébastien Bach.
1687 *T.* 1re machine à vapeur de Denis Papin.
1689-1755 *L.* Vie du philosophe français Montesquieu.
1694 *L.* Première édition du *Dictionnaire de l'Académie française.*
1694-1788 *L.* Vie de l'écrivain français Voltaire.
1695-1697 *L.* Pierre Bayle : *Dictionnaire historique et critique.*
1699-1710 *A.* Robert de Cotte : chapelle de Versailles.
1700 *Sc.* Création de l'Académie des sciences de Berlin.
1706-1790 *L.* Vie du philosophe américain Franklin.
1707-1788 *Sc.* Vie du naturaliste français Buffon.
1712-1778 *L.* Vie du philosophe Jean-Jacques Rousseau.
1717-1783 *L.* et *Sc.* Vie du philosophe d'Alembert.
1724-1804 *L.* Vie du philosophe Emmanuel Kant.
1734 *L.* Voltaire : les *Lettres anglaises.*
1741-1828 *A.* Vie du sculpteur français Houdon.
1747 *Sc.* Franklin : principe du paratonnerre.
1748 *L.* Montesquieu : *De l'esprit des lois.*
1749-1832 *L.* Vie de l'écrivain allemand von Goethe.
1751-1772 *L.* et *Sc.* D'Alembert et Diderot : *Encyclopédie ou Dictionnaire... des sciences, des arts et des métiers.*
1753-1821 *L.* Vie du philosophe Joseph de Maistre.
1756-1791 *A.* Vie du musicien autrichien Mozart.
1757-1790 *A.* Soufflot et Rondelet : le Panthéon.
1759 *L.* Voltaire : *Candide.*
1760-1825 *L.* Vie du philosophe Henri de Saint-Simon.
1762 *L.* Rousseau : *Du contrat social* et l'*Émile.*

LA FIN DE L'ANCIEN RÉGIME ET LE TEMPS DE LA RÉVOLUTION NORD-AMÉRICAINE (1764-1788)

GUERRE, DIPLOMATIE

1764 Occupation de la Pologne par les Russes.

1766 Rattachement de la Lorraine à la France.

1768 Cession par Gênes de la Corse à la France.

1768-1774 Guerre russo-ottomane.

1770 Tchesme : les Russes détruisent la flotte ottomane.

1772 1er partage de la Pologne (Autriche, Prusse, Russie).

1774 Traité russo-ottoman de Kutchuk-Kaïnardji.

1775 Annexion de la Bucovine à l'Empire par Joseph II.

1778-1779 Succession de Bavière.

1779 Traité de Teschen : renonciation de Joseph II à la Bavière.

1780 Ligue de neutralité armée contre l'Angleterre.

1780-1784 Guerre anglo-hollandaise.

1783 Traités anglo-américain et anglo-français de Versailles.

1783 Annexion de la Crimée par la Russie.

1785 Fondation du *Fürstenbund* par Frédéric II.

1786 Traité de commerce franco-anglais dit « Eden ».

1787-1792 Guerres russo-ottomane (1787-1792) et austro-ottomane (1788-1791).

FRANCE

1769-1821 Vie de Napoléon Bonaparte.

1770 Disgrâce de Choiseul.

1771-1774 Triumvirat Maupeou-Terray-d'Aiguillon.

1771 Réforme judiciaire de Maupeou.

1774-1791 Louis XVI, roi de France (des Français, 1791-1792).

1774-1776 Turgot : réformes économiques et fiscales.

1774-1787 Vergennes, secrétaire d'État aux Affaires étrangères.

1775 *Guerre des farines.*

1777-1781 Necker, directeur général des Finances.

1781 Compte rendu au roi et démission de Necker.

1783-1787 Calonne, contrôleur général des Finances.

1783 *Le Mariage de Figaro* de Beaumarchais.

1785-1786 Affaire du collier de la reine.

1787 Réunion et renvoi de l'Assemblée des notables. Exil du parlement de Paris à Troyes.

1787-1788 Ministère de Loménie de Brienne.

1788 *8 mai.* Réforme judiciaire de Lamoignon.
- *8 août.* Convocation des États généraux.
- *25 août.* Rappel de Necker.
- *27 déc.* Doublement du tiers état.

EUROPE ET EMPIRE OTTOMAN

1764-1795 Stanislas II Poniatowski, roi de Pologne.

1765 Invention de la *spinning jenny* par Hargreaves.

1765-1790 Joseph II, empereur.

1766-1773 et 1792 Aranda, Premier ministre de Charles III, puis de Charles IV d'Espagne.

1768 En Pologne, Confédération de Bar.

1769 Réalisation de la machine à vapeur par Watt.

1770-1782 Lord North, Premier ministre de Grande-Bretagne.

1771 Invention du *water frame* par l'Anglais Arkwright.

1771-1792 Gustave III, roi de Suède.

1772 Coup d'État de Gustave III.

1773 Révolte de Pougatchev en Russie.

1774-1789 Abdülhamid Ier, sultan ottoman.

1779 Invention de la *mule jenny* par l'Anglais Crompton.

1783-1801 William Pitt (le Second Pitt), Premier ministre de Grande-Bretagne.

1785 Invention du métier mécanique par Cartwright.

1786 Voyage de Catherine II en Russie du Sud.

1786-1797 Frédéric-Guillaume II, roi de Prusse.

1788-1808 Charles IV, roi d'Espagne.

LA FIN DE L'ANCIEN RÉGIME ET LE TEMPS DE LA RÉVOLUTION NORD-AMÉRICAINE (1764-1788)

NOUVEAU MONDE ET RÉVOLUTION AMÉRICAINE

1767 Expulsion des Jésuites de l'Amérique espagnole.
1768 Pétition du Massachusetts.
1770 *5 mars.* Massacre de Boston.
1773 Conflit du thé à Boston *(Tea Party).*
1774 Congrès de Philadelphie. *Quebec Act.*
1775-1782/1783 Guerre d'Indépendance des États-Unis.
1775 Massacre de soldats anglais à Lexington.
1776 *4 juill.* Indépendance des États-Unis.
1777-1779 et 1780-1781 Aide de La Fayette aux « insurgents » d'Amérique.
1777 Capitulation d'une armée anglaise à Saratoga.
1778 Traité de commerce et d'alliance franco-américain. Ouverture de l'Empire espagnol au commerce international.
1780-1781 Corps expéditionnaire de Rochambeau en Amérique.
1781 Capitulation anglaise de Yorktown.
1780-1781 Révolte de Túpac Amaru au Pérou.
1782-1783 Reconnaissance de l'indépendance des États-Unis par la Grande-Bretagne.
1787 Vote de la Constitution des États-Unis.

AFRIQUE, ASIE, OCÉANIE

1766-1769 Mer du Sud : voyage de Bougainville.
1767 Conquête de la Thaïlande par les Birmans.
1768-1771 Mer du Sud : 1er voyage de James Cook.
1772-1775 Mer du Sud : 2e voyage de James Cook.
1772-1785 Warren Hastings, gouverneur du Bengale, puis (1773) gouverneur général de l'Inde.
1773 Révolte des trois frères Tây Son au Dai Viêt.
1776-1779 Mer du Sud : 3e voyage et mort de J. Cook.
1774-1820 Nguyên Anh, roi, puis empereur sous le nom de Gia Long (1802) du Viêt Nam.
1779-1780 1re « guerre cafre » entre Boers et Bantous.
1782 Suffren aux Indes : siège de Madras. Avènement de la dynastie Chakri en Thaïlande.
1783 Restitution du Sénégal à la France.
1783-1788 « Révolte du riz », au Japon, famines.
1784 « *India Act* » renforçant le contrôle de l'État sur la Compagnie anglaise des Indes orientales.
1785-1788 Expédition et mort de La Pérouse à Vanikoro.
1786-1925 Dynastie des Qadjars en Perse.
1787 Traité de Versailles : alliance franco-annamite.
1788 Installation des Anglais à Botany Bay.

CIVILISATION

1764 *R.* Dissolution de la Compagnie de Jésus en France.
– *L.* Voltaire : *Dictionnaire philosophique.*
1766-1817 *L.* Vie de l'écrivain français Mme de Staël.
1768-1848 *L.* Vie de l'écrivain français Chateaubriand.
1769-1774 *R.* Pontificat de Clément XIV.
1773 *R.* Suppression par Clément XIV de la Compagnie de Jésus.
1775-1799 *R.* Pontificat de Pie VI.
1775-1836 *Sc.* Vie du physicien français André Ampère.
1777-1835 *Sc.* Vie du chirurgien français Dupuytren.
1778-1850 *Sc.* Vie du chimiste français Gay-Lussac.
1780-1867 *A.* Vie du peintre français Dominique Ingres.
1781 *L.* Emmanuel Kant : *Critique de la raison pure.*
1782-1789 Jean-Jacques Rousseau : *Confessions.*
1783-1842 *L.* Vie de l'écrivain français Stendhal.
1784-1855 *A.* Vie du sculpteur français François Rude.
1786 *Sp.* Première ascension du mont Blanc.
1787 *L.* Bernardin de Saint-Pierre : *Paul et Virginie.*
1788 *L.* Emmanuel Kant : *Critique de la raison pratique.*
1788-1824 *L.* Vie du poète anglais lord Byron.

RÉVOLUTIONS ET RESTAURATIONS (1789-1847)

RELATIONS INTERNATIONALES

1791 *4-11 août.* Paix austro-turque de Svistov et russo-ottomane de Galatz.
– *27 août.* Déclaration austro-prussienne de Pillnitz.
– *12 sept.* Annexion d'Avignon à la France.

1792 *9 janv.* Paix austro-ottomane de Iasi.
– *20 avr.* Déclaration de guerre de la France à l'Autriche.
– *25 juill.* Manifeste de Brunswick.

1793 *23 janv.* Deuxième partage de la Pologne.
– *1er févr. et 7 mars.* Déclarations de guerre de la France à l'Angleterre, aux Provinces-Unies et à l'Espagne.

1795 *5 avr., 16 mai et 22 juill.* Traités franco-prussien de Bâle, franco-néerlandais de La Haye et franco-espagnol de Bâle.
– *26 oct.* Troisième partage de la Pologne.

1797 *18 avr.* Préliminaires de paix franco-autrichiens de Leoben.
– *18 oct.* Traité franco-autrichien de Campoformio.

1798 *29 déc.* Alliance anglo-russe : 2e coalition.

1801 *9 févr.* Traité franco-autrichien de Lunéville.
– *16 juill.* Concordat entre la France et la papauté.

1802 *25 mars.* Paix franco-anglaise d'Amiens.

1803 *11 mai.* Rupture de la paix d'Amiens.

1805 *26 déc.* Traité franco-autrichien de Presbourg.

1806 *21 nov.* Décret de Berlin (Blocus continental).

1807 *7 et 9 juill.* Traités de Tilsit entre la France, la Russie et la Prusse.
– *17 déc.* Décret de Milan (Blocus continental).
– *30 nov.* Entrée de Junot à Lisbonne.
– *18 déc.* Contrôle anglais sur le commerce neutre.

1808 *30 avr.-4 mai.* Entrevue franco-espagnole de Bayonne.
– *27 sept.-14 oct.* Entrevue d'Erfurt.

1809 *14 oct.* Traité franco-autrichien de Vienne.

1810 *2 avr.* Mariage de Napoléon avec Marie-Louise d'Autriche.
– *9 juill. et 13 déc.* Annexions de la Hollande et des côtes allemandes de la mer du Nord.
– *31 déc.* Ports russes ouverts au commerce des Neutres.

1812 *23 févr. et 4 mars.* Alliances franco-prussienne et franco-autrichienne.
– *2 juin.* Convention austro-russe.

1814 *1er mars.* Pacte de Chaumont.
– *30 mai.* Premier traité de Paris.
– *23 sept. 1814-9 juin 1915.* Congrès de Vienne.

OPÉRATIONS MILITAIRES

1792-1797 Guerre de la première coalition.
– *20 sept. et 6 nov.* Valmy et Jemmapes : victoires de Kellermann et de Dumouriez sur les Prussiens.

1793 *26 déc.* Le Geisberg : victoire libérant la France.

1794 *26 juin.* Fleurus : Jourdan bat les Autrichiens.

1795 *15-22 juill.* Échec anglo-royaliste à Quiberon.

1796 *14 mai.* Prise de Milan par Bonaparte.

1797 *12-16 janv.* Rivoli : victoire de Bonaparte sur les Autrichiens.
– *2 févr.* Capitulation de Mantoue.

1798-1802 Guerre de la seconde coalition.

1798-1799/1801 Expédition de Bonaparte en Égypte.

1798 *21 juill.* Les Pyramides : Bonaparte bat les Mamelouks.
– *1er août.* Aboukir : défaite navale française.

1799 *28 avr.* Prise de Milan par les Russes de Souvorov.
– *25-26 sept.* Zurich : Masséna bat les Austro-Russes.

1800 *14 juin.* Marengo : Bonaparte bat les Autrichiens.
– *3 déc.* Hohenlinden : Moreau bat les Autrichiens.

1805 Guerre de la troisième coalition (anglo-austro-russe).
– *20 oct.* Ulm : capitulation du général autrichien Mack.
– *21 oct.* Trafalgar : victoire navale (et mort) de Nelson sur la flotte franco-espagnole.
– *14 nov.* Entrée des Français à Vienne.
– *2 déc.* Austerlitz : Napoléon Ier bat les Austro- Russes.

1806-1807 Guerre de la quatrième coalition (alliance anglo-russo-prussienne).
– *14 oct.* Iéna et Auerstedt : victoires de Napoléon Ier et de Davout sur les Prussiens.
– *27 oct.* Prise de Berlin.

1807 *8 févr. et 14 juin.* Eylau et Friedland : victoires de Napoléon sur les Russes.

1808 *22 juill. et 30 août.* Capitulation de Dupont à Bailén et de Junot à Sintra.

1809 Guerre de la cinquième coalition (austro-anglaise).
– *10 avr.* Entrée en guerre de l'Autriche.
– *13 mai.* Prise de Vienne par Napoléon Ier.
– *6 juill.* Wagram : victoire de Napoléon Ier sur les Autrichiens.

1812 *24 juin-30 déc.* Campagne de Russie.
– *5-7 sept.* La Moskova : victoire de Napoléon Ier.
– *14-18 sept.* Prise et incendie de Moscou.
– *19 oct.* Début de la retraite de Russie.
– *26-28 nov.* Passage de la Berezina.

FRANCE

1789 *5 mai.* Réunion des États généraux.
– *20 juin.* Serment du Jeu de paume.
– *9 juill. 1789-30 sept. 1791.* Assemblée nationale constituante.
– *14 juill.* Prise de la Bastille.
– *4 août (nuit du).* Abolition des privilèges.
– *5 et 6 oct.* Retour du roi à Paris.

1790 *12 juill.* Constitution civile du clergé.
– *14 juill.* Fête de la Fédération.

1791 *20-21 juin.* Fuite de Louis XVI à Varennes.
– *17 juill.* Fusillade du Champ-de-Mars.
– *1er oct. 1791-20 sept. 1792.* Assemblée législative.

1792 *20 juin.* Manifestation contre le roi.
– *10 août.* Chute de la royauté.
– *2-6 sept.* Massacres des prisons à Paris.
– *21 sept. 1792-26 oct. 1795.* La Convention.

1793 *21 janv.* Exécution de Louis XVI.
– *10 mars.* Soulèvement de la Vendée.
– *6 avril.* Création du Comité de salut public.
– *31 mai-2 juin.* Chute des Girondins.
– *24 juin.* Constitution de l'an I.
– *17 et 29 sept.* Lois des suspects et du maximum général.

1794 *14-24 mars et 30 mars-5 avr.* Exécution des hébertistes et des dantonistes.
– *8 juin.* Fête de l'Être suprême.
– *27-28 juill.* (9-10 thermidor). Chute de Robespierre.

1795 *1er avr.-20 mai.* Insurrections jacobines.
– *22 août.* Constitution de l'an III.
– *5 oct.* Insurrection royaliste du 13 vendémiaire.
– *26 oct. 1795-9 nov. 1799.* Le Directoire.

1797 *4 sept.* Coup d'État du 18 fructidor an V.

1798 *11 mai.* Coup d'État du 22 floréal an VI.

1799 *18 juin.* Coup d'État du 30 prairial an VII.
– *9 oct.* Retour de Bonaparte en France.
– *9-10 nov.* Coup d'État des 18/19 brumaire an VIII.
– *10 nov. 1799-18 mai 1804.* Consulat.
– *25 déc.* Constitution de l'an VIII.

1800 *13 févr.* Création de la Banque de France.

1802 *2 et 4 août.* Consulat à vie. Constitution de l'an X.

1804 *18 mai 1804-6 avr. 1814.* Premier Empire, Napoléon Ier Empereur.
– *2 déc.* Sacre de Napoléon Ier.

1809 Excommunication de Napoléon Ier par Pie VII.

1811 *20 mars.* Naissance du roi de Rome.

RÉVOLUTIONS ET RESTAURATIONS (1789-1847)

EUROPE

1788-1808 Charles IV, roi d'Espagne.
1790-1792 Léopold II, empereur germanique.
1792-1806 François II, empereur germanique.
1794 Soulèvement de la Pologne, réprimé par les Russes.
1796-1801 Paul Ier, tsar de Russie (assassiné).
1797-1802 République Cisalpine (1802-1805 : italienne).
1797-1840 Frédéric-Guillaume III, roi de Prusse.
1798 *5 févr.* Fondation de la république romaine.
1800 *5 févr.* Acte d'union de l'Angleterre et de l'Irlande.
1801-1825 Alexandre Ier, tsar de Russie.
1803 *19 févr.* Acte de médiation créant la Confédération helvétique.
– *25 févr.* Recès du Saint Empire.
1804-1835 François Ier (François II, empereur), empereur d'Autriche.
1804-1806 Dernier ministère du Second William Pitt.
1806-1808 Joseph Bonaparte, roi de Naples.
1806-1810 Louis Bonaparte, roi de Hollande.
1806 Fondation de la Confédération du Rhin.
– *1er août.* Dissolution du Saint Empire romain germanique.
1807-1813 Jérôme Bonaparte, roi de Westphalie.
1808-1813 Joseph Bonaparte, roi d'Espagne.
1808-1815 Murat, roi de Naples.
1808 Instauration du système des *krümper* en Prusse.
1809-1818 Charles XIII, roi de Suède.
1809-1848 Metternich, chancelier d'Autriche.
1810 Bernadotte, héritier du trône de Suède.
– Fondation de l'Université de Berlin.
1812 et 1814-1833 Ferdinand VII, roi d'Espagne.
1815 Création du royaume de Hanovre au profit de George III, roi de Grande-Bretagne.
1815-1866 Confédération germanique.
1817 Crise économique en Europe.
– *17 oct.* Manifestation de la Wartburg.
1818-1844 Charles XIV (Bernadotte), roi de Suède.
1820 Soulèvements à Cadix, Naples, Porto, etc.
1821 *12 mars.* Insurrection à Turin.
1820-1830 George IV, roi de Grande-Bretagne.

MONDE HORS D'EUROPE ET EMPIRE OTTOMAN

1789-1797 George Washington, président des États-Unis.
1789-1807 Sélim III, sultan ottoman.
1791-1794 et 1802 Révoltes à Haïti.
1796-1820 Jia Qing (Kia-K'ing), empereur de Chine.
1797-1834 Fath Ali Chah, chah de Perse.
1801-1809 Thomas Jefferson, président des États-Unis.
1803 Achat par les États-Unis de la Louisiane française.
1804 Les Wahhabites, maîtres du Hedjaz.
1804-1813 Première révolte du Serbe Karageorges (Karadjordje) contre les Turcs et échec.
1804-1849 Méhémet-Ali, vice-roi d'Égypte.
1807-1808 Mustafa IV, sultan ottoman.
1808-1839 Mahmud II le Réformateur, sultan ottoman.
1810 Insurrection de Miguel Hidalgo au Mexique.
1811 Indépendance du Venezuela et du Paraguay.
1812-1818 Méhémet-Ali assujettit les Wahhabites.
1813 Révolution en Nouvelle-Grenade (Colombie).
1814 Révolte contre les Turcs du Serbe Miloš Obrenović.
1816 Indépendance de l'Argentine.
1817-1825 James Monroe, président des États-Unis.
1817 Assassinat de Karageorges en Serbie.
1818 Maipú : victoire de San Martín et de O'Higgins sur les Espagnols et indépendance du Chili.
1819 Établissement des Anglais à Singapour.
– Boyacá : victoire de Simón Bolívar sur les Espagnols.
– Achat par les États-Unis de la Floride.
1820 États-Unis : compromis du Missouri sur l'esclavage.
1821-1830 Révolte des Grecs contre les Ottomans.
1821 Indépendance du Mexique.
1822 Assemblée d'Épidaure : indépendance de la Grèce.
1822-1823 Iturbide (Agustín Ier), empereur du Mexique.
1822-1831 Don Pedro (Pierre Ier), empereur du Brésil.
1823 Déclaration de Monroe : « L'Amérique aux Américains. »
1824 Ayacucho : ultime défaite espagnole en Amérique latine.
1826 Congrès interaméricain de Panamá réuni par Bolívar.

CIVILISATION

1790 *L.* Burke : *Réflexions sur la Révolution de France.*
1790-1869 *L.* Vie de l'écrivain Alphonse de Lamartine.
1794 *T.* Claude Chappe : premier télégraphe à bras.
1795 *Sc.* Institution du système métrique en France.
1796 *Sc.* Recherches de Jenner sur la vaccine.
1797-1802 *T.* R. Fulton : 1er sous-marin.
1797-1863 *L.* Vie de l'écrivain français Alfred de Vigny.
1798 *L.* Malthus : *Essai sur le principe de population.*
1798-1857 *L.* Vie du philosophe Auguste Comte.
1798-1863 *A.* Vie du peintre français Eugène Delacroix.
1798-1874 *L.* Vie de l'historien français Jules Michelet.
1799-1850 *L.* Vie de l'écrivain Honoré de Balzac.
1800 *Sc.* Volta : invention de la pile électrique.
1800-1823 *R.* Pontificat de Pie VII.
1802 *L.* Chateaubriand : *le Génie du christianisme.*
1802-1885 *L.* Vie de l'écrivain français Victor Hugo.
1804 *A.* Ludwig van Beethoven : symphonie *Héroïque.*
1805 *T.* Jacquard : invention du métier à tisser la soie.
1806-1836 *A.* Chalgrin : arc de triomphe de l'Étoile.
1807-1808 *L.* Fichte : *Discours à la nation allemande.*
1808 *L.* Organisation de l'Université impériale.
1810 *T.* Ph. de Girard invente la machine à filer le lin.
1810-1849 *A.* Vie du compositeur Frédéric Chopin.
1810-1857 *L.* Vie de l'écrivain français Alfred de Musset.
1813-1883 *A.* Vie du compositeur Richard Wagner.
1814 *T.* G. Stephenson : invention de la locomotive à vapeur.
– *A.* Francisco de Goya : *Dos* et *Tres de Mayo.*
1818-1883 *L.* Vie du philosophe allemand Karl Marx.
1819 *A.* Géricault : *le Radeau de la « Méduse ».*
– *Sc.* Fresnel : théorie ondulatoire de la lumière.

Suite →

RÉVOLUTIONS ET RESTAURATIONS (1789-1847) *suite*

RELATIONS INTERNATIONALES

1815 *3 janv.* Alliance entre la France, l'Angleterre et l'Autriche.
- *26 sept.* La Sainte-Alliance.
- *20 nov.* Second traité de Paris. La Quadruple-Alliance.

1818 *30 sept.-21 nov.* Congrès d'Aix-la-Chapelle.

1819 *août-sept.* Conférence de Karlsbad (Karlovy Vary).

1820 *2 oct.-17 déc.* Congrès de Troppau.

1821 *26 janv.-12 mai.* Congrès de Laibach.

1822 *20 oct.-14 déc.* Congrès de Vérone.

1827 *6 juill.* Traité de Londres sur la Grèce.

1829 *14 sept.* Traité russo-ottoman d'Andrinople.

1830 *3 févr.* Protocole de Londres : indépendance de la Grèce.
- *20 déc.* Conférence de Londres : indépendance de la Belgique.

1833 *4 mai.* Paix turco-égyptienne de Kütahya.
- *8 juill.* Traité russo-turc d'Unkiar-Skelessi.

1839 *19 avr.* Indépendance belge reconnue par les Pays-Bas.

1840 Crise en Orient.
- *15 juill.* Traité de Londres (garantie de l'intégrité territoriale de l'Empire ottoman).

1841 *13 juill.* Convention des Détroits.

1843 et 1844 Entrevues d'Eu et de Windsor (Louis-Philippe et Victoria) : 1re entente cordiale.

OPÉRATIONS MILITAIRES

1813-1814 Guerre de la sixième coalition.

1813 Campagne d'Allemagne.
- *2 et 20 mai.* Lützen et Bautzen : victoires de Napoléon Ier sur les Prussiens.
- *21 juin.* Vitoria : victoire anglo-espagnole de Wellington.
- *8 oct.* Les Anglais envahissent l'Aquitaine.
- *16-19 oct.* Leipzig : défaite de Napoléon Ier (bataille des Nations).

1814 *1er févr.-30 mars.* Campagne de France.
- *30 mars.* Capitulation de Paris.

1815 *18 juin.* Waterloo : défaite de Napoléon Ier face aux Anglo-Prussiens.

1821 *8 avr.* Novare : défaite des Piémontais face aux Autrichiens.

1823 *7 avr.-30 sept.* Expédition française en Espagne.

1825 *24 févr.* Intervention égyptienne en Morée.

1827 *20 oct.* Navarin : victoire navale anglo-française sur les Ottomans.

1828 *26 avr. 1828-14 sept. 1829.* Guerre russo-ottomane.
- *Oct.-nov.* Expédition française en Morée.

1830 *5 juill.* Prise d'Alger par les Français.

1832 *4 déc.* Prise d'Anvers par les Français.

FRANCE

1814 *6 avr.* Abdication de Napoléon Ier.
- *6 avr. 1814-20 mars 1815.* Première Restauration.
- *4 juin.* Publication de la Charte.

1815 *1er mars.* Retour de l'île d'Elbe.
- *20 mars-8 juill.* Les Cent-Jours.
- *1er juin.* Acte additionnel.
- *22 juin.* Seconde abdication de Napoléon Ier.

1815-1830 Deuxième Restauration.

1815-1824 Louis XVIII, roi de France.

1821-1828 Ministère Villèle.

1824-1830 Charles X, roi de France.

1829-1830 Polignac, président du Conseil.

1830 *26 juill.* Les « quatre ordonnances ».
- *27-29 juill.* Les Trois Glorieuses.
- *2 août.* Abdication de Charles X.

1830-1848 Louis-Philippe Ier, roi des Français.

1834 Révolte des canuts lyonnais.

1836 Coup d'État de Louis-Napoléon à Strasbourg.

1840 Ministère de Thiers.
- Coup d'État de Louis-Napoléon à Boulogne.
- Retour des cendres de Napoléon Ier.

1840-1848 Ministère de François Guizot.

1847 Campagne des Banquets contre le gouvernement.

RÉVOLUTIONS ET RESTAURATIONS (1789-1847)

EUROPE

1823 Fondation d'une association catholique en Irlande.

1824 Loi accordant le droit de grève en Angleterre.

1825-1855 Nicolas Ier, tsar de Russie.

1825 Soulèvement décabriste en Russie.

1829 Acte d'émancipation des catholiques anglais.

1830 *25 août.* Révolution à Bruxelles.
- *29 nov.* Révolution à Varsovie.

1830-1859 Ferdinand II, roi des Deux-Siciles.

1830-1837 Guillaume IV, roi de Grande-Bretagne.

1831-1849 Charles-Albert, roi de Sardaigne.

1831-1865 Léopold Ier, roi des Belges.

1831 *8 sept.* Prise de Varsovie par les Russes.
- Fondation de la Jeune-Italie par Mazzini.

1832 Réforme électorale en Angleterre.

1833-1839 Soulèvement carliste dans le Pays basque.

1833-1868 Isabelle II, reine d'Espagne.

1834 *1er janv.* Entrée en vigueur du *Zollverein* général.

1835-1848 Ferdinand Ier, empereur d'Autriche.

1837-1901 Victoria, reine de Grande-Bretagne.

1840-1861 Frédéric-Guillaume IV, roi de Prusse.

1845 Début de la crise économique en Europe.

1846 *25 mai.* Abolition des *Corn Laws* en Angleterre.

MONDE HORS D'EUROPE ET EMPIRE OTTOMAN

1830-1839 Miloš Obrenović Ier, prince héréditaire de Serbie.

1831-1837 Guerre turco-égyptienne.

1832 Prise de Konya par les Égyptiens.

1834 Abolition de l'esclavage dans les colonies anglaises.
- Grand *Trek* des Boers vers le Natal.

1836-1845 Indépendance temporaire du Texas.

1837 Traité de la Tafna entre Bugeaud et Abd el-Kader.

1838 Occupation d'Aden par les Anglais.

1839 Nizip : défaite ottomane face aux Égyptiens.

1839-1861 Abdülmecid Ier, sultan ottoman.

1840 Acte d'union (Canada français et anglais).

1840-1847 Bugeaud, gouverneur général d'Algérie.

1840-1842 Guerre anglo-chinoise de l'opium.

1842 Traité de Nankin : ouverture de la Chine.

1844 Annexion du Natal par les Anglais : second *Trek* des Boers.
- Isly : Bugeaud bat les Marocains.

1845 Annexion du Texas par les États-Unis.

1846-1848 Guerre américano-mexicaine.

1847 Reddition d'Abd el-Kader.

CIVILISATION

1821-1880 *L.* Vie de l'écrivain français Gustave Flaubert.

1822-1895 *Sc.* Vie du biologiste français Louis Pasteur.

v. 1822 *Sc.* N. Niépce : principe de la photographie.

1823-1829 *R.* Pontificat de Léon XII.

1823-1892 *L.* Vie de l'écrivain français Ernest Renan.

1824 *A.* Eugène Delacroix : *les Massacres de Scio.*

1826 *Sc.* Lobatchevski : géométrie non euclidienne.

1827 *L.* V. Hugo : préface de *Cromwell.*

1828-1910 *L.* Vie de l'écrivain russe Léon Tolstoï.

1830 *L.* Victor Hugo : la bataille d'*Hernani.*
- *T.* B. Thimonnier : invention de la machine à coudre.

1830 *L.* Stendhal : *le Rouge et le Noir.*

1831-1846 *R.* Pontificat de Grégoire XVI.

1832-1883 *A.* Vie du peintre français Édouard Manet.

1835-1840 *L.* Tocqueville : *De la démocratie en Amérique.*

1836-1867 *L.* František Palacký : *Histoire de la Bohême.*

1839 *L.* Stendhal : *la Chartreuse de Parme.*

1840-1859 *L.* Sainte-Beuve : *Port-Royal.*

1840-1902 *L.* Vie de l'écrivain français Émile Zola.

1840-1926 *A.* Vie du peintre français Claude Monet.

1843-1850 *A.* Labrouste : bibliothèque Ste-Geneviève.

1843 *T.* Morse : 1er télégraphe électrique.

1844-1900 *L.* Vie du philosophe Friedrich Nietzsche.

1844-1924 *L.* Vie de l'écrivain Anatole France.
- *Sc.* Le Verrier : découverte de la planète Neptune.

1846-1878 *R.* Pontificat de Pie IX.

1847-1853 *L.* Michelet : *Histoire de la Révolution française.*

1847-1931 *Sc.* Vie du physicien américain Edison.

1848 *L.* Marx et Engels : *Manifeste du parti communiste.*

LE MONDE AU TEMPS DES NATIONALITÉS ET DE L'IMPÉRIALISME ARMÉ (1848-1914)

RELATIONS INTERNATIONALES

1848-1849 Guerre austro-sarde (paix en 1849).

1849 Kapolna et Novare : les Autrichiens battent les Hongrois, puis Charles-Albert.
– Oudinot prend Rome.
– Temesvár et Világos : les Russes battent les Hongrois.
– Abolition des Actes britanniques de navigation.

1854-1855 Guerre de Crimée.

1855 Prise de Sébastopol par les Franco-Anglais.

1856 Congrès et traité de Paris.

1858 Entrevue de Plombières (Napoléon III-Cavour).

1859 Guerre d'Italie. Magenta et Solferino : victoires françaises sur les Autrichiens.
– Traité de Zurich : cession de la Lombardie au Royaume sarde.

1860 Cession à la France de Nice et de la Savoie sardes.

1862-1867 Expédition française du Mexique.

1864-1876 Première Internationale ouvrière.

1864 Guerre des Duchés.
– Traité de Vienne.
– Fondation à Genève de la *Croix-Rouge* internationale.

1865 Convention austro-prussienne de Gastein.
– Entrevue de Biarritz (Napoléon III-Bismarck).

1866 Guerre austro-prussienne : Sadowa ; paix de Prague.

1870 Candidature Hohenzollern au trône d'Espagne.

1870 (19 juill.)-1871 (28 janv.) Guerre franco-allemande.

1870 *2 sept. et 27 oct.* Capitulations : Sedan et Metz.

1870-1871 Siège de Paris par les Prussiens.

1871 *10 mai.* Traité franco-allemand de Francfort.

1873 et 1881 Entente des trois empereurs.

1877-1878 Guerre russo-turque (victoires russes).

1878 Traité de San Stefano.
– Congrès de Berlin.

1878-1908 Occupation par l'Autriche de la Bosnie-Herzégovine (annexée en 1908).

1878-1914 Chypre sous administration britannique.

1879 Alliance austro-prussienne de Vienne : la Duplice.

1882 Triplice germano-austro-italienne.

1884 Occupation de Merv par les Russes.

1884-1885 Conférence coloniale de Berlin.

1885 Création de l'État du Congo par l'acte de Berlin.

FRANCE, ROYAUME-UNI ET PÉNINSULE IBÉRIQUE

1848 *22-24 févr.* Révolution libérale à Paris.
– *24 févr.* Abdication de Louis-Philippe.
– *25 févr. 1848-2 déc. 1852.* IIe République.
– *4 mai. 1848-27 mai 1849.* Assemblée constituante.
– *23-26 juin.* Journée de Juin à Paris.
– *10 déc. 1848-2 déc. 1852.* Louis-Napoléon Bonaparte, président de la République.

1849 *28 mai 1849-2 déc. 1851.* Assemblée législative.

1851 *2 déc.* Coup d'État de Louis-Napoléon Bonaparte.

1852 *2 déc. 1852-4 sept. 1870.* Napoléon III, empereur.

1852-1860 Empire autoritaire.

1853-1861 Pierre V, roi de Portugal.

1861-1889 Louis Ier, roi de Portugal.

1860-1869 Empire libéral en France.

1868 Destitution d'Isabelle II par le général Prim.

1869-1871 Régence de Serrano en Espagne.

1868 et 1874-1880 Disraeli, Premier ministre britannique.

1868-1874, 1880-1885, 1886 et 1892-1894 Gladstone, Premier ministre britannique (libéral).

1869-1870 Ministère Émile Ollivier.

1870-1873 Amédée Ier, duc d'Aoste, roi d'Espagne.

1871 *8 févr. 1871-30 déc. 1875.* Assemblée nationale.
– *10 mars.* Pacte de Bordeaux.
– *18 mars-28 mai.* Commune de Paris.

1873 *24 mai.* Crise et démission d'Adolphe Thiers.

1873-1874 République espagnole.

1873-1879 Mac-Mahon, président de la République.

1875 Lois constitutionnelles de la IIIe République.

1875-1885 Alphonse XII, roi d'Espagne.

1876 *16 mai.* Renvoi de Jules Simon par Mac-Mahon.

1879-1887 Jules Grévy, président de la République.

1880-1885 Œuvre de Jules Ferry.

1886-1889 Essor et échec du mouvement boulangiste.

1886-1931 Alphonse XIII, roi d'Espagne.

1887 Affaire Wilson : scandale des décorations.

1887-1894 Sadi Carnot, président de la République.

1888-1897 Scandale politico-financier de Panamá.

1889-1908 Charles Ier, roi de Portugal.

1894-1895 J. Casimir-Perier, président de la République.

AUTRES PAYS EUROPÉENS ET EMPIRE OTTOMAN

1848 *12 janv.* Révolution à Palerme.
– *13 et 18 mars.* Révolution libérale à Vienne et à Berlin.
– *18-22 mars.* Les Cinq Jours de Milan.
– *23 mars 1848-22 août 1849.* République de Venise.
– *31 mars-3 avr. Vorparlament* en Allemagne.
– *18 mai 1848-18 juin 1849.* Parlement de Francfort.
– *2 juin.* Réunion du Congrès panslave de Prague.
– *2 déc. 1848-22 nov. 1916.* François-Joseph Ier, empereur d'Autriche.

1849 *9 févr.-4 juill.* République romaine de Mazzini.

1849-1878 Victor-Emmanuel II, roi sarde (d'Italie, 1861).

1850 Reculade d'Olmütz : capitulation du roi de Prusse.

1852-1859 et 1860-1861 Cavour, président du Conseil.

1855-1881 Alexandre II, tsar de Russie.

1858-1888 Guillaume Ier, régent, roi de Prusse (1861), empereur d'Allemagne (1871).

1859-1866 Alexandre-Jean Ier Cuza, prince de Roumanie.

1860 Garibaldi : expédition des Mille en Sicile.

1861-1876 Abdülaziz Ier, sultan ottoman.

1861-1946 Royaume d'Italie, né du royaume sarde.

1862-1890 Bismarck, président du Conseil de Prusse.

1865-1909 Léopold II, roi des Belges.

1866-1914 Charles Ier, prince de Roumanie (roi, 1881).

1866-1871 Confédération de l'Allemagne du Nord.

1867 Compromis créant l'Empire d'Autriche-Hongrie.

1870 Incorporation de Rome au royaume d'Italie.

1871-1890 Otto von Bismarck, chancelier d'Allemagne.

1871-1918 IIe Reich.

1871-1879 G. Andrássy, ministre des Affaires étrangères d'Autriche-Hongrie.

1875-1890 Kálmán Tisza gouverne la Hongrie.

1876-1909 Abdülhamid II, sultan ottoman.

1878-1900 Humbert Ier, roi d'Italie.

1879-1886 Alexandre de Battemberg, prince de Bulgarie.

1881-1894 Alexandre III, tsar de Russie.

1887-1918 Ferdinand Ier, prince de Bulgarie (tsar, 1908).

LE MONDE AU TEMPS DES NATIONALITÉS ET DE L'IMPÉRIALISME ARMÉ (1848-1914)

MONDE HORS D'EUROPE

1848 Traité américano-mexicain de Guadalupe Hidalgo.
1848-1896 Nasir al-Din Chah, souverain de Perse.
1851-1864 Révolution Taiping en Chine contre les Qing.
1854-1855 Traités ouvrant le Japon aux Occidentaux.
1857 Échec de la révolte des cipayes en Inde.
1858 Traités de Tianjin (T'ien-tsin) entre la Chine et les Occidentaux.
– Traité russo-chinois d'Aihun.
1860 Expédition franco-anglaise du Palais d'été.
1861-1865 Abraham Lincoln, président des États-Unis.
1861 Constitution des États confédérés d'Amérique.
1861-1865 Guerre de Sécession aux États-Unis.
1861-1908 Zixi (Tseu-hi), impératrice régente de Chine.
1862 La France annexe la Cochinchine orientale.
1863 Protectorat français sur le Cambodge.
1863-1867 Maximilien Ier, empereur du Mexique.
1865 Abolition de l'esclavage aux États-Unis.
1867 Création du dominion du Canada.
1868-1912 Mutsuhito, empereur du Japon : ère Meiji.
1869-1877 Ulysses Grant, président des États-Unis.
1876-1880 ; 1884-1911 Porfirio Díaz, président du Mexique.
1875 et 1880 Savorgnan de Brazza au Congo.
1876-1901 Victoria, impératrice des Indes.
1881 Protectorat français sur la Tunisie.
1883-1885 Guerre franco-chinoise au Tonkin.
1884-1885 Traités franco-chinois de Tianjin.
1885-1889 et 1893-1897 Cleveland, président des États-Unis.
1886-1893 Conquête du Laos par Auguste Pavie.
1888-1893 Archinard détruit l'empire d'Ahmadou.
1889 Cecil Rhodes, concessionnaire des « Rhodésies ».
1889-1909 Ménélik II, négus d'Éthiopie.
1893 Protectorats français au Dahomey et américain aux Hawaii.
1895-1896 Conquête de Madagascar par la France.
1896 Adoua : victoire de Ménélik II sur les Italiens.
1896-1907 Muzaffar al-Din Chah, souverain de Perse.

ÉCONOMIE ET TECHNIQUE

1848 *Éc.* Découverte de mines d'or en Californie.
1850 *T.* 1er câble sous-marin Douvres-Calais.
1851 *Éc.* 1re exposition internationale (Londres).
– Fondation de la compagnie française des Messageries maritimes.
– Découvertes de mines d'or en Australie.
1852 *Éc.* Fondation à Paris du grand magasin Au Bon Marché, du Crédit foncier et du Crédit mobilier.
1855 *Éc.* Fondation de la Compagnie du canal de Suez (F. de Lesseps), de la Compagnie générale transatlantique en France. Exposition internationale de Paris.
– *T.* Invention du convertisseur Bessemer.
1857 *Éc.* Crise financière en Grande-Bretagne.
1857-1871 *T.* Construction du tunnel du Mont-Cenis.
1859 *Éc.* Fondation de la Société générale (France).
1859-1869 *T.* Construction du canal de Suez.
1860 *Éc.* Traité de libre-échange franco-anglais.
1863 *Éc.* Fondation du Crédit Lyonnais en France.
– *T.* Procédé Solvay (fabrication de la soude).
1864 *Éc.* Fondation du Comité des forges en France.
– *T.* Invention du four Martin.
1866 *Éc.* Crise bancaire en Angleterre.
– *T.* 1er câble transatlantique. Nobel : invention de la dynamite.
1867 *T.* Invention de la machine frigorifique par Charles Tellier.
– *Éc.* Découverte de gisements diamantifères dans l'Orange.
1869 *T.* 1er chemin de fer transcontinental aux États-Unis.
1870 *Éc.* Fondation de la Standard Oil Company.
1874 *Éc.* Fondation de l'Union postale internationale.
1876 *T.* Graham Bell : invention du téléphone.
1877 *T.* Edison : invention du microphone et du phonographe.
1878 *T.* Thomas et Gilchrist : procédé de déphosphoration.
1880-1886 *T.* Construction du Canadian Pacific Railway.
1880-1888 *T.* Construction du transcaspien.
1882-1893 *T.* Construction du canal de Corinthe.
1883 *T.* M. Deprez : 1er transport d'énergie électrique.

CIVILISATION

1848 *Sc.* C. Bernard : découverte de la fonction glycogénique du foie.
1848-1903 *A.* Vie du peintre français Paul Gauguin.
1849 *Sc.* Fizeau : expérience sur la vitesse de la lumière.
1850-1893 *L.* Vie de l'écrivain Guy de Maupassant.
1852 *L.* Auguste Comte : *Catéchisme positiviste.* Mrs. Beecher-Stowe : *la Case de l'oncle Tom.*
1853 *L.* Victor Hugo : *Châtiments.*
1853-1874 *A.* Richard Wagner : *l'Anneau du Nibelung.*
1853-1855 *L.* Gobineau : *Essai sur l'inégalité des races.*
1853-1893 *A.* Vie du peintre Vincent Van Gogh.
1854 *R.* Dogme de l'Immaculée-Conception.
– *Sc.* Sainte-Claire Deville isole l'aluminium. Marcelin Berthelot : principes de la thermochimie.
1854-1912 *Sc.* Vie du mathématicien Henri Poincaré.
1856-1939 *L.* Vie du neurologue Sigmund Freud.
1857 *L.* Charles Baudelaire : *les Fleurs du mal.*
1859-1941 *L.* Vie du philosophe français Henri Bergson.
1860 *Sc.* Marcelin Berthelot : *Chimie organique fondée sur la synthèse.*
1861-1929 *A.* Vie du sculpteur Antoine Bourdelle.
1861-1938 *A.* Vie du cinéaste français Georges Méliès.
1863 *L.* Ernest Renan : *la Vie de Jésus.*
1864 *R.* Encyclique *Quanta Cura* et *Syllabus.*
– *L.* Fustel de Coulanges : *la Cité antique.*
1865-1869 *L.* Léon Tolstoï : *Guerre et Paix.*
1865 *Sc.* Claude Bernard : *Introduction à l'étude de la médecine expérimentale.*
1866 *L.* Fedor Dostoïevski : *Crime et châtiment.*
1867 *L.* Karl Marx : *le Capital.*
1869-1937 *A.* Vie du musicien français Albert Roussel.
1869-1870 *R.* XXe concile œcuménique (Vatican I).
1871-1922 *L.* Vie de l'écrivain français Marcel Proust.
1873-1914 *L.* Vie du poète français Charles Péguy.
1878-1903 *R.* Pontificat de Léon XIII.
1879-1955 *Sc.* Vie du physicien Albert Einstein.
1880 *L.* Hippolyte Taine : *Philosophie de l'art.*

Suite →

LE MONDE AU TEMPS DES NATIONALITÉS ET DE L'IMPÉRIALISME ARMÉ (1848-1914) *suite*

RELATIONS INTERNATIONALES

1889 Fondation à Paris de la IIe Internationale ouvrière.
1892 Accord militaire secret franco-russe.
1894-1895 Guerre sino-japonaise.
1895 Traité sino-japonais de Shimonoseki.
1898 Incident franco-anglais de Fachoda.
1902 Accords anglo-japonais et franco-italiens.
1904 Traité franco-anglais d'Entente cordiale.
– Congrès d'Amsterdam (2e Internationale socialiste).
1904-1905 Guerre russo-japonaise (Port-Arthur ; Tsushima).
1906 Conférence d'Algésiras sur le Maroc.
1907 Accord asiatique anglo-russe (Triple-Entente).
1911 Guerre italo-turque : Tripolitaine à l'Italie.
1912 Traité italo-turc de Lausanne-Ouchy.
1912-1913 Première guerre balkanique.
1913 Traité de Londres.
– Seconde guerre balkanique.
– Traité de Bucarest.
– Incidents de Saverne.

FRANCE, ROYAUME-UNI ET PÉNINSULE IBÉRIQUE

1894-1906 Affaire Dreyfus.
1895-1899 Félix Faure, président de la République.
1895 Fondation à Limoges de la C. G. T.
1898-1905 T. Delcassé, ministre des Affaires étrangères.
1899-1906 Émile Loubet, président de la République.
1899-1902 Ministère Waldeck-Rousseau.
1901-1910 Édouard VII, roi de Grande-Bretagne.
1902-1905 Ministère Émile Combes.
1905 Fondation à Paris de la S. F. I. O.
1906 Charte syndicale d'Amiens.
1906-1913 Armand Fallières, président de la République.
1908-1910 Manuel II, roi de Portugal.
1910-1926 République du Portugal.
1910-1936 George V, roi de Grande-Bretagne.
1913-1920 R. Poincaré, président de la République.

AUTRES PAYS EUROPÉENS ET EMPIRE OTTOMAN

1888-1918 Guillaume II, empereur d'Allemagne.
1890-1894 Caprivi, chancelier d'Allemagne.
1890-1948 Wilhelmine, reine des Pays-Bas.
1894-1917 Nicolas II, tsar de Russie.
1894-1896 et 1915-1918 Massacres des Arméniens.
1900-1909 Bernard von Bülow, chancelier d'Allemagne.
1900-1946 Victor-Emmanuel III, roi d'Italie.
1903-1905 et 1913-1917 István Tisza gouverne la Hongrie.
1903-1921 Pierre Ier Karadjorjević, roi des Serbes.
1905 1re révolution russe.
– Scission suédo-norvégienne.
1905-1957 Haakon VII, roi de Norvège.
1907-1950 Gustave V, roi de Suède.
1908 Révolution « jeune-turque ».
1909-1918 Mehmed V, sultan ottoman.
1909-1917 Bethmann-Hollweg, chancelier d'Allemagne.
1909-1934 Albert Ier, roi des Belges.
1912-1947 Christian X, roi de Danemark.

LE MONDE AU TEMPS DES NATIONALITÉS ET DE L'IMPÉRIALISME ARMÉ (1848-1914)

MONDE HORS D'EUROPE

1897-1901 William McKinley, président des États-Unis.

1898 Élimination de Samory et des Mahdistes.

1899-1902 Guerre anglo-boër.

1900 Kousséri : destruction de l'empire de Rabah.

1901 Création du Commonwealth of Australia.

1901-1909 Theodore Roosevelt, président des États-Unis.

1903 Révolution de Panamá contre la Colombie.

1904 Fondation du Guomindang par Sun Yat-sen.

1907 Création du dominion de Nouvelle-Zélande.

1908-1912 Puyi (P'ou-yi), dernier empereur de Chine.

1909-1925 Ahmad Chah, souverain de Perse.

1910 Création de l'Union sud-africaine.

1911 République chinoise de Sun Yat-sen à Nankin.

1912 Traité de Fès : protectorat français sur le Maroc.

1912-1915 Yuan Shikai, président de la République de Chine.

1912-1926 Yoshihito, empereur du Japon.

1913-1921 Thomas W. Wilson, président des États-Unis.

ÉCONOMIE ET TECHNIQUE

1884 *Éc.* Découverte de mines d'or au Transvaal.

1889 *Éc.* Exposition internationale de Paris (tour Eiffel).

1891-1906 et 1907-1917 Construction du Transsibérien.

1895 *T.* Ouverture du canal de Kiel.

1896 *T.* Marconi : invention de la télégraphie sans fil.

1897 *Éc.* Découverte de mines d'or au Klondyke.
– *T.* Clément Ader : 1er vol en aéroplane.

1900 *T.* 1er dirigeable de Ferdinand Zeppelin.

1902 *Éc.* Concession du Bagdad-Bahn.

1903 *T.* 1er vol des frères Wright en aéroplane.

1906 *T.* Ouverture du tunnel du Simplon.

1907 *T.* Auguste Lumière : invention de la photographie.

1909 *T.* L. Blériot : 1re traversée de la Manche en avion.

1912 *Éc.* F. W. Taylor : *The Principles of Scientific Management.*

1913 *T.* F. Haber : synthèse industrielle de l'ammoniaque.

CIVILISATION

1883-1885 *L.* Nietzsche : *Ainsi parlait Zarathoustra.*

1886 *Sc.* Heinrich Rudolph Hertz : découverte des ondes électro-magnétiques.

1887-1965 *A.* Vie de l'architecte suisse Le Corbusier.

1888 *Sc.* Inauguration de l'Institut Pasteur.

1891 *R.* Encyclique *Rerum novarum.*

1895 *L.* Theodor Herzl : *l'État juif.*

1896 *Sp.* Premiers jeux Olympiques à Athènes.

1898 *Sc.* Pierre et Marie Curie : découverte du radium.

1900 *L.* Charles Maurras : *Enquête sur la monarchie.*
– *Sc.* Max Planck : théorie des quantas.

1902 *A.* Claude Debussy : *Pelléas et Mélisande.*

1903-1914 *R.* Pontificat de saint Pie X.

1905 *Sc.* Albert Einstein : découverte des photons.

1907 *R.* Encyclique *Pascendi* contre le modernisme.

1913-1927 *L.* Proust : *À la recherche du temps perdu.*

LE MONDE AU TEMPS DES CRISES : DE LA CRISE MILITAIRE À LA CRISE ÉCONOMIQUE (1914-1928)

RELATIONS INTERNATIONALES (1914-1918)

1914 *23 juill.* Ultimatum austro-hongrois à la Serbie.
– *28 juill.-12 août.* Déclarations de guerre.
– *2-5 nov.* Les Turcs en guerre.

1915 *26 avr.* Traité de Londres entre l'Italie et les Alliés.
– *23 mai et 14-20 oct.* Italie, puis Bulgarie en guerre.

1916 *17 août.* Alliance entre l'Entente et la Roumanie.

1917 *2 avr.* Guerre entre les États-Unis et l'Allemagne.
– *9 août.* Rupture germano-grecque.
– *2 nov.* Déclaration Balfour.
– *15 déc.* Armistice de Brest-Litovsk.

1918 *8 janv.* Les « 14 points » de Wilson.
– *3 mars.* Paix germano-russe de Brest-Litovsk.
– *29 sept., 30 oct., 3 et 11 nov.* Armistices : Salonique, Moudros. Villa Giusti, Rethondes.

FRONT OCCIDENTAL (1914-1918)

1914 *4 août.* Invasion de la Belgique.
– *20-23 août.* Batailles des frontières.
– *6-11 sept.* Bat. de la Marne.

1915 *mai.* Offensive alliée en Artois.
– *23 sept.* Offensive française en Champagne.

1916 *21 févr.-24 juin/1er août.* Verdun : offensive allemande, victoire française.
– *1er juill.-23 oct.* Offensive franco-anglaise sur la Somme.
– *29 août.* Hindenburg, commandant en chef allemand.

1917 *24 févr.-13 mars.* Repli allemand sur ligne Hindenburg.
– *9-19 avr.* Échec de l'offensive Nivelle.

1918 *21 mars-15 juill.* Offensives allemandes.
– *26 mars.* Foch, commandant en chef interallié.
– *18 juill.-11 nov.* Contre-offensives alliées.

AUTRES FRONTS (1914-1918)

1914 *26-29 août.* Tannenberg.
– *9-14 sept.* Lacs Mazures : victoires de Hindenburg sur les Russes.

1915 *19 févr. 1915-8 janv. 1916.* Échec allié aux Dardanelles.
– *2 mai.* Offensive austro-allemande en Galicie.
– *5 oct.* Débarquement des Alliés à Salonique.

1916 *15 mai.* Offensive autrichienne en Italie.
– *4 juin-15 août.* Offensive Broussilov en Galicie.
– *6 déc.* Prise de Bucarest par les Austro-Allemands.

1917 *31 janv.* Guerre sous-marine allemande à outrance.
– *24 oct.* Caporetto : défaite italienne.

1918 *18 févr.* Offensive turque en Arménie.
– *15 sept.-3 nov.* Offensive de Franchet d'Esperey en Macédoine.
– *24-30 oct.* Vittorio Veneto : victoire italienne.

RELATIONS INTERNATIONALES (1919-1928)

1919 *2-6 mars.* Fondation à Moscou de la IIIe Internationale.
– *28 juin.* Traité de Versailles et traités de garantie franco-américain et franco-anglais.
– *10 sept.* Traité de paix de Saint-Germain-en-Laye avec l'Autriche.
– *27 nov.* Traité de paix de Neuilly avec la Bulgarie.

1920 *16 janv.* Rejet par le Sénat américain de l'adhésion des États-Unis à la S.D.N.
– *4 juin.* Traité de paix de Trianon avec la Hongrie.
– *10 août.* Traité de Sèvres avec l'Empire ottoman.
– *12 nov.* Traité italo-yougoslave de Rapallo : Fiume, État libre.

1921 *25 août.* Paix séparée américano-allemande de Berlin.
– *12 nov. 1921-6 févr. 1922.* Conférence de Washington.

1923 *24 juill.* Traité gréco-turc de Lausanne révisant le traité de Sèvres.

1924 *27 janv.* Pacte italo-yougoslave de Rome : l'Italie annexe Fiume.

1926 *17 sept.* Entrevue Briand-Stresemann à Thoiry.

1928 *27 août.* Pacte Briand-Kellogg.

EUROPE ET U.R.S.S. (1919-1928)

1919 *5 janv.* Fondation à Munich du *parti national-socialiste allemand des travailleurs* (NSDAP) par Anton Drexler.
– *11 févr. 1919-28 févr. 1925.* Friedrich Ebert, président de la République allemande.
– *23 mars.* Fondation à Milan des Faisceaux de combat.

1921 *28 févr.* Révolte des marins de Kronchtadt.
– *mars.* Journées fratricides à Fiume.
– *12 mars.* Adoption de la NEP et Russie.

1922 *3 avr.* Joseph Staline, secrétaire du parti communiste soviétique.
– *27-28 oct.* Marche fasciste sur Rome.
– *30 déc.* Création de l'U.R.S.S.

1923 *13 sept.* Coup d'État de Primo de Rivera.
– *8-9 nov.* Putsch de Hitler à Munich.

1924 *21 janv.* Mort de Lénine.
– *10 juin.* Assassinat de Matteotti par la milice fasciste.

1925 *26 avr. 1925-2 août 1934.* Hindenburg président de la république de Weimar.

1926 *12-14 mai.* Marche de Pilsudski sur Varsovie.
– *28 mai.* Marche sur Lisbonne de Gomes da Costa.

1928 *27 avr. 1928-5 juill. 1932.* Oliviera Salazar, ministre des Finances du Portugal.

LE MONDE AU TEMPS DES CRISES : DE LA CRISE MILITAIRE À LA CRISE ÉCONOMIQUE (1914-1928)

PAYS EUROPÉENS (1914-1918)

1914 *2 sept.* Le gouvernement français à Bordeaux.
– *10 oct. 1914-20 juill. 1927.* Ferdinand Ier, roi de Roumanie.

1915 *29 oct. 1915-14 mars 1917.* Ministère Briand.

1916 *24 mars.* Constitution du *Spartakusbund*.
– *22 nov. 1916-11 nov. 1918.* Charles Ier, emp. d'Autriche.
– *6 déc. 1916-19 oct. 1922.* Lloyd George, Premier ministre britannique.

1917 *8-15 mars.* Révolution « de Février » à Petrograd.
– *16 avr.* Lénine en Russie.
– *6 au 7 nov. (nuit du).* Révolution « d'Octobre » à Petrograd.
– *17 nov. 1917-18 janv. 1920.* Ministère Georges Clemenceau.

1918 *16 au 17 juill. (nuit du).* Assassinat de Nicolas II.
– *9 nov.* Abdication de Guillaume II.

ÉTATS-UNIS ET PAYS D'OUTRE-MER (1914-1918)

1914 *3 déc.* 21 demandes du Japon à la Chine.
– *18 déc.* Protectorat anglais sur l'Égypte.
– *19 déc. 1914-9 oct. 1917.* Husayn Kamil, sultan d'Égypte.

1915 *7 mai.* Ultimatum du Japon à la Chine.
– *24 mai.* Traité sino-japonais.
– *12 déc. 1915-22 mars 1916.* Yuan Shikai, empereur de Chine.

1916 *27 avr. 1916-2 avr. 1930.* Zaouditou, impératrice d'Éthiopie ; ras Tafari, régent.
– *4 nov. 1916-3 oct. 1924.* Husayn ibn Ali, roi du Hedjaz.

1917 *Juill.* Tentative de restauration des Qing en Chine.
– *Août.* Révolte de Sun Yat-sen à Canton.
– *9 oct. 1917-15 mars 1922.* Fuad, sultan d'Égypte.

1918 *5 avr.* Occupation de Vladivostok par le Japon.

CIVILISATION (1914-1918)

1914 *T. 15 août.* Ouverture du canal de Panamá.
– *R. 3 sept. 1914-22 janv. 1922.* Pontificat de Benoît XV.

1915 *A.* Manuel de Falla : *l'Amour sorcier.*
– *L.* Vicente Blasco Ibáñez : *les Quatre Cavaliers de l'Apocalypse.* Friedrich Naumann : *Mitteleuropa.*

1916 *L.* Sigmund Freud : *Introduction à la psychanalyse.* Henri Barbusse : *le Feu.*

1917 *L.* Paul Valéry : *la Jeune Parque.*

1918 *A.* Fondation à Paris du groupe des Six.
– *L.* Tristan Tzara : *Manifeste dada.*

FRANCE (1919-1928)

1919 *8 déc. 1919-13 avr. 1924.* Chambre « bleu horizon ».

1920 *18 févr.-21 sept.* Présidence de la République de Paul Deschanel.
– *23 sept. 1920-11 juin 1924.* Présidence de la République d'Alexandre Millerand.

1923 *14 oct.* Discours d'Alexandre Millerand à Évreux.

1924 *1er juin 1924-17 mars 1928.* 13e législature.
– *13 juin 1924-13 juin 1931.* Gaston Doumergue, président de la République.

1926 *21 juill.* Effondrement du franc.
– *23 juill. 1926-6 nov. 1928.* « Union nationale » de Poincaré.

1927 *21 juill.* Scrutin uninominal à deux tours.

1928 *1er juin 1928-1er avr. 1932.* 14e législature.
– *25 juin.* Stabilisation du « franc Poincaré ».

ÉTATS-UNIS ET PAYS D'OUTRE-MER (1919-1928)

1919 *9 août.* Traité anglo-persan.

1921 *4 mars 1921-2 août 1923.* Warren Harding, président des États-Unis.
– *9 avr.* Sun Yat-sen élu président de la « république de Chine » à Canton.

1922 *1er nov.* Abolition du sultanat ottoman.

1923 *2 août 1923-4 mars 1929.* Calvin Coolidge, président des États-Unis.
– *29 oct. 1923-10 nov. 1938.* Kemal Atatürk, président de la République turque.

1925 *16 déc. 1925-16 sept. 1941.* Reza Khan Pahlavi, chah de Perse.

1926 *8 janv. 1926-9 nov. 1953.* Abd al-Aziz ibn Saud, roi de Hedjaz, puis (1932) d'Arabie Saoudite.
– *25 déc.* Avènement de l'empereur Hirohito.

CIVILISATION (1919-1928)

1919 *Sc.* Morgan : théorie chromosomique de l'hérédité.

1921 *Sc.* Bergius : synthèse industrielle des carburants.

1922 *A.* Fondation de la compagnie *United Artists* par Charlie Chaplin.
– *R. 6 févr. 1922-10 févr. 1939.* Pontificat de Pie XI.

1924 *Sc.* Énoncé des principes de la mécanique ondulatoire par Louis de Broglie.

1925 *A. 28 avr.* Exposition des arts décoratifs à Paris.

1926 *R.* Condamnation de l'Action française par Pie XI.

1927 *Sc.* Werner Heisenberg pose le principe d'incertitude.
– *Sc. et T. 20-21 mai.* Premier vol transatlantique ouest-est réussi par Lindbergh.

1928 *Sc.* A. Fleming : découverte de la pénicilline.

DE LA CRISE ÉCONOMIQUE À LA FIN DE LA SECONDE GUERRE MONDIALE (1929-1945)

RELATIONS INTERNATIONALES (1929-1939)

1929 *11 févr.* Accords du Latran : création de l'État du Vatican.
1930 *1er oct.-14 nov.* Conférence impériale britannique : statut de Westminster.
1932 *2 janv.* Création du Mandchoukouo par le Japon.
1933 *7 juin.* Pacte à quatre de Rome.
1934 *9 oct.* Assassinat d'Alexandre Ier de Yougoslavie par un membre des *oustachis.*
1935 *13 janv. et 1er mars.* Plébiscite et rattachement de la Sarre à l'Allemagne.
– *11-14 avr.* Accord de Stresa (France, Italie, Royaume-Uni).
1936 *7 mars.* Occupation de la Rhénanie par Hitler.
– *1er nov.* Proclamation à Milan de l'Axe Rome-Berlin.
– *25 nov.* Pacte Antikomintern germano-japonais.
1938 *13-15 mars.* Réalisation de l'*Anschluss* par l'Allemagne.
1938 *15 et 22-24 sept.* Entrevues de Berchtesgaden et de Bad Godesberg (Neville Chamberlain-Adolf Hitler).
– *29-30 sept.* Conférence et accords de Munich.
1939 *15 et 22 mars.* Occupation de la Tchécoslovaquie, puis de Memel par Hitler.
– *7 avr.* Occupation de l'Albanie par l'Italie.
– *22 mai.* Le « pacte d'Acier » (italo-allemand).
– *23 août.* Pacte de non-agression germano-soviétique de Moscou.

EUROPE ET U.R.S.S. (1929-1939)

1930 *5 janv.* Décret créant les kolkhozes : liquidation des koulaks.
1932 *10 mai 1932-25 juill. 1934.* Dollfuss, chancelier d'Autriche.
– *5 juill. 1932-26 sept. 1968.* Oliveira Salazar, président du Conseil du Portugal.
1933 *30 janv. 1933-30 avr. 1945.* Adolf Hitler, chancelier du IIIe Reich.
– *27 févr.* Incendie du Reichstag.
– *15 mars.* Proclamation du IIIe Reich à Potsdam.
– *19 mars.* Constitution qui fonde l'*Estado novo* au Portugal.
1934 *30 juin.* « Nuit des longs couteaux » en Allemagne.
– *25 juill.* Assassinat par les nazis de Dollfuss à Vienne.
– *1er déc.* Assassinat de Kirov. Purges en U.R.S.S.
1935 *16 mars.* Rétablissement du service militaire en Allemagne.
– *15-16 sept.* Lois raciales de Nuremberg.
1936 *20 janv.-10 déc.* Édouard VIII, roi du Royaume-Uni.
– *16 févr.* Victoire du *Frente popular* en Espagne.
– *17 juill. 1936-28 mars 1939.* Guerre civile espagnole.
– *10 déc. 1936-6 févr. 1952.* George VI, roi du Royaume-Uni.
1937 *26 avr.* Bombardement de Guernica par les Allemands.
1939 *15 mars.* Création du protectorat de Bohême-Moravie par l'Allemagne.

RELATIONS INTERNATIONALES (1939-1945)

1939 *3 sept.* Déclarations de guerre.
– *28 sept.* Quatrième partage de la Pologne.
– *30 nov. 1939-12 mars 1940.* Guerre soviéto-finlandaise.
1940 *10 juin.* L'Italie entre en guerre.
– *22 et 24 juin.* Armistices de Rethondes et de Rome.
1941 *14 août.* Signature de la charte de l'Atlantique.
– *8 déc.* Entrée en guerre du Japon.
1942 *26 mai.* Alliance anglo-soviétique.
1943 *14-27 janv.* Conférence de Casablanca.
– *10 juin.* Dissolution par l'U.R.S.S. du Komintern.
– *3 sept.* Armistice de Syracuse entre l'Italie et les Alliés.
– *28 nov.-1er déc.* Conférence de Téhéran.
1944 *1er-22 juill.* Conférence de Bretton-Woods.
1945 *4-11 févr.* Conférence anglo-américano-soviétique de Yalta.
– *25 avr.-26 juin.* Conférence de San Francisco, fondant l'O.N.U.
– *7 mai.* Capitulation allemande à Reims.
– *8 au 9 mai (nuit du)* . Capitulation de Berlin.
– *17 juill.-2 août.* Conférence de Potsdam.
– *2 sept.* Capitulation de Tokyo.

OPÉRATIONS DE GUERRE (1939-1945)

1939 *1er sept.* Entrée des Allemands en Pologne.
1940 *8/9 avril.* Invasion du Danemark et de la Norvège.
– *10 mai.* Invasion des Pays-Bas, de la Belgique et du Luxembourg
– *28 oct.* Agression italienne contre la Grèce.
1941 *6 avr.-2 mai.* Invasion de la Yougoslavie et de la Grèce.
– *22 juin.* Invasion de l'U.R.S.S.
– *20 oct.-5 déc.* Bataille de Moscou.
– *7 déc.* Pearl Harbor.
1942 *4-8 mai et 4-5 juin.* Batailles de la mer de Corail et de Midway.
– *23 oct.-2 nov.* Bataille d'El-Alamein.
– *8 nov.* Débarquement en Afrique du Nord.
– *14 nov. 1942-13 mai 1943.* Campagne de Tunisie.
– *19 nov. 1942-2 févr. 1943.* Bataille de Stalingrad.
1943 *10 juill.-17 août.* Campagne de Sicile.
– *3 et 9 sept.* Débarquements alliés en Italie du Sud.
1944 *6 juin et 15 août.* Opérations *Overlord* et *Anvil* : débarquements alliés en Normandie, puis en Provence.
1945 *19 févr.-16 mars ; 1er avr.-21 juin.* Batailles d'Iwo Jima puis d'Okinawa.
– *26 avr.-2 mai.* Bataille de Berlin.
– *6 et 9 août.* Hiroshima et Nagasaki.

FRANCE (1939-1945)

1939 *26 sept.* Dissolution des groupes communistes.
1940 *21 mars-16 juin.* Cabinet Paul Reynaud.
– *16 juin-12 juill.* Gouvernement Pétain.
– *18 juin.* De Gaulle : appel du 18 juin.
– *10 juill.* Délégation du pouvoir constituant à Pétain.
– *13 déc.* Arrestation de Laval.
1941 *21 févr. 1941-17 avr. 1942.* Ministère Darlan.
1942 *1er au 2 janv. (nuit du).* Parachutage de Jean Moulin.
– *18 avr. 1942-7 sept. 1944.* Dernier gouvernement Laval.
– *13 juill.* La France libre devient la France combattante.
– *23 nov.-28 déc.* Ralliement des colonies d'Afrique à la France combattante.
1942 *27 nov.* Sabordage de la flotte française à Toulon.
1943 *15 mai.* Organisation du Conseil national de la résistance (C. N. R.).
– *3 juin.* Organisation à Alger du Comité français de la libération nationale (C. F. L. N.).
1944 *3 juin 1944-9 nov. 1945.* De Gaulle, président du G. P. R. F. (remanié le 9 sept. 1944).
– *10 juin.* Massacre d'Oradour-sur-Glane par les SS.
1945 *23 juill.-14 août.* Procès de Pétain.

DE LA CRISE ÉCONOMIQUE À LA FIN DE LA SECONDE GUERRE MONDIALE (1929-1945)

FRANCE (1929-1939)

1931 *6 mai.* Exposition coloniale.
– *13 juin 1931-7 mai 1932.* Paul Doumer, président de la République.

1932 *1er et 8 mai.* Victoire électorale du Cartel des gauches.
– *10 mai 1932-11 juill. 1940.* 1re et 2e présidence d'Albert Lebrun.

1934 *6 févr.* Émeutes à Paris.
– *27 juill.* Pacte d'unité d'action entre S.F.I.O. et S.F.I.C.

1935 *14 juill.* Manifestation de « rassemblement populaire » de la Bastille à la Nation.

1936 *26 avr. et 3 mai.* Victoire du Front populaire.
– *11 mai-14 juin.* Grève générale.
– *4 juin 1936- 21 juin 1937.* 1er cabinet socialiste de Léon Blum.
– *7 au 8 juin (nuit du).* Accords Matignon.

1938 *13 mars-8 avr.* 2e cabinet Léon Blum.
– *30 nov.* Échec de la grève générale de la C.G.T.

ÉTATS-UNIS ET PAYS D'OUTRE-MER (1929-1939)

1929 *4 mars 1929-4 mars 1933.* Herbert Hoover, prés. des États-Unis.
– *24 oct.* Krach de Wall Street.

1930 *3 avr. 1930-12 sept. 1974.* Hailé Sélassié, négus d'Éthiopie.
– *3 nov. 1930-29 oct. 1945.* Getúlio Vargas, président de la République du Brésil (dictature).

1932 *29 août.* Accords d'Ottawa.

1933 *4 mars 1933-12 avr. 1945.* Présidences (4) de Franklin Delano Roosevelt aux États-Unis.
– *4 mars.* Début du *New Deal.*

1934 *21 oct. 1934-20 oct. 1935.* Longue Marche.

1935 *3 oct. 1935-5 mai 1936.* Guerre d'Éthiopie.

1936 *9 mai.* Victor-Emmanuel III, empereur d'Éthiopie.

1937 *26 juill. 1937-2 sept. 1945.* Guerre sino-japonaise.

1938 *11 nov. 1938-21 mai 1950.* Ismet Inönü, président de la République de Turquie.

CIVILISATION (1929-1939)

1930 *T.* Costes et Bellonte : 1er vol transatlantique E.-O.

1931 *R. 15 mai.* Encyclique sociale *Quadragesimo anno.*

1933 *Sc.* F. et I. Joliot-Curie : radioactivité artificielle.

1934-1939 *Sc.* David Hilbert et Bernays définissent *les Fondements des mathématiques.*

1935 *Sc.* Enrico Fermi : fission de l'atome. Gerhard Domagk : découverte des premiers sulfamides.
– *T.* Réalisation du 1er radar par Robert Watson-Watt.

1936 *Éc.* Keynes : *Théorie générale de l'emploi, de l'intérêt et de la monnaie.*

1937 *A.* Picasso : *Guernica.* Exposition de Paris.
– *R. 14 et 19 mars.* Encycliques *Mit brennerder Sorge* et *Divini Redemptoris* condamnant nazisme et communisme.

1938 *R.* 1re fondation du Conseil œcuménique des Églises.

1939 *T. 27 août.* Vol du 1er avion à réaction Heinkel.
– *R. 2 mars 1939-9 oct. 1958.* Pontificat de Pie XII.

EUROPE (1939-1945)

1939 *8 nov.* Attentat de Munich contre Hitler.

1940 *9 avr.* Gouvernement Quisling à Oslo.
– *10 mai 1940-22 juill. 1945.* Ministère Winston Churchill.

1941 *6 mai.* Joseph Staline, président du Conseil.

1942 *10 juin.* Massacre par les Allemands des Tchèques de Lidice.
– *20 nov.* Plan Beveridge au Royaume-Uni.

1943 *19 avr.* Soulèvement du ghetto de Varsovie.
– *24-25 juill.* Arrestation de Mussolini.
– *23 sept.* Fondation par Mussolini de la République sociale italienne de Salo.
– *4 déc.* Gouvernement Tito en Yougoslavie.

1944 *12 janv.* Exécution de Ciano, Bono, etc.

1944 *20 juill.* Attentat contre Hitler à Rastensburg.
– *21 juill.* Formation à Lublin du Comité polonais de Libération nationale (communiste).

1945 *14 avr.* Proclamation de l'indépendance de l'Autriche à Vienne.
– *27 et 28 avr.* Arrestation et exécution de Mussolini.
– *30 avr.* Suicide de Hitler.
– *30 avr.-23 mai.* Gouvernement Dönitz.
– *27 juill. 1945-27 oct. 1951.* Cabinet Clement Attlee.

ÉTATS-UNIS ET PAYS D'OUTRE-MER (1939-1945)

1939 *4 nov. Cash and Carry Act* aux États-Unis.

1940 *30 mars.* Constitution à Nankin du gouvernement pro-japonais de Wang Jingwei.

1941 *11 mars.* Promulgation de la loi prêt-bail *(Lend Lease Act).*
– *16 sept.* Avènement de Mohammad Reza Chah Pahlavi.
– *17 oct. 1941-18 juill. 1944.* Ministère du général Tojo au Japon.

1942 *9 août.* Arrestation de Gandhi.
– *22 déc. Manifeste du peuple algérien* par Ferhat Abbas.

1943 *7 mars.* Jinnah, président de la Ligue musulmane.
– *5-6 nov.* Conférence de la Grande Asie orientale à Tokyo.
– *12 déc.* De Gaulle : discours de Constantine.

1944 *30 janv.-8 févr.* Conférence de Brazzaville.

1945 *9 mars.* Coup de force japonais en Indochine.
– *22 mars.* Constitution de la Ligue arabe par le Royaume-Uni.
– *12 avr.* Mort de Roosevelt. Truman, président des États-Unis (1945-1953).
– *20 juin.* Substitution par l'O. N. U. du *trusteeship* au mandat.
– *2 sept.* Indépendance du Viêt Nam proclamée par Hô Chi Minh.

CIVILISATION (1939-1945)

1940 *L.* Ernest Hemingway : *Pour qui sonne le glas.*
– *T.* Premiers essais du radar par les Britanniques.
– *Sc.* Mise en évidence du facteur Rhésus.

1941 *L.* James Burnham : *l'Ère des organisateurs.*
– *A.* Max Ernst : *l'Europe après la pluie.*
– *T. 15 mai.* Mise en service du premier avion (un Gloster) à turboréacteur.
– *R.* Fondation de la Mission de France.

1942 *L.* Vercors : *le Silence de la mer.*
– *Sc.* Construction du premier réacteur nucléaire à Chicago par l'Italien Enrico Fermi.

1943 *Sc. janv.* Mise en route du projet Manhattan aux États-Unis (bombe atomique).
– *R. 1943-1953.* La Mission de Paris et l'expérience des prêtres-ouvriers.

1944 *T. 8 nov.* 1res fusées allemandes V1 et V2 sur Londres.
– *Sc.* 1er rein artificiel.

1945 *T. 16 juill.* Explosion à Alamogordo (Nouveau-Mexique, États-Unis) de la première bombe atomique.
– *R.* Fondation de la communauté des Frères protestants de Taizé.

LE MONDE DE LA FIN DE LA SECONDE GUERRE MONDIALE À LA FIN DE LA GUERRE FROIDE (1945-1989)

RELATIONS INTERNATIONALES (1945-1977)

1945 *20 nov. 1945-1er oct. 1946.* Procès de Nuremberg.

1946 *3 mai 1946-12 nov. 1948.* Procès de Tokyo.

1947 *10 févr.* Traités de paix de Paris avec l'Italie, la Hongrie, la Roumanie, la Bulgarie et la Finlande.

1948 *16 avr.* Création de l'O.E.C.E. – *2 mai.* Charte de Bogotá : création de l'O.E.A.
– *14 mai 1948-20 juill. 1949.* Ire guerre israélo-arabe. – *24 juin 1948-12 mai 1949.* Blocus de Berlin par l'U.R.S.S.

1949 *4 avr.* Pacte de l'Atlantique Nord créant l'O.T.A.N.

1950 *9 mai.* Robert Schuman : Plan du charbon et de l'acier. – *25 juin 1950-27 juill. 1953.* Guerre de Corée.

1951 *18 avr.* Traité de Paris créant la C.E.C.A.
– *1er sept.* Pacte de sécurité du Pacifique (ANZUS). – *8 sept.* Paix américano-japonaise de San Francisco.

1954 *20-21 juill.* Accords de Genève : fin de la guerre d'Indochine.
– *8 sept.* Pacte de Manille : O.T.A.S.E.

1955 *17-24 avr.* Conférence afro-asiatique de Bandung. – *15 mai.* Paix de Vienne avec l'Autriche. – *1er-2 juin.* Conférence de Messine : relance de l'idée européenne.

1956 *26 juill.* Nationalisation effective du canal de Suez. – *19 oct.* Accord de paix soviéto-japonais de Moscou. – *29 oct.-6 nov.* IIe guerre israélo-égyptienne.

1957 *25 mars.* Traités de Rome : C.E.E. et Euratom.

1959 *20 nov.* Traité de Stockholm : A.E.L.E.

1961 *18 févr.* Traité de Montevideo : Association latino-américaine de libre-échange. – *15 mars.* Kennedy : Alliance pour le progrès en Amérique latine.
– *30 sept.* L'O.E.C.E. devient l'O.C.D.E.

1962 *18 oct.-20 nov.* Crise soviéto-américaine de Cuba.

1963 *25 mai.* Charte de l'Organisation de l'unité africaine (O.U.A.). – *5 août.* Traité de Moscou : interdiction des expériences nucléaires.

1965 *8 avr.* Traité de Bruxelles : fusion des institutions européennes, effective le 1er juill. 1967.

1966 *10 janv.* Tachkent : accord indo-pakistanais. – *1er sept.* Discours du général de Gaulle à Phnom Penh.

1967 *5-11 juin.* IIIe guerre israélo-arabe, « des Six Jours ».

1970 *30 avr.* Intervention américaine au Cambodge.

1973 *1er janv.* Entrée du Danemark, de l'Irlande et du Royaume-Uni dans la C.E.E. (Europe des Neuf) [traités de 1972].
– *2 mars.* Paix de Paris : retrait américain du Viêt-nam. – *6-23 oct.* IVe guerre israélo-arabe, dite « de Kippour ». – *17 oct.* Crise du pétrole, due à l'O.P.A.E.P.

1975 *30 juill.-1er août.* Conférence d'Helsinki : sécurité en Europe.

MONDE OCCIDENTAL ET JAPON (1945-1977)

1947 *3 mai.* Mise en vigueur de la nouvelle Constitution japonaise.
– *5 juin.* Discours de Harvard. Plan Marshall.
– *26 juill.* Loi fondamentale du régime franquiste en Espagne.

1948 *20 août.* Monts Grammos : défaite des communistes grecs du général Markos.

1949 *20 janv. 1949-20 janv. 1953.* Seconde présidence de Harry Truman.
– *8 mai.* Vote de la Loi fondamentale de la R.F.A.

1951 *16 juill.* Abdication de Léopold III, roi des Belges.

1952 *6 févr.* Élisabeth II, reine d'Angleterre.

1953 *20 janv. 1953-20 janv. 1961.* Dwight Eisenhower, président des États-Unis.

1957 *3 sept.-1er oct.* Incidents raciaux de Little Rock (États-Unis).
– *21 sept.* Olav V, roi de Norvège.

1960 *13 juill.* Programme de John Fitzgerald Kennedy : la « Nouvelle Frontière ».

1961 *20 janv. 1961-22 nov. 1963.* John Fitzgerald Kennedy, 35e président des États-Unis.

1963 *22 nov.* Assassinat de John Fitzgerald Kennedy à Dallas.
– *22 nov. 1963-20 janv. 1969.* Lyndon Baines Johnson, 36e président des États-Unis.

1967 *21 avr.* Coup d'État militaire des « colonels » en Grèce.
– *14 déc.* Contre-coup d'État et exil du roi Constantin II à Rome.

1968 *24 juin.* Construction d'un réseau de missiles antimissiles aux États-Unis.
– *10 déc.* Adoption par la C.E.E. du plan Mansholt sur l'agriculture.

1969 *20 janv. 1969-8 août 1974.* Richard Nixon, 37e président des États-Unis.

1972 *17 juin 1972-8 août 1974.* Scandale du Watergate aux États-Unis.

1974 *25 avr.* Coup d'État militaire renversant l'État corporatiste au Portugal.
– *24 juill.-8 déc.* Grèce : fin du « régime des colonels » et abolition de la monarchie.
– *8 août.* Démission de Richard Nixon, président des États-Unis.
– *8 août 1974-20 janv. 1977.* Gerald Ford, 38e président des États- Unis.

1975 *20 nov.* Mort du général Franco ; Juan Carlos Ier, roi d'Espagne.

1976 *2 et 25 avr.* Constitution et élections législatives au Portugal.

1977 *20 janv.* Jimmy Carter, 39e président des États-Unis.
– Élections législatives au suffrage universel en Espagne.

FRANCE (1945-1977)

1945 *4-9 oct.* Procès de Pierre Laval.
– *21 oct.* Référendum condamnant la Constitution de 1875.
– *21 nov. 1945-20 janv. 1946.* De Gaulle, présisent du Gouvernement provisoire.

1946 *16 juin.* Discours du général de Gaulle à Bayeux.
– *13 oct.* Référendum approuvant la Constitution de la IVe République.

1947 *16 janv. 1947-16 janv. 1954.* Vincent Auriol, président de la République.
– *7 avr.* Création du R.P.F. à Strasbourg par de Gaulle.
– *5 mai.* Paul Ramadier révoque les ministres communistes.

1951 *5 juill. 1951-1er déc. 1955.* 2e législature de la IVe République (élue le 17 juin).

1954 *16 janv. 1954-8 janv. 1959.* René Coty, président de la République.

1956 *19 janv. 1956-3 juin 1958.* 3e législature.

1958 *13 mai.* Insurrection à Alger.
– *1er juin 1958-8 janv. 1959.* Ministère Charles de Gaulle.
– *28 sept.* Référendum approuvant la nouvelle Constitution.

1959 *8 janv. 1959-28 avr. 1969.* Le général de Gaulle, président de la République.
– *8 janv. 1959-14 avr. 1962.* Michel Debré, Premier ministre.

1961 *22-25 avr.* Déroulement du putsch d'Alger.

1962 *28 oct.* Référendum : élection du président de la République au suffrage universel.
– *18 et 25 nov.* Victoire des gaullistes aux législatives.

1965 *19 déc.* Réélection de Charles de Gaulle.

1967 *3 avr. 1967-30 mai 1968.* 3e législature de la Ve République.

1968 *13 mai.* Grève générale de 24 heures.
– *27 mai.* Accords de Grenelle.
– *30 mai.* Discours du général de Gaulle, qui brise la vague révolutionnaire.
– *23 et 30 juin.* Succès électoral gaulliste.

1969 *27 avr.* Échec du référendum sur la participation.
– *20 juin 1969-2 avr. 1974.* Georges Pompidou, président de la République.
– *21 juin 1969-5 juill. 1972.* Jacques Chaban-Delmas, Premier ministre.

1972 *23 avr.* Échec relatif du référendum européen.
– *7 juin.* « Programme commun de gouvernement » (de gauche).
– *5 juill. 1972-27 mai 1974.* Pierre Messmer, Premier ministre.

1973 *4 et 11 avr.* Victoire électorale de la « majorité ».

1974 *27 mai.* Valéry Giscard d'Estaing, président de la République.
– *27 mai 1974-25 août 1976.* Jacques Chirac, Premier ministre.

1976 *25 août.* Raymond Barre, Premier ministre.

LE MONDE DE LA FIN DE LA SECONDE GUERRE MONDIALE À LA FIN DE LA GUERRE FROIDE (1945-1989)

MONDE COMMUNISTE (1945-1977)

1947 *16 août.* Condamnation à mort de Nikolaj Petkov en Bulgarie. – *5 oct. 1947-17 avr. 1956.* Vie du *Kominform.*

1948 *21-25 févr.* Coup d'État communiste « de Prague » en Tchécoslovaquie. – *4 juill.* Exclusion de la Yougoslavie du Kominform.

1949 *25 janv.* Création à Moscou du Comecon. – *3-8 févr.* Procès du cardinal hongrois József Mindszenty. – *21 avr.-28 juin.* Émeutes à Berlin-Est. – *16-24 sept.* Procès et condamnation à mort du communiste hongrois Lázló Rajk – *1er oct.* Proclamation à Pékin de la République populaire de Chine. – *7 oct.* Indépendance de la R.D.A.

1952 *3 déc.* Exécution de Slánský et de Clementis à Prague.

1953 *5 mars.* Mort de Staline. – *6 mars 1953-8 févr. 1955.* Gueorgui Malenkov, président du Conseil de l'U.R.S.S. – *20 mars 1953-15 oct. 1964.* Nikita Khrouchtchev, 1er secrétaire du P. C. de l'U.R.S.S. – *17 juin-11 juill.* Répression soviétique à Berlin-Est.

1954 *27 sept. 1954-27 avr. 1959.* Mao Zedong, président de la République populaire de Chine.

1955 *8 févr. 1955-27 mars 1958.* Nikolaï Boulganine, président du Conseil de l'U.R.S.S. – *14 mai.* Création de l'organisation militaire du pacte de Varsovie.

1956 *14-25 févr.* XXe Congrès : Nikita Khrouchtchev dénonce les crimes de Staline. – *23 oct.-13 nov.* Insurrection anticommuniste en Hongrie. – *4-12 nov.* Intervention militaire soviétique en Hongrie.

1958 *27 mars 1958-15 oct. 1964.* Nikita Khrouchtchev, président du Conseil de l'U.R.S.S.

1959 *27 avr. 1959-31 oct. 1968.* Liu Shaoqi, président de la République populaire de Chine.

1961 *12-13 août-20 nov.* Construction du mur de Berlin.

1963 *14 juill.* Rupture idéologique sino-soviétique.

1964 *15 oct.* Leonid Brejnev, 1er secrétaire du P. C. de l'U.R.S.S.

1966 *18 avr.* « Révolution culturelle » en Chine.

1968 *5 janv.* Alexander Dubček, 1er secrétaire du P. C. tchécoslovaque. – *20 août au 21 août (nuit du).* Invasion de la Tchécoslovaquie par l'U.R.S.S.

1969 *16 janv.* Suicide par le feu de Jan Palach.

1976 *8 janv.* Hua Guofeng (Kuo-feng), Premier ministre, puis président du P. C. chinois. – *5-8 avr.* Émeutes à Pékin. – *9 sept.* Mort de Mao Zedong.

1977 *4 juin.* Projet de la IVe Constitution de l'U.R.S.S.

PAYS EN VOIE DE DÉVELOPPEMENT (1945-1977)

1945 *17 oct.* Marche des « descamisados » de Buenos Aires et triomphe de Perón.

1946 *4 juin 1946-21 sept. 1955.* Perón, président de la République d'Argentine.

1947 *15 août.* Indépendance de l'Union indienne et du Pakistan. – *15 août 1947-27 mai 1964.* Jawaharlal Nehru, Premier ministre de l'Inde.

1948 *14 mai.* Indépendance de l'État d'Israël.

1949 *27 déc. 1949-10 août 1954.* Union hollando-indonésienne.

1953 *18 juin.* Proclamation de la république en Égypte. – *20 août.* Déposition du sultan du Maroc Muhammad ibn Yusuf.

1954 *3 févr.-7 mai.* Bataille de Diên Biên Phu. – *1er nov. 1954-18 mars 1962.* Insurrection de l'Algérie.

1956 *2 mars.* Déclaration franco-marocaine sur l'indépendance du Maroc. – *20 mars.* Tunisie : indépendance dans l'interdépendance.

1958 *1er févr. 1958-28 sept. 1961.* Union syro-égyptienne (R.A.U.) – *20-26 août.* De Gaulle en Afrique noire française présente la Communauté.

1959 *1er janv.* Fidel Castro, maître de Cuba.

1960 *14 juill.* Intervention de l'O.N.U. au Congo-Léopoldville.

1962 *18 mars.* Signature des accords franco-algériens d'Évian. – *3 juill.* Indépendance de l'Algérie.

1966 *12 janv. 1966-22 mars 1977.* Indira Gandhi, Premier ministre de l'Inde. – *5 juill.* Déchéance du président à vie indonésien Sukarno.

1967 *30 mai.* Déclaration d'indépendance unilatérale du Biafra. – *7 juill. 1967-12 janv. 1970.* Guerre du Biafra.

1971 *26 mars-16 déc.* Guerre civile au Pakistan oriental. – Indépendance du Bangladesh.

1973 *11 sept.* Chili : coup d'État du général Augusto Pinochet éliminant le gouvernement de Salvador Allende. – *23 sept. 1973-1er juill. 1974.* Le général Juan Perón, président de la République d'Argentine.

1974 *12 sept.* Coup d'État anti-impérial en Éthiopie : abolition de la monarchie.

1975 *17 avr.* Prise du pouvoir par les Khmers rouges au Cambodge. – *20 avr.* Prise de Saigon par les communistes. – *20 mai 1975-21 juin 1976.* Guerre civile au Liban (problème palestinien).

1976 *24 mars.* Coup d'État en Argentine du général Videla, qui arrête Isabel Perón.

CIVILISATION (1945-1977)

1946-1948 *L.* D. Rousset : *l'Univers concentrationnaire.*

1949 *R. Juill.* Excommunication des P. C. de l'Est. *24 déc. 1949-24 déc. 1950.* Année sainte.

1950 *R. 21 août.* Dogme de l'Assomption.

1952 *T. 3 oct.* Explosion de la 1re bombe A britannique. *1er nov.* Explosion de la 1re bombe H américaine.

1953 *Sp. 29 mai.* 1re ascension de l'Everest. – *T. 12 août.* Explosion de la 1re bombe H soviétique.

1954 *R. 30 mai.* Canonisation du pape Pie X. – *L. 5 oct.* De Gaulle : 1er tome des *Mémoires de guerre.*

1957 *T. 15 mai.* Explosion de la 1re bombe H britannique. *26 août.* 1re fusée intercontinentale soviétique. *4 oct.* « Spoutnik I » : 1er satellite de la Terre.

1958 *R. 28 oct. 1958-3 juin 1963.* Pontificat de Jean XXIII. – *T. 12 sept.* « Lunik II », 1re fusée soviétique à atteindre la Lune.

1960 *T. 13 févr.* Explosion de la 1re bombe A française.

1961 *T. 12 avr.* 1er vol orbital d'un soviétique (Gagarine).

1962 *T. 20 févr.* 1er vol orbital d'un Américain (John Glenn). – *R. 11 oct. 1962-8 déc. 1965.* XXIe concile œcuménique (Vatican II).

1963 *R. 11 avr.* Jean XXIII : encyclique *Pacem in terris. 21 juin.* Élection du pape Paul VI.

1964 *T. 16 oct.* Explosion de la 1re bombe A chinoise. – *R. 5 janv.* Rencontre Paul VI-Athênagoras à Jérusalem.

1965 *T. 15-16 déc.* Premier rendez-vous spatial (É.-U.). *18-19 mars.* A. Leonov « premier piéton de l'espace ».

1966 *3 févr.* 1er atterrissage soviétique sur la Lune.

1967 *T. 17 juin.* Explosion de la 1re bombe H chinoise. *18 oct.* « Venus IV » (U.R.S.S.) se pose en douceur sur Vénus. – *Sc. 3 déc.* 1re transplantation d'un cœur par Barnard.

1968 *T. 24 août.* Explosion de la 1re bombe H française.

1969 *T. 16 janv.* Jonction des satellites soviétiques « Soyouz IV » et « Soyouz V ». *21 juill.* Débarquement d'Armstrong et d'Aldrin sur la Lune (« Apollo XI »).

1970 *T. 24 avr.* Lancement du premier satellite chinois.

1971 *T. 31 juill.-2 août.* « Apollo XV » : 1re automobile lunaire.

1972 *T. 6-9 déc.* Dernière mission lunaire américaine.

1973-1974 *L.* Soljenitsyne : *l'Archipel du Goulag.*

1975 *T. 17-19 juill.* 1re mission « Apollo-Soyouz » d'accostage spatial américano-soviétique.

1977 *A.* O. Arup and Partners, R. Piano et R. Rogers : *Centre national d'art et de culture Georges-Pompidou.*

Suite →

LE MONDE DE LA FIN DE LA SECONDE GUERRE MONDIALE À LA FIN DE LA GUERRE FROIDE (1945-1989) *suite*

RELATIONS INTERNATIONALES (1978-1989)

1978 *23 janv.* Genève : négociations sur le GATT.
– *1er avr.* Abandon du système monétaire de Bretton Woods par le F.M.I.
– *5 déc.* C.E.E. : accord sur le S.M.E., création de l'écu.
– *25 déc.* Offensive vietnamienne au Cambodge.

1979 *17 févr.-16 mars.* Intervention chinoise au Viêt-nam.
– *26 mars.* Traité de paix israélo-égyptien.
– *18 juin.* Accord SALT 2.
– *5 août.* Accord de paix entre le front Polisario et la Mauritanie.
– *27 déc. 1979-15 févr. 1989.* Intervention soviétique en Afghanistan.

1980 *23 sept.* Offensive irakienne contre l'Iran.

1981 *22 oct.* Sommet Nord-Sud à Cancún.
– *11 déc. 1981-31 déc. 1991.* Javier Pérez de Cuéllar, 5e secrétaire général de l'O.N.U.

1982 *2 avr.-14 juin.* Guerre des Malouines.
– *25 avr.* Israël rend le Sinaï à l'Égypte.
– *30 mai.* Adhésion de l'Espagne à l'O.T.A.N.
– *6 juin 1982-10 juin 1985.* Armée israélienne au sud Liban.

1983 *9 août-15 nov.* « Opération Manta », intervention militaire française au Tchad.
– *25 oct.* Intervention militaire américaine à la Grenade.

1984 *26 sept.* Accord anglo-chinois sur Hongkong.

1985 *5 août.* Traité de dénucléarisation du Pacifique sud.

1986 *15 sept. 1986-15 avr. 1994.* Uruguay Round : négociations commerciales des 125 pays du GATT.
– *18 déc.* Michel Camdessus, élu directeur du F.M.I.

1987 *8 déc.* Accord Reagan-Gorbatchev sur les Euromissiles.

1988 *25 juin.* Traité de reconnaissance mutuelle entre la C.E.E. et le Comecon.
– *20 août.* Cessez-le-feu entre l'Iran et l'Iraq.
– *15 nov.* Reconnaissance implicite d'Israël par le Conseil national palestinien et proclamation d'un État indépendant en Palestine.
– *22 déc.* Accord de paix sur la Namibie entre l'Afrique du Sud, l'Angola et Cuba.

1989 *7 janv.* Conférence internationale sur l'interdiction des armes chimiques, à Paris.
– *15 févr.* Fin du retrait des troupes soviétiques d'Afghanistan.
– *6 mars.* Négociations sur la réduction des forces conventionnelles en Europe entre le pacte de Varsovie et l'O.T.A.N., à Vienne.
– *26 sept.* Retrait des troupes vietnamiennes du Kampuchéa.
– *22 oct.* Liban : signature de l'accord de Taëf.
– *20 déc.* Intervention américaine au Panamá contre le général Noriega.

MONDE OCCIDENTAL ET JAPON (1978-1989)

1978 *5 déc.* C.E.E. : accord des Neuf sur le S.M.E. ; création de l'écu.
– *27 déc.* Espagne : entrée en vigueur de la Constitution démocratique.

1979 *3 mai.* Grande-Bretagne : Margaret Thatcher, Premier ministre.
– *10 juin.* Élection du Parlement européen au suffrage universel.
– *17 juill.* États-Unis : démission de l'équipe Carter.

1980 *18 févr.* Canada : victoire de Pierre Elliott Trudeau aux élections générales.
– *5 mai.* Grèce : Constantin Karamanlis, président de la République.
– *20 mai.* Québec : rejet du projet de souveraineté-association, défaite de René Lévesque.
– *4 nov.* États-Unis : Ronald Reagan, président ; George Bush, vice-président.

1981 *1er janv.* Entrée de la Grèce dans la C.E.E.
– *20 janv. 1981-20 janv. 1989.* Ronald Reagan, 40e président des États-Unis.

1982 *17 avr.* Canada : proclamation de la nouvelle Constitution par la reine Élisabeth II.
– *1er oct.* R.F.A. : Helmut Kohl, chancelier.
– *2 déc.* Espagne : Felipe González, chef du gouvernement.

1984 *30 juin.* Canada : John Turner succède à P.E. Trudeau à la tête du gouvernement et du parti libéral.
– *4 sept.* Canada : élections législatives : Brian Mulroney, Premier ministre.
– *6 nov.* États- Unis : Ronald Reagan réélu président ; George Bush, vice-président.

1985 *15 janv. 1985-5 janv. 1995.* Jacques Delors, président de la Commission de la C.E.E., à Bruxelles.
– *2 déc.* Québec : élections provinciales ; Robert Bourassa, Premier ministre.

1986 *1er janv.* Entrée de l'Espagne et du Portugal dans la C.E.E.
– *16 févr.* Portugal : Mário Soares, président de la République.
– *28 févr.* Suède : assassinat d'Olof Palme, Premier ministre.
– *8 juin.* Autriche : Kurt Waldheim, président de la République.

1987 *1er juill.* C.E.E. : entrée en vigueur de l'Acte unique.
– *29 juill.* Signature du traité Eurotunnel entre la France et la Grande-Bretagne.
– *19 oct.* États-Unis : krach boursier à Wall Street.

1988 *3 août.* États-Unis : adoption du Trade Bill.
– *8 nov.* G. Bush, élu président ; Dan Quayle, vice-président.

1989 *1er janv.* États-Unis-Canada : entrée en vigueur du traité de libre-échange.
– *7 janv.* Japon : mort de l'empereur Hirohito ; avènement de son fils Akihito.
– *20 janv. 1989-20 janv. 1993.* George Bush, 41e président des États-Unis.

FRANCE (1978-1989)

1978 *3 févr.* Naissance de l'U.D.F.
– *5 avr.* Raymond Barre, Premier ministre.

1981 *10 mai.* François Mitterrand, président de la République.
– *21 mai 1981-17 juill. 1984.* Pierre Mauroy, Premier ministre.
– *14 et 21 juin.* Élections législatives.
– *23 juin.* Entrée des communistes au gouvernement.
– *18 sept.* Abolition de la peine de mort.
– *26 oct.* Nationalisations adoptées par le Parlement.

1982 *1er févr.* Semaine de 39 heures.
– *3 mars.* Lois sur la décentralisation.
– *20 juill.* Loi sur le blocage des prix et des salaires.

1984 *17 juill. 1984-20 mars 1986.* Laurent Fabius, Premier ministre.
– *19 juill.* Départ du gouvernement des ministres communistes.

1986 *16 mars.* Élections législatives.
– *20 mars.* Jacques Chirac, Premier ministre. « Cohabitation ».

1987 *11 mai-4 juill.* Procès Klaus Barbie.

1988 *8 mai.* François Mitterrand réélu président de la République.
– *10 mai 1988-15 mai 1991.* Michel Rocard, Premier ministre.
– *5 et 12 juin.* Élections législatives.
– *26 juin.* Accord de Matignon sur la Nouvelle-Calédonie.

LE MONDE DE LA FIN DE LA SECONDE GUERRE MONDIALE À LA FIN DE LA GUERRE FROIDE (1945-1989)

EUROPE ORIENTALE ; ASIE CENTRALE (1978-1989)

1980 *4 mai.* Yougoslavie : mort du président Tito.
– *31 août.* Pologne : accords de Gdańsk ; *Solidarité*, premier syndicat indépendant.

1981 *29 juin.* Chine : Hu Yaobang, secrétaire général du P.C.
– *13 déc.* Pologne : putsch, général Wojcieck Jaruzelski, nommé président du Conseil militaire de salut national.

1982 *12 nov. 1982-10 fév. 1984.* Iouri Vladimirovitch, premier secrétaire du P.C. de l'U.R.S.S.

1984 *13 fév. 1984-10 mars 1985.* Constantin Tchernenko, premier secrétaire du P.C. de l'U.R.S.S.

1985 *11 mars 1985-25 déc. 1991.* U.R.S.S. : Mikhaïl Gorbatchev, secrétaire général du P.C.
– *11 avr.* Albanie : Ramiz Alia, secrétaire général du P.C.
– *15 oct.* U.R.S.S. : nouvelles orientations économiques lors du plénum du Comité central.

1986 *26 avr.* U.R.S.S. : catastrophe nucléaire de Tchernobyl. *19 nov.* Loi autorisant les activités privées dans le commerce, l'artisanat, les services.

1987 *16 janv.* Chine : Zhao Ziyang, secrétaire général du P.C.
– *27 sept.* Graves incidents au Tibet.

1988 *1er oct. 1988-25 déc. 1991.* Mikhaïl Gorbatchev, président de l'U.R.S.S.

1989 *6 mars.* U.R.S.S. : loi autorisant la propriété privée.
– *4 mai-4 juin.* « Printemps de Pékin ».
– *16 mai.* Normalisation des relations Chine-U.R.S.S.
– *25 mai.* M. Gorbatchev, chef de l'État.
– *4 juin.* Pologne : élections législatives.
– *24 juin.* Chine : Jiang Zeming, secrétaire général du P.C.
– *24 août.* Pologne : Tadeusz Mazowiecki, chef du gouvernement.
– *13 sept.* Ouverture des frontières entre l'Autriche et la Hongrie.
– *28 oct.-29 nov.* Tchécoslovaquie : « Révolution de velours ».
– *Oct.-nov.* R.D.A. : nombreuses manifestations contre le régime. *9 nov.* Ouverture du mur de Berlin. *1er déc.* Abolition du rôle dirigeant du P.C.
– *14 déc.* U.R.S.S. : mort de l'académicien Andreï Sakharov.
– *22 déc.* Roumanie : chute du régime. *25 déc.* Exécution d'Elena et Nicolae Ceauşescu.
– *29 déc.* Tchécoslovaquie : Václav Havel, président de la République.

AFRIQUE, AMÉRIQUE LATINE, ASIE – SAUF JAPON (1978-1989)

1978 *27 avr.* Afghanistan : coup d'État communiste.

1979 *7 janv.* Cambodge : chute des Khmers rouges.
– *7 févr.* Algérie : Chadli Bendjedid, chef de l'État.
– *1er avr.* Iran : proclamation de la République islamique.
– *16 juill.* Iraq : Saddam Hussein, président de la République.
– *18 juill.* Nicaragua : prise du pouvoir par les sandinistes.
– *21 sept.* République centrafricaine : coup d'État, chute de l'empereur Bokassa.

1980 *17 avr.* Entrée de la Chine au Fonds monétaire international (F.M.I.).
– *12 sept.* Turquie : coup d'État militaire.
– *31 déc.* Sénégal : Léopold Sédar Senghor cède le pouvoir à Abdou Diouf.

1981 *6 oct.* Égypte : assassinat du président Sadate ; Hosni Moubarak lui succède.

1982 *21 oct.* Tchad : Hissène Habré, président de la République.

1983 *31 oct.* Argentine : Raoul Alfonsín, président de la République.

1984 *4 août.* La Haute-Volta devient la République démocratique et populaire du Burkina Faso.
– *31 oct.* Inde : assassinat d'Indira Gandhi.

1985 *15 janv.* Brésil : Tancredo Neves, chef de l'État.
– *10 juin.* Afrique du Sud : proclamation de l'état d'urgence ; sanctions économiques prises par les Européens.

1986 *7 févr.* Haïti : Jean-Claude Duvallier quitte le pouvoir.
– *25 févr.* Philippines : Ferdinand Marcos cède le pouvoir à Cory Aquino, élue présidente de la République.

1987 *7 nov.* Tunisie : destitution du président Bourguiba par le général Ben Ali.
– *9 déc.* Israël : début de l'Intifada.

1988 *1er déc. 1988-6 août 1990.* Pakistan : Benazir Bhutto, Premier ministre.

1989 *2 févr.* Paraguay : renversement du général Stroessner.
– *3 juin.* Iran : mort de l'ayatollah Khomeyni. *28 juill.* Hachemi Rafsandjani, président de la République.
– *14 sept.* Afrique du Sud : Frederik De Klerk, chef de l'État.
– *31 oct.* Turquie : Turgut Ozal, président de la République.
– *14 déc.* Chili : Patricio Aylwin, président de la République, succède au général Pinochet.
– *26 déc. 1989-28 nov. 1990.* Liberia : guerre civile.

CIVILISATION (1978-1989)

1978 *25 juill.* Naissance du premier « bébé éprouvette ».
– *16 oct.* Élection du pape Jean-Paul II.

1979 *17 oct.* Mère Teresa, prix Nobel de la paix.
– *24 déc.* Lancement de la fusée européenne Ariane.

1980 *19 juill.-3 août.* XIXes jeux Olympiques à Moscou.

1981 *11 déc.* Javier Pérez de Cuéllar, secrétaire général de l'O.N.U.

1982 *2 déc.* Première greffe d'un cœur artificiel.

1983 *4 févr.* Identification du virus du sida.
– *5 oct.* Lech Walesa, prix Nobel de la paix.

1984 *28 juill.-13 août.* XXes jeux Olympiques à Los Angeles.
– *16 oct.* Monseigneur Desmond Tutu, prix Nobel de la paix.

1986 *17 févr.* Premier sommet de la francophonie à Paris.

1988 *17 sept.-2 oct.* XXIes jeux Olympiques à Séoul.

1989 *14 févr.* Salman Rushdie condamné à mort par l'ayatollah Khomeyni.
– *10 oct.* Le dalaï-lama, prix Nobel de la paix.
– *20 nov.* Convention des droits de l'enfant adoptée par l'O.N.U.

LE MONDE DEPUIS 1990

RELATIONS INTERNATIONALES

1990 *2 août.* Invasion du Koweït par l'Iraq.

1991 *17 janv.-28 févr.* Guerre du Golfe. – *31 juill.* Traité de désarmement nucléaire START entre les États-Unis et l'U.R.S.S. – *17 sept.* Admission des deux Corées à l'O.N.U. – *18 oct.* Rétablissement des relations diplomatiques entre Israël et l'U.R.S.S. – *30 oct.* Conférence de Madrid sur la paix au Proche-Orient.

1992 *28 févr.* Le Cambodge sous administration de l'O.N.U. – *6 avr.* L'Union européenne reconnaît la Bosnie-Herzégovine. Début des affrontements entre milices serbes et armée bosniaque. – *3 déc.* L'O.N.U. intervient en Somalie.

1993 *3 janv.* Traité de désarmement nucléaire START II. – *13 sept.* Accord de Washington sur l'autonomie progressive des territoires palestiniens occupés. – *11 nov.* Renforcement par l'O.N.U. des sanctions internationales contre la Libye. – *15 déc.* Conclusion à Genève des négociations du GATT.

1994 *1er janv.* Entrée en vigueur de l'ALENA, accord de libre-échange entre le Canada, le Mexique et les États-Unis. – *8 juin.* Fin de l'état de belligérance entre Israël et la Jordanie. – *15 juin.* Établissement par Israël et le Vatican de relations diplomatiques complètes.

1995 *1er janv.* Naissance de l'Organisation mondiale du commerce (O.M.C.). – *8 févr.* Intervention de l'O.N.U. en Angola. – *2 mars.* Somalie : départ des Casques bleus. – *11 mai.* Prorogation du traité de non-prolifération des armes nucléaires (T.N.P.). – *28 sept.* Accord de Washington consacrant l'extension de l'autonomie en Cisjordanie. – *21 nov.* Accords de paix de Dayton sur la Bosnie-Herzégovine.

1996 *10 sept.* Traité d'interdiction des essais nucléaires. Rejet par l'Inde. – *16 sept.* Suisse : levée du secret bancaire sur les avoirs juifs.

1997 *17 avr.* Afrique : Nelson Mandela préside les négociations entre Mobutu et Laurent-Désiré Kabila. Déclin de l'influence française et affirmation de celle de l'Afrique du Sud et des États-Unis. – *20 juin.* Quasi-intégration de la Russie au G7.

1998 *11-30 mai.* Essais nucléaires en Inde et au Pakistan. – *16 oct.* Arrestation d'Augusto Pinochet à Londres. – *15 déc.* Intervention des États-Unis et de la Grande-Bretagne en Iraq.

1999 *12 mars.* O.T.A.N. : adhésion de la Pologne, de la République tchèque et de la Hongrie. – *24 mars.* Intervention de l'O.T.A.N. en Serbie. Le *20 juin*, fin de l'évacuation des troupes serbes du Kosovo. – *17 nov.* Suspension par l'O.N.U. des sanctions contre l'Iraq. – *30 nov.-3 déc.* Échec du sommet de l'O.M.C. à Seattle. – *19 déc.* Le Portugal rétrocède Macao à la Chine. – *31 déc.* Panamá : rétrocession du canal par les États-Unis.

MONDE OCCIDENTAL ET JAPON

1990 *29 mai.* Création de la B.E.R.D. – *3 oct.* Réunification de l'Allemagne. – *27 nov.* Grande-Bretagne : John Major, Premier ministre.

1992 *7 févr.* Signature du traité de Maastricht. – *29 avr.* États-Unis : émeutes raciales à Los Angeles. – *17 sept.* Sortie de la livre britannique du Système monétaire européen (S.M.E.). – *3 nov.* Bill Clinton élu président des États-Unis.

1993 *1er janv.* Naissance du grand marché européen. – *18 juill.* Japon : défaite du Parti libéral-démocrate (P.L.D.), au pouvoir depuis 1955. – *25 oct.* Canada : victoire électorale de Jean Chrétien.

1994 *28 mars.* Italie : victoire de Silvio Berlusconi aux législatives. – *6 mai.* Inauguration du tunnel sous la Manche. – *28 nov.* Les Norvégiens refusent par référendum d'adhérer à l'U.E.

1995 *1er janv.* Adhésion de la Suède, de la Finlande et de l'Autriche à l'U.E. – *26 mars.* Entrée en vigueur de la convention de Schengen. – *1er oct.* Portugal : victoire du Parti socialiste aux législatives. – *30 oct.* Québec : échec du référendum sur l'indépendance.

1996 *3 mars.* Espagne : défaite du Parti socialiste aux législatives ; José Maria Aznar, président du gouvernement. – *25 mars.* Embargo sur la viande bovine britannique. – *21 avr.* Italie : victoire électorale de la gauche. – *20 oct.* Belgique : « marche blanche » (affaire Dutroux).

1997 *1er mai.* Royaume-Uni : victoire électorale de Tony Blair. – *10 juill.* Espagne : assassinat d'un membre du Parti populaire par l'E.T.A.

1998 *21 janv.* États-Unis : début de l'affaire Lewinsky. – *10 avr.* Accord de paix en Irlande du Nord, approuvé par référendum le *22 mai*. – *Sept.* Royaume-Uni : statut d'autonomie pour l'Écosse, le *11*, et pour le pays de Galles, le *18*. – *12 sept.* Espagne : l'E.T.A. annonce une trêve illimitée. – *16 oct.* Italie : Massimo D'Alema, président du Conseil. – *27 oct.* Allemagne : victoire du S.P.D. de Gerhard Schröder.

1999 *1er janv.* L'euro, monnaie scripturale de 11 pays de l'Union européenne. – *12 févr.* Bill Clinton relaxé à l'issue d'une procédure d'*impeachment*. – *11 mars.* Allemagne : démission d'Oskar Lafontaine. – *15 mars.* Démission de la Commission européenne présidée par Jacques Santer. – *1er mai.* Entrée en vigueur du traité d'Amsterdam. – *16 juill.* Levée par la Commission européenne de l'embargo sur la viande bovine anglaise, contre l'avis de la France. – *29 déc.* Ouverture d'une information judiciaire contre Helmut Kohl.

FRANCE

1990 *21 nov.* Présentation du statut de la Corse. Notion de « peuple corse ».

1991 *15 mai 1991-2 avr. 1992.* Édith Cresson, Premier ministre, en remplacement de Michel Rocard.

1992 *2 avr. 1992-29 mars 1993.* Pierre Bérégovoy, Premier ministre. – *22 juin.* Procès dit « du sang contaminé ». – *20 sept.* Victoire du « oui » au référendum sur le traité de Maastricht.

1993 *28 mars.* Victoire de l'U.P.F. (union R.P.R.-U.D.F.) aux élections législatives. – *29 mars.* Édouard Balladur, Premier ministre. – *1er mai.* Suicide de Pierre Bérégovoy.

1994 *5 janv.* Indépendance de la Banque de France. – *17 mars-20 avr.* Procès de Paul Touvier. – *14 juill.* Défilé sur les Champs-Élysées de l'Eurocorps européen, avec soldats et blindés allemands. – *17 juill., 14 oct., 12 nov.* Démission de trois ministres, Alain Carignon, Gérard Longuet et Michel Roussin (affaires du financement occulte des partis). – *24 déc.* Lois sur le financement de la vie politique.

1995 *7 mai.* Jacques Chirac élu président. Alain Juppé, Premier ministre. – *18 juin.* Le Front national remporte trois villes aux municipales. – *8 sept.* Plan « Vigipirate », à la suite d'attentats des G.I.A. – *15 nov.-déc.* Grèves contre le « plan Juppé » sur la Sécurité sociale.

1996 *8 janv.* Mort de François Mitterrand. – *19 févr.* Modification de la Constitution permettant au Parlement de contrôler le budget de l'assurance maladie. – *23 août.* Expulsion des sans-papiers de l'église de Saint-Ambroise.

1997 *22 févr.* Manifestation contre la loi Debré sur l'immigration. – *21 avr.* Dissolution de l'Assemblée nationale. – *Juin.* Victoire de la gauche aux élections législatives. Lionel Jospin, Premier ministre.

1998 *6 févr.* Assassinat du préfet de Corse Claude Erignac. – *2 avr.* Condamnation de Maurice Papon. – *15-30 avr.* La droite parlementaire en crise, à la suite d'accords locaux avec le F.N. aux élections régionales. – *19 mai.* Première loi sur les 35 heures. – *8 nov.* Victoire du « oui » au référendum local sur l'avenir de la Nouvelle-Calédonie.

1999 *23 janv.* Scission du F.N. – *9 mars.* Relaxe de Laurent Fabius dans l'affaire du sang contaminé. – *23 mars.* Roland Dumas « en congé » de la présidence du Conseil constitutionnel, suite à son implication dans l'affaire Elf. – *28 juin.* La parité hommes-femmes inscrite dans la Constitution. – *13 oct.* Loi sur le PACS. – *2 nov.* Démission du ministre de l'Économie et des Finances Dominique Strauss-Kahn. – *12 déc.* Naufrage du pétrolier *Erika*.

LE MONDE DEPUIS 1990

EUROPE ORIENTALE ; ASIE CENTRALE

1990 *18 mars*, R.D.A. ; *8 avr.*, Hongrie ; *20 mai*, Roumanie ; *9 juin*, Tchécoslovaquie ; *10 juin*, Bulgarie : élections libres. – *9 déc.* Pologne : Lech Wałęsa, président de la République. – *11 déc.* Albanie : instauration du multipartisme.

1991 *9 avr.* Indépendance de la Géorgie. – *12 juin.* Élection de Boris Ieltsine à la présidence de la Russie. – *25 juin.* Indépendance de la Slovénie et de la Croatie ; les *15 sept.* et *15 oct.*, de la Macédoine et de la Bosnie-Herzégovine. – *28 juin.* Dissolution du COMECON. – *1er juill.* Dissolution du pacte de Varsovie. – *18-21 août.* U.R.S.S. : échec du putsch contre Mikhaïl Gorbatchev. – *Août-déc.* Proclamation d'indépendance de l'Estonie, de la Lettonie et de la Lituanie, de l'Ukraine, de la Biélorussie, de la Moldavie, de l'Azerbaïdjan, de l'Ouzbékistan et du Kirghizistan, de l'Arménie, du Turkménistan et du Kazakhstan. – *Déc.* Dissolution de l'U.R.S.S. et démission de Mikhaïl Gorbatchev.

1992 *27 avr.* Proclamation de la République fédérale de Yougoslavie par la Serbie et le Monténégro. – *30 mai.* Vote par le Conseil de sécurité de l'O.N.U. d'un embargo commercial contre la Serbie.

1993 *1er janv.* Partition de la Tchécoslovaquie. – *19 sept.* Pologne : victoire des anciens communistes aux législatives. – *21 sept.* Russie : dissolution du Parlement par Boris Ieltsine. – *3-4 oct.* Russie : échec de l'insurrection menée par le Parlement. – *12 déc.* Russie : adoption par référendum de la nouvelle Constitution.

1994 *3 févr.* Signature par la Russie et la Géorgie d'un accord de coopération autorisant les troupes russes à stationner en Géorgie. – *29 mai.* Hongrie : victoire aux élections législatives du Parti socialiste (ex-communiste). – *11 déc.* Russie : entrée des troupes russes sur le territoire de la république de Tchétchénie.

1995 Enlisement du conflit russo-tchétchène.

1996 *9 juin.* Russie : signature d'un accord de paix en Tchétchénie, juste avant la réélection de Boris Ieltsine, le *3 juill.* – *27 sept.* Afghanistan : prise de Kaboul par les talibans. – *25 nov.* Serbie : grande manifestation contre Milošević.

1997 *15 janv.* Albanie : début de violentes émeutes, qui conduisent à la démission de Sali Berisha, le *23 juin*.

1998 *17 août.* Russie : dévaluation du rouble et crise financière.

1999 *13 août.* Début de la nouvelle intervention russe en Tchétchénie. – *26 août.* Ouverture à Genève d'une enquête sur les comptes de personnalités russes soupçonnées de détournement d'aides internationales. Le scandale éclabousse la famille de Boris Ieltsine. – *31 déc.* Démission de Boris Ieltsine ; Vladimir Poutine, président par intérim.

AFRIQUE, AMÉRIQUE LATINE, ASIE – SAUF JAPON

1990 *11 févr.* Afrique du Sud : libération de Nelson Mandela. – *25 févr.* Nicaragua : élection de Violeta Chamorro. – *22 mai.* Yémen : réunification. – *3 déc.* Liban : réunification officielle de Beyrouth.

1991 *21 mai.* Inde : assassinat de Rajiv Gandhi. – *30 sept.* Haïti : renversement de Jean-Bertrand Aristide. – *23 oct.* Cambodge : fin de la guerre civile. Retour, le 14 *nov.*, du roi Norodom Sihanouk. – *26 déc.* Algérie : victoire du Front islamique du salut (F.I.S.) au premier tour des élections législatives.

1992 *11 janv.-17 mars.* Afrique du Sud : approbation par un référendum du processus de réforme. – *29 juin.* Algérie : assassinat de Mohamed Boudiaf, chef de l'exécutif. – *29 sept.* Brésil : destitution du président Fernando Collor de Mello pour corruption.

1993 *6 oct.* Pakistan : victoire de Benazir Bhutto aux élections législatives.

1994 *12 janv.* Afrique : dévaluation de 50 % du franc C.F.A. – *6 avr.* Début de la guerre civile et des massacres au Rwanda. – *26-29 avr.* Afrique du Sud : premières élections multiraciales. Le *10 mai*, Nelson Mandela, chef de l'État. – *1er juill.* Palestine : arrivée de Yasser Arafat à Gaza. – *5 juill.* Yémen : fin de la guerre civile. – *15 oct.* Retour en Haïti de Jean-Bertrand Aristide.

1995 *1er janv.* Entrée en vigueur du Mercosur (marché commun de l'Amérique du Sud). – *10 juill.* Birmanie : libération d'Aung San Suu Kyi. – *4 nov.* Israël : assassinat d'Yitzhak Rabin.

1996 *Févr.-mars.* Chine : manœuvres militaires pendant la présidentielle taïwanaise. – *29 mai.* Israël : Benyamin Netanyahou élu Premier ministre. – *4 nov.* Pakistan : démission de Benazir Bhutto.

1997 *19 févr.* Chine : mort de Deng Xiaoping. – *17 mai.* Zaïre-Congo : fin du règne de Mobutu et avènement de Laurent-Désiré Kabila. – *1er juill.* Hongkong : rétrocession à la Chine. – *28 août.* Extension de la crise financière thaïlandaise à toute l'Asie du Sud-Est. – *29 août.* Algérie : attaque du village de Raïs. Intensification des massacres. – *14 nov.* Maroc : premières élections au suffrage universel direct.

1998 *15-16 avr.* Cambodge : mort de Pol Pot. – *21 mai.* Indonésie : démission du président Suharto.

1999 *7 févr.* Mort de Husayn de Jordanie, son fils Abdallah lui succède. – *5 avr.-30 oct.* Conflit aboutissant à l'indépendance du Timor-Oriental. – *15 avr.* Abdelaziz Bouteflika élu président de l'Algérie. Loi d'amnistie le *4 juill.* – *17 mai.* Ehoud Barak, Premier ministre d'Israël. – *23 juill.* Maroc : mort du roi Hassan II, son fils Muhammad VI lui succède. – *24 déc.* Côte d'Ivoire : destitution du président Henri Konan Bédié.

CIVILISATION

1990 *15 oct.* Mikhaïl Gorbatchev, prix Nobel de la paix.

1991 *14 oct.* La dissidente birmane Aung San Suu Kyi, prix Nobel de la paix.

1992 *20 avr.-10 oct.* Exposition universelle de Séville. – *25 juill.-9 août.* XXIIes jeux Olympiques d'été de Barcelone. – *16 oct.* Rigoberta Menchú, Indienne guatémaltèque, prix Nobel de la paix.

1993 *14 oct.* Frederik De Klerk et Nelson Mandela, prix Nobel de la paix.

1994 *11 juill.* Reconnaissance officielle par les États-Unis de l'antériorité de la découverte du virus du sida par l'équipe du professeur Luc Montagnier. – *14 oct.* Yasser Arafat, Yitzhak Rabin et Shimon Peres, prix Nobel de la paix.

1995 *4 sept.* Réunion, à Pékin, de la conférence mondiale des Nations unies sur les femmes. – *Oct.* Joseph Rotblat, physicien britannique, et l'organisation Pugwash, prix Nobel de la paix pour leur action pour la prévention des risques nucléaires.

1996 *11 oct.* Carlos Felipe Ximenes Belo et José Ramos-Horta, prix Nobel de la paix. – *Juill.* XXIIIes jeux Olympiques d'été d'Atlanta, marqués par un attentat, le *27 juill.*

1997 *10 oct.* La Campagne internationale pour l'interdiction des mines antipersonnel et sa coordinatrice, Jody Williams, prix Nobel de la paix.

1998 *16 oct.* Les Irlandais John Hume et David Trimble, prix Nobel de la paix. – *12 janv.* Protocole du Conseil de l'Europe interdisant le clonage humain.

1999 *27 août.* Départ du dernier équipage de la station orbitale M.I.R. – *12 oct.* Naissance théorique du six milliardième habitant de la planète. – *15 oct.* L'organisation Médecins sans frontières, prix Nobel de la paix.

ABRÉVIATIONS

A

abb.	abbaye
All., all$^{d(e)}$	Allemagne, allemand(e)
Amér., amér.	Amérique, américain(e)
Angl., angl.	Angleterre, anglais(e)
apr. J.-C.	après Jésus-Christ
aqued.	aqueduc
archéol.	archéologie, archéologique
archev.	archevêché
archid.	archiduché
armist.	armistice
Asie Min.	Asie Mineure
athén.	athénien(ne)
av. J.-C.	avant Jésus-Christ

B

b.	baie
basil.	basilique
bat.	bataille
bat. nav.	bataille navale
bat. princ.	bataille principale
brit.	britannique
byz.	byzantin(e)

C

c.	cap
c. de concentr.	camp de concentration
cap. d'État	capitale d'État
capitul.	capitulation
centr. nucl.	centrale nucléaire
ch^{lle}	chapelle
ch^{eau} f^{t}	château fort
ch.-l. de t.	chef-lieu de tiers
c^{ie}	compagnie
clérouq.	clérouquie
C.N.R.	centre national de recherche
col.	colonie
col. de dr. lat.	colonie de droit latin
col. de dr. rom.	colonie de droit romain
coll.	collège
comb.	combat
compt.	comptoir
compt. hans.	comptoir hanséatique
compt. mixte	comptoir mixte
compt. vénit.	comptoir vénitien
conc.	concile
conféd.	confédération
congr.	congrès
conv.	convention
c^{t}	couvent
c^{té}	comté

D

d^{ché}	duché
dém.	démocratique
dép.	département
dor.	dorien(ne)
d^{t}	détroit

E

égl.	église
emp.	empire
Esp., esp.	Espagne, espagnol(e)
Ét. de l'Égl.	États de l'Église
É.-U.	États-Unis
év.	évêché
exp.	expédition
exp^{on}	expansion

F

f.	foire
Fr., fr.	France, français(e)
f^{t}	fort

G

g.	golfe
g^{al}	général
G.-B.	Grande-Bretagne
g$^{d(e)}$	grand(e)
g^{d}-d^{ché}	grand-duché

H I J K

h.	hôtel
h$^{t(e)}$	haut(e)
î.	île
inf.	inférieur(e)
ion.	ionien(ne)
îs	îles
itin.	itinéraire
j.	junte
Jap., jap.	Japon, japonais(e)

L M N

l.	lac
m^{on}	maison
man.	manœuvre
mar^{sat}	marquisat
m^{che}	marche
m^{ché}	marché
m^{dat}	mandat
mérid$^{al(e)}$	méridional(e)
mérid^{aux}	méridionaux
métrop.	métropole
monast.	monastère
mouv^{t}	mouvement
m^{t}	mont
n^{lle}	nouvelle
nouv.	nouveau

O P Q

occ$^{al(e)}$	occidental(e)
off.	offensive
or$^{al(e)}$	oriental(e)
p.	porte
pal. et mon. publ.	palais et monuments publics
patr.	patriarcat
pl.	place
plat.	plateau
p^{nte}	pointe
Port., port.	Portugal, portugais(e)
poss.	possession
pr., pr^{se}	prince, princesse
protect.	protectorat
p^{t}, p^{te}	petit, petite
p^{ta}	porta
p^{té}	principauté
p^{tus}	portus
pyr.	pyramide

R S

rég. aut.	région autonome
rép.	république
rép. pop.	république populaire
résid.	résidence
résid. imp.	résidence impériale
rév.	révolte
riv.	rivière
roy.	royaume
s.	siècle
sanct.	sanctuaire
s^{de}	seconde
seign.	seigneurie
sept$^{al(e)}$	septentrional(e)
s^{ge}	siège
s^{ge} des cal.	siège des califats
s^{ge} des patr.	siège des patriarcats
s^{t}, s^{te}	saint, sainte
s^{ta}	santa
sup.	supérieur(e)

T U V W X Y Z

t.	temple
terr.	territoire
th^{mes}	thermes
th^{re}	théâtre
t^{re}	terre
t^{té}	traité
univ.	université
v.	via
v. hans.	ville hanséatique
v. libre imp.	ville libre impériale
v.-roy.	vice-royauté
vén.	vénitien(ne)
vest.	vestiges
vict.	victoire
voy.	voyages

Notice sur les transcriptions :

Pour les noms propres des langues utilisant l'alphabet latin, et afin de permettre au lecteur de connaître l'orthographe réelle de chaque nom, nous avons conservé les signes spéciaux appelés « signes diacritiques ». En ce qui concerne les langues qui ne se servent pas de l'alphabet latin, nous avons utilisé des systèmes de transcription conformes aux usages désormais établis en France et répertoriés notamment par le *Petit Larousse*.
Pour l'écriture chinoise, le système de transcription adopté est le pinyin. Créé par les Chinois eux-mêmes, ce système a l'avantage d'être international. Cependant, le lecteur pourra trouver pour le nom de villes connues la transcription de l'École française d'Extrême-Orient (E.F.E.O.).

INDEX

L'index répertorie l'ensemble des noms de lieux, de personnes, de sujets cités dans les cartes.
Le lecteur voudra bien se reporter au commentaire associé à chaque carte.

A

B

C

D

E

F

I

J

K

N

O

P

Q

R

S

U

V

W

X

Y

Z

Achevé d'imprimer en juillet 2001 par Mame à Tours